·高等院校财经类教材·

# 企业经济活动分析

(第三版)

朱健仪  苏淑欢  主编

张镜全  主审

中山大学出版社

·广州·

**版权所有　翻印必究**

图书在版编目（CIP）数据

企业经济活动分析/朱健仪，苏淑欢主编；张镜全主审．—3版．—广州：中山大学出版社，2005.3

（高等院校财经类教材）

ISBN 978-7-306-02462-6

Ⅰ．企…　Ⅱ．①朱…　②苏…　③张…　Ⅲ．企业经济活动分析—教材　Ⅳ．F27

中国版本图书馆 CIP 数据核字（2005）第 121567 号

---

| 责任编辑： | 李　文 |
| --- | --- |
| 封面设计： | 朱霭华 |
| 责任校对： | 元　章 |
| 责任技编： | 黄少伟 |
| 出版发行： | 中山大学出版社 |
| | 编辑部电话（020）84111996，84113349 |
| | 发行部电话（020）84111998，84111160 |
| 地　　址： | 广州市新港西路135号 |
| 邮　　编： | 510275　传真：（020）84036565 |
| 印 刷 者： | 江门市新教彩印有限公司 |
| 经 销 者： | 广东新华发行集团 |
| 规　　格： | 787mm×1092mm　1/16　20印张　430千字 |
| 版次印次： | 1996年7月第1版　2005年3月第3版　2019年12月第25次印刷 |
| 定　　价： | 35.00元 |

本书如有印装质量问题影响阅读，请寄回出版社调换

# 第三版前言

市场经济的浪潮冲击着每个市场主体，优胜劣汰的"游戏规则"要求企业对其自身经济活动了如指掌，对企业经济活动进行深入分析是每个企业必须完成的"功课"。本书自出版以来，因其内容较新、体系较完整、例证较充实、实用性较强而深受读者的欢迎。现根据我国经济环境的变化，法律、法规的不断完美，企业管理水平不断提高的要求，对本书进行修订。修订的主要内容是将第九章"企业经济效益分析"重新编写，改为"企业业绩评价"，并根据现行制度对全书相关内容作了相应改动。

本书在修订过程中，得到多方面的大力支持，在此表示衷心感谢。

由于作者水平有限，书中若有不妥之处，敬请读者指正。

编　者
2005年2月于广州

# 第二版前言

本书1996年初版发行后，得到了广大读者的好评，纷纷要求再版。党的十五大召开以来，经济体制改革向纵深发展，财务、会计、税收等方面进行了深层次的改革。为了适应形势发展的需要，我们对本书作了适当的修订：删掉了"财务状况变动表分析"，将"现金流量表简介"扩写为"现金流量表分析"；并根据现行制度对有关内容作了相应的改动。本书修订后内容具有如下特点：

(1) 不囿于传统观念，勇于探索研究企业经济活动分析的新方法、新角度。长期以来，企业经济活动分析教材都按行业编写，将工、商割裂，而本书全面阐述了工商企业经济活动分析，打破了传统教材各自为政的格局，在结构安排上更能适应现代企业的要求。

(2) 把握时代脉络，及时反映中、外企业经济活动分析发展的新动态。

(3) 全书结构紧凑、内容充实新颖，各章均附有练习题，体现了本书"新"、"实"的特色。

本书在修订过程中，得到了有关方面的大力支持，在此表示衷心的感谢。

由于作者水平有限，书中若有不妥之处，敬请读者指正。

编　者
1998年2月于广州

# 第一版前言

我国社会主义市场经济的建立和发展，给企业独立自主经营带来了广阔的空间，也带来了激烈的竞争。希望与压力同在，机遇与挑战并存。为了在竞争中立于不败之地，企业必须对经济活动进行深入的分析和研究。

本书根据我国最新的税收制度、财经政策、法规，借鉴西方经济分析方法，阐述了工商企业的经济活动分析。内容有市场分析、资金分析、财务分析、经济效益分析、工业企业生产和成本分析、商品流通企业商品流转分析等。内容充实、结构合理，具有新颖、实用、以例论证的特点。

本书适用作大专院校、中专学校经济活动分析课程教材（中专可省略带＊号部分），也可供自学者参考。

本书由朱健仪、苏淑欢主编。参加编写的有：张明栋（第一、二章），苏淑欢（第三、五、六章），唐启忠（第四章），朱健仪（第七、八、九章）。

因时间仓促、水平有限，书中错漏之处在所难免，恳请读者指正。

编　者<br>1996 年 7 月

# 目　　录

**第一章　总论** …………………………………………………………… (1)
　第一节　企业经济活动分析的研究对象、作用和内容 …………………… (1)
　　一、企业经济活动分析的研究对象 ……………………………………… (1)
　　二、企业经济活动分析的意义和作用 …………………………………… (4)
　　三、企业经济活动分析的内容 …………………………………………… (5)
　第二节　企业经济活动分析的原则、依据、分类和步骤 ………………… (6)
　　一、企业经济活动分析的原则 …………………………………………… (6)
　　二、企业经济活动分析的依据 …………………………………………… (7)
　　三、企业经济活动分析的分类 …………………………………………… (7)
　　四、企业经济活动分析的步骤 …………………………………………… (8)
　第三节　企业经济活动分析的方法 ………………………………………… (11)
　　一、比较法 ………………………………………………………………… (11)
　　二、结构分析法 …………………………………………………………… (13)
　　三、平均分析法 …………………………………………………………… (17)
　　四、动态分析法 …………………………………………………………… (17)
　　五、图表法 ………………………………………………………………… (17)
　　六、回归分析法 …………………………………………………………… (18)
　思考与练习 …………………………………………………………………… (18)

**第二章　市场分析** ……………………………………………………… (20)
　第一节　影响市场商品供求量因素的分析 ………………………………… (20)
　　一、市场与市场类型 ……………………………………………………… (20)
　　二、市场的运行机制 ……………………………………………………… (21)
　　三、影响市场商品供求量的因素 ………………………………………… (22)
　第二节　市场供求动态分析 ………………………………………………… (23)
　　一、社会商品购买力动态分析 …………………………………………… (23)
　　二、货币流入与流出的分析 ……………………………………………… (25)
　　三、商品供求平衡分析 …………………………………………………… (26)
　第三节　消费结构的分析 …………………………………………………… (28)

一、消费结构的概念和指标 …………………………………… (28)
　　二、消费结构的分析方法 ……………………………………… (29)
　　三、我国消费结构的状况分析 ………………………………… (30)
　第四节　市场占有率分析 ………………………………………… (31)
　　一、市场占有率的概念 ………………………………………… (31)
　　*二、马尔可夫分析法 …………………………………………… (32)
　　*三、市场占有率变动趋势预测 ………………………………… (36)
　思考与练习 ………………………………………………………… (36)

**第三章　资金分析** ………………………………………………… (38)
　第一节　资金需要量预测分析 …………………………………… (38)
　　一、定性预测分析法 …………………………………………… (38)
　　二、定量预测分析法 …………………………………………… (38)
　第二节　资金成本分析 …………………………………………… (43)
　　一、资金筹集的来源渠道及方式 ……………………………… (43)
　　二、资金成本分析 ……………………………………………… (44)
　第三节　资金结构分析 …………………………………………… (47)
　　一、加权平均资金成本率的计算 ……………………………… (48)
　　*二、资金结构的优化分析 ……………………………………… (48)
　第四节　资金投放决策分析 ……………………………………… (51)
　　一、影响资金投放决策分析的因素 …………………………… (52)
　　*二、对内资金投放分析 ………………………………………… (54)
　　三、对外资金投入分析 ………………………………………… (60)
　思考与练习 ………………………………………………………… (64)

**第四章　资产分析** ………………………………………………… (67)
　第一节　固定资产分析 …………………………………………… (67)
　　一、固定资产的特征与分类 …………………………………… (67)
　　二、固定资产需用量预测分析 ………………………………… (68)
　　三、固定资产折旧方法分析 …………………………………… (71)
　　四、固定资产增减变动分析 …………………………………… (77)
　　*五、固定资产利用情况分析 …………………………………… (79)
　　*六、固定资产盈利情况分析 …………………………………… (80)
　第二节　无形资产分析 …………………………………………… (82)

一、无形资产的特点和分类 …………………………………………… (82)
　　二、无形资产价值分析 ………………………………………………… (83)
　　三、无形资产折旧（摊销）分析 ……………………………………… (88)
　*四、无形资产利用效果分析 …………………………………………… (89)
　第三节　长期待摊费用分析 ……………………………………………… (91)
　　一、开办费及其摊销分析 ……………………………………………… (91)
　　二、以经营租赁方式租入固定资产改良工程支出及摊销分析 ……… (92)
　　三、固定资产大修理支出及摊销分析 ………………………………… (92)
　第四节　流动资产分析 …………………………………………………… (92)
　　一、流动资产的主要特征和分类 ……………………………………… (93)
　　二、流动资产利用效果分析 …………………………………………… (93)
　　三、货币资产分析 ……………………………………………………… (96)
　　四、应收款项分析 ……………………………………………………… (97)
　　五、存货资产分析 ……………………………………………………… (99)
　思考与练习 ………………………………………………………………… (100)

第五章　生产分析 ……………………………………………………………… (103)
　第一节　生产决策分析 …………………………………………………… (103)
　　一、生产决策分析应遵循的原则 ……………………………………… (103)
　　二、生产决策分析的内容 ……………………………………………… (104)
　　三、剩余生产能力利用分析 …………………………………………… (104)
　　四、产品是否继续加工分析 …………………………………………… (106)
　　五、零部件自制或外购分析 …………………………………………… (107)
　*六、最优生产批量分析 ………………………………………………… (108)
　第二节　生产过程分析 …………………………………………………… (110)
　　一、生产均衡性分析 …………………………………………………… (110)
　　二、生产成套性分析 …………………………………………………… (112)
　　三、产品质量分析 ……………………………………………………… (113)
　第三节　产品产量及品种分析 …………………………………………… (117)
　　一、产品实物量指标的分析 …………………………………………… (117)
　　二、产品价值量指标的分析 …………………………………………… (118)
　　三、产品劳动量指标分析 ……………………………………………… (121)
　　四、产品品种分析 ……………………………………………………… (122)
　第四节　生产条件分析 …………………………………………………… (125)

一、劳动力利用情况分析……………………………………………………（126）
　二、生产设备利用分析………………………………………………………（128）
　三、原材料、能源利用分析…………………………………………………（129）
　四、生产三要素综合分析……………………………………………………（131）
　思考与练习……………………………………………………………………（132）

## 第六章　产品成本分析……………………………………………………（135）
### 第一节　产品成本预测分析……………………………………………（135）
　一、产品成本的构成…………………………………………………………（135）
　二、产品成本预测的内容和步骤……………………………………………（136）
　三、产品成本的预测的方法…………………………………………………（136）
　*四、可比产品成本降低幅度的预测…………………………………………（138）
### 第二节　全部产品成本分析……………………………………………（143）
　一、按产品分列全部产品成本分析…………………………………………（143）
　二、按成本项目分列全部产品成本分析……………………………………（145）
### 第三节　可比产品成本分析……………………………………………（146）
　一、影响可比产品成本降低任务完成的因素………………………………（147）
　二、可比产品成本分析………………………………………………………（147）
### 第四节　产品单位成本分析……………………………………………（150）
　一、产品单位成本比较分析…………………………………………………（151）
　二、产品单位成本各主要项目分析…………………………………………（152）
### 第五节　主要技术经济指标变动对单位产品成本影响的分析………（159）
　一、产量变动对单位成本的影响……………………………………………（159）
　二、反映原材料有效利用的技术经济指标对单位成本影响的分析………（160）
　三、劳动生产率变动对单位成本影响的分析………………………………（164）
　*四、制造费用分配标准变动对单位产品成本影响的分析…………………（165）
　五、废品率变动对单位产品成本影响的分析………………………………（167）
　思考与练习……………………………………………………………………（168）

## 第七章　商品流转分析……………………………………………………（171）
### 第一节　商品采购分析…………………………………………………（171）
　一、商品采购来源分析………………………………………………………（171）
　二、购进商品质量分析………………………………………………………（172）
　*三、购进商品季节分析………………………………………………………（173）

*四、购进收益期望值分析……………………………………………(175)
　五、商品采购批量的控制…………………………………………(176)
第二节　商品销售分析…………………………………………………(178)
　一、商品销售渠道分析……………………………………………(178)
　二、商品销售构成分析……………………………………………(179)
　三、商品供应水平分析……………………………………………(180)
　四、商品销售趋势分析……………………………………………(180)
第三节　商品储存分析…………………………………………………(182)
　一、仓容利用率分析………………………………………………(182)
　二、商品储存量分析………………………………………………(186)
　三、商品储存结构分析……………………………………………(189)
　四、商品合理储存时间分析………………………………………(190)
　五、商品损耗、损失分析…………………………………………(192)
　六、储存商品质量分析……………………………………………(192)
第四节　商品运输分析…………………………………………………(193)
　一、合理运输的定量分析方法……………………………………(193)
　二、商品运输综合比算……………………………………………(205)
　三、商品运输的主要技术经济指标………………………………(206)
第五节　商品流转速度分析……………………………………………(207)
思考与练习………………………………………………………………(210)

## 第八章　财务分析……………………………………………………(216)
第一节　财务分析概述…………………………………………………(216)
　一、财务分析的必要性、内容和作用……………………………(216)
　二、财务分析的类型和分析的方法………………………………(218)
　三、财务分析的局限性及弥补措施………………………………(220)
第二节　资产负债表分析………………………………………………(221)
　一、比率分析………………………………………………………(223)
　二、构成趋势分析…………………………………………………(231)
第二节　损益表及其附表分析…………………………………………(232)
　一、损益表分析……………………………………………………(232)
　二、利润分配表分析………………………………………………(237)
第四节　现金流量表分析………………………………………………(237)
　一、现金流量表的内容……………………………………………(239)

二、现金流量表取代财务状况变动表的原因……………………………(241)
　　三、现金流量表的作用及分析意义………………………………………(243)
　　四、现金流量表比率分析…………………………………………………(244)
　　五、现金流量表构成分析…………………………………………………(245)
　第五节　综合财务分析………………………………………………………(247)
　　一、综合财务分析的含义和特点…………………………………………(247)
　　二、财务指标体系…………………………………………………………(247)
　　*三、综合财务分析的方法…………………………………………………(256)
　思考与练习……………………………………………………………………(260)

*第九章　企业业绩评价…………………………………………………………(261)
　第一节　业绩评价方法………………………………………………………(261)
　　一、企业业绩的财务指标…………………………………………………(261)
　　二、企业业绩的非财务计量………………………………………………(268)
　　三、企业成长阶段与业绩计量……………………………………………(270)
　第二节　业绩的综合评价……………………………………………………(272)
　　一、综合评价原理…………………………………………………………(272)
　　二、平衡记分卡……………………………………………………………(274)
　　三、我国国有资本金效绩评价体系………………………………………(277)
　第三节　建立我国科学的业绩评价体系……………………………………(287)
　　一、建立科学的业绩评价体系的设想……………………………………(287)
　　二、新体系的特点…………………………………………………………(290)
　思考与练习……………………………………………………………………(291)

附　　录…………………………………………………………………………(293)
　附录一……………………………………………………………………………(293)
　附录二……………………………………………………………………………(293)
　附录三……………………………………………………………………………(294)
　附录四……………………………………………………………………………(297)
　附录五……………………………………………………………………………(300)
　附录六……………………………………………………………………………(303)

# 第一章 总 论

企业经济活动分析与统计、财务管理等其他专业管理学科既有区别又有联系。前者研究企业总体的经济活动，并对其进行预测、控制、总结；后者则是研究企业某种职能管理活动。两者是整体和局部的关系。同时，前者又离不开后者提供的资料，因而它与后者有密切联系。

本章主要概括地说明企业经济活动分析的研究对象、作用、原则和研究方法，以求对企业经济活动分析有一个总体的认识。

## 第一节　企业经济活动分析的研究对象、作用和内容

### 一、企业经济活动分析的研究对象

在社会化商品经济条件下，以独立占有的财产为基础，以盈利为目的，自主地从事生产、流通、运输、服务等经济活动的社会微观经济组织称为企业。

企业按规模大小可分为大、中、小型企业，其界定如表 1-1 所示。

表 1-1

| 标准<br>类型 | 职工人数（人） | 销售额（元） | 资产总额（元） |
| --- | --- | --- | --- |
| 大型企业 | 2 000 以上 | 3 亿 | 4 亿 |
| 中型企业 | 300 以上 | 3 千万 | 4 千万 |
| 小型企业 | 300 以下 | 3 千万以下 | 4 千万以下 |

摘自国家统计局国统字〔2003〕第 17 号文"统计大中小企业划分办法（暂行）"。

企业的经济活动是指企业在不断地进行再生产过程中所发生的一切活动。企业经济活

动分析就是在经济核算的基础上运用各种定性和定量的方法,对企业的生产经营活动进行分析研究。它是一门技术经济学科。

经济活动分析的研究对象,是企业的全部生产经营活动,它包括生产经营活动的全过程以及反映生产经营活动的各项经济指标。

要搞好经济活动分析,首先要搞清企业的经济活动过程,以及经济活动过程中各环节或各因素之间的关系。

(一) 工业企业经济活动过程

工业企业的主要职能是从事工业生产,其经济活动过程见图1.1。

生产过程是工业企业经济活动的中心,它一方面表现为具体劳动过程,即使用价值形成过程;另一方面又表现为抽象劳动过程,即价值形成过程。反映具体劳动成果的指标主要有品种、产量和质量;反映抽象劳动成果的指标主要有产值、销售收入等。

产品的生产过程同时也是生产耗费过程,产品成本作为生产中的耗费,它与产品的生产过程有着密切联系,产量多少,质量高低,劳动生产率高低,工时利用情况,材料、能源的消耗水平,设备的利用,各项费用的支出,生产水平、技术水平和管理水平的高低,都综合反映在成本指标中。利润是企业销售收入补偿生产耗费、扣除税金后的余额。利润指标是衡量和评价企业经济活动成果的一项重要指标。

生产过程同时也是资金运动过程。企业为了进行生产,必须拥有必要的资产,资产的实物形态如厂房、设备、现金、银行存款以及债权(即应收款)等,资产以其价值来反映,就是企业的资金。企业通过国家投资,发行股票、债券,向银行借款或集资等方式筹得资金,资金在生产过程的三个阶段(供应、生产、销售)循环运动。在供应阶段,资金一方面用于购置机器设备和各种管理工具,以建立生产所必须的劳动手段,这样货币资金就转化为固定资金形态;另一方面用货币资金购买各种原材料等劳动对象,以建立生产所必须的物资储备,这样货币资金就转化为储备资金形态。在生产阶段,工人借助劳动手段作用于劳动对象,使固定资金和储备资金都发生耗费,这时耗费的固定资金、储备资金以及支付工资和其他费用的货币资金便转化为生产资金形态(生产成本)以及不计入产品成本而独立归集的费用(管理费用、财务费用、销售费用);随着在制品、半成品的制造完成,生产资金又转化为成品资金形态,成品资金包含了劳动者所创造增加的价值量。在销售阶段,通过销售产成品取得货币收入或索取收入的凭据,实现商品价值和资金的增值。资金就从成品资金形态转化为货币或债权(应收款)形态。从销售收入中扣除销售产品的生产成本、税金、费用后的余额就构成了企业的利润,利润的一部分以所得税形式上缴国家财政,其余用于提留盈余公积、分红或留待以后分配。反映资金使用情况的指标有:固定资金、流动资金占用,以及与资金占用有关的各项指标。

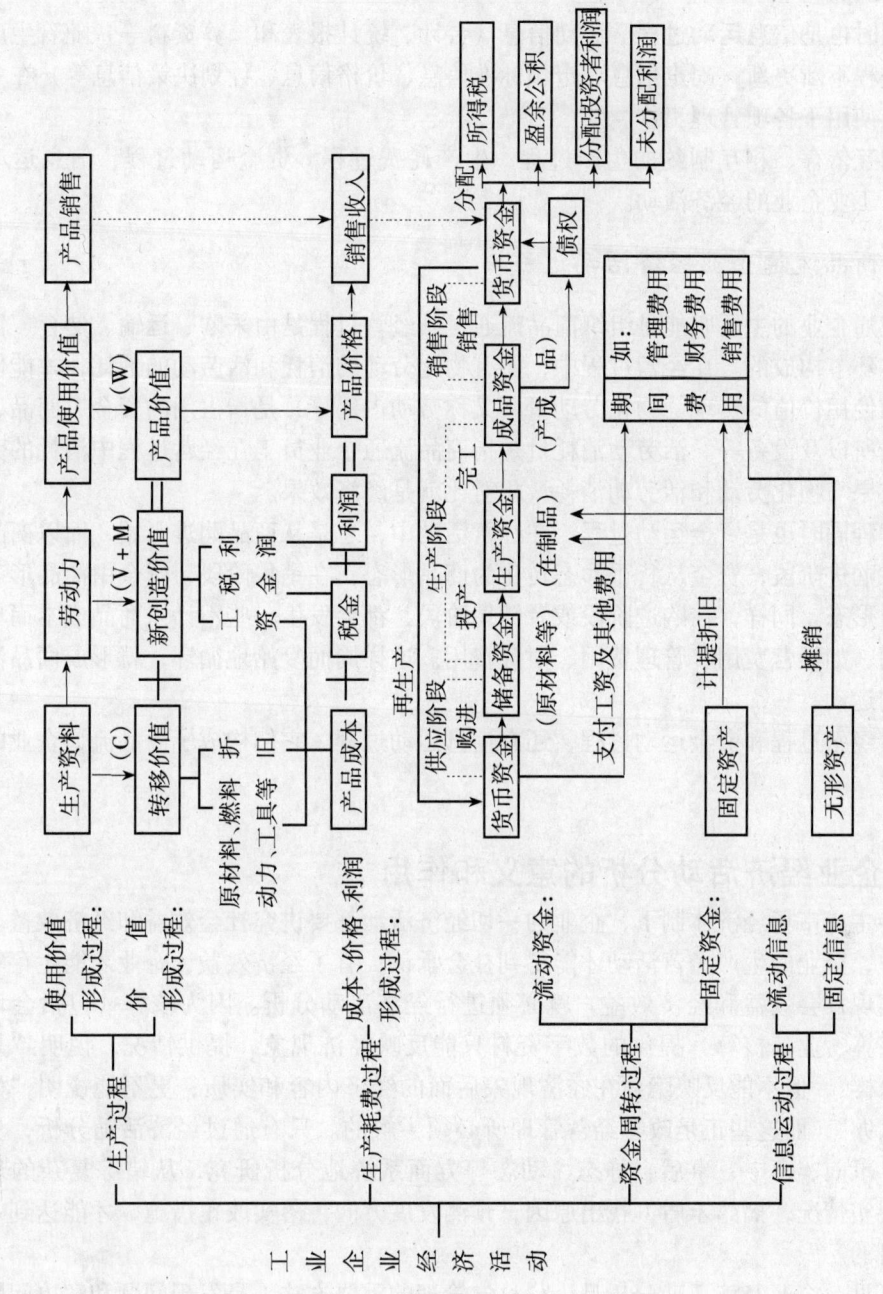

图1.1 工业企业经济活动过程

生产过程同时也是信息运动过程。流动信息（会计、统计报表和核算资料等）随着生产经营活动的进程不断更新；固定信息（定额标准信息、价格信息、计划决策信息等）在一段时间内重复使用于各项管理工作。

上述相互依存、相互制约的生产过程、生产耗费过程、资金运动过程、信息运动过程，构成了工业企业的经济活动。

### （二）商品流通企业经济活动过程

商品流通企业的主要职能是组织商品流通，其经营过程是由采购、运输、储存、销售这四个基本环节构成的。在经营过程中，要有物化劳动的消耗和活劳动的消耗，才能保证商品价值和使用价值的实现。物化劳动量（又称劳动占用量）是指占用的资金、商品、仓库、营业场所以及设备等。活劳动消耗量是指商品流通企业员工在经营过程中消耗的劳动量。劳动成果与物化劳动和活劳动消耗量相对比就是经济效果。

经营过程同时也是资金运动过程。在经营活动中，总是从商品购进开始，而以商品销售告终。在购进阶段，资金从货币形态转化为商品形态；在销售阶段，资金由商品形态再转化为货币形态。同样，在购进阶段或者销售阶段，都会发生一些不计入商品成本而单独归集的费用，如经营费用、管理费用、财务费用。这样周而复始地循环，就形成商品流通企业资金的运动。

伴随着经营过程和资金运动过程，还有信息运动过程。它们构成了商品流通企业的经济活动。

## 二、企业经济活动分析的意义和作用

在社会主义市场经济体制下，企业的一切经济活动都要讲究社会效益和经济效益。有了社会效益，企业的生产经营活动才能得到社会承认；有了经济效益，企业才能生存和发展。而要实现社会效益和经济效益，就必须进行经济活动分析。因为核算（包括会计核算、统计核算、业务核算）提供的数字资料只能反映经济现象，提供情况，说明"是什么"、"怎么样"，但不能反映隐藏在经济现象后面的经济内容和实质，更不能说明"为什么"、"怎么办"，而这些正是改善经营管理所必须了解的。只有通过经济活动分析，从业务、财务，事前、事中、事后，静态、动态等方面系统地分析研究，从错综复杂的现象中，掌握现实情况，揭露矛盾，找出原因，预测发展方向，落实改正措施，才能达到效益最大化的目的。

由此可见，企业经济活动分析是进行科学管理的重要方法，是发现问题和解决问题的有效手段。搞好企业经济活动分析，对于提高企业管理水平，增加产品（商品）产量、销量，提高质量，降低成本，扩大盈利，促使企业按客观经济规律办事，有着十分重要的意义。

企业经济活动分析的作用在于利用信息资源，解剖过去、控制现在、预测未来，挖掘潜力，提高效益。详言之：

**1．评价企业经营管理状况**

企业经济活动分析通过对各种技术经济指标的依存关系和对照比较，对企业效益作出评价。考察各个计划指标的完成程度，分析其影响原因，弄清经济责任，客观揭示企业经营管理状况。

**2．控制企业经济活动过程**

企业经济活动分析能够及时准确地为管理者提供各项信息资料，揭示经济活动过程的矛盾，为企业管理者对经济活动过程实施有效控制提供依据。

**3．预测企业经济活动的效果**

企业经济活动分析对经济活动发展趋势的预测以及对各种方案的预见性分析为决策者提供了可靠的依据，从而使决策者作出正确的投资决策、经营决策和生产经营计划。

**4．挖掘企业内部潜力**

企业经济活动分析不仅通过找差距、查原因来认识企业经营管理现状，给企业工作以恰当评价，更重要的还在于指出哪里有潜力，哪里能节约，为企业改善经营管理、挖掘企业内部潜力提供了依据。

## 三、企业经济活动分析的内容

企业经济活动的范围广泛，而且相互联系、错综复杂。凡是生产经营过程中所反映的一切经济活动，都是企业经济活动分析的内容。企业经济活动分析贯穿于生产经营活动的全过程，它包括事前的预测性分析，过程中的控制性分析以及事后的总结性分析。其具体内容有：

**1．企业生产经营环境分析**

（1）市场分析。包括市场状况分析、本企业的市场竞争环境分析等。

（2）对策研究。包括对企业生产经营环境变化趋势及其对策的研究分析。

**2．企业生产经营决策分析**

（1）投资决策分析。包括企业投资方案研究分析、投资效益的预测分析等。

（2）管理决策分析。包括企业管理机构设置、管理体制研究分析等。

**3．企业生产经营状况分析**

（1）企业资金分析。包括企业生产经营资金筹措分析、利用分析等。

（2）企业资产分析。包括流动资产分析、固定资产分析、无形资产、递延资产和其他资产分析。

（3）生产分析。就生产企业而言，企业经济活动分析必须包括产品产量、质量、品种等的分析以及生产成本费用的分析。

(4) 商品流转分析。就商品流通企业而言，企业经济活动分析必须包括购、销、运、存等业务活动分析以及费用分析。

**4．企业生产经营效益分析**

(1) 企业经营目标分析。包括生产经营计划和决策方案的完成和执行结果的分析。

(2) 企业生产经营效益综合分析。包括企业的经济效益分析与社会效益分析等。

## 第二节　企业经济活动分析的原则、依据、分类和步骤

### 一、企业经济活动分析的原则

企业经济活动分析必须在正确的思想和原则指导下进行。具体分析时，应遵循如下原则：

**1．实事求是原则**

企业经济活动分析的根本目的是正确把握客观经济规律，故分析中应杜绝先入为主、主观臆断甚至弄虚作假的形而上学研究方法，要坚持实事求是的原则，从实际出发，采用科学的分析方法，确保分析的准确性。

**2．经济效益与社会效益相结合原则**

企业的主要目标是利润最大化，但并不排除对社会效益的追求。不论在什么社会制度下，成功的企业必然是经济效益与社会效益并重。因此，企业经济活动分析应坚持经济效益与社会效益相结合的原则，在分析时，应紧扣降低消耗、增加产出、提高效率这些以经济效益为中心的课题，同时还要从社会效益着手，促使企业在环境保护、文教、卫生事业等方面作出贡献。

**3．实物形态指标与价值形态指标相结合原则**

企业生产经营目的的实现不仅与商品使用价值运动相联系，而且同商品价值的运动相联系，因此应综合应用实物形态指标和价值形态指标全面评价企业经济效益。如果单纯用产值、成本、利润等价值指标评价，则可能因价值指标的曲折性和迂回性而不能直接反映当期的生产经营成果。尤其在商品经济发育不健全，市场体系不完善，价值与使用价值严重背离时，更不能仅用价值指标来衡量企业的经济效益。

**4．运用辩证观点和系统分析观点的原则**

现代企业经济是一个复杂的、开放的系统经济，故应运用辩证唯物主义观点、系统分析观点，对生产经营活动的各种现象和资料进行科学的分析研究。全面地、系统地、发展地而不是孤立地、静止地看问题。要分清主流和支流、本质和现象，找出主要矛盾以及矛盾的主要方面。要研究企业经济活动中的规律性和差异性，分析各种因素的影响程度及其

相互依存关系，不断提高企业的生产经营管理水平。

## 二、企业经济活动分析的依据

企业经济活动分析必须要有真实资料和科学依据。它的主要依据有以下几个方面：

**1. 以国家政策、法规为依据**

任何企业都必然受到社会环境的制约，国家的方针政策、法规是企业经济活动的预测分析、决策方案选择、企业技术经济评价分析的依据。

**2. 以企业计划与实际活动对照检查**

企业制定的各种计划，是根据企业的内外条件所确定的企业在某一特定时期或某一专题项目中的奋斗目标，是评价企业实际生产经营活动的重要尺度。

**3. 以企业经济活动资料作凭证**

反映经济活动过程的各种原始数据统计资料，以及定期编制的会计报表、统计报表和业务核算等，是企业经济活动分析的重要信息资料。

**4. 以调研资料作参考**

调研资料包括群众反映、员工建议以及与分析对象有关的各种历史资料等，它们是企业经济活动分析的参考资料。

## 三、企业经济活动分析的分类

企业经济活动分析可按如下标志进行分类：

**1. 按分析的目的和用途分类**

（1）预测性分析（即企业经济活动进行之前的分析）。这类分析多数是为决策服务的，如某项目投资前的效益分析，某方案决策前的经济分析等，这类分析多由专门的班子、专职人员进行。

（2）控制性分析（即企业经济活动进行中的分析）。通常是以实际值与目标值对比的专题分析，用于控制经济活动过程。这类分析既可由职能部门进行，也可由专职分析部门进行。

（3）总结性分析（即企业经济活动结束后的分析）。主要用于总结、评价经济活动效果，既有涉及某一特定方面的专题分析，也有涉及全企业的综合分析。这类分析常由专职部门组织分析。

**2. 按分析内容分类**

（1）专题分析。指对企业生产经营活动中某一方面、某一环节中存在的问题进行分析，如质量分析、成本分析等。专题分析常在专职分析部门指导下由职能部门进行。

（2）综合分析。指从整体以及相互联系的各方面对企业带全局性问题进行的系统分析。如企业经济效益综合分析等。这类分析由专职分析机构组织进行。

**3．按分析的层次分类**

（1）企业级分析（即以整个企业作为对象的分析）。这类分析综合性的内容较多，专题分析较少。

（2）部门级分析（即以某特定下属部门为对象的分析）。如某分公司、某商场、某车间的经济活动分析。这类分析既有综合性的，也有专题性的。

（3）班组级分析（即以班组为对象的分析）。这类分析大多属专题分析，一般在职能部门指导下由班组自己进行。

**4．按时间分类**

（1）日常分析。指对每过一段短时间（一个工班、一昼夜、一星期）进行，旨在控制经济活动过程的分析。这类分析一般在各职能部门和基层班组进行。

（2）定期分析。指按固定间隔期（一月、一季、一年）进行的，对报告期技术经济资料进行的综合全面分析。这类分析多由专门分析机构进行。

（3）即时分析。指针对专题项目、特定课题进行和专项分析以及对临时出现问题的随即分析。这类分析常据项目大小的需要组成专门分析班子或在各职能部门进行。

**5．按分析方法分类**

（1）定性分析。避开事物的数量描述而集中于经济现象性质、内部特征、内部结构及功能的分析。这类分析适于受非经济因素影响较多，难于用数量值计量的经济现象。

（2）定量分析。集中于经济现象数量上的研究，由数量上的变化来把握其质的规律的研究分析。这类分析适于能由数量描述的经济现象。

## 四、企业经济活动分析的步骤

尽管不同类型的经济经活动分析实施方法不同，但其工作程序一般要经过分析准备、分析研究、撰写报告这三个阶段。

### （一）分析准备阶段

分析准备阶段有以下三项工作：

**1．确定分析课题，拟出分析提纲**

企业经济活动分析的第一步是选定分析对象，明确分析内容，制定分析标准。只有课题内容符合企业生产经营管理的实际需要，经济活动分析才具有适应性。因此，必须紧紧围绕生产经营实际问题进行课题选择。然后，拟出分析提纲，提出具体的分析目标和要求，列出所要分析的内容或专题，分析的重点和关键问题等。此外，还要规定工作进度和分析人员，明确分工。

### 2. 搜集资料

企业经济活动分析有赖于大量翔实的、及时的资料，因此，必须重视资料的搜集。主要的资料来源有以下几方面：

(1) 计划资料：包括各种计划指标和完成计划的措施，如生产计划中规定的产品产量、品种、质量；在劳动工资计划中规定的劳动生产率、职工人数、工资总额、平均工资等；在物资供应计划中规定的物资需要量、材料消耗定额等；在财务成本计划中规定的单位产品成本、利润总额、利润率等。因为进行分析时需要将上述计划指标与实际指标对比，所以必须掌握计划资料。

(2) 核算资料：包括会计核算、统计核算和业务核算。这些都是经济活动中的实际数字和资料，在分析中用于与计划相比较，以反映计划完成情况。

会计核算是以货币形式反映和监督企业生产经营活动的过程与结果的一种方法，通过会计核算可以准确地掌握企业的财产物资和经营资金的实有数，反映出企业资金的占用和运用是否合理，反映产品成本的升降情况以及发生盈亏的原因等。

统计核算是根据大量调查资料中抽样调查资料来反映企业生产经营活动的变化发展情况的方法。统计核算可采用实物量、劳动量和货币量作为度量单位，以反映企业生产经营活动的数量和质量指标。如产量、产值、员工人数、平均工资等。

业务核算是一种反映个别经济业务进行情况的直接核算方法。以及时了解业务动态、监督业务活动，如合同执行情况、机器设备的负荷和运转情况等。

上述三种核算是相辅相成、互为补充的。会计核算的范围仅限于以货币反映的经济活动，而企业中还有许多不能以货币来反映的活动形式，如产品质量、员工出勤情况、机器的运转情况等，都无法用货币形式来反映，就需要由统计核算和业务核算来反映。所以，只有将三者结合起来，才能更好地为经济活动分析提供资料。

(3) 原始记录和其他资料：原始记录是对企业各项生产经营活动情况所作的最初记录，如产（销）量记录、工时记录、原材料消耗记录、质量检验记录、发货票、领料单、各种结算凭证等。它们是在经济业务发生时填写，用以反映业务内容、经济关系和经济责任的最初书面证明。此外，其他资料如生产调度记录、评比竞赛记录、检查报告、本企业历史资料、其他同行业资料、国际资料等，这些都是企业经济活动分析所需的依据。当然，应当搜集哪些资料，要依分析的具体任务而定。

### 3. 审查、加工整理资料

各种资料是否客观、真实、有无错误、计算方法口径是否一致，成为决定分析质量的前提。因此，搜集到的资料要进行审查、加工整理才能选用。首先对报表资料复核，然后根据经济意义和分析要求进行整理、归类或加工。将一些重要的指标数字进行必要的核算和计算，如计算相对数、平均数、比重、指数等。亦即对资料进行去粗取精、去伪存真以及标准化、规格化的改造制作工作，使其适应经济活动分析的需要。

## （二）分析研究阶段

掌握了企业经济活动分析所需的资料，根据分析方法的适用范围选择相应的方法，揭示客观规律，发现问题所在，分析造成差距的各个因素以及各个因素的影响程度，提出措施，制定对策。

## （三）撰写分析报告阶段

将分析研究阶段的结论和相应的建议整理成书面报告。对于日常分析和定期分析，其分析工作由于是例行性的，分析报告可尽量减少文字叙述，更多地采用表格形式，以数据说明问题；对于专题分析，分析报告内容就应详尽些。一般来说，经济活动分析报告的结构如下：

### 1．标题

标题的形式有两种：单行标题和双行标题。标题的写法有三种：

（1）概括经济活动分析报告的主要内容，如《2004年度广州百货大厦业绩评价报告》，这类标题一般要写出分析的单位（或地区）、时间和主旨。

（2）亮出经济活动分析报告的基本观点，如《2004年广州劲马锅炉公司效益显著》等。

（3）提出经济活动分析报告要回答的问题，如《广东近年实施企业兼并谁家最成功？》等。

对拟定标题的要求是：直接、确切、简洁。

### 2．导语

导语即经济活动分析报告的开头部分。通常的写法有：

（1）说明本次分析活动的一般情况，如时间、地点、范围、对象、内容、方式方法等。

（2）介绍分析对象和基本情况，如经济活动分析报告所分析的单位的生产经营规模、员工人数、业务性质等。

（3）说明本次分析的目的和意义。如："期间费用在我企业成本费用中的比重不断上升，2004年已达30%，为此……"。

（4）概述经济活动分析报告的主要内容。

### 3．主体

主体是经济活动分析报告的主要部分。它的结构通常有三种：

（1）横式结构。将现象按组成部分逐个展开，各部分之间是并列关系。

（2）纵式结构。报告的各部分之间按发展或递进关系来安排。

（3）交叉结构。是前两种方式的结合。

企业业绩评价报告应包括企业财务效益状况、资产营运状况、偿债能力状况、发展能力状况这四个主要方面效绩的描述。对影响企业经营效益评价结果的有关重要事项应进行充分披露。

**4. 结尾**

结尾是经济活动分析报告的结束语，它的写法也是多样的：得出结论；总结全文，再次强调报告的基本观点；指出发展趋势；首尾呼应等。

**5. 签名盖章、标明报告时间**

撰写经济活动分析报告要注意简明扼要、观点明确、逻辑性强，切忌把经济活动分析报告写成工作总结。一般不宜采用批评、赞誉之类带感情色彩的词语，力求公正、客观、以理服人。

## 第三节 企业经济活动分析的方法

企业经济活动分析的基本方法是定性分析、定量分析。定性分析又可分为经验判断法和调查综合法两种，简便易行，比较灵活，但由于着重于人的经验和判断分析能力，所以容易受主观因素影响。定量分析是指在已掌握了较完备历史资料的基础上，运用一定数学方法来分析的方法。定量分析的方法很多，有比较法、结构分析法、图表法、回归分析法、线性规划法、盈亏分析法、经济批量法等，下面介绍几种常见的分析方法。

### 一、比较法

比较法又称对比法，它是把相关的指标或事物进行对比，用以说明和反映两个指标或事物之间的联系、差异，并分析其原因，提出改进措施。

比较法的前提是指标的可比性，对比指标所采用的指标内容、计算方法、基础条件等应当可比，不可比较的指标只有通过一定的换算，转换为具有可比性的指标才能进行比较。如可用相对数来代替绝对数进行比较；价值比较时，应考虑资金的时间价值，进行等值变换后再进行比较等。

比较法有绝对数和相对数两种指标，前者反映差异的数量，后者反映差异的程度。

绝对数比较：实际数 − 参照数 = 差异数

相对数比较：$\dfrac{实际数 - 参照数}{参照数} \times 100\% = 差异率$

企业中常用的对比相对数有：计划完成相对数、利用程度相对数、比较相对数、比例相对数、结构相对数、强度相对数等。

## （一）计划完成相对数

用以分析计划完成的程序，从而反映企业生产经营的效益或计划编制的水平。其计算公式为：

$$\text{计划完成相对数} = \frac{\text{本期实际完成数}}{\text{本期计划数}} \times 100\%$$

## （二）利用程度相对数

用以说明利用人力、物力、财务的状况。其计算公式为：

$$\text{利用程度相对数} = \frac{\text{实际利用数}}{\text{可能利用数}} \times 100\%$$

## （三）比较相对数

计算比较相对数的两个数值，可以互为分子和分母：

（1）横向比较。指同数现象在不同空间同一指标的对比，说明这类现象在同一时期不同总体间发展的不平衡程度。其计算公式为：

$$\text{比较相对数} = \frac{\text{某总体某指标数值}}{\text{另一总体同一指标数值}} \times 100\%$$

**例1** 两个门市部某季的销售额：甲门市部为238万元，乙门部为256万元，则：

$$\frac{\text{甲门市部销售额}}{\text{为乙门市部的百分比}} = \frac{238}{256} \times 100\% = 92.44\%$$

$$\frac{\text{乙门市部销售额}}{\text{为甲部门市部的百分比}} = \frac{256}{238} \times 100\% = 107.56\%$$

（2）纵向比较。指同一现象在不同时间同一指标的对比，说明此类现象在不同时间上的变化。

$$\text{比较相对数} = \frac{\text{某一时间指标数值}}{\text{另一时间同一指标数值}} \times 100\%$$

**例2** 甲门市部本年销售额238万元，上年销售额为200万元，则：

$$\frac{\text{本年销售额}}{\text{为上年的百分比}} = \frac{238}{200} \times 100\% = 119\%$$

$$\frac{\text{上年销售额}}{\text{为本年的百分比}} = \frac{200}{238} \times 100\% = 84.03\%$$

## （四）比例相对数

是同一总体中不同部分数量对比的比值，用以分析总体内各个局部、各组间的比例关

系和协调平衡状况。其计算公式为:

$$比例相对数 = \frac{总体中某一部分数值}{总体中另一部分数值}$$

这一指标常用比例来表示,如新老产品的比例为 1.05∶1 或 105∶100,均为同一个比例相对数,只是前者以 1 为基数,后者以 100 为基数。

区别比例相对数与比较相对数,应视进行对比的两个指标是同属一个总体还是分属两个总体。如产品的新老比例,是产品中新产品和老产品这两部分之比,属于比例相对数;而两个工厂相同指标的对比,则是比较相对数。

## (五) 结构相对数

说明某一经济指标各个组成部分占总体的比重。其计算公式为:

$$结构相对数 = \frac{部分数值}{总体数值} \times 100\%$$

## (六) 强度相对数

指两个有联系的不同总体的总量之比,用以说明现象的强度、密度或普遍程度。其计算公式为:

$$强度相对数 = \frac{某一总体的总量}{另一个有联系的总体的总量}$$

这一指标常用复名数表示,如人均产量为 100 件/人,商业网点密度为 2 个/千人等。

# 二、结构分析法

结构分析法又称构成分析法,就是将经济现象的内部各组成部分(因素)与整体进行分解分析的一种方法。结构分析法有分组法、因素分析法、平衡分析法、ABC 分析法等。

## (一) 分组法

按某一标准将研究对象分成若干不同性质的组成部分,将相同性质的现象归纳在一起,在分组的基础上通过计算结构相对数来说明事物的构成状况。

## (二) 因素分析法

因素,指组成事物的基本成分。因素分析法,就是从数量方面研究导致经济现象变动的各个因素及其影响程度和方向的方法。因素分析的方法有很多,主要有:

**1. 连环替代法(又称因素替代法)**

连环替代法是把影响某一经济现象的几个相互联系的因素,逐个分解测定,把其中一

个因素作为可变,其他因素当作不变,顺序地逐个进行替代,以测定各因素对该经济现象的影响程度。其步骤是:

(1) 确定该经济现象受哪些因素的影响并列出计算关系式;
(2) 将各项因素依次替代计算,求出不同数值;
(3) 比较不同数值的差异,表明各因素对经济现象的影响程度。

在运用连环替代法时要注意替代顺序,不同的替代顺序计算结果不一样。一般原则是先替代数量指标,再替代质量指标;同类指标中先替代基本指标,后替代从属指标。比如材料费用指标是取决于材料消耗量和材料价格两个因素的影响,分析时应先替代材料消耗量指标,因为材料消耗量的增减变化不会影响材料价格的升降;再如工人人数和工人工作的日数都是数量指标,但工人工作日数指标是工人人数与每人工作日数的乘积,因而工人人数是基本因素,工人工作日数是由它派生出来的,是从属因素,故替代时应先替代工人人数,后替代工人工作日数。

**例3** 某公司的上期资料和本期资料如表1-2所示,用连环替代法分析运费增加的原因。

表 1-2

| 项 目 | 上期① | 本期② | 差异③=②-① | 差异%④=$\frac{③}{①}\times 100$ |
|---|---|---|---|---|
| 货运量 (t) | 100 | 140 | +40 | 40 |
| 运输里程 (km) | 25 | 22 | -3 | -12 |
| 运价 (元) | 8 | 10 | +2 | +25 |
| 运费总额 (元) | 20 000 | 30 800 | +10 800 | +54 |

∵ 运费总额 = 货运量 × 运输里程 × 运价

上期运费　　$100 \times 25 \times 8 = 20\ 000$
第1次替代　$140 \times 25 \times 8 = 28\ 000$ ⎫ +8 000(运量因素)
第2次替代　$140 \times 22 \times 8 = 24\ 640$ ⎬ -3 360(里程因素)
本期运费　　$140 \times 22 \times 10 = 30\ 800$ ⎭ +6 160(运价因素)

合计　　　　+10 800(元)

由计算可知,本期运费比上期运费增加了10 800元,其中由于货运量的增加而增加运费8 000元,由于运输里程的减少而减少运费3 360元,而运价的升涨使运费增加6 160元,三个因素共同作用的结果,使本期运费比上期增加10 8000元。

注：第一次替代是用本期货运量替代上期货运量，假定其他因素不变，然后用第一次替代的指标与上期指标比较，其差额反映运量因素变动的影响；第二次替代是在第一次替代基础上，用本期运输里程替代上期运输里程，假定其他因素不变，然后用第二次替代指标与第一次替代指标比较，其差额反映运输里程因素变动的影响；本期运费就是在第二次替代的基础上用本期运价替代上期运价，然后用本期运费与第二次替代指标比较，其差额反映运价因素变动的影响。将各因素变动的影响数相加，就等于本期数与上期数的总差异。

### 2．差额分析法

差额分析是连环替代法的一种简化形式，即将连环替代法中的计算某因素变动后的指标值以及将本次计算结果与前次计算结果相比较这两步合并为一步，直接利用各因素的变动量（也称差额）来计算对指标的影响程度。其分析原则与连环替代法基本相同，只是要先计算出各因素的差额，然后将此差额代入指标表达式计算其对指标的影响。

**例 4** 以例 3 的资料，采用差额法分析运费增加 10 800 元的原因。计算过程如下：

上期运费　　　$100 \times 25 \times 8 = 20\,000$
①运量因素　　$(140 - 100) \times 25 \times 8 = +8\,000$
②里程因素　　$140 \times (22 - 25) \times 8 = -3\,360$
③运价因素　　$140 \times 22 \times (10 - 8) = +6\,160$

　　　　　合计　　　　$+10\,800$（元）

显然，计算结果与连环替代法一致。由于差额分析法计算简便，因而应用较广泛。

### *3．指数法因素分析

指数是表明现象变动状况的一种相对数。作为单个指数相互联系的指数体系，常用的有两种：一是综合指数体系，二是平均数指数体系。

利用综合指数体系进行因素分析，其目的在于弄清经济现象中各因素变动对现象总体变动的影响程度。比如，销售收入的变动，决定于商品销售量与商品价格的变动，即商品销售收入总指数 = 商品销售量指数 × 商品价格指数。综合指数因素分析通过将商品价格固定在基期，去测定报告期（对基期）销售量变动对报告期销售收入变动的影响；通过将销售量固定在报告期，去测定报告期（对基期）价格变动对报告期销售收入的影响。它的要点，是通过对组成综合总指数的某一个因素的固定，去测定另一个因素对综合指数的纯粹影响。一般来说，被固定的因素如果是数量因素（数量指标指数），应固定在基期水平；如果是质量因素（质量指标指数），则应固定在报告期水平。

利用平均数指数体系进行因素分析，其目的是弄清在总体平均水平的变动中，受各组平均数水平变动和受各组单位数在总体中比重的变动的影响程度。比如，城乡居民人均储蓄水平的变动，既受农业居民和非农业居民各自人均储蓄水平的影响，又受农业居民和非农业居民人数占全体城乡居民人口比重变动的影响。平均数指数因素分析，通过把总体内部的结构（如上例中的农业和非农业居民的比重结构）固定在报告期，求固定结构指数（即在农业和非农业居民比重结构不变的条件下，农业和非农业居民人均储蓄水平变动对城乡全体居民人均储蓄水平变动的影响程度）；通过把各组平均数水平（农业和非农业居民各自的人均储蓄水平）固定在基期，求结构影响指数（即在农业和非农业居民各自人均储蓄水平不变的条件下，农业和非农业居民比重变动对城乡全体居民人均储蓄水平变动的影响程度）。因为根据指数原理，总平均数指数（又称可变构成指数）等于固定结构指数与结构影响指数的乘积，所以求得固定结构指数和结构影响指数后，就可以对总平均数指数的变动原因作出解释。

### （三）平衡分析法

平衡分析法又称均衡分析法，它是对生产经营活动中各项具有平衡关系的经济指标进行分析的方法。

平衡分析的基本方法是编制平衡表。平衡表按其反映平衡关系的不同方面划分，一是反映某一事物总体内部的收支两方面平衡关系，它说明这一事物总体内部的基本联系；二是反映不同事物总体之间的供需平衡关系，它说明不同事物之间的相互联系。前者是一般的平衡分析方法，后者是部门联系平衡分析法。

一般的平衡分析方法，分为单项平衡分析和综合平衡分析。单项平衡分析专题性较强。如某一项物资的供需平衡分析、居民货币收支的平衡分析等。单项平衡分析的要点，是把握期初数加本期收方发生数与本期付方发生数加期末数之间的关系，并从这种关系中去掌握期初数与期末数之间的对比关系。综合平衡分析的综合性强，它是研究复杂总体内部的平衡关系。将各项资金来源与各项资金运用综合在一起进行平衡分析，就可以了解各项来源的资金被用于何处，各项用途的资金来自何方。又如利用资产与负债和所有者权益的平衡关系，可以分析资产的构成和企业的偿债能力。在平衡分析基础上运用连环替代法或差额分析法，还可查明各经济指标对分析对象的影响程度及方向。

### （四）ABC 分析法

ABC 分析法（又称重点控制法、分类管理法或巴雷特分析法）是将分析对象（资金、物料、产品或商品等）分类后测定主次，实行分类管理、重点控制，从而使分析对象结构合理。

这种归类分析的方法很有用，用于产品生产，可以促进生产有重点地进行，用于商品、资金或物资储备，可以管好商品物资，节约资金占用。

## 三、平均分析法

平均分析的基本内容是计算平均数，主要有算术平均数（含简单算术平均数、加权算术平均数、调和算术平均数）、几何平均数、众数和中位数等。在这几种平均数中，算术平均数最常用，但用哪种算术平均数，要视不同要求而定。如计算实际储蓄存款综合利率，则应用加权算术平均数，如果用简单算术平均数，则易脱离不同期限存款结构的变动状况。几何平均数较多用于计算平均增长速度。众数和中位数是较简单的确定平均数的方法，它的精确度一般不高。

运用平均分析法，要与分组分析相结合，这样可揭示总体各部分比重及变化，分析经济现象结构变动对总平均指标的影响。还要与变异分析相结合。变异分析是运用全距、平均差、均方差等变异指标对总体总标志值差异程度进行分析的方法。平均分析与变异分析是正好相反的两种分析方法。前者研究事物现象的一般水平和一般趋势；后者分析事物现象的差异程度和不平衡状况。两者结合，可以在平均指标揭示现象发展的一般水平的基础上，通过标志变动度测定，补充说明平均指标代表性高低以及现象发展的节奏性和稳定性程度的高低。

## 四、动态分析法

动态分析法是研究经济现象在时间上的变动，它是从发展观点来研究经济现象的变化及其趋势。动态分析中的常用指标有：

$$发展速度 = \frac{报告期数值}{基期数值} \times 100\%$$

$$平均发展速度 = \sqrt[时期数]{\frac{报告期数值}{基期数值}}$$

$$平均增长速度 = 平均发展速度 - 1$$

**例5** 某商店1999年销售额为250万元，2004年为400万元，则：

$$五年的发展速度 = \frac{400}{250} \times 100\% = 1.6 \times 100\% = 160\%$$

$$平均每年发展速度 = \sqrt[5]{1.6} = 1.099$$

$$平均每年增长速度 = 1.099 - 1 = 0.099 = 9.9\%$$

## 五、图表法

图表法是利用平面上的点或线，以几何形式描述经济现象的函数关系。它不但可帮助我们据自变量的值迅速求出相应的函数值，而且能非常直观、形象、生动地表现经济事物间的相互关系。

几乎所有的图表都可用于经济活动分析，如雷达图、扇形图、折线图、散布图、决策树及各种表格。应据各种图形与表格的功能和分析内容的实际需要灵活选用。

## 六、回归分析法

回归分析法是依据数理统计理论和方法，找出因变量与自变量之间的依存关系，加以模型化，建立起回归方程，用于预测的方法。回归分析分为线性回归和非线性回归两类。凡是可以用线性方程形式描述的回归问题，均属线性回归，若只含一个自变量时，为一元线性回归；含两个及两个以上的自变量时，为多元线性回归；凡是以非线性方程描述的回归问题，如对数方程、指数方程、三角函数方程等，均属非线性回归。

一元线性回归是找出一条倾向性的回归直线，该直线得到实际资料之间的偏差平方和为最小。根据最小二乘法原理，求线性方程，用趋势线进行分析预测。其方程式为：$a + bX$，式中：$Y$ 是因变量即预测值；$X$ 是自变量；$a$ 是直线在 $Y$ 轴上截距，即长期趋势的基期水平；$b$ 是直线的斜率，即 $X$ 每变动一个单位的增减量；$a$、$b$ 是回归参数（未知常数）。求参数的方法很多，最常用的方法叫最小平方法（也称最小二乘法）。最小平方法求参数，用的是下述联立方程：

$$\begin{cases} \sum Y = Na + b \sum X \\ \sum XY = a \sum X + b \sum X^2 \end{cases}$$

则：

$$a = \frac{\sum Y - b \sum X}{N}, \quad b = \frac{N \sum XY - \sum X \sum Y}{N \sum X^2 - (\sum X)^2}$$

最小平方法简捷法是令 $\sum X = 0$，则：

$$a = \frac{\sum Y}{N}, \quad b = \frac{\sum XY}{\sum X^2}$$

将参数 $a$、$b$ 及自变量 $X$ 代入方程式 $Y = a + bX$，则求出预测值 $Y$。

企业经济活动分析的方法多种多样，对每种方法的选用，要视分析的目的要求和所掌握的资料来确定。各种方法结合运用，更有助于达到分析的目的。

## 思考与练习

### 一、思考题

1．什么是企业经济活动分析？其研究对象、作用和内容是什么？
2．企业经济活动分析的原则、依据和步骤是什么？

## 二、练习题

1. 〔目的〕练习连环替代法和差额分析法。

   〔资料〕某种材料的耗用量、单价、产品产量资料见表1-3。

   表1-3

   | 项 目 | 计划 | 实际 |
   | --- | --- | --- |
   | 产品产量（件） | 1 000 | 1 200 |
   | 单位产品材料消耗定额（kg） | 10 | 9 |
   | 材料单价（元） | 5 | 6 |

   〔要求〕分析实际材料消耗总额与计划发生差异的原因。

2. 〔目的〕练习动态分析法。

   〔资料〕某企业1999年销售额为100万元，2004年为180万元。

   〔要求〕求五年的发展速度、平均每年发展速度、平均每年增长速度。

# 第二章 市场分析

市场是社会分工和商品生产的产物。了解影响市场供求诸因素、分析市场供求动态、把握消费结构的变化、预测市场占有率,对于企业正确开展生产经营活动极其重要。本章将对此展开讨论。

## 第一节 影响市场商品供求量因素的分析

### 一、市场与市场类型

#### 1. 市场的含义

随着社会分工和商品生产、商品交换的产生和发展,就有与之相适应的市场。狭义的市场是指人们进行商品实体买卖的地方,即进行商品交换活动的场所。广义的市场是一种以商品交换为内容的经济联系形式。

市场的实际形成必须具备下列基本要素:①存在着可供交换的产品即商品,包括有形的货物和无形的服务;②存在着提供商品的卖方和具有购买欲望与购买能力的买方;③交换价格符合买卖双方的利益要求。只有具备了这三条,实际的交换行为才能发生。因此,任何一个企业开展生产经营活动,都必须考虑所要提供的产品是否符合消费的需要、本企业是否具备生产经营这种产品的能力、该产品是否拥有足够的顾客、价格能否为顾客所接受。

#### 2. 市场的划分

企业对市场的划分,不是依据产品的不同而将市场划分为诸如工业品市场,农产品市场、消费品市场、生产资料市场等,而是依据对购买者的区分,将市场划分出消费者市场、生产者市场、转卖者(中间商)市场、政府市场、社会团体市场。

消费者市场,指购买是为了个人消费的买主市场,这种市场的购买行为只与人们的生活消费有关。

生产者市场、中间商市场，前者的买主购买产品是为加工制造，后者的买主购买产品是为进一步转卖，它包括批发商和零售商两部分。这两类市场买主的具体目的并不同，但两者都有一个盈利的共同目的，因而又可将两者合称为"产业市场"。

政府市场、社会团体市场，指购买是为了公务性、公用性消费的买主市场。这两类市场的买主与生产者市场、中间商市场的买主在购买目的等方面不同，但有一点是共同的，那就是购买者不是消费者个体而是组织体。所以，除了消费者市场可称为"个人市场"外，其他各类市场又可合称为"组织市场"。

企业经常面对的是消费者市场和产业市场。认真研究、把握这两类市场的需求特点和购买行为，对企业开展生产经营活动具有重要意义。

## 二、市场的运行机制

市场之所以能够自行调节社会资源是通过市场运行机制实现的。市场运行机制是价值规律的实现形式，它通过价格、供求、竞争和工资等各种市场杠杆发挥作用。在各种杠杆中，价格是核心。价格高低直接影响商品生产者的经济利益、引起市场竞争，并影响市场上供求关系的变化和资源的配置。市场供求反过来又影响价格，使商品的市场价格最终趋向于自身的价值。这种作用过程可通过图 2.1 来描述。

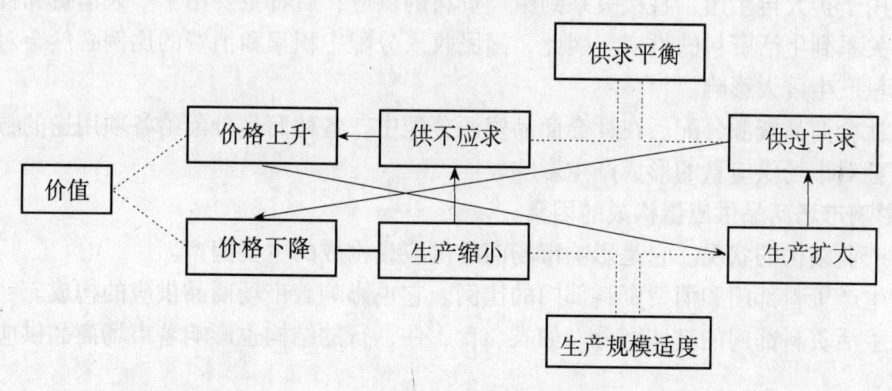

图 2.1

由图 2.1 可见市场机体内商品的价格变化、供求变化、生产规模变化三者间的内在联系。在这种循环过程中，市场机制达到了两个目的：

（1）个别生产者生产商品的劳动耗费只有社会必要劳动时间的部分才为社会所承认。在市场交换中，只承认商品的差别，不承认生产条件的差别，这就是优胜劣汰的竞争机制得以实现的保证。

（2）一定使用价值生产规模的扩大和缩小直接取决于价格升降的变化。价格升降使一定使用价值的生产最终取得与市场需求相适应的规模。从而市场机制实现了社会总劳动时间在不同使用价值生产部门按比例的分配，即通过市场协调实现了国民经济各部门的平衡发展。

当然，社会主义市场经济除受价值规律支配外还受有计划发展规律的支配，故经济运行应当采用市场机制与计划机制并行的运行机制。也就是说，市场机制不能惟一地存在和惟一地起作用，计划机制也不能离开市场机制而存在，它要受市场机制的制约。计划的制定要从市场取得信息依据，而计划的执行又必须贯彻到市场中去。

## 三、影响市场商品供求量的因素

### （一）影响市场商品供应量及其构成的因素

市场商品供应量是指一定时期内提供给市场销售的商品总量（总额）。它只是社会商品资源的一部分。

**1．影响市场商品供应量形成的因素**

（1）工农业生产的发展规模和速度。它是商品供应量形成的基础，它决定着市场商品供应量的大小。

（2）积累和消费的比例。实物形态的国民收入和分配最终用于积累和消费两种用途。前者主要用于扩大再生产，直接关系到生产资料的供应；后者主要用于个人消费和社会消费，直接关系到生活资料的供应。因此，国民收入分配中积累和消费的比例必然会对市场商品可供量产生重大影响。

（3）社会商品资源分配。在社会商品资源分配中，各种商品分配给各项用途的数量的增减，也会对市场供应量的形成产生影响。

**2．影响市场商品供应量构成的因素**

（1）产业结构的状况。它是影响市场商品供应量构成的主要因素。

（2）生产资料部门和消费资料部门的比例。它也影响着市场商品供应的构成。

（3）生活资料部门的具体划分。如衣、食、住、行的结构也影响着市场商品供应量的最后形成。

### （二）影响市场商品需求量及其构成的因素

市场商品需求量，是指计划期内消费者在市场上购买商品的货币总额。

**1．影响市场商品需求量形成的因素**

（1）人口因素。它是最主要因素。从人口的规模上讲，人口数量的变化对市场商品需求总量有直接的影响。就基本生活需求讲，人口数量与市场商品需求量是正比例关系。在人均消费量不变的情况下，人口增长必然引起消费品需求总量的增长。

(2) 收入水平及由此决定的购买力因素。它是决定性因素。消费者收入增长及购买力的提高直接影响到市场商品需求总量和结构的变化。

(3) 商品因素。商品的质量、价格也影响着市场商品需求的总量。若商品适销对路，就能使市场消费需求得以实现；反之，则推迟消费，从而减少一定时期的市场商品需求总量。

(4) 城乡居民储蓄与手持现金的多少。一般来说，手持现金多，购买欲强，市场商品需求量就会增加。

**2．影响市场商品需求量构成的因素**

(1) 消费者年龄、性别。这是直接影响因素。从人口的年龄和性别来看，因不同年龄的消费者占消费者总体比重的不同，导致对市场商品需求的重点不同。据消费者的年龄结构，一般可分为老年人市场、儿童市场等。各种年龄集团对消费品的需求构成差异很大，而且在商品的质量、花色、规格等方面都有不同的选择要求。

(2) 收入水平及由此决定的消费水平。这也是直接影响因素。消费结构按消费支出的不同，可分为吃、穿、用等。由于收入水平的提高，城乡居民生活日益改善，其消费结构表现为向高、精、细方向发展。

(3) 消费者的职业、偏好、商品的消费需求弹性。它们对市场商品需求构成产生着直接或间接的影响。

(4) 国家政策措施、法律法令、社会风尚、自然气候等。它们对市场商品需求量及构成的变化产生一定的影响。

# 第二节　市场供求动态分析

市场供求动态的变化与企业生产经营息息相关。及时分析市场供需状况，可以了解市场需求的发展趋势，调整国民经济的比例关系，制定经营决策和竞争策略。市场供需动态变化可从下面几方面进行分析。

## 一、社会商品购买力动态分析

市场必须具备的三个要素是消费者、购买力和购买欲望。如果没有购买的能力，虽有消费者和购买欲望也不能产生购买行为。要了解市场动态，首先要分析购买力的变化。

社会商品购买力是指在一定时期内全社会通过市场上购买商品的货币总额。

在我国现阶段，社会商品购买力是由生活资料购买力和生产资料购买力组成的。生活资料购买力包括城乡居民消费品购买力和社会集团公用消费品购买力；生产资料购买力包括农业生产资料购买力和工业生产资料购买力。

居民消费的购买力＝居民货币收入总额—居民非商品支出额—居民货币储蓄增加额（或＋居民货币储蓄减少额）—居民手存现金增加额（或＋减少额）。

在社会集团购买力中，国家机关、团体、部队、学校和事业单位购买公用消费品的货币资金主要来自国家财政拨款；企业单位向市场购买公用消费品的货币资金，主要来自企业本身的经营收入。

农业生产资料购买力的资金来源，一是农业生产者的货币收入，二是农业贷款，三是国家财政投资，其中农民货币收入是主要来源。

工业生产资料购买力的来源，一是基本建设投资，二是企业生产资金。

社会商品购买力的增减及增减速度的变化对企业生产经营有直接的影响。对社会商品购买力变化的分析，主要包括绝对额的增长和增长速度的变化程度。

现将某地区居民货币收支平衡表简化如表2–1所示。

表2–1　　　　　　　　　　　　　　　　　　金额单位：万元

| | 上期<br>① | 本期<br>② | 差异 ± 数值<br>③＝②－① | 差异 ± %<br>④＝③÷① |
|---|---|---|---|---|
| （一）居民货币收入总额 | 11 605 | 13 182 | ＋1 577 | ＋13.59 |
| 全民和集体企、事业职工工资收入 | 1 810 | 2 289 | ＋479 | ＋26.46 |
| 农民出售农副产品货币收入 | 5 444 | 6 336 | ＋892 | ＋16.38 |
| 国家财政对农业的支援 | 355 | 277 | －78 | －21.97 |
| 农业贷款增加额 | ＋144 | ＋160 | ＋16 | ＋11.11 |
| （二）居民货币支出总额 | 11 605 | 13 182 | ＋1 577 | ＋13.59 |
| 社会商品购买力 | 8 800 | 10 173 | ＋1 373 | ＋15.60 |
| 非商品支出 | 1 001 | 1 145 | ＋144 | ＋14.38 |
| 期初期末城乡储蓄增加额 | ＋350 | ＋280 | －70 | －20.00 |
| 期初期末居民手持现金增加额 | ＋300 | ＋100 | －200 | －66.67 |

表2-1中，本期社会商品购买力比上期增长1 373万元，增长幅度为15.6%，是由于居民货币收入增加所致。

在居民货币收入中，总收入增加1 577万元，其中，由于农副产品的售收入增长892万元，这部分占总收入增长的56.56%；企业事业职工工资收入增加了479万元，这部分占总收入增长的30.37%。在这两部分中，农业生产者出售的农副产品收入是农业生产发展后向市场提供商品量扩大而增加的货币收入，由此而形成的购买力是有物质基础保证的；而由工资增长而扩大的购买力，则需要结合市场商品可供量情况进行考虑。工资增长必须与消费品生产部门可能提供的消费品相适应，要研究第一部类与第二部类的比例及其增长情况。

## 二、货币流入与流出的分析

货币流入是指外地居民和集团单位通过银行、邮局汇入货币和随身带入货币。货币流出则指当地居民和集团单位因种种原因要通过邮局、银行汇出货币和随身带出货币。一般来说，货币流入大于流出，当地的购买力就增加；反之，货币流出大于流入，当地的购买力就减少。一些大中城市的外来购买力，就是货币的流入。货币流入、流出的差额就是流动购买力。

分析货币流入和流出的差额，可以向邮局、银行等有关部门索取资料，但对随身带入和带出的货币就很难测算。一般可运用银行货币投放与回笼的数据，结合货币流通量的变化情况进行测算，计算公式如下：

$$\text{某期货币净流入(或净流出)额} = \left(\text{货币投放} - \text{货币回笼}\right) - \left(\text{期末货币流通量} - \text{期初货币流通量}\right)$$

得数为正值，即货币流出；得数为负值，则为货币流入。

**例1** 某地区2003年货币流通量年初为2 000万元，年末为2 200万元，当年货币投放为15 000万元，回笼14 700万元，问该地区2003年货币是流入还是流出？其货币量为多少？

(15 000 - 14 700) - (2 200 - 2 000) = 300 - 200 = 100（万元）

可见，该地区2003年末货币流出量为100万元。详言之，该地区末回笼的货币为300万元，其中200万元增加在本地区社会货币流通量里，100万元流出到其他地区。

**例2** 某县在2004年计划投放货币8 000万元，回笼7 850万元，预计年末货币流通量为9 200万元，年初货币流通量9 000万元，问该县2004年流入或流出的货币量是多少？

(8 000 - 7 850) - (9 200 - 9 000) = 150 - 200 = -50（万元）

可见，该县2004年流入货币50万元。详言之，该县未回笼货币150万元，年末货币流通量本应是年初货币流通量9 000万元加上未回笼的150万元，共9 150万元，但年末货币流通量实际是 9 200 万元,多出 50 万元 (9 200 - 9 150)。说明这 50 万元是外地流入本县的。

## 三、商品供求平衡分析

### (一) 商品供求总额平衡分析

供求比例是否协调可以将商品可供量总额(即社会商品零售总额)与社会商品购买力总额(即商品需求量)对比分析,通常计算三个分析指标,即商品供求差额、商品供求比率和商品供求差率。

(1) 商品供求差额。它用绝对数来表示某一时期商品供求之间的适应情况。其计算公式是:

$$商品供求差额 = 社会商品可供量总额 - 社会商品购买力总额$$

如果差额是正数,就是顺差,表明商品供过于求;差额为 0,表明商品供求平衡;差额为负数,则为逆差,表明商品供不应求。

(2) 商品供求比率(即可供率)。它是同期商品可供量与社会商品购买力之比,它是用相对数来说明两者的适应程度的。其计算公式是:

$$商品供求比率 = \frac{社会商品可供量总额}{社会商品购买力总额} \times 100\%$$

如果比率大于 100%,是顺差,表明商品供过于求;反之,比率小于 100%,则为逆差,表明商品供不应求;比率 100% 表明商品供求平衡。

(3) 商品供求差率。它是同期商品供求差额与社会商品购买力之比,表明供求之间相差的程度。其计算公式是:

$$商品供求差率 = \frac{商品供求差额}{社会购买力总额} \times 100\%$$

如果差率是负数,即逆差,表明商品供不应求,即通常所说的商品供应有缺口;差率是正数,则为顺差,表明商品供过于求。供求差率的大小,表明供求总额不协调的程度。

**例 3** 某地区社会商品购买力总额为 10 173 万元,商品可供量 9 664 万元,其商品供求差额、商品可供率、商品供求差率程度如何?

商品供求差额 = 9 664 - 10 173 = - 509(万元)

$$商品供求比率 = \frac{9\ 664}{10\ 173} \times 100\% = 95\%$$

$$商品供求差率 = \frac{-509}{10\ 173} \times 100\% = -5\%$$

可见,该地区商品可供量只达到商品购买力的 95%,还缺额 5%。

一般来说,商品供求比率达到 101% 至 104%,基本上能够实现当年平衡,略有结余。

这样，要求社会商品购买力总额的增长速度，适当地小于社会商品零售总额（即商品可供量）的增长速度，就可以做到留有余地。

## （二）商品供求构成平衡分析

商品构成平衡是分析商品大类和主要商品之间的平衡关系，它是在局部和商品大类构成上说明总体平衡的状况。以表 2-2 为例。

表 2-2　　　　　　　　　　　　　　　　单位：万元

| | 社会商品购买力 ① | 社会商品可供量 ② | 差　异 | |
|---|---|---|---|---|
| | | | ±数值 ③=②-① | ±% ④=③÷① |
| 总　值 | 10 173 | 9 664 | -509 | -5.00 |
| （一）消费品购买力 | 8 952 | 8 421 | -531 | -5.93 |
| 吃类 | 5 058 | 5 077 | +19 | +0.37 |
| 穿类 | 1 728 | 1 330 | -398 | -23.03 |
| 用类 | 1 770 | 1 667 | -103 | -5.82 |
| 烧类 | 295 | 225 | -70 | -23.73 |
| 其他类 | 101 | 122 | +21 | +20.79 |
| （二）农业生产资料购买力 | 1 221 | 1 243 | +22 | +1.80 |

从表 2-2 可见，商品供求差额为 509 万元，也就是说，社会商品购买力大于商品可供量，即供小于求。供求差额主要集中于穿、用两大类的商品上。穿的一类供求差额达 398 万元，占总差额的 78.19%，即占 3/4 以上；用的一类供求差额为 103 万元，占总差额的 20.24%，即占 1/5。这便需要针对供求的不平衡状况，研究并采取措施。短期中出现的供小于求的情况，可采取增加商品资源和控制社会购买力增长的办法。第一，积极增加商品货源，这主要是促进生产，扩大采购；第二，要调整商品资源的分配比例，有计划地扩大对市场的商品分配份额；第三，要适当安排一部分进口；第四，开展社会节约，挖掘社会物资余力。在控制社会购买力方面，要有效地控制社会集团购买力的增长，扩大并改进饮食业、服务业的供应，适当增大一部分非商品支出，等等。

当然，在长期出现供小于求的情况下，则需从宏观经济的角度出发，从国民收入的消费和积累比例的安排以及生产结构的变动等方面来考虑流通领域中长期存在的问题了。

## 第三节 消费结构的分析

消费结构的分析，有利于了解市场动态变化和购买力投向的趋势，以便给企业制定经营决策提供依据。

### 一、消费结构的概念和指标

#### （一）消费结构的概念

消费结构是指各类消费支出占消费总额的比重以及它们的相互关系。

消费结构有实物和价值两种表现形式，实物形式的消费结构和价值形式的消费结构既有联系又有区别。价值形式的消费结构大体上反映出实物形式的消费结构，但有时不一定与实物形式消费结构完全一致。这是由于：①实物消费结构包含了人们自给性的产品及劳务消费；②消费品价格受市场价格波动的影响，同等数量实物消费在不同时间、不同地区表现为不等的货币（价值）支出。

消费结构还有宏观与微观之分。宏观消费结构，是从国民经济全局考察的居民消费结构，而微观消费结构是指单个家庭和个人的消费结构。微观消费结构是宏观消费结构的基础。

#### （二）反映消费结构的指标

消费结构指标通常用结构相对数的形式，即用某类消费支出数占消费支出总数的比重来表示。消费结构指标的内容取决于消费结构分类标准和方法。常用的消费结构指标如下：

（1）按消费活动行为分，有吃、穿、用、烧、住、行消费支出占消费支出总数的比重；有商品支出、劳务支出所占比重；耐用品消费支出、非耐用品消费支出所占比重；物质消费支出、文化消费支出所占的比重等。

（2）从满足社会成员的消费需要状况分，有生存资料、享受资料和发展资料占消费资料总数的比重。

（3）从满足社会成员消费需要方式分，有个人消费、社会公共消费所占比重等。

消费结构不是一成不变，它总是随着社会经济的发展不断地从低层次向高层次、不合理向合理方向发展。

## 二、消费结构的分析方法

### (一) 恩格尔系数分析法

德国著名统计学家恩格尔通过对多国家庭收支统计资料的研究表明,随着家庭或个人收入的增加,支出中用于食品方面的支出比重就会相对变小。这就是恩格尔定律。反映此定律的系数,称为恩格尔系数,用公式表示为:

$$恩格尔系数 = \frac{食品支出总额}{消费支出总额} \times 100\%$$

联合国将恩格尔系数划分:30%以下为极富裕,30%~40%为富裕,40%~50%为小康水平,50%~60%为温饱型,60%以上为贫困型。恩格尔定律对研究居民生活消费结构的变动趋势,具有下列意义:

(1) 揭示了一个家庭或国家的消费结构与生活贫富程度的相关关系。一般来说,恩格尔系数越小,说明生活越富裕;反之,生活越贫穷。当然,在运用恩格尔系数分析我国居民消费时应注意调整不可比因素,如公费医疗、住宅消费偏低等。

(2) 揭示了居民收入和食物支出数量的相关关系。恩格尔定律排除了消费结构中其他因素,从食物支出占消费总支出的比重来说明生活发展程度及收入增加对人们生活消费结构的影响。

(3) 恩格尔系数实际上为研究消费结构提供了方法论。一方面,该系数可评价不同国家、不同收入阶层在不同时期的生活贫富程度,说明其经济状况和消费水平的高低;另一方面,利用其基本原理又可进一步说明消费结构的其他方面:衣、住、用、烧、行的比重及变动趋势。

### (二) 相关系数法

通过计算相关系数,揭示消费结构中各个组成部分的相关程度和方向。如在消费结构中,吃的比重下降,穿、用、住的比重就要上升,行和烧的部分也要发生变化;达到了一定的程度,穿、住、烧可能相对稳定,而用、行方面的比重可能会继续上升。这说明消费结构内部随着某部分的变化,而引起其他相关部分的变化。这种变化会表现出一定的规律性。

测定消费结构相关系数,一般是以两个要素来进行对比,首先求两者的相关系数 $r$,了解 $r$ 值的大小,决定两者相关的密切程度,然后判断两者是正相关还是负相关。

## 三、我国消费结构的状况分析

### （一）现阶段我国消费结构变化特点

我国城乡居民家庭人年均消费性支出结构见表2-3。

表2-3  我国城乡居民家庭人年均消费性支出结构

| 年份<br>项目 | 1992 | 1999 | 2000 | 2001 | 2002 | 2003 |
|---|---|---|---|---|---|---|
| 消费支出构成（%） | 100.0 | 100.0 | 100.0 | 100.0 | 100.0 | 100.0 |
| 1．食品 | 52.86 | 41.9 | 39.4 | 37.9 | 37.7 | 37.1 |
| ＃粮食 | 6.25 | 4.7 | 3.8 | 3.5 | 3.2 | 3.0 |
| 肉禽及其制品 | 12.37 | 8.9 | 8.2 | 7.8 | 7.5 | 7.3 |
| 蛋类 | 2.41 | 1.4 | 1.1 | 1.1 | 1.0 | 0.9 |
| 水产品 | 3.55 | 3.1 | 2.9 | 2.9 | 2.8 | 2.6 |
| 奶及奶制品 | 1.05 | 1.2 | 1.4 | 1.5 | 1.7 | 1.9 |
| 2．衣着 | 14.08 | 10.5 | 10.0 | 10.1 | 9.8 | 9.8 |
| ＃服装 | 7.93 | 6.9 | 6.7 | 6.7 | 6.9 | 7.0 |
| 3．家庭设备用品及服务 | 8.42 | 8.6 | 7.5 | 8.3 | 6.4 | 6.3 |
| ＃耐用消费品 | 4.46 | 5.0 | 5.2 | 14.1 | 3.4 | 3.3 |
| 4．医疗保健 | 2.48 | 5.3 | 6.4 | 6.5 | 7.1 | 7.3 |
| 5．交通通讯 | 2.64 | 6.7 | 8.5 | 8.6 | 10.4 | 11.1 |
| 6．娱乐教育文化服务 | 8.82 | 12.3 | 13.4 | 13.0 | 15.0 | 14.4 |
| ＃文娱用耐用消费品 | 3.03 | 2.9 | 2.9 | 2.6 | 4.1 | 4.1 |
| 7．居住 | 5.96 | 9.8 | 11.3 | 10.3 | 10.4 | 10.7 |
| ＃住房 | 2.14 | 4.2 | 4.0 | 4.1 | 4.0 | 3.9 |
| 8．杂项商品 | 4.74 | 5.0 | 3.4 | 5.4 | 3.2 | 3.3 |

注：资料来源于1992～2003年《中国统计年鉴》。

从表2-3可见，我国现阶段城乡居民消费结构的特点是：

（1）在消费支出构成中，购买食品支出比重逐年下降，它大体符合恩格尔定律。

（2）医疗保健支出、居住支出比重上升，反映了我国经济体制改革的深化，使住宅等逐渐恢复商品的本来面目。

（3）消费需求层次由生存型向享受型和发展型转变。人们对物质资料的消费（如食物）在居民消费支出中的比重下降，而享受型消费（如旅游、娱乐）和发展型消费（如教育、技术培训）则呈上升趋势。

（二）今后我国消费结构发展的态势

随着我国社会经济的发展，人们消费水平的提高，今后消费结构发展的基本态势，将会按下列规律发展：

（1）在消费总量中，发展资料和享受资料消费所占比重将逐步上升。这是由于：①随着人们收入水平和消费水平的不断提高，人们对发展资料和享受资料的需要大大增加；②随着科学技术的进步和社会的发展，从事生产发展资料和享受资料的劳动力占社会总劳动力的比重也在不断上升。

（2）劳务消费支出所占比重呈逐步上升趋势。这是由于：①人们对旅游、娱乐服务等方面的需求将随着收入的增加而不断增加；②国外的历史经验也说明当第一、二次产业发展到一定阶段后，第三次产业的发展就会随之从总量和比重上后来居上。

（3）吃的方面所占比重继续呈下降趋势，用、行、穿、烧方面所占比重略有增加，住方面所占比重将随住宅商品化进程的加快而有较大的提高。

（4）自给性和补贴性消费的比重将逐步下降。这是由于：①随着我国社会主义市场经济的发展，限制商品生产发展的种种障碍将会进一步消除；②随着农村经济体制改革的深化和农业劳动生产率的提高，农副产品商品率将会提高；③城镇居民的非货币性收入（如住房补贴、价格补贴）的比重逐渐下降。

# 第四节　市场占有率分析

## 一、市场占有率的概念

（一）市场占有率的含义

市场占有率有两层含义：

（1）某企业的某年（或某季、某月）销售额（量）占当地市场商品同时期零售总额的比重。其计算公式为：

$$某企业市场占有率 = \frac{某企业销售额（量）}{当地市场销售额（量）} \times 100\%$$

（2）某企业经营的某类商品占当地市场同类商品销售额（量）的比重。其计算公式为：

$$\text{某类商品市场占有率} = \frac{\text{某类商品销售额（量）}}{\text{当地市场同类商品销售额（量）}} \times 100\%$$

第1层含义，表明某企业在当地市场中的经营状况和地位作用；第2层含义，表明企业生产经营的某类商品在当地市场的同类商品中的生产经营比重状况。

### （二）影响市场占有率的因素

影响市场占有率的主要因素，一是本企业生产经营条件，如企业的位置、设施、人员、技术力量，企业经营商品的种类、数量、适销性、企业的经营状况（资金、成本、价格、利润等），企业的服务态度、管理水平、外部条件等；二是竞争对手的生产经营能力。

### （三）市场占有率分析的作用

市场占有率的分析，对生产企业的生产安排和商品流通企业的商品经营有着十分重要的作用。主要表现在如下几点：

(1) 可以根据市场发展趋势来组织商品，做到商品适销对路，既可防止商品滞销和积压，又可避免商品脱销。

(2) 生产企业掌握企业产品的市场占有率，有的放矢地研究改进产品质量、包装等，促进扩大市场。

(3) 便于商品流通企业有针对性地采取适当策略，以提高市场占有率，扩大商品流通，提高商业经济效益。

## *二、马尔可夫分析法

以俄国数学家马尔可夫（A. A. Markov）命名的数学方法称马尔可夫分析法，这种方法在自然科学和社会科学都有着广泛的应用。他在本世纪初发现：自然界和社会界有一类事物的变化过程与事物的近期状态有关，与事物的过去状态无关。也就是说事物的第 $n$ 次试验结果仅取决于第 $(n-1)$ 将试验结果，第 $(n-1)$ 次试验结果仅取于第 $(n-2)$ 次试验结果，依次类推。这一系列转移过程的集合称为马尔可夫链。

马尔可夫分析法是一种动态随机数学模型，它建立在系统"状态"和"状态转移"的概念上。状态转移，是指当系统的变量从一个特定值变化到另一个特定值时，就表明系统由一个状态转移到另一个状态，从而实现了状态的转移。

现着重对市场占有率的转移进行一些分析。

市场上的同类商品或相互替代的商品中，由于商品质量变化、价格调整、包装改进或社会消费倾向的改变等因素，引起消费者的购买兴趣与欲望不同，发生各种不同规格商品市场占有率的相互转移。比如，有的消费者原喜欢用普通洗衣粉，由于价格、质量等原因，现转向购买广州浪奇宝洁有限公司的"好而不贵"的"新高富力"洗衣粉；又如顾客在甲、乙、丙各商店之间的相互转移等。为了决策商品或企业的经营方向，需要预测各种商品之间或不同规格、不同牌号之间不断转移的市场占有率。

假设市场上有 A、B、C 三种牌号的同类商品。为了决定商品的经营方向，需预测今后各自的市场占有率。

设 $S_A^{(0)}$、$S_B^{(0)}$、$S_C^{(0)}$ 各代表 A、B、C 牌商品上期市场占有率，即为初始状态。$P_{AB}$ 代表 A 牌商品上期顾客在本期转移选购 B 牌商品的转移概率，$P_{AC}$ 代表 A 牌商品上期顾客在本期选购 C 牌商品的转移概率；$P_{BA}$ 代表 B 牌商品上期顾客在本期选购 A 牌商品的转移概率，$P_{BC}$ 代表 B 牌商品上期顾客在本期选购 C 牌商品的转移概率；$P_{CA}$ 代表 C 牌商品的上期顾客在本期选购 A 牌商品的转移概率，$P_{CB}$ 代表 C 牌商品上期顾客在本期选购 B 牌商品的转移概率。$S_A^{(1)}$、$S_B^{(1)}$、$S_C^{(1)}$ 为 A、B、C 牌商品本期市场占有率。

根据马尔可夫链预测的基本原理，本期市场占有率仅取决于上期市场占有率及转移概率。按照这一原理，其市场占有率转移矩阵数学模型为：

$$P = \begin{array}{c} \text{上} \\ \text{期} \\ \text{购} \\ \text{买} \end{array} \begin{array}{c} \text{本 期 选 购} \\ \begin{array}{ccc} A & B & C \end{array} \\ \begin{array}{c} A \\ B \\ C \end{array} \left[ \begin{array}{ccc} P_{AA} & P_{AB} & P_{AC} \\ P_{BA} & P_{BB} & P_{BC} \\ P_{CA} & P_{CB} & P_{CC} \end{array} \right] \end{array}$$

上述矩阵中，由左上方至右下方对角线上的 $P_{AA}$、$P_{BB}$、$P_{CC}$ 表示各类商品保留上期顾客的概率。其他数值都代表两种不同的含义。比如，A 牌失去的顾客即为 B 牌或 C 牌争取的顾客；B 牌失去的顾客即为 A 牌和 C 牌争取的顾客；C 牌失去的顾客即为向 A 牌和 B 牌转移的顾客。与主对角线上同行（即横向）的数值表示丧失顾客转移到其他品牌的概率。与主对角线上数值同列者（即纵向）表示由其他品牌转移到本品牌商品的概率。

根据原理建立的市场占有率预测数学模型为：

$$S_A^{(1)} = P_{AA} \cdot S_A^{(0)} + P_{AB} \cdot S_B^{(0)} + P_{AC} \cdot S_C^{(0)}$$
$$S_B^{(1)} = P_{BA} \cdot S_A^{(0)} + P_{BB} \cdot S_B^{(0)} + P_{BC} \cdot S_C^{(0)}$$
$$S_C^{(1)} = P_{CA} \cdot S_A^{(0)} + P_{CB} \cdot S_B^{(0)} + P_{CC} \cdot S_C^{(0)}$$

以上所表示的模式即：

本期市场占有率 = 本期转移的占有率 × 上期市场占有率

**例 4** 某地区市场上出售 A、B、C 三种品牌的洗衣粉 200 万箱，A、B、C 品牌洗衣粉的上月销量分别为 60 万、80 万、60 万箱，市场调查本月顾客将买哪品牌洗衣粉，结果见表 2-4。

试测算本月 A、B、C 三个品牌洗衣粉的顾客变动状况和市场占有率。计算如下：

表 2-4

|  | 打算买 A 牌 | 打算买 B 牌 | 打算买 C 牌 |
|---|---|---|---|
| 购买 A 牌的顾客 | 60% | 20% | 20% |
| 购买 B 牌的顾客 | 70% | 20% | 10% |
| 购买 C 牌的顾客 | 80% | 10% | 10% |

（1）先求出上月市场占有率（即初始状态）：

A 牌市场占有率 $=\dfrac{60}{200}=0.3$

B 牌市场占有率 $=\dfrac{80}{200}=0.4$

C 牌市场占有率 $=\dfrac{60}{200}=0.3$

（2）再从市场调查资料，求出状态转移概率矩阵为：

$$P = \begin{array}{c} \text{上}\\ \text{期}\\ \text{购}\\ \text{买} \end{array} \begin{array}{c} A\\ B\\ C \end{array} \begin{bmatrix} 0.60 & 0.20 & 0.20 \\ 0.10 & 0.70 & 0.20 \\ 0.10 & 0.10 & 0.08 \end{bmatrix}$$

（3）根据数学模型求本月市场占有率：

$S_A^{(1)} = 0.60 \times 0.3 + 0.10 \times 0.4 + 0.10 \times 0.3 = 0.25$

$S_B^{(1)} = 0.20 \times 0.3 + 0.70 \times 0.4 + 0.10 \times 0.3 = 0.37$

$S_C^{(1)} = 0.20 \times 0.3 + 0.20 \times 0.4 + 0.80 \times 0.3 = 0.38$

（4）各个品牌洗衣粉本月预测市场销量：

A 牌销量 = 200 × 0.25 = 50（万箱）

B 牌销量 = 200 × 0.37 = 74（万箱）

C 牌销量 = 200 × 0.38 = 76（万箱）

（5）预测下月各个品牌洗衣粉市场占有率为：

$S_A^{(2)} = 0.6 \times 0.25 + 0.1 \times 0.37 + 0.1 \times 0.38 = 0.225$

$S_B^{(2)} = 0.2 \times 0.25 + 0.7 \times 0.37 + 0.1 \times 0.38 = 0.347$

$S_C^{(2)} = 0.2 \times 0.25 + 0.2 \times 0.37 + 0.8 \times 0.38 = 0.428$

（6）若下月销量比本月增长 5%，即 200 × (1 + 5%) = 210 万箱，各品牌洗衣粉销量如下：

A 牌销量 = 210 × 0.225 = 47.25（万箱）

B 牌销量 = 210 × 0.347 = 72.87（万箱）

C 牌销量 = 210 × 0.428 = 89.88（万箱）

从上述计算结果可见，A、B 牌洗衣粉占有率越来越小，C 牌洗衣粉的市场占有率越来越大，从 30% 增加到 42.8%，并且 A 牌洗衣粉的市场占有率下降幅度的比例逐渐递减，C 牌洗衣粉市场占有率增加的幅度比例也逐渐递减。可以推论：在某种情况下，各品牌洗衣粉的市场占有率会保持相对的稳定，这种状态称为市场占有率平衡状态。若处于平衡状态时，上月各品牌洗衣粉的市场占有率等于本月市场占有率。其平衡状态模型如下：

$$S_A^{(0)} = P_{AA} \cdot S_A^{(0)} + P_{AB} \cdot S_B^{(0)} + P_{AC} \cdot S_C^{(0)} = S_A^{(1)}$$

$$S_B^{(0)} = P_{AB} \cdot S_A^{(0)} + P_{BB} \cdot S_B^{(0)} + P_{CB} \cdot S_C^{(0)} = S_B^{(1)}$$

$$S_C^{(0)} = P_{AC} \cdot S_A^{(0)} + P_{BC} \cdot S_B^{(0)} + P_{CC} \cdot S_C^{(0)} = S_C^{(1)}$$

市场占有率的分析，还可用马尔可夫简捷法。

**例 5** 某新建小区有 A、B、C 三个食品店都自产自销小元宵，销量分别占小区销量的 40%、30%、30%，从已经购买这三个店元宵的顾客进行调查，请问他们下个月（预测期）将去买哪个店的元宵？现将资料整理见表 2–5。

表 2–5

|  | 打算买 A 店 | 打算买 B 店 | 打算买 C 店 |
|---|---|---|---|
| 购买 A 店的顾客 | 50 | 30 | 20 |
| 购买 B 店的顾客 | 60 | 30 | 10 |
| 购买 C 店的顾客 | 40 | 40 | 20 |

现用马尔可夫简捷法计算预测期的各店市场占有率见表 2–6。

表 2–6　　　　　　　　　　　　　　　　单位：%

| 店名 | 本期占有率 | 预测期转移概率 | | | 预测期占有率 | | |
|---|---|---|---|---|---|---|---|
|  |  | A | B | C | A | B | C |
|  | ① | ② | ③ | ④ | ⑤=①×② | ⑥=①×③ | ⑦=①×④ |
| A | 40 | 50 | 30 | 20 | 20 | 12 | 8 |
| B | 30 | 60 | 30 | 10 | 18 | 9 | 3 |
| C | 30 | 40 | 40 | 20 | 12 | 12 | 6 |
| 合计 | 100 |  |  |  | 50 | 33 | 17 |

## *三、市场占有率变动趋势预测

市场商品需求的构成和需求量不断地发生变化。企业销售额的增长和当地市场销售额的增长往往不会同步,因此,企业的市场占有率也随之不断变化。为了拟定计划和为经营决策提供较为可靠的依据,企业需要随时掌握并预测市场占有率的变动趋势状况。市场占有率变动趋势预测计算公式如下:

$$R = \frac{f(1+i)^n}{F(1+I)^n} \times 100\%$$

式中:$R$ 表示某企业若干年后市场占有率;

$f$ 表示某企业某基年商品销售额;

$F$ 表示当地市场某基年商品销售额;

$i$ 表示某企业商品销售额年平均递增率;

$I$ 表示当地市场商品销售额年平均递增率;

$n$ 表示年数(期数)。

**例6** 某市糖酒公司2004年酒类销售额180万元,每年销售额平均以15%递增;当地市场酒类销售额2004年为900万元,根据近几年来的资料测算,平均每年递增为5%。则4年后,该公司酒类市场占有率为:

$$\frac{180 \times (1+15\%)^4}{900 \times (1+5\%)^4} \times 100\% = 28.78\%$$

2008年市场占有率比2004年增长:

$$28.78\% - \frac{180}{900} = 8.78\%$$

## 思考与练习

### 一、思考题

1. 什么是市场?它有哪些类型?
2. 影响市场商品供应量的因素是什么?
3. 影响市场商品需求量的因素是什么?
4. 影响市场占有率的因素是什么?

### 二、练习题

1. 〔目的〕练习货币流入或流出的分析。

〔资料〕某市2004年货币流通量年初为2 500万元,年末为2 700万元,当年货币投放为15 500万元,回笼15 350万元。

〔要求〕计算该市2004年流入或流出的货币量。

2. 〔目的〕练习商品供求总额平衡分析。

〔资料〕某县经测算 2004 年社会商品购买力总额为 12 400 万元,商品可供量是 11 600 万元。

〔要求〕计算商品供求差额、商品供求比率、商品供求差率。

3.〔目的〕练习恩格尔系数分析法。

〔资料〕A、B、C、D、E 各国食品支出总额及消费支出总额见表 2-7。

表 2-7

| 项目＼国别 | A 国 | B 国 | C 国 | D 国 | E 国 |
|---|---|---|---|---|---|
| 食品支出总额（美元） | 174 | 470 | 770 | 62 | 750 |
| 消费支出总额（美元） | 300 | 1000 | 2000 | 100 | 3000 |
| 恩格尔系数 | | | | | |
| 类型 | | | | | |

〔要求〕将表 2-7 的空格填上数字及文字。

4.〔目的〕练习马尔可夫简捷法。

〔资料〕某市调查饮料市场,购买 A 厂产品的消费者占调查总数的 40%,购买 B 厂产品的也占 40%,购买其他厂的占 20%,又进一步向消费者调查,下一个月他们的购买打算如表 2-8 所示。

表 2-8

| | 打算购买 A 厂产品 | 打算购买 B 厂产品 | 打算购买其他厂产品 |
|---|---|---|---|
| 现购买 A 厂产品的顾客 | 80 | 10 | 10 |
| 现购买 B 厂产品的顾客 | 50 | 30 | 20 |
| 现购买其他厂产品的顾客 | 40 | 30 | 30 |

〔要求〕预测下个月各厂产品的市场占有率。

# 第三章 资金分析

资金是企业财产物资的货币表现，是企业从事生产经营活动的基本条件。企业创建、购买生产要素、进行日常生产经营活动，都不能没有资金。企业资金按占用期限的长短，可以分为短期资金和长期资金。对资金的分析，主要从资金需要量预测分析、资金成本分析、资金结构分析以及资金投放决策分析等方面进行。

## 第一节 资金需要量预测分析

资金需要量预测分析是资金分析的重要一环。通常可采用两类方法进行。

### 一、定性预测分析法

定性预测分析法是指利用有关资料，依靠预测者个人的经验，对企业未来资金的需要量作出主观判断的预测方法。这种方法适用于缺乏完备、准确的历史资料的企业，其预测分析的程序是：首先由熟悉企业经营情况的专家，根据以往所积累的经验进行分析判断，提出预测分析的初步意见；然后，再通过召开座谈会，对上述预测分析的初步意见进行修正补充。这样经过一次或若干次以后，得出预测分析的最终结果。

### 二、定量预测分析法

在企业具备历史资料完整、准确的情况下，应采用定量预测分析法。因为定性预测分析法不能揭示资金需要量与有关因素之间的数量关系，而且往往带有主观推测因素。而实际上，企业的资金需要量与其生产经营规模相关，因此采用定量预测分析法的预测结果比较准确。

定量预测分析法的方法很多，这里仅介绍较常用的方法。

## (一) 销售收入资金率法

这种方法是利用资金需要量与销售收入两者的关系来预测分析资金需要量的一种方法。

一般来说,商品销售收入(劳务收入)与资金需要量有同向增减的关系。销售收入的增减,一方面会引起企业货币资产、应收账款和库存商品等资产项目的相应增减;另一方面也会引起企业应交税金、应付账款等负债项目的增减。销售收入资金率法就是根据企业全部资金占用数额与商品销售额的比例关系,预测分析未来的全部资金需要量。将未来资金需要量减去现有资金量,则是未来时期需增加的资金量。这种方法的计算公式如下:

$$\text{未来年度全部资金需要量} = \text{未来年度商品销售额} \times \left[\text{本年销售收入全部资金率} - \text{本年度销售收入其他来源资金率}\right] \quad ①$$

式中,$\text{本年度销售收入全部资金率} = \dfrac{\text{本年度全部资金占用}}{\text{本年度销售收入}} \times 100\%$,

$\text{本年度销售收入其他来源资金率} = \dfrac{\text{本年度其他来源资金}}{\text{本年度销售收入}} \times 100\%$。

$$\text{未来年度全部资金需要增加额} = \left[\text{未来年度商品销售额} - \text{本年度商品销售额}\right] \times \left[\text{本年度销售收入全部资金率} - \text{本年度销售收入其他来源资金率}\right]$$

**例 1** 某企业甲种产品 2003 年实现的商品销售收入 3 620 万元,经测算全部资金占用量为 868.8 万元,其他来源资金 181 万元。根据市场调查预测,2004 年商品销售收入为 4 500 万元。则 2004 年全部资金需要量和需增加的资金数额预测分析如下:

$$\text{2004 年全部资金需要量} = 4\,500 \times \left(\dfrac{868.8}{3\,620} - \dfrac{181}{3\,620}\right) = 855 \text{(万元)}$$

$$\text{2004 年需增加资金量} = (4\,500 - 3\,620) \times \left(\dfrac{868.8}{3\,620} - \dfrac{181}{3\,620}\right) = 167.2 \text{(万元)}$$

如考虑未来年度资金周转速度的加速,销售收入资金率法也可采用如下公式计算:

$$\text{未来年度全部资金需要量} = \text{未来年度商品销售额} \times \text{本年度销售收入资金率} \times \left(1 - \dfrac{\text{未来年度资金加速周转百分率}}{}\right) \quad ②$$

式中,$\text{本年度销售收入资金率} = \dfrac{\text{本年度全部资金占用量} - \text{不合理占用量}}{\text{本年实际销售收入}} \times 100\%$。

**例 2** 某企业预计 2004 年商品销售额为 3 500 万元,2003 年全部资金占用量为 860 万元,其中不合理占用 20 万元,实际销售收入为 3 000 万元。2004 年要求资金周转加速 6%。则预测 2004 年全部资金需要量为:

$$\text{2003 年销售收入资金率} = \dfrac{860 - 20}{3\,000} \times 100\% = 28\%$$

$$\text{2004 年全部资金需要量} = 3\,500 \times 28\% \times (1 - 6\%) = 921.2 \text{(万元)}$$

需要指出的是，公式①或公式②所采用的本年度全部资金占用量和不合理资金占用量的数据都属于时点数据，而销售收入属于时期数据，因此，时点数据应以平均占用量为好。其计算公式如下：

$$\text{本年度全部资金平均占用量} = \frac{\text{期初资金占用量} + \text{期末资金占用量}}{2}$$

$$\text{不合理资金平均占用量} = \frac{\text{期初不合理资金占用量} + \text{期末不合理资金占用量}}{2}$$

### （二）资金习性分析法

资金习性是指资金的变动同产销量变动之间的依存关系。按资金习性可把资金分为不变资金、变动资金和半变动资金。

不变资金是指在一定的销量范围内，这部分资金不随产销量的变动而变动。这部分的资金包括：厂房、机器设备等固定资产占用的资金，原材料的保险储备、必要的成品储备以及为维持营业而占用的最低数额的现金等。

变动资金是指随产量的变动而同比例变动的资金。它一般包括直接构成产品实体的原材料、外购半成品等占用的资金。也包括在最低储备以外的现金（银行存款）、存货、应收账款等。

在实际上，还会有一些虽然受产销量变化的影响，但却不形成同比例关系的资金，如水电费、辅助材料上占用的资金，这类资金被称为半变动资金。对于这部分资金，可采用一定的方法将其分解为不变资金和变动资金。

资金习性分析法就是在将资金划分为不变资金和变动资金的基础上，根据资金与产销量之间的数量关系来确定资金需要量的方法。这种方法可有两种方式，一种是项目汇总法，另一种是综合法。

#### 1. 项目汇总法

项目汇总法是根据各项资金占用项目，（如现金、应收账款、存货、固定资产）与产销量之间的关系，将各项目的资金都划分为不变和变动两部分，然后将其汇总，求出不变资金总额和变动资金总额，进而预测资金需要量的方法。其步骤和方法如下：

（1）将各项目资金划分为不变资金和变动资金，可采用高低点法或回归分析法。

**例3** 某公司近5年销售收入与存货占用情况如表3–1。

表 3-1  某公司销售收入与存货占用情况表　　　单位：万元

| 年份 | 销售收入 $x_i$ | 存货占用 $y_i$ |
|---|---|---|
| 2000 | 250 | 130 |
| 2001 | 315 | 142 |
| 2002 | 420 | 230 |
| 2003 | 510 | 245 |
| 2004 | 650 | 300 |

采用高低点法，分别计算存货占用资金的不变资金和变动资金。

单位变动资金（$b$）= $\dfrac{\text{最高点资金占用量} - \text{最低点资金占用量}}{\text{最高点销售收入} - \text{最低点销售收入}}$

$= \dfrac{300 - 130}{650 - 250} = 0.425$（元）

2004 年不变资金（$a$）= 资金占用 - 单位变动资金 × 销售收入

$= 300 - 0.425 \times 650$

$= 23.75$（万元）

变动资金 $= 0.425 \times 650 = 276.25$（万元）

表 3-2  某公司销售收入与存货占用回归分析表　　　单位：万元

| 年份 | 销售收入 $x_i$ | 存货占用 $y_i$ | $x_i y_i$ | $x_i^2$ |
|---|---|---|---|---|
| 2000 | 250 | 130 | 32 500 | 62 500 |
| 2001 | 315 | 142 | 44 730 | 99 225 |
| 2002 | 420 | 230 | 96 600 | 176 400 |
| 2003 | 510 | 245 | 124 950 | 260 100 |
| 2004 | 650 | 300 | 195 000 | 422 500 |
| 合计 $n=5$ | $\sum x_i = 2\,145$ | $\sum y_i = 1\,047$ | $\sum x_i y_i = 493\,780$ | $\sum x_i^2 = 1\,020\,725$ |

变动资金与不变资金的划分，也可采用回归分析法求出，见表 3-2。

将表 3-2 的资料代入下列联立方程：

$$\begin{cases} \sum y_i = na + b \sum x_i \\ \sum x_i y_i = a \sum x_i + b \sum x_i^2 \end{cases}$$

得　　　　　$\begin{cases} 1\,047 = 5a + 2\,145b \\ 493\,780 = 2\,145a + 1\,020\,725b \end{cases}$

解得　　　　$a = 18.983,\ b = 0.444$

由 $y = a + bx$ 得，$a = y - bx$，代入第五年数字后得：

不变资金 = $300 - 0.444 \times 650 = 11.4$（万元）

变动资金 = $0.444 \times 650 = 288.60$（万元）

可见，采用回归分析法比高低点计算复杂些，但其结果较为精确。因此，企业在历史资料波动较大的情况下，采用回归分析法较为适宜。

同样，根据历史资料，采用高低点或回归分析法，分别将该公司的流动资产项目，如现金（银行存款）、应收账款等；流动负债项目，如应付账款、短期借款、预提费用（应付费用），以及固定资产（如厂房、设备）也作这样的划分。

（2）建立预测模型，预测资金需要量。

如上例，设该公司经过计算的资金需要量预测计算表如表 3-3 所示。

表 3-3　某公司资金需要量预测计算表　　　　　　　　　单位：万元

| 项　目 | 年度不变资金（$a$） | 每一元销售收入所需变动资金（$b$） |
| --- | --- | --- |
| 流动资产： | | |
| 　现金（银行存款） | 180 | 0.056 |
| 　应收账款 | 364.6 | 0.200 |
| 　存　货 | 10.4 | 0.444 |
| 　小　计　① | 555 | 0.7 |
| 减：流动负债 | | |
| 　应付账款 | 90 | 0.08 |
| 　短期借款 | 100 | 0.05 |
| 　预提费用（应付费用） | 50 | 0.10 |
| 　小计　② | 240 | 0.23 |
| 营运资金占用③ = ① - ② | 315 | 0.47 |
| 固定资产 | | |
| 　厂房 | 1 500 | 0 |
| 　设备 | 800 | 0 |
| 　小计④ | 2 300 | 0 |
| 所需资金合计⑤ = ③ + ④ | 2 615 | 0.47 |

根据表 3-3 的资料得出的预测模型为：

$$y = 2\,615 + 0.47x$$

若预计该公司 2005 年的商品销售收入为 800 万元，则 2001 年资金需要量应为：

$$y = 2\,615 + 0.47 \times 800 = 2\,991(万元)$$

**2. 综合法**

综合法是指根据历史上企业资金占用总额与产销量之间的关系，把资金划分为不变资金和变动两部分，然后结合预计的销售量来预测资金需要量。其具体步骤和方法与项目汇总法大致相同，所不同的只是综合法无需逐项测算，而是将全部资金进行划分而已。

**例 4** 某企业近年来产量和资金变化情况如表 3-4 所示。

表 3-4 某企业产销量和资金变化表

| 年　　度 | 2000 | 2001 | 2002 | 2003 | 2004 |
|---|---|---|---|---|---|
| 产销量 $x_i$（万件） | 100 | 130 | 180 | 270 | 310 |
| 资金占用 $y_i$（万元） | 600 | 720 | 940 | 1350 | 1500 |

运用回归分析法，求出 $a = 160.074$，$b = 4.353$。得出的预测模型为：

$$y = 160.074 + 4.353x$$

若预计 1996 年该企业的产销量为 400 件，则 2005 年资金需要量为：

$$y_{1996} = 160.074 + 4.353 \times 400 = 1\,901.274(万元)$$

通过以上分析可见，资金习性分析法将资金的需要量与企业经营情况相结合，因此是一种较好的资金需要量预测方法。

## 第二节　资金成本分析

资金成本是指企业因筹集和使用资金而付出的代价。资金筹集的渠道和方式不同，资金成本有可能不同。因而随着我国市场经济体制的逐步完善和企业筹资用资自主权的不断扩大，企业资金的来源渠道、筹资方式以及投资的机会等都将日益多元化，资金成本分析将会成为企业筹资、投资决策分析的重要工具。

### 一、资金筹集的来源渠道及方式

资金筹集的来源渠道是指企业取得资金的来源，资金筹集的方式是指企业取得资金的具体形式。在市场经济下，企业可取得资金的来源渠道多种多样，如国家资金、银行资金、非银行金融资金、其他企业资金、居民个人资金、企业内部资金等。而资金取得的方式也有多种形式，如发行股票、发行债券、银行借款、融资租赁、商业信用、内部筹资等。

企业对资金的需要有长期需要和短期需要之分，又称长期资金和短期资金。长期资金是指资金占用期在一年以上的资金，一般通过发行股票、发行企业长期债券、取得银行长期借款以及补偿贸易和融资租赁方式等筹集。长期资金主要用于新产品、新项目的开发和推广；为提高生产能力扩大生产规模以及合并、控股等形式的企业扩展等。

短期资金是指资金占用期在一年以内的资金，主要用于流动资产中临时需要的部分，包括保持适量的随时可供支付的现金；应收账款、应收票据的资金垫付；储备必要适量的原材料、库存商品等。短期资金通常采用商业信用、商业票据，取得银行短期借款以及发行企业短期债券等筹集方式。

## 二、资金成本分析

资金成本是企业因筹集和使用资金而付出的代价。在市场经济条件下，投资者将资金投入企业，最根本的目的是为了获得投资报酬。企业无论从何种渠道和方式取得资金，都不能无偿使用，而必须向投资者支付报酬。从这个意义上说，资金成本也是企业的一项支出。因此，资金成本是选择资金来源、决策筹资方式的依据；是评价投资项目可行性的主要经济标准；资金成本还可以作为评价企业经营成果的依据。

### （一）资金成本的构成

资金成本包括资金占用费和资金筹集费两种。资金占用费是指企业支付给投资者的投资报酬。在支付给投资者的报酬中，又包括两部分的内容，一是无风险报酬；二是风险报酬。投资者之所以愿意冒风险投资于企业，目的在于获得较高的投资报酬。因此，企业应不断提高经营管理水平，有效控制经营风险和财务风险，从而降低企业的资金成本。

资金筹集费是指企业在筹资过程中发生的各种费用，包括发行费、承销费、银行手续费等。

资金成本可以用绝对数表示，也可以用相对数即资金成本率表示。为利于比较分析，通常采用相对数表示方式。

资金成本按资金的占用期可分为短期资金成本和长期资金成本。这里只讨论长期资金成本的有关问题。

### （二）资金成本的计算

企业资金由于其来源渠道不同而具有不同的性质，由企业所有者投入的资金，称为权益资金。企业使用权益资金，需向投资者支付股利、股息，这部分的支出即资金成本是以税后利润支付的，属于利润分配范畴；企业向债权人借入的资金，称为债务资金。企业使用债务资金，需向投资者支付利息，这部分的支出即资金成本是以税前利润支付的，属于经营费用范畴。除此之外，企业还可以有一些同时具有权益和债务双重特征的资金，如股份有限公司以发行优先股而筹集的资金。企业使用这部分资金而支付的资金成本,是以税后利润支付,属利润分配范畴。

企业对不同性质的资金拥有不同的权利和义务,向投资者支付投资报酬方式也不相同,故资金成本的计算也不尽相同。

**1. 权益资金成本率的计算**

权益资金成本率可分为普通股资金成本率、优先股资金成本率和资本化留存收益资金成本率。

(1) 普通股资金成本率的计算。资金成本率是表示年平均每使用100元的资金需付出的代价。资金成本由资金占用费和资金筹集费两部分组成。在普通股资金成本率的计算中,资金占用费是指按股票面值计算的股利,其计算公式如下:

$$资金占用费 = 普通股面值总额 \times 预计年股利率$$

资金筹集费是指承销包销及代理手续费、宣传广告费、律师费、担保费用以及资信评级费用等。筹资费的发生使企业实际取得的资金少于发行数额。企业实得资金可以按下列公式计算:

$$企业实得资金 = 普通股发行总额 - 筹资费用$$
$$= 普通股发行总额 \times (1 - 筹资费用率)$$

由于普通股的股利是不固定的,通常是逐年增长的。如果每年以固定的比率增长,则确定普通股资金成本率的公式为:

$$普通股资金成本率 = \frac{资金占用费}{实得资金} + 预计每年增长率$$

$$= \frac{普通股面值总额 \times 预计年股利率}{普通股发行总额(1 - 筹资费用率)} + 预计每年增长率$$

**例5** 某股份有限公司发行面值1元的普通股6 000 000万股,溢价发行每股3元,筹资费率2%,预计下一年的股利率为15%,以后每年增长5%,则普通股资金成本率为:

$$普通股资金成本率 = \frac{1 \times 6\,000\,000 \times 15\%}{3 \times 6\,000\,000 \times (1 - 2\%)} + 5\% = 10.10\%$$

(2) 优先股资金成本率的计算。优先股是享受某种优先权利的股份。与普通股不同的是其年股利率是固定的,而且不能按年递增。优先股资金成本率的计算公式如下:

$$优先股资金成本率 = \frac{优先股面值总额 \times 年股利率}{优先股发行总额 \times (1 - 筹资费率)}$$

(3) 资本化留存收益资金成本率的计算。留存收益指留存于企业的税后利润,包括企业提取的盈余公积以及可用于分配但尚未分配的利润。当将留存收益转为股东的再投资时,也就是留存收益的资本化。对于这一部分投资,投资者同样要求有一定的投资报酬,因此资本化的留存收益也必须计算成本。对于企业来讲,留存收益资本化,不需经过资金市场，因而无需支付筹资费用，其资金成本率的计算公式为：

$$\text{资本化留存收益资金成本率} = \frac{\text{资本化留存收益} \times \text{预计年股利率}}{\text{资本化留存收益}} + \text{预计每年增长率}$$

## 2．长期债务资金成本率的计算

长期债务资金成本率可分为长期债券资金成本率、银行长期借款资金成本率。长期债务资金的特点是：①投资报酬以利息形式支付，且不论企业经营业绩如何，都必须按时支付利息；②利息率通常固定不变；利息按债券面值总额和借款总额以及规定的利息率计算；③利息支出一般列入财务费用，作为纳税减项；④债务本金有确定的归还日期。

由债务资金的上述特点可知，在使用长期债务资金时，由于利息率一般固定不变，因此债务资金成本率比较容易确定。其资金占用费就是利息的支出。利息支出是纳税减项，利息支出减去因抵减利息费用而少纳的所得税之后的净额，即税后成本，才是债务资金的实际成本。因此，与权益资金成本相比，债务资金成本比较低。

例如，某企业因某项目需筹集1 000万元资金。现有两个筹资方式，一是发行优先股，年股息率为10%；二是发行债券，年利率10%，均以面值发行。现分析这两种方式的资金占用费如下：

发行优先股1 000万元，年股息率10%，因股息、股利不能用作纳税减项，只能属利润分配范畴。即每年资金占用费为100万元。而发行债券1 000万元，年利率10%，尽管支付的利息也为100万元，但由于债券利息属纳税减项，利息的支出使所得税的基数即利润减少，若所得税税率为33%，则因利息支出而少纳的所得税为33万元，实际成本仅为67万元（100万元 – 33万元）。

当然，只有经营业绩好，有足够利润的企业才可以获得这一减税的好处，若该企业没有利润，则不得获得这一减税作用，其资金占用费为其利息支出100万元。

（1）债券资金成本率的计算。发行债券，与发行股票一样，需发生如印刷费、承销费、代理手续费等筹资费用。这部分费用也应从其发行总额中扣除。债券资金成本率的计算公式为：

$$\frac{\text{债券资金成本率}}{\text{（税前成本）}} = \frac{\text{债券面值总额} \times \text{年利率}}{\text{债券发行总额} \times (1 - \text{筹资费率})}$$

$$\frac{\text{债券资金成本率}}{\text{（税后成本）}} = \frac{\text{债券面值总额} \times \text{年利率} \times (1 - \text{所得税税率})}{\text{债券发行总额} \times (1 - \text{筹资费率})}$$

**例6** 某公司发行五年期的面值为2 000 000元的债券，银行收取发行费为发行总额的5%，债券年利率14%，所得税税率为33%。债券每年付息一次，到期一次还本。

由于债券可用面值（平价）、溢价、折价三种方式发行，若该公司以面值发行，则债券资金成本率为：

$$\frac{\text{债券资金成本率}}{\text{（税前成本）}} = \frac{2\,000\,000 \times 14\%}{2\,000\,000 \times (1 - 5\%)} = 14.74\%$$

$$\text{债券资金成本率（税后成本）} = \frac{2\,000\,000 \times 14\% \times (1-33\%)}{2\,000\,000 \times (1-5\%)} = 9.87\%$$

若该公司以溢价发行，发行金额为 2 100 000 元，则债券资金成本率为：

$$\text{债券资金成本率（税前成本）} = \frac{2\,000\,000 \times 14\%}{2\,100\,000 \times (1-5\%)} = 14.04\%$$

$$\text{债券资金成本率（税后成本）} = \frac{2\,000\,000 \times 14\% \times (1-33\%)}{2\,100\,000 \times (1-5\%)} = 9.4\%$$

若该公司以折价发行，发行总额为 1 955 000 元，则债券资金成本率为：

$$\text{债券资金成本率（税前成本）} = \frac{2\,000\,000 \times 14\%}{1\,955\,000 \times (1-5\%)} = 15.08\%$$

$$\text{债券资金成本率（税后成本）} = \frac{2\,000\,000 \times 14\% \times (1-33\%)}{1\,955\,000 \times (1-5\%)} = 10.10\%$$

(2) 长期借款资金成本率的计算。长期银行借款的资金成本包括借款利息以及银行手续费两个部分，一般地，银行手续费的数额相对来说很小，可以忽略不计，其利息（资金占用费）与债券一样，可作为纳税减项。其资金成本率的计算因不存在溢价或折价问题而比债券资金成本率更为简便。其计算公式如下：

$$\text{长期借款资金成本率（税前成本）} = \frac{\text{长期借款总额} \times \text{年利率}}{\text{长期借款总额}}$$

$$\text{长期借款资金成本率（税后成本）} = \frac{\text{长期借款总额} \times \text{年利率} \times (1-\text{所得税税率})}{\text{长期借款总额}}$$

**例7** 某公司向银行借入 500 000 元，年利率 10%，3 年期，企业每年付息一次，到期一次还本（小额银行手续费忽略不计）。则长期借款资金成本率为：

$$\text{长期借款资本成本率（税前成本）} = \frac{500\,000 \times 10\%}{500\,000} = 10\%$$

$$\text{长期借款资本成本率（税后成本）} = \frac{500\,000 \times 10\% \times (1-33\%)}{500\,000} = 6.7\%$$

## 第三节 资金结构分析

由于各种长期资金的筹资方式均有其优缺点，而且筹资受金融市场、国家政策、社会经济等方面的约束，因而企业往往同时采用若干种筹资方式来筹资，以便根据具体情况扬长避短、达到最佳的筹资方式。资金结构就是指各种筹资方式之间的比例。

## 一、加权平均资金成本率的计算

在筹资方案的分析比较中,主要的指标是资金成本率。在第二节中我们介绍了各种长期资金成本率的计算方法。在同时使用多种筹资方式的筹资方案中,要比较分析各方案的资金成本率,还必须计算出一个综合反映该方案总额的资金成本率——加权平均资金成本率。

加权平均资金成本率,是指企业来自不同途径的资金成本,以各自的资金额加权所得的平均成本。加权平均资金成本的计算公式为:

加权平均资金成本率 = $\sum$(某项资金成本率 × 该项资金占资金总额比重)

式中,该项资金占资金总额比重 = $\dfrac{该项资金}{资金总额}$。

**例8** 某公司有一投资项目需筹资金5 000万元。其筹资方案有关资料见表3-5。

表3-5

| 种类 | 筹资方式 | 资金成本率(%) | 所筹资金(万元) | 所筹资金占资金总额比重(%) |
|---|---|---|---|---|
| (1) | 普通股 | 18 | 1 500 | 30 |
| (2) | 优先股 | 15 | 500 | 10 |
| (3) | 银行借款 | 10 | 1 000 | 20 |
| (4) | 债券 | 12 | 2 000 | 40 |
| | 合计 | — | 5 000 | 100 |

则加权平均资金成本率

= 18% × 30% + 15% × 10% + 10% × 20% + 12% × 40%

= 13.7%

## *二、资金结构的优化分析

如前所述,资金结构是指企业不同来源的长期资金之间的比例。企业长期资金的主要来源之一是举债,如银行借款、发行债券、补偿贸易、融资租赁等。在第二节介绍债务资金成本率的计算时,也曾指出这类筹资可令企业获得减税的好处。但是,这种"负债经营"亦会使企业陷入到期无法归还债务的"财务风险"的漩涡中,甚至可能出现因"资不抵债"而导致的破产倒闭。因此,债务资金与权益资金之间的比例的确定,是资金分析的重要内容。

### (一)债务资金与权益资金比例分析

在企业筹资总额中,可分为两大部分,即权益资金和债务资金。企业利用权益资金经营,因为不用定期还本付息,风险较小,但资金成本相对较高。而企业适当借入资金负债经营,可降低平均资金成本,但相对来说会提高财务风险。在期望投资收益率高于债务资金成本率的条件下,提高债务资金对权益资金的比重,权益资金收益率就能增大;反之,在期望投资收益率低于债务资金成本率的情况下,若提高债务资金对权益资金的比重,权益资金收益率就会下降,这时企业增加债务资金便没有好处。权益资金收益率、投资收益率、负债比率之间的关系可用下式来反映:

$$\text{期望权益资金收益率} = \text{期望投资收益率} + \frac{\text{债务资金}}{\text{权益资金}} \times \left(\text{期望投资收益率} - \text{债务资金成本率}\right)$$

式中,期望投资收益率 $= \dfrac{\text{期望收益}}{\text{投资总额}}$。

**例9** 某企业拟筹资 500 万元,这笔资金的年期望投资收益为 90 万元,该企业债务资金与权益资金的比例安排有四个方案见表 3-6。

表 3-6

| 方案 | 权益资金 | | 债务资金 | |
|---|---|---|---|---|
| | 金额(万元) | 期望投资收益率(%) | 金额(万元) | 资金成本率(%) |
| A 方案 | 500 | 18 | 0 | — |
| B 方案 | 375 | 18 | 125 | 10 |
| C 方案 | 300 | 18 | 200 | 10 |
| D 方案 | 250 | 18 | 250 | 10 |

通过下面计算可求出各方案的期望权益资金收益率,从而确定其最佳方案:

A 方案:期望权益资金收益率 $= 18\% + \dfrac{0}{500} \times (18\% - 10\%) = 18\%$

B 方案:期望权益资金收益率 $= 18\% + \dfrac{125}{375} \times (18\% - 10\%) = 20.67\%$

C 方案:期望权益资金收益率 $= 18\% + \dfrac{200}{300} \times (18\% - 10\%) = 23.33\%$

D 方案:期望权益资金收益率 $= 18\% + \dfrac{250}{250} \times (18\% - 10\%) = 26\%$

由此可见,当权益资金比例减少,债务资金比例增大时,期望权益资金收益率也同时增大。其中,D 方案,权益资金比例最小,债务资金比例最大,其期望权益资金收益率为最大(26%)。当然,其前提条件是期望投资收益率大于债务资金成本率,若期望投资收益率小于债务资金成本率的话,期望权益资金收益率就会降低,读者可自行验证。

那么,是什么使得期望权益资金收益率变化呢?是否债务资金越多,期望权益资金收益率一定与其成正向增大呢?这是下面需讨论的问题。

从上例资料可以看出，使期望权益资金收益率变动的是债务资金与权益资金的比值，通常称为资金杠杆。由于资金杠杆的变化，导致期望权益资金收益率的变动。但这一资金杠杆的效应（正向）只是相对的，亦即提高这一杠杆，并非一定使期望权益资金收益率产生正向效应，是具有一定的限度的。过之，则表现为反向效应。下面以某股份公司举例说明。

**例 10** 某公司有 5 个不同资金杠杆方案，比较见表 3-7。

表 3-7                                                    单位：万元

| 项　　目 | 甲方案 | 乙方案 | 丙方案 | 丁方案 | 戊方案 |
|---|---|---|---|---|---|
| ①资金杠杆（债务资金/权益资金） | 0 | 1∶1 | 2∶1 | 3∶1 | 4∶1 |
| ②债务利率（%） | — | 6 | 8 | 10 | 13 |
| ③投资收益率（息税前%） | 12 | 12 | 12 | 12 | 12 |
| ④债务资金总额 | 0 | 450 | 600 | 675 | 720 |
| ⑤权益资金总额 | 900 | 450 | 300 | 225 | 180 |
| ⑥普通股股数 | 9 | 4.5 | 3 | 2.25 | 1.8 |
| ⑦=①×（④+⑤）年利润额（息税前） | 108 | 108 | 108 | 108 | 108 |
| ⑧=②×④负债利息 | — | 27 | 48 | 67.5 | 93.6 |
| ⑨=⑦-⑧年税前净利润 | 108 | 81 | 60 | 40.5 | 14.4 |
| ⑩所得税率（%） | 30 | 30 | 30 | 30 | 30 |
| ⑪权益资金收益率 | | | | | |
| A=⑨÷⑤税前（%） | 12 | 18 | 20 | 18 | 8 |
| B=⑪A×（1-⑩）税后（%） | 8.4 | 12.6 | 14 | 12.6 | 5.6 |
| ⑫普通股每股收益额 | | | | | |
| A=⑪A×⑤÷⑥税前 | 12 | 18 | 20 | 18 | 8 |
| B=⑪B×⑤÷⑥税后 | 8.4 | 12.6 | 14 | 12.6 | 5.6 |

从表 3-7 可见，方案乙、丙、丁中均有负债，其中资金杠杆作用使得权益资金收益额无论税前或税后均全面超过未使用债务资金的甲方案，充分体现出资金杠杆的正向效应。但戊方案的权益资金收益额却低于甲方案，原因是资金杠杆的反向（负）效应。由此可以看出资金杠杆有一定的限度。

## （二）债务资金与权益资金比例的规定

在西方，许多国家都有规定权益资金与债务资金的比例，以保障投资者的权益和减少企业的财务风险。

财务风险是指负债经营的企业，存在到期无法偿还债务的危险。企业的财务风险来自生产经营和筹资两个方面。生产经营方面的风险包括因市场竞争日趋激烈，市场形势变化多端而可能造成的商品滞销所形成的销售风险，因生产过程中受到各种制约条件的影响而可能造成的产品成本过高，产品质量达不到要求的生产风险。筹资风险包括企业因投资决策失误而带来风险以及外汇风险。

为减少风险，避免出现"资不抵债"的情况，我国对有关企业权益资金与债务资金的比例作了严格的规定。例如对外商投资企业，规定企业的投资总额（权益资金加债务资金）在 300 万美元以下（含 300 万美元的）其注册资本（权益资本）至少占投资总额 7/10，即债务资金不得超过 3/10；企业的投资总额在 300 万美元至 1 000 万美元的，其注册资本至少占投资总额 5/10；其中投资总额在 420 万美元以下的，注册资本不得低于 210 万美元；企业的投资总额在 1 000 万美元至 3 000 万美元的，其注册资本至少应占投资总额的 4/10，其中，投资总额在 1 250 万美元以下的，注册资本不得低于 500 万美元，即在这种情况下，债务资金不得超过 750 万美元。

又如我国《公司法》中，规定企业发行公司债券，其累计总额（债务资金）不得超过公司净资产（权益资金）的 40%。

再如我国《外资金融机构管理条例》规定：外资银行、合资银行、外资财务公司、合资财务公司的投资总额不得超过其实收资本加储备金之和（权益资金）的 30%。即债务资金最多只能为权益资金的 30%。

因此，资金结构的优化，不仅应考虑资金杠杆的作用，而且还应考虑国家对资金结构的要求。

# 第四节 资金投放决策分析

如前所述，企业运用资金，无论权益资金或债务资金，均须付出代价。因此，企业运用资金所取得的投资报酬，必须大于资金成本。那么，资金应投放哪个方面，才会使投资报酬最大，也是资金分析的重要内容。资金投放，一般有企业内部资金投放和对外投资投放。企业内部资金投放也就是投放于企业的自身建设，如为扩大生产能力购买厂房、设备、汽车等固定资产，为了扩大生产购买材料、包装物、低值易耗品等流动资金。对外投资是将企业资金投放到其他企业，包括拥有产权的股权投资和拥有债权的债权投资两种。

## 一、影响资金投放决策分析的因素

### （一）风险因素

风险是指对未来事物发生的不确定性，即可能性。任何长期投资一般都要经过较长时间才能收回，而且在这期间往往又会碰到许多不确定因素，因而资金投放分析首先应考虑其投资风险。若投资风险大，则对投资报酬率要求也大。也就是说，将资金投放在有风险的投资时，其投资报酬应包括两个内容，一是无风险报酬，另一个是风险报酬。

风险报酬具有不易计量的特性，因此只有利用概率论的数学方法，按未来年度的预期收益的平均偏离程度来进行估量。其计算步骤如下：

（1）确定投资项目未来收益的预期价值。

$$未来收益的预期价值 = \sum 预计年收益 \times 概率$$

（2）计算标准离差和标准离差率。

$$标准离差 = \sqrt{\frac{\sum (预计年收益 - 未来收益的预期价值)^2 \times 概率}{\sum 概率}}$$

由于概率之和必定等于1，故上式可表述为：

$$标准离差 = \sqrt{\sum (预计年收益 - 未来收益的预期价值)^2 \times 概率}$$

在实际工作中，尽管标准离差能反映投资方案所冒风险的程度，但不便于与其他方案比较，故需计算标准离差率。

$$标准离差率 = \frac{标准离差}{未来收益的预期价值}$$

（3）确定风险系数，计算预期投资风险价值。风险系数是将标准离差率转化为风险报酬的一种系数。系数的确定可根据以往同类项目或根据经验进行。一般就某一国家、某一地区、某一行业来说，应该是个常数。

$$预期的风险报酬率 = 风险系数 \times 标准离差率$$

$$预期的风险报酬额 = 收益的预期价值 \times \frac{风险报酬率}{货币的时间价值 + 风险报酬率}$$

**例11** A公司欲以50万元进行投资创办某种饮料生产厂，根据市场调查预测，预计可获得年收益及其概率的资料见表3-8。

表 3-8

| 市场情况 | 预计年收益（万元） | 概率 |
|---|---|---|
| 繁荣 | 20 | 0.35 |
| 一般 | 15 | 0.4 |
| 较差 | 10 | 0.25 |

若饮料行业的风险系数为 75%，货币的时间价值（平均利率）为 10%，则 A 公司该项投资方案的风险报酬率和风险报酬额应为：

(1) 未来收益的预期价值 = $20 \times 0.35 + 15 \times 0.4 + 10 \times 0.25 = 15.5$（万元）

(2) 标准离差 = $\sqrt{(20-15.5)^2 \times 0.35 + (15-15.5)^2 \times 0.4 + (10-15.5)^2 \times 0.25}$
    = 3.84（万元）

(3) 标准离差率 = $\dfrac{3.84}{15.5} = 25\%$

(4) 预期风险报酬率 = $25\% \times 75\% = 19\%$

(5) 预期风险报酬额 = $15.5 \times \dfrac{19\%}{10\% + 19\%} = 10.16$（万元）

计算结果表明，A 公司要进行这项投资，应取得额外报酬 10.16 万元，否则，该方案不可行。

## （二）机会成本

机会成本是指当一种资源有多种用途时，即有多种使用的"机会"，但该资源用在某一方面后，就不能同时在另一方面使用而形成的损失。例如，企业的资金可投放于生产 A 产品，也可投放于开发 B 产品，则企业若选择生产 A 产品而必然放弃生产开发 B 产品的好处，这就是生产 A 产品的机会成本。虽然机会成本不是一般意义上的成本，不构成企业的实际支出，也不记入账册，但它却是正确进行资金投放决策必须认真考虑的因素。

## （三）资金的时间价值

资金的时间价值是指资金在周转使用过程中，随着时间的推移而产生的价值增量。它是资金所有权与资金使用权分离后，资金所有者向使用者索取的一种报酬。影响资金时间价值大小的因素主要有：资金额、利率、期限。企业的长期投资一般要经历很长的时期，资金的投放必须考虑该项投资引起的不同时期的货币支出与货币收入的折现值，在统一的时间价值基础上进行投入与产出的比较。

## *二、对内资金投放分析

对内资金投放包括将资金用于购建厂房、设备等固定资产以扩大企业再生产能力或维持企业简单再生产的顺利进行,以及用于购买流动资产等。随着生产经营发展,市场需求的变化,企业产品的品种和产量也会发生相应的变化,这就必然要求企业扩充生产能力,调整和增添新的设备和厂房等,扩大企业再生产的规模。另一方面,企业现有固定资产由于长期使用的磨损和科学技术的进步,也要求对其进行更新和改造,以维持企业简单再生产的顺利进行。而且,对固定资产投资具有资金用量大、周转期长,价值逐渐回收的特点。因此,对内资金的投放分析主要是对固定资产的投放分析。

### (一) 投资方案的现金流量估算

在投资决策分析中,通常将投资方案的全部资金支出称为现金流出量;项目建成投产后,全部可收回的资金称为现金流入量。而用以分析投资方案经济效益的现金净流量则等于现金流入量减现金流出量的差额。

#### 1. 现金流量的内容

现金流量的内容在不同情况下有所不同。就通常情况而言,投资方案的现金流出量,主要包括以下内容:

(1) 对固定资产的原始投资额和投产后固定资产的维修保养费等相关支出。

(2) 该项目投产相应增加的流动资金支出额,如原材料、产成品、应收款、现金等。

(3) 投资某项目时被利用的现有资产的机会成本,即如果出售现有资产所得的收入或现有资产生产其他产品所带来的收益。

投资方案的现金流入量则一般包括如下内容:

(1) 投资项目建成投产后的每年净利,表现为销售收入和销售成本、费用及税项的差额。

(2) 投资项目建成投产后,每年所计提的固定资产折旧额。折旧虽不包括在企业净利之内,但它随产品销售的实现而转化为现金流入,属于投资回收之列。故企业每年的营业现金流入量应等于净利和折旧之和。

(3) 投资项目终结时的现金收入。包括固定资产报废时的残值收入、出售固定资产的变价收入及收回的原垫支流动资金等。

#### 2. 现金流量的估算方法

对内资金投放的现金流量估算可以按下列步骤进行:

(1) 根据投资项目的各项预计数,如投资额、营业收入、费用等,计算出各年度的现金净流量。

(2) 将各年度现金净流量按时间排序,并假设现金的流入、流出均发生于每年年末。

(3) 编制现金流量计算表,进一步绘制现金流量图。

**例12** 某企业欲兴建一厂生产新产品,有关资料如下:

(1) 固定资产投资额 5 000 万元,流动资产投资额 200 万元(到期收回 85%)。该厂拟于三年建成。其投资安排为第一年 2 000 万元,第二年为 1 800 万元,第三年为 1 400 万元。全部固定资产统一按 10 年计提折旧,各年采用直线法(按年限平均)计提折旧,10 年后报废残值收入 500 万元。

(2) 该厂投产后,预计营业收入第一年为 3 000 万元,以后每年递增 6%,营业费用(不含折旧)为收入的 60%,所得税率为 30%。

计算每年从营业中实现的现金流入量以及现金净流量,见表 3-9 和表 3-10。

表 3-9 现金流入量计算表  单位:万元

| 年份 | ①<br>营业收入 | ②<br>营业费用 | ③<br>折旧 | ④<br>所得税 | ⑤<br>净利 | ⑥<br>现金流入量 |
|---|---|---|---|---|---|---|
| 1 | 3 000 | 1 800 | 450 | 225 | 525 | 975 |
| 2 | 3 180 | 1 908 | 450 | 247 | 575 | 1 025 |
| 3 | 3 371 | 2 023 | 450 | 269 | 629 | 1 079 |
| 4 | 3 573 | 2 144 | 450 | 294 | 685 | 1 135 |
| 5 | 3 787 | 2 272 | 450 | 320 | 745 | 1 195 |
| 6 | 4 014 | 2 408 | 450 | 347 | 809 | 1 259 |
| 7 | 4 255 | 2 553 | 450 | 376 | 876 | 1 326 |
| 8 | 4 510 | 2 706 | 450 | 406 | 948 | 1 398 |
| 9 | 4 781 | 2 869 | 450 | 439 | 1 023 | 1 473 |
| 10 | 5 068 | 3 041 | 450 | 473 | 1 104 | 1 554 |

注:(1) 为简化,表中数字均取至整数。

(2) ④ = (① - ② - ③) × 30%

⑤ = ① - ② - ③ - ④

⑥ = ③ + ⑤

表 3-10 现金流量表　　　　　　　　　　单位：万元

| 项目 | 时间 | 投资额 | 营业现金流入 | 流动资金回收 | 残值收入 | 现金净流量 |
|---|---|---|---|---|---|---|
| 建设期 | 1 | 2 000 | | | | -2 000 |
| | 2 | 1 800 | | | | -3 800 |
| | 3 | 1 400 | | | | -5 200 |
| 营业期 | 1 | | 975 | | | -4 225 |
| | 2 | | 1 025 | | | -3 200 |
| | 3 | | 1 079 | | | -2 120 |
| | 4 | | 1 135 | | | -985 |
| | 5 | | 1 195 | | | 210 |
| | 6 | | 1 259 | | | 1 469 |
| | 7 | | 1 326 | | | 2 795 |
| | 8 | | 1 398 | | | 4 193 |
| | 9 | | 1 473 | | | 5 666 |
| | 10 | | 1 554 | 170 | 500 | 7 890 |

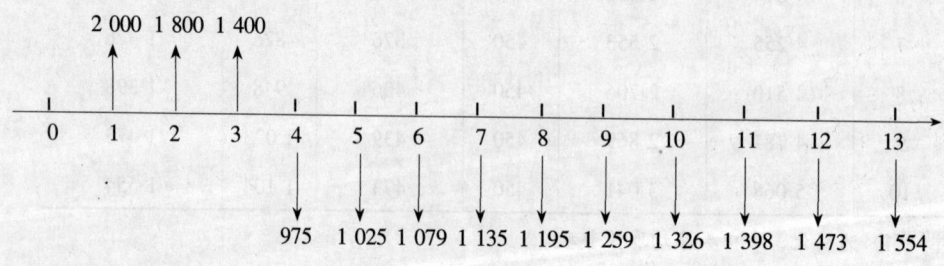

图 3.1　现金流量图

根据以上资料绘制现金流量图，如图 3.1 所示。

### （二）对内资金投放方案的分析

对内资金投放方案的分析方法有多种，较常用的有非折现法和折现法两种。非折现法指在计算资金投放方案的现金流出量和现金流入量时不考虑资金时间价值。是一类粗略的筛选方法。折现法是未来的现金流入量和投资额都折算为现值计算。

#### 1. 非折现法

非折现法一般包括投资回收期法和投资收益率法两种。

(1) 投资回收期法。投资回收期是指收回原始投资额所需要的时间。回收期越短，资金回收速度越快，投资风险越小。根据投资回收期来确定该方案是否可行，一般是以投资项目的经营寿命的一半（称为要求回收期）为准。若预计的回收期比要求的回收期短，则承担的风险较小，方案可行；否则，则承担的风险就会较大，方案不可行。

回收期的计算方法，因各年现金净流量是否相等而有所不同。各年的现金净流量相等的情况下：

$$投资回收期 = \frac{原投资总额}{平均每年现金净流量}$$

如果投资方案的各年现金净流量完全相等，但由于寿命周期末有残值，以致最后一年的现金净流量与其他各年发生差异时，为简化计算，也可以将残值平均分摊到各年的现金净流量中。

在各年的现金净流量不等的情况下，投资回收期应根据各年来的累计净流量与各年末尚未回收的投资余额进行计算。

**例 13** 某公司为开发新产品，拟以 500 000 元购入一条生产流水线，预计可使用 10 年，折旧按直线法计算，预计残值 50 000 元，预计投产后每年实现利润 60 000 元，试分析该方案的可行性。

该方案的现金净流入量 = 年利润 + 折旧 + 残值/年限
$$= 60\ 000 + 45\ 000 + (50\ 000 \div 10)$$
$$= 110\ 000（元）$$

$$投资回收期 = \frac{500\ 000}{110\ 000} = 4.55（年）$$

该方案的要求回收期为 5 年（10÷2），而 4.55 年就可回收，故该投资方案可行。

**例 14** 利用表 3-9 资料，计算投资回收期。

由于该方案的现金流入量各年不相等，因此从表 3-9 看出，回收期是大于 4 年而小于 5 年的数。

$$投资回收期 = 4 + \frac{5200 - (975 + 1025 + 1079 + 1135)}{1195}$$
$$= 4.83（年）$$

(2) 投资收益率法。投资收益率是根据年净收益和投资额计算的反映项目投资获利性的相对指标。其计算公式如下：

$$投资收益率 = \frac{各年平均税后利润}{平均投资额} \times 100\%$$

式中，平均投资额 = $\frac{总投资额 + 残值}{2}$。

**例 15** 某公司欲扩大生产规模，现有两个方案供选择，有关数据见表 3-11。

表3-11　　　　　　　　　　　　　　　　　　　　　　　　　　单位：万元

| 项目 | 原始投资额 | 预期残值 | 预计使用年限 | 年均税后利润 | 平均投资额 | 投资收益率 |
|---|---|---|---|---|---|---|
| 甲方案 | 100 | 10 | 10年 | 20 | (100+10)/2=55 | 20/55=36.36% |
| 乙方案 | 80 | 8 | 10年 | 15 | (80+8)/2=44 | 15/44=34.09% |

由于甲方案的投资收益率高于乙方案，故甲方案可行。

以投资收益率来评价分析投资的可行性，因其能说明各种投资方案的盈利水平，因而比投资回收期法更能说明问题。但无论投资回收期法或投资收益率法，都没有考虑资金的时间价值。为了将未来取得的收入与原投资额在同一个"时点"上对比，应采用折现法。

**2．折现法**

折现法一般包括净现值法、现值指数法及内含报酬率法三种。

（1）净现值法。净现值法是指将投资方案未来时期的现金流入量和现金流出量均按一定折现率折为现值，再计算其差额，以分析投资方案是否可行的一种方法。其计算公式如下：

$$净现值 = 未来收入总现值 - 原投资额的现值$$

若净现值为正数，表示投资的现金流入量之现值大于现金流出量现值，投资报酬率大于预定折现率，该方案有利；若净现值等于或小于零，表明投资的现金流入量现值与现金流出量现值相等或现金流入量现值少于现金流出量现值，方案不可取。

净现值法应用的关键是折现率的确定。一般可以资金成本率或投资报酬率作为折现率。

**例16** 某企业拟筹资100万元购买生产A产品的大型设备。设备预计可使用10年，期末残值10万元，每年可生产A产品10 000件，该产品销售单价60元，单位销售成本（包括产品成本和费用）45元。所得税率33%，若资金成本率为12%，试用净现值法分析该方案的可行性。

A产品每年可实现税前利润 = 10 000 × (60 - 45) = 150 000（元）

每年应计提折旧 = $\dfrac{1\,000\,000 - 100\,000}{10}$ = 90 000（元）

每年税后利润 = (150 000 - 90 000) × (1 - 33%) = 40 200（元）

每年现金流入量 = 90 000 + 40 200 = 130 200（元）

现金流入总量现值 = $130\,200 \times \dfrac{1}{12\%} \times \left[1 - \dfrac{1}{(1+12\%)^{10}}\right] + 100\,000 \times \dfrac{1}{(1+12\%)^{10}}$

= 130 200 × 5.650 + 100 000 × 0.322 = 767 830（元）

其中，年金现值系数 $\left(\dfrac{1}{12\%} \times \left[1 - \dfrac{1}{(1+12\%)^{10}}\right]\right)$ 和复利现值系数 $\left[\dfrac{1}{(1+12\%)^{10}}\right]$ 也可

利用查表求得。

净现值 = 767 830 - 1 000 000 = -232 170（元）

净现值小于零，方案不可行。

（2）现值指数法。现值指数法是指投资项目在未来时期内资金流入量的现值与投资总额的现值之间的比值。这种方法与净值法不同之处，在于净现值法用绝对数量表示其净现值，而现值指数法则用相对数量表示单位投资额在未来期内可获得的收益之现值水平。对投资额不相同的投资方案，用现值指数法分析，可得到较准确的判断。现值指数的计算公式如下：

$$现值指数 = \frac{未来收入总现值}{原投资额的现值}$$

沿用例 16 资料，计算其现值指数为：

$$现值指数 = \frac{767\ 830}{1\ 000\ 000} = 0.7678$$

比较净现值和现值指数的计算公式，可看出两者具有如下关系：

当净现值 > 0 时，现值指数 > 1；

当净现值 = 0 时，现值指数 = 1；

当净现值 < 0 时，现值指数 < 1。

因现值指数法使投资额不同的方案具备了可比的基础，所以在实际工作中具有更广泛的运用性和实用价值。

（3）内含报酬率法。内含报酬率法是根据投资方案本身的内含报酬率来评价方案优劣的一种方法。

上述净现值法和现值指数法虽然考虑了货币时间价值，但却不能据以了解各个投资方案本身可以达到的投资收益率，内含报酬率法可弥补净现值法这一缺陷。内含报酬率的计算，可采用插值法。其计算过程如下：

首先，计算年金现值系数：

$$年金现值系数 = \frac{原投资金额}{每年现金净流量}$$

其次，查一元的年金现值表，在相同期数内，找出与上述年金系数相邻的较大和较小的两个折现率。

最后，根据上述两个邻近的折现率和已求得的年金现值系数采用插值法计算出该投资项目的内含报酬率。

**例 17** 沿用例 16 资料，计算内含报酬率如下：

$$每年现金净流量 = 130\ 200 + \frac{100\ 000}{10} = 140\ 200$$

（为简化，将残值平均计入每年现金净流量）

年金现值系数 = $\dfrac{1\,000\,000}{140\,200}$ = 7.133

查一元年金现值表，得折现率应在 6%～7%，运用插值法

| 折现率 | | 年金现值系数 | |
|---|---|---|---|
| 6% | | 7.360 | |
| ?% $\bigg\}X\%\bigg\}1\%$ | | 7.133 $\bigg\}0.227\bigg\}0.336$ | |
| 7% | | 7.024 | |

$$\therefore \dfrac{X}{1} = \dfrac{0.227}{0.336} \qquad\qquad \therefore X = 0.67\%$$

该方案的内含报酬率为 6% + 0.67% = 6.67%。

由于该方案的资金成本率为 12%，而其内含报酬率仅为 6.67%，故方案不可行。

## 三、对外资金投入分析

企业筹集的资金，除了用于自身的扩大再生产，对内进行资金投放外，还可以用现金、实物、无形资产或购买股票、债券和有价证券的方式，对其他单位进行投资。企业通过对外投资，不仅可以获得投资收益，而且可以通过相互投资发展企业之间的横向联合，增强企业活力和竞争力，使企业能够迅速发展，或通过相互投资得到稳定的产品销路和原料来源。

企业对外资投资，按其性质不同，可分为拥有产权的股权投资和拥有债权的债权投资两种。股权投资是指对外投资企业拥有被投资企业的部分或全部权益，成为被投资企业所有者的投资，一般包括联营投资和购买其他单位股票的投资。债权投资是指投资企业与被投资企业形成债权债务关系的投资。投资者为债权人，被投资者为债务人，一般包括以现金购买国库券或其他企业发行的债券的债券投资以及因赊销而形成的债权投资。

### （一）股权投资分析

#### 1．联营投资分析

联营是指两个或两个以上自主经营、独立核算的企业和单位，按自愿平等、互利互惠、共同发展原则按法定程序共同联合经营。联营企业可由国内企业组成，也可由国内企业与国外企业或个人组成。后者称为中外合资经营或中外合作经营。联营投资的目的是通过联营或创办外商投资企业吸引外资和先进的机器设备、技术和管理方法等，通过与其他企业的横向联合，迅速有效地扩大企业的经营范围，占领新的市场；通过相互投资与相关企业建立固定业务往来关系，从而拥有较为稳定的销售渠道和原料来源以及提高经营效益、获取投资收益。

联营投资分析，应从企业的总体发展规划出发，把握投资时机、正确选择投资对象。

联营投资分析时，现金流入量的计算一般只包括预计可获的分得利润而不包括折旧，也无需计算所得税支出。因为联营投资收益是税后分红，即投资收益就是现金流入量，至于分析方法，可参照对内资金投放的分析方法。

## 2．股票投资分析

股票投资是企业通过认购股票，成为股票发行公司股东的投资。进行股票投资的目的主要有：获取股利收益；利用证券市场股票价格的变动，获取价差收益；通过认购股票成为股东，参与股票发行公司经营管理；通过大量购买某公司股票，即收购，与该公司形成"母子"公司，从而达到控制该企业的目的。

股票投资分析按投资目的和期限可分为短期投资和长期投资。短期投资是指流动性强，可随时转让的股票投资。这类投资是企业利用现有闲散资金，提高货币资金效用的投资，其特点是周转快，既可通过购买股票获取盈利，也可随时将其转为现金，故又称为"准现金"。由于股票市场价格在不断地升降或波动，企业看准股票行情和投资时机，在低价时买进，高价时卖出，从而获取不同时期的买卖差价收益。但这种投资也具有相当的风险，如果不看准时机而盲目投资，就会出现买卖亏损。长期投资则指以分享股息、红利为主，以长期持有股权为目的，不参与市场买卖的投资。股票投资的分折，主要是计算和分析股票收益率。由于股票收益主要来自股息、红利；股票交易差价收益；以及股份公司资产增值收益三个部分，而股票投资中，有可能赚取交易差价收益，也有可能因买卖频繁而不能获得股息、红利，还有可能偶尔参与买卖，较长时期持有某种股票，从而获取交易差价和股息、红利收益。因此，衡量股票收益率的高低，常常要计算多个指标。

（1）本期股利收益率。该指标是以现行价格购买股票的预期收益率，其计算公式如下：

$$本期股利收益率 = \frac{年现金股利}{本期股票原购入价格} \times 100\%$$

**例18** 某公司购买甲公司发行股票1 000股，每股市价10元，甲公司上年每股股利为0.7元，则

$$本期股利收益率 = \frac{0.7}{10} \times 100\% = 7\%$$

（2）持有期收益率。股票是没有期限和不还本的，但持有股票者可在股票市场上转让出售。股票持有期是指股票买进日至卖出日。由于持有期有长有短，为统一计算股票持有期收益率，一般应将持有期收益率折算为年收益率。由于股票持有期内所得收益分为买卖差价收益和股利收益，因而实际应用中有以下两种情况：

持有期内未获得股利收益，即仅是赚取买卖差价，则持有期收益率的计算公式如下：

$$持有期收益率 = \frac{(出售价格 - 购买价格) \div 持有年数}{购买价格} \times 100\%$$

持有期内取得股利收益，则持有期收益率计算公式如下：

$$\text{持有期收益率} = \frac{(\text{出售价格} - \text{购买价格} + \text{现金股利}) \div \text{持有年数}}{\text{购买价格}} \times 100\%$$

(3) 股票的资产增值收益率。股票的资产增值收益是指股份公司的净资产超过股票面值的部分。由于股票的资产增值收益是一种无形资产，衡量其增值收益的方法是计算股票的资产增值幅度，以此作为评价股票内在价值和进行投资分析的依据。其计算公式如下：

$$\text{每股资产增值幅度} = \left( \frac{\text{企业实有净资产额}}{\text{实发股数}} \div \text{每股面值} - 1 \right) \times 100\%$$

**例 19** 某股份有限公司现有净资产 2 000 万元，实发股票为 1 000 万股，每股面值 1 元，年终该公司从税后利润中提取公积金 8 万元，则每股资产增值幅度为：

$$\text{每股资产增值幅度} = \left( \frac{2\,000 + 8}{1\,000} \div 1 - 1 \right) \times 100\% = 100.8\%$$

### (二) 债权投资分析

债权投资包括因购买债券（包括国库券、公司债券）而形成的投资和因赊销而形成的债权投资。关于因赊销而形成的债权投资分析，将在第四章中介绍，这里仅讨论债券投资分析。

债券的利息是按面值及票面利率和期限计算的，而购买债券的价格却有面值、溢价、折价三种。而且债券的付息方式有息随本清、分次付息、贴息（实质就是折价）三种。而且债券的名义利息也会因购买时间差而不同。例如我国现行的国库券均以当年的 7 月 1 日为计算起始日，且发行期限是 9 月 30 日止，如果在 9 月 1 日购进当年新券，至到期偿还日实际持有期比国库券期限少 2 个月，而利息从 7 月 1 日开始计算，实际上多得了 2 个月的利息。因此，债券的利息并不等于债券的收益。

企业购买债券，可获得的收益包括按债券的名义利率计息的利息收入；认购价格与偿还金额（票面金额）之间的差益差损。偿还差益是在债券折价发行的情况下产生的，如某种债券以 100 元为票面面值，现 95 元发行，购买者可获 5 元的偿还差益。偿还差损是在债券溢价发行的情况下生产的，溢价与票面金额之差即为偿还差损。分析债券投资通常计算债券收益率，一般用年收益率表示。但由于计算的角度不同，会产生不同的收益率概念和计算公式，现分别介绍如下：

**1. 定息债券收益率**

定息债券是指具有固定利率和期限，利息一次到期偿付或分次支付的债券。这种债券的收益率可分为直接收益率、最终收益率、持有期间收益率三种：

(1) 直接收益率。

$$\text{直接收益率} = \frac{\text{年利息}}{\text{认购价格}} \times 100\%$$

**例 20** 某种债券面值 100 元，期限 3 年，年利率 15%，溢价发行 110 元，则该债券的直接收益率为：

$$直接收益率 = \frac{100 \times 15\%}{110} = 13.64\%$$

可见，在溢价发行时，直接收益率低于票面利率；在折价发行时，直接收益率高于票面利率；在平价发行时，直接收益率与票面利率相等。但直接收益率因没有考虑购进持有时间，很难反映投资的真实收益，一般只作为理论上的分析。

(2) 最终收益率。债券的最终收益率是指债券投资者从认购日到到期日最后实际所得的年收益率，分为单利和复利两种。

$$单利最终收益率 = \frac{年利率 + (面值 - 认购价格) \div 待偿年数}{认购价格} \times 100\% \quad ①$$

$$= \frac{(到期本息之和 - 认购价格) \div 待偿年数}{认购价格} \times 100\% \quad ②$$

公式①适用于分次支付利息的债券，而②则适用于到期一次还本付息的债券。

**例 21** 某企业于 1995 年 9 月 26 日购买以面值价格发行的 1995 年国库券 100 000 元，年利率 14.5%，期限 3 年，于 1998 年 7 月 1 日到期，期满一次还本付息。则最终收益率为：

$$最终收益率 = \frac{[100\,000 \times (1 + 14.5\% \times 3) - 100\,000] \div \frac{34}{12}}{100\,000} \times 100\% = 15.35\%$$

其中，待偿年数 = $(3 \times 12 - 2) \div 12$。

$$复利最终收益率 = \frac{1}{偿还期限}\left[(1 + 单利最终收益率)^{偿还年限} - 1\right] \times 100\%$$

复利最终收益率适用于分次支付利息的债券，并将其利息再用于投资的情况，它是指在单利最终收益率的基础上，再加上利息与偿还差益差损用于再投资所带来的收益一并计算的收益率。

(3) 持有期间收益率。持有期间收益率是债券投资者在债券买卖之间持有期间的收益率，一般用于债券出售时衡量实际所得收益率。

债券到期一次还本付息：

$$持有期间收益率 = \frac{(卖出价格 - 买入价格) \div 持有年数}{买入价格} \times 100\%$$

债券分次付息：

$$持有期间收益率 = \frac{年利息收入 + (卖出价格 - 买入价格) \div 持有年数}{买入价格} \times 100\%$$

**2. 贴水债券收益率**

贴水债券是指以低于面值发行，到期以票面金额偿还，发行价格与票面金额的差额即相当于利息的债券。其收益率计算公式如下：

期限在一年以内的贴水债券到期收益为：

$$到期收益率 = \frac{(面值 - 认购价格) \div \frac{剩余天数}{360}}{认购价格} \times 100\%$$

期限超过一年的贴水债券年收益为：

$$到期收益率（复利）= \left(\sqrt[待偿年数]{\frac{面值}{认购价格}} - 1\right) \times 100\%$$

## 思考与练习

### 一、思考题

1．如何预测资金需要量？定量预测分析有哪些方法？
2．什么是资金成本？由哪些内容构成？为什么权益资金成本率与债务资金成本率有不同的计算方法？
3．债务资金越多，期望权益资金收益率就会提高，这个说法对吗？
4．影响资金投放决策分析的因素有哪些？
5．如何进行对内投资分析？
6．对外投资的股权投资与债权投资有何区别？

### 二、练习题

1．〔目的〕练习资金定量预测分析法

〔资料〕某企业2004年期初全部资金占用量为850万元，期末为904万元，其中，不合理的资金占用期初为20万元，期末为30万元；实际销售收入为5 680万元。预计2005年销售收入为6 880万元，要求资金周转加速7%。

〔要求〕运用销售收入资金率法预测该企业2005年资金需要量。

（提示：先计算2004年度全部资金平均占用量和不合理资金平均占用量）

2．〔目的〕练习不同筹资渠道的资金成本的计算

〔资料〕某企业欲建成一条生产线，需筹集资金3 000万元，期限三年。现有3个方案可供选择（所得税率为33%）：

(1) 发行3年期债券3 000万元，债券年利率15%，按面值发行，发行费率2%。
(2) 发行股票面值3 000万股，每股面值1元，发行价每股4元，银行收取手续费等筹资费率为5%，预计每股收益率为50%，预计每年收益按5%递增。
(3) 向银行借入3 000万元，3年期，借款利率为12%。

〔要求〕为以上方案计算资金成本率，并指出最佳方案。

3．〔目的〕练习计算加权平均资金成本率

〔资料〕某公司为筹办企业拟筹资6 000万元，现有A、B两个备选方案，有关资料经测算见下表：

| 筹资方式 | A方案 | | B方案 | |
|---|---|---|---|---|
| | 筹资额（万元） | 资金成本% | 筹资额（万元） | 资金成本% |
| 长期借款 | 800 | 8 | 940 | 8.5 |
| 公司债券 | 1 200 | 12 | 1 260 | 11 |
| 普通股 | 4 000 | 16 | 3 800 | 16 |
| 合计 | 6 000 | — | 6 000 | — |

〔要求〕确定最佳方案。

4．〔目的〕练习资金结构的优化分析

〔资料〕某企业资本总额为1 500万元，投资收益率为20%，权益资金与债务资金的比例为3∶1，债务资金成本率为12%。现准备追加筹资500万元，现有四个方案可供选择：

| 项　　目 | 权益资金（万元） | 债务资金（万元） |
|---|---|---|
| A方案 | 0 | 500 |
| B方案 | 125 | 375 |
| C方案 | 250 | 250 |
| D方案 | 375 | 125 |

〔要求〕选择最佳方案。

5．〔目的〕练习风险报酬价值的计算

〔资料〕某公司准备以2 000万元进行投资办服装厂。根据市场预测，预计可获得的年收入及其概率的资料如下：

若服装行业的风险系数为80%，计划年度的平均利率为8%。

〔要求〕计算该公司该项目的风险报酬率与风险报酬额。

| 市场情况 | 预计年收益（元） | 概率 |
|---|---|---|
| 繁荣 | 6 000 000 | 0.3 |
| 一般 | 5 000 000 | 0.4 |
| 较差 | 4 000 000 | 0.2 |
| 很差 | 2 000 000 | 0.1 |

6．〔目的〕练习对内资金投放决策分析

〔资料〕某企业计划新建一生产 A 产品车间,有关资料如下:

(1) 投入流动资产 300 万元(到期收回 80%),投入固定资产 6 000 万元。

该车间拟于两年内建成。其投资安排为第一年 3 000 万元,第二年 3 300 万元。全部固定资产统一按 5 年计提折旧(采用直线法),5 年后报废残值收入 600 万元。

(2) 该车间投产后,预计营业收入第一年为 8 000 万元,以后每年递增 5%;营业费用(不含折旧)为收入的 65%,所得税率为 33%。

〔要求〕(1) 计算投资回收期;

(2) 若资金成本率为 10%,用净现值法分析该方案的可行性。

# 第四章 资产分析

资产是指企业拥有或控制，能以货币计量，并能为企业提供经济效益的经济资源，包括各种财产、债权和其他权利。

企业要进行生产经营活动，必须拥有或控制一定的物质。企业获得了拥有或控制的各种形式的资产资源，如设备、场地、周转资金等，这些物质资源，是企业通过争取投资者投资，向银行借款等方式取得的，是企业从事生产经营活动的前提条件。而企业的资金运动实际上就是各种资产的购进、使用、耗费和补偿的过程。因此，对企业资产这一要素进行分析，是企业经济活动分析的重要内容。

## 第一节 固定资产分析

固定资产是企业从事生产经营活动的重要的物质资源，企业必须拥有一定数量的固定资产，这是企业对内部资源配置的重要内容，也是企业进行生产经营活动的重要的物质技术基础。

### 一、固定资产的特征与分类

（一）固定资产的特征

固定资产是指使用期限在一年以上，单位价值在规定标准以上，并且在使用过程中保持原有物质形态的资产，包括房屋及其建筑物、机械设备、工具器具、运输设备等。

固定资产是企业生产经营过程中不可缺少的物质技术基础，在科学技术不断发展的今天，没有这些物质技术基础，企业的再生产活动就不可能进行下去。企业的固定资产种类繁多，所起作用也各不相同，有些直接作用于劳动对象，如厂房、建筑物等。企业的固定资产，主要有如下特征：

(1) 使用期限较长。固定资产使用期限一般在一年以上，这主要取决于它的物理性能、使用情况、使用条件和科学技术进步情况等。

(2) 能够多次参加生产经营活动过程而不改变其实物形态。固定资产在生产经营过程的作用是直接由其实物形态决定的，它作为一种劳动手段，作用于劳动对象上，使劳动对象变为产品并提供经济效益的过程中，基本上保持原有的实物形态，而且不断地发挥其作用。

(二) 固定资产的分类

固定资产种类繁多，数量较大，为加强对固定资产的管理，做好固定资产的分析，需按不同的标准对其进行分类。

(1) 按经济用途分类，分为生产经营用固定资产和非生产经营用固定资产。

生产经营用固定资产，是指直接参加生产经营过程或直接服务于生产经营过程的固定资产，如厂房、机器设备、建筑物等。非生产经营固定资产，是指不直接参加生产经营过程的固定资产，如职工住宅、文化娱乐设施等。

固定资产的经济用途分类，其作用可据以考察分析各类固定资产的构成和变化情况，以便更好地根据各类固定资产的特点分别组织管理和研究改进利用的途径，促使企业合理配置固定资产，充分发挥其使用效能。

(2) 按其使用情况分类，可分为在用固定资产、未用固定资产和不需用固定资产。

在用固定资产，是指正在使用过程中的生产经营和非生产经营用的固定资产。由于季节性原因或大修理等原因而暂停使用的固定资产，存放在车间内替换使用的机械设备等，也作在用固定资产。未使用固定资产，是指尚未投入使用的固定资产。不需用固定资产，是指不适合本企业生产经营需要，准备转让或调配处理的固定资产。

固定资产按使用情况分类，可了解企业固定资产使用情况，分析固定资产的利用程度，促使企业采取有效措施，提高固定资产的利用率。同时，也为正确计提折旧提供依据。

(3) 按其所属关系分类，可划分为自有固定资产和融资租入固定资产。

自有固定资产是企业拥有的资产，是企业投资者投资而形成的固定资产。融资租入的固定资产是企业所控制的资产，是企业从外单位租入的固定资产，这些资产按照合同的约定，由企业使用并支付租金，在合同期满企业不再具有的资产。

固定资产按其所属关系分类，有利于了解企业固定资产实有情况，分析固定资产在生产经营中的作用和效能，完善固定资产管理。

## 二、固定资产需用量预测分析

固定资产需用量是指企业依据生产经营的状况而确定各类固定资产正常、合理的使用量。固定资产需用量预测，是指依据企业生产经营的发展、产品方向、生产规模、专业化协作等情况，对各种固定资产需用量的预测。

(一) 固定资产需用量预测的要求

固定资产需用量的预测，是企业进行固定资产投资决策的重要依据，只有通过科学的预测和掌握固定资产需用量，才能为企业的生产经营明确固定资产投资方向、投资结构以及投资规模，并在充分利用现有资产的前提下，提高投资收益。固定资产需要量预测要求注意以下几点：

(1) 必须掌握企业现有固定资产状况。在预测固定资产需用量之前，应清查财产，摸清家底，弄清企业现有固定资产的数量，生产能力以及使用情况。重点核实各种生产设备和实有数量。

(2) 以企业生产经营目标为依据。在企业经营范围的市场前景预测的基础上，对企业目前的市场销售和进一步扩大销路的可能性进行调查和预测，以确定固定资产需要量。

(3) 与企业现有固定资产的挖潜、革新、技术改造相结合，要充分考虑通过固定资产挖潜、革新、技术改造等增加生产能力的可能性，以减少投资，提高固定资产投资效益。

(4) 分清主次，采用不同的预测方法。企业固定资产种类繁多，如果将所有固定资产逐一预测，工作量大，也没有必要。因此，进行固定资产需要量预测，要注意对关键的、重点的固定资产与其他固定资产采用不同的方法。

(二) 固定资产需要量预测方法

固定资产需要量预测方法有多种，较常用的主要有查定法和固定资产占用率法两种。

**1. 查定法**

查定法是指在查定固定资产需要实物量的基础上，进一步测算固定资产需要价值量的方法，这种方法的基本步骤和方法：

(1) 查定现有生产设备的实物量，并在挖掘内部潜力的基础上，分别测算单位设备年生产能力和计划年度生产量。

(2) 计算计划年度生产设备实物需要量，对多余和缺少的设备提出处理措施。

(3) 拟定追加固定资产需要量的备选方案，从中选择最佳方案，作为编制固定资产需要量计划的依据。

生产设备需要量的预测，根据企业单台设备的生产任务和生产能力的比值来预测企业所需要各项生产设备的数量，其计算公式如下：

$$\text{某项生产设备需要量} = \frac{\text{该设备计划生产任务（实物量或台时数）}}{\text{单台设备的生产能力（实物量或台时数）}}$$

1) 生产任务的确定。通常情况下，企业可将全年计划生产任务的实物量，按单位产

品台时定额换算成计划生产任务的定额台时总数,其计算公式如下:

$$\text{计划任务定额台时总数} = \Sigma\left(\text{计划产量} \times \frac{\text{单位产品定额台时}}{} \times \text{定额改进系数}\right)$$

式中:计划产量,当企业生产的产品品种不多时,可分别按多种产品计算;当企业生产的产品品种较多时,可选择一代表产品,将其他产品按一定的核算系数折合成代表产品来计算;单位产品定额台时,指现行定额或企业预算规定的加工单位产品的时间;定额改进系数,是指估计新定额与现行的或预算定额的比较,其作用在于使企业的单位产品定额台时水平能随着技术的进步和生产工人技术的熟练程度不断提高而有所提高。

2)单台设备生产能力的确定。单台设备生产能力是指单台设备全年的有效工作台时数,可按下式计算:

$$\text{单位设备全年有效台时数} = \text{每班工作台时} \times \text{轮班次数} \times \text{全年有效工作日数}$$

式中:每班工作台时,是指每班扣除交接、休息时间后实际工作小时;轮班次数,是指一日24小时内的轮流班次;全年有效工作日,是指全年日历天数减去法定节假日及预计的停机检修日数后的实际日数(一般不少于254天)。

企业根据上述资料还可以计算出设备的负荷系数,公式如下:

$$\text{负荷系数} = \frac{\text{计划任务定额总台时}}{\text{单台设备全年有效台时} \times \text{现有设备台数}} \times 100\%$$

负荷系数若大于1,表明现有机器调和的生产能力不足,应增加固定资产;反之则表明企业的生产能力有余,应采取措施充分利用现有机器设备,若负荷系数等于1,则最为理想。

**例1** 某厂有甲设备95台,乙设备110台,实行两班工作制,每班工作7.6个小时,全年工作日254天,其中设备停机维修天数为平均15天,每件产品需经过甲、乙设备分别加工550小时和480小时,计划产量780件,定额改进系数为96%,测算上述要求条件甲、乙设备需要量。

甲设备的计划任务台时总数:780 × 550 × 96% = 411 840(台时)
甲设备的单台设备全年有效台时数:7.6 × 2 × (254 - 15) = 3 632.8(台时)
甲设备需要量:411 840 ÷ 3 632.8 = 114(台)
甲设备负荷系数:411 840 ÷ (36 328 × 95) × 100% = 119.33%
同理,计算出乙设备需要量为99台,乙设备负荷系数为89.94%。
结果表明该厂甲设备不足,而乙设备有余。因此,企业可考虑将多余的乙设备出租或转让出售,以免浪费资金,并进一步挖掘甲设备生产潜力,降低甲设备加工台时,或考虑增加甲设备的投资,保证生产任务顺利完成。

**2. 固定资产占用率法**

固定资产占用率法是指按照基年固定资产占用率,结合计划年度有关节支措施推算计

划年度固定资产需要所用的方法,一般适用于经营任务和经营条件变化不大的企业,计算公式如下:

$$\frac{\text{计划年度固定}}{\text{资产需要额}} = \frac{\text{计划年度总}}{\text{产值(不变价)}} \times \frac{\text{基年固定}}{\text{资产占用率}} \times \left(1 - \frac{\text{计划年度固定}}{\text{资产节约率}}\right)$$

式中,基年固定资产占用率 $= \dfrac{\text{基年实际固定资产平均总值}}{\text{基年完成实际总产值(不变价)}} \times 100\%$。

**例2** 某企业 2004 年实际固定资产平均总值为 370 万元,实际完成总产值(不变价)为 620 万元,计划 2005 年总产值(不变价)为 700 万元,固定资产节约率为 2.8%,则 2005 年固定资产需要额为:

$$700 \times \frac{370}{620} \times (1 - 2.8\%) = 406.05 \text{(万元)}$$

## 三、固定资产折旧方法分析

固定资产折旧是指固定资产在使用过程中发生的损耗。这种损耗的大小很难使用技术方法进行精确测定,只能相对地计算。

### (一) 固定资产折旧的方法

固定资产折旧的方法很多,大致可分为三类。

**1. 年限平均法**

年限平均法又称为直线法,是指在固定资产使用期内平均分配折旧费用。这种方法计算简单,一般运用于房屋、建筑物、道路等年均衡使用而且效用基本不变的固定资产。这种方法是最简单和应用最广泛的一种折旧方法。计算公式如下:

$$\text{年折旧额} = \frac{\text{固定资产原值} - \text{预计残值收入} + \text{预计清理费用}}{\text{预计使用年限}}$$

$$\text{月折旧额} = \text{年折旧额} \div 12$$

在实际工作中,往往是先计算月折旧率,然后按固定资产原值与月折旧率相乘计算月折旧额。

$$\text{年折旧率} = \frac{\text{年折旧额}}{\text{原值}}$$

$$= \frac{(\text{原值} - \text{预计残值} + \text{预计清理费用}) \div \text{预计使用年限}}{\text{原值}}$$

$$= \frac{1 - \text{预计净残值率}}{\text{预计使用年限}}$$

$$\text{月折旧率} = \text{年折旧率} \div 12$$

$$\text{月折旧额} = \text{原值} \times \text{月折旧率}$$

**例3** 某企业固定资产原值为 30 000 元,预计残值为 2 000 元,清理费用 800,预计使用年限5年。则：

年折旧额 = $\dfrac{30\,000 - 2\,000 + 800}{5}$ = 5 760（元）

月折旧额 = 5 760 ÷ 12 = 480（元）

或者根据企业确定的预计净残值率，计算折旧率和折旧额。

净残值 = 2 000 - 800 = 1 200（元）

净残值率 = $\dfrac{1\,200}{30\,000}$ × 100% = 4%

年折旧率 = $\dfrac{1 - 4\%}{5}$ = 19.2%

月折旧额 = 19.2% ÷ 12 = 1.6%

年折旧额 = 30 000 × 19.2% = 5760（元）

月年旧额 = 30 000 × 1.6% = 480（元）

在这种方法下，其年折旧额与使用年限之间的关系如图 4.1 所示。在这种方法下，在固定资产使用期限内，每年计提的折旧是等额的，在价值标内形成一条直线，故又称为直线法。一般适用于固定资产的有形损耗相当均衡而不需考虑技术陈旧因素的情况，如房屋、铺筑的道路、储藏器、石油输送管道、栏栅等。

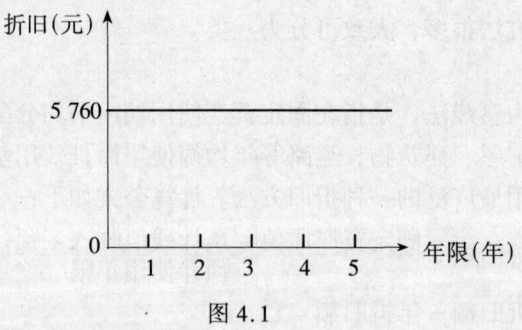

图 4.1

### 2．工作量法

工作量法是将固定资产的应计折旧额按固定资产使用期完成的工作总量计算分摊到各期成本、费用的一种方法。这种方法比较适用能按工作总量计算的固定资产。

（1）按行驶里程计算。

本月应计提折旧额 = 单位里程折旧额 × 本月行驶里程

单位里程折旧额 = $\dfrac{原值（1 - 预计净残值率）}{总行驶里程}$

**例 4** 某企业有载重汽车一辆，原价 200 000 元，预计残值 2 800 元，清理费用 800 元。有效合作年限内预计行驶里程为 500 000 t·km，本月行驶 6 000 t·km，则：

$$单位里程折旧额 = \frac{200\,000 \times \left(1 - \frac{2\,800 - 800}{200\,000}\right)}{500\,000} = 0.396（元）$$

$$本月应提折旧额 = 0.396 \times 6\,000 = 2\,376（元）$$

（2）按工作小时计算。

$$每工作小时折旧额 = \frac{原值 \times (1 - 预计净残值率)}{总工作小时}$$

$$本月应计提折旧额 = 每小时折旧额 \times 本月工作小时$$

下面以例4资料把固定资产工作总时与折旧额之间的关系如图4.2所示。

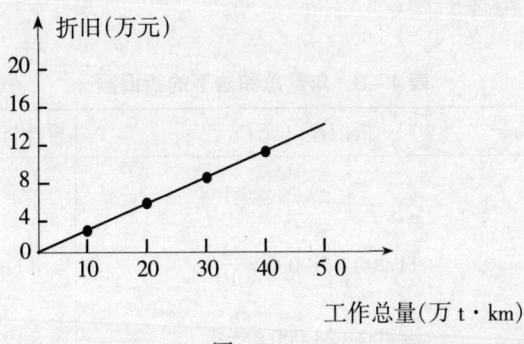

图 4.2

从图4.2可以看出，在这种方法下，每月计提的折旧额有可能不同，它是随着使用量的大小而增减的。从理论上讲，这是一种较为合理的方法，但在实际工作中，由于固定资产的工作总量难以具体确定，因而这种方法一般适用于汽车以及精密仪器折旧的计提。

**3．加速法**

加速法是指在固定资产使用年限内，使用的前期多提折旧，而后逐渐递减的方法。主要有双倍余额递减法和年数总和法。采用这种方法的理由是：许多固定资产随时间的推移效用呈递减的趋势，一般的固定资产在使用的前期收益大，后期收益小，而每年的维修费用却随固定资产的使用而递增，因此应在固定资产使用前期多提折旧，后期少提折旧，这样不但可使固定资产的使用费用平衡，还可以减少固定资产随生产率、科技进步而被淘汰或被贬值的危险，有利于企业尽快收回投资。加速折旧的计算有多种方法，较常用的是年数总和法和双倍余额法。

（1）年数总和法。年数总和法是按当年提的折旧额来乘以有效年数总和为基础的递减分数——折旧率，计算每年折旧额的一种方法。计算公式如下：

$$年折旧率 = \frac{折旧年限 - 已使用年数}{折旧年限 \times (折旧年限 + 1) \div 2}$$

$$月折旧率 = 年折旧率 \div 12$$

$$月折旧额 = (固定资产原值 - 预计净残值) \times 月折旧率$$

**例 5** 某企业一台设备原始价值 30 000 元,预计使用年限为 4 年,预计残值 4 000 元、清理费用 2 000 元,则年折旧率为:

$$第一年年折旧率 = \frac{4-0}{4\times(4+1)\div2} = \frac{4}{10}$$

$$第二年年折旧率 = \frac{4-1}{4\times(4+1)\div2} = \frac{3}{10}$$

$$第三年年折旧率 = \frac{4-2}{4\times(4+1)\div2} = \frac{2}{10}$$

$$第四年年折旧率 = \frac{4-3}{4\times(4+1)\div2} = \frac{1}{10}$$

每年应计提折旧额见表 4-3。

表 4-3 年数总和法下的折旧额

| 年次 | 折旧率 | 折旧额(元) | 累计折旧(元) | 账面净值(元) |
|---|---|---|---|---|
| 0 | | | | 30 000 |
| 1 | $\frac{4}{10}$ | 11 200 (28 000 × $\frac{4}{10}$) | 11 200 | 18 800 |
| 2 | $\frac{3}{10}$ | 8 400 (28 000 × $\frac{3}{10}$) | 19 600 | 10 400 |
| 3 | $\frac{2}{10}$ | 5 600 (28 000 × $\frac{2}{10}$) | 25 200 | 4 800 |
| 4 | $\frac{1}{10}$ | 2 800 (28 000 × $\frac{1}{10}$) | 28 000 | 2 000 |

在这种方法下,每年所计提的折旧额是随着使用年数的增加而递减,它们之间的关系如图 4-3 所示。

(2)双倍余额法。双倍余额法是在不考虑预计固定资产残值的前提下,以直线法计算的折旧率的双倍作为固定不变的固定资产折旧率,用此折旧率乘每期固定资产的期初账面净值(原价-累计折旧额),来计算应计提的折旧额的一种方法。

# 第四章 资产分析

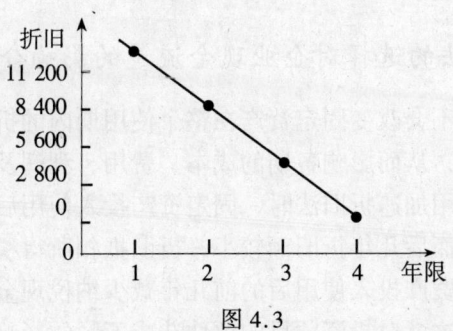

图 4.3

年折旧率的计算：

$$月折旧率 = 年折旧率 \div 12$$

$$年折旧率 = \frac{1}{使用年限} \times 2$$

在双倍余额法下，最后两年应将其预计残值和清理费与固定资产摊余价值（即账面净值）平均摊销。

**例 6** 仍以例 5 资料，改用双倍余额计算每年应计提折旧额。

$$年折旧率 = \frac{1}{4} \times 2 \times 100\% = 50\%$$

每年应计提的折旧额见表 4-4。在这种方法下，每年计提的折旧额也是随着使用年数的增加而递减的。

表 4-4 双倍余额法下的折旧额

| 年次 | 折 旧 额（元） | 累计折旧（元） | 账面净值（元） |
| --- | --- | --- | --- |
| 0 | | | 30 000 |
| 1 | 15 000（30 000×50%） | 15 000 | 15 000 |
| 2 | 7 500〔（30 000 - 15 000）×50%〕 | 22 500 | 7 500 |
| 3 | 2 750〔（7 500 - 2 000）÷2〕 | 25 250 | 4 750 |
| 4 | 2 750〔（7 500 - 2 000）÷2〕 | 28 000 | 2 000 |

固定资产折旧方法的不同选择直接影响到企业成本、费用的计算，也影响企业的利润和应纳所得税，因此对固定资产折旧方法的选择不能随意确定。目前我国有关规定是，企业固定资产折旧一般采用平均法，企业专业车队的客货运汽车、大型设备，可以采用工作量法，而加速折旧只限于在国民经济中具有重要地位，技术进步快的某些行业。

## (二) 不同折旧方法的选择对企业现金流量的影响分析

虽然不同的折旧方法不会改变固定资产在整个使用期内的折旧总额,但却会影响使用期内各个会计期的折旧额,从而影响各期的成本、费用、利润及应交所得税,进而影响企业各期的净现金流量。采用加速折旧法时,固定资产投入使用后的前几年折旧额较大,折旧抵扣的所得税也较大,而后几年折旧额较小,折旧抵扣所得税也较少,因而与平均法相比,加速折旧法将在固定资产投入使用后的前几年减少纳税现金流出,增加企业净现金流量,后几年情况则相反,这就对投资项目的评估造成不同的影响。

**例7** 某企业有一投资项目,固定资产投资 200 000 元,预计使用 5 年,残值 6 000 元,流动资产投资 40 000 元,预计该项投资每年的营业现金收入为 160 000 元,营业现金支出 80 000 元,所得税税率为 33%,要求的最低投资报酬率为 15%。

(1) 当企业选用平均法计提折旧时,各项指标计算为:

A. 现金流量

1) 第 1~4 年每年现金流量 = 税后利润 + 折旧

$$= (160\,000 - 80\,000 - \frac{200\,000 - 6\,000}{5}) \times (1 - 33\%) + \frac{200\,000 - 6\,000}{5} = 66\,404$$

2) 第 5 年现金流量 = 税后利润 + 折旧 + 残值 + 流动资产回收

$$= 66\,404 + 6\,000 + 40\,000 = 112\,404$$

现金流量总额为 = $66\,404 \times 4 + 112\,404 = 378\,020$

B. 平均利率 = $\dfrac{\text{年利润总额}}{\text{年平均投资额}} = \dfrac{160\,000 - 80\,000 - \dfrac{200\,000 - 6\,000}{5}}{\dfrac{200\,000 + 6\,000}{2}} \times 100\% = 40\%$

C. 净现值 (5 年期,折现率为 15% 的年金现值系数 3.352,普通现值系数为 0.497)

$= (66\,404 \times 3.352 + 46\,000 \times 0.497) - 240\,000 = 5\,448.21$

(2) 当企业采用快速折旧法时 (年数总和法),则各项指标计算为:

A. 现金流量

1) 第一年现金流量 = $[160\,000 - 80\,000 - \dfrac{(200\,000 - 6\,000) \times 5}{15}] \times (1 - 33\%)$

$+ \dfrac{(200\,000 - 6\,000) \times 5}{15} = 74\,940$

第二年现金流量 = $[160\,000 - 80\,000 - \dfrac{200\,000 - 6\,000 \times 4}{15}] \times (1 - 33\%)$

$+ \dfrac{(200\,000 - 6\,000) \times 4}{15} = 70\,672$

第三年现金流量 = $[160\,000 - 80\,000 - \dfrac{200\,000 - 6\,000 \times 3}{15}] \times (1 - 33\%)$

$$+\frac{(200\,000-6\,000)\times 3}{15}=66\,404$$

第四年现金流量 $=[160\,000-80\,000-\frac{200\,000-6\,000\times 2}{15}]\times(1-33\%)$

$$+\frac{(200\,000-6\,000)\times 2}{15}=62\,136$$

第五年现金流量 $=[160\,000-80\,000-\frac{200\,000-6\,000\times 1}{15}]\times(1-33\%)$

$$+\frac{(200\,000-6\,000)\times 1}{15}+40\,000+6\,000=103\,868$$

现金流量总额 $=74\,940+70\,672+66\,404+62\,136+103\,868=378\,020$

B. 平均利润率

1）年平均投资额

$=(\sum\frac{\text{期初投资额}+\text{期末投资额}}{2})\div 5$

$=(\sum\frac{\text{期初投资额}+\text{期初投资额}-\text{已提折旧}}{2})\div 5$

$=[\frac{200\,000+135\,333}{2}+\frac{135\,333+83\,600}{2}+\frac{83\,600+44\,800}{2}+\frac{44\,800+18\,933}{2}$

$+\frac{18\,933+6\,000}{2}]\div 5=77\,133.2$

2）平均利润率 $=\dfrac{160\,000-80\,000-\dfrac{200\,000-6\,000}{5}}{77\,133.2}$

C. 净现值为（折现率为15%的普通现值分别为 0.87，0.756，0.658，0.572，0.497）：

$\dfrac{74\,940}{1+15\%}+\dfrac{70\,672}{(1+15\%)^2}+\dfrac{66\,404}{(1+15\%)^3}+\dfrac{62\,136}{(1+15\%)^4}+\dfrac{103\,868}{(1+15\%)^5}-240\,000=74\,940\times 0.87$
$+70\,672\times 0.756+66\,404\times 0.658+62\,136\times 0.572+103\,868\times 0.497-240\,000=9\,483.85$

由以上分析可见，采用不同的折旧方法，虽然现金流量总额是相等的，但各年现金流量却不相同，加速折旧法的前期现金流量要大于平均折旧法的前期现金流量。

不同的折旧方法，计算的平均利润率和净现值均不同。这一区别完全是因折旧方法的不同而产生的，与投资项目本身的实际经济效益无关。采用平均折旧法计算的平均利润率和净现值，均小于采用快速折旧法的计算。因此，在进行固定资产投资方案的选择时，应注意各种方案所选择折旧方法必须相同，避免由此而产生的判断错误。

## 四、固定资产增减变动分析

固定资产增减变动分析，主要是对报表资料进行分析，查明固定资产增减变动是否符合有关规定和是否合理。分析固定资产增减变动通常需计算的公式如下：

(1) 固定资产增长率。

$$\text{固定资产增长率} = \frac{\text{期末固定资产原值} - \text{期初固定资产原值}}{\text{期初固定资产原值}} \times 100\%$$

$$= \frac{\text{本年增加固定资产原值} - \text{本年减少固定资产原值}}{\text{期初固定资产原值}} \times 100\%$$

(2) 固定资产退废率。

$$\text{固定资产退废率} = \frac{\text{本年报废固定资产总值}}{\text{年初固定资产总值}} \times 100\%$$

式中的分子只包括报废数值，而不包括转让、出售数值。

(3) 固定资产更新率。

$$\text{固定资产更新率} = \frac{\text{本年新增加固定资产总值}}{\text{年末固定资产总值}} \times 100\%$$

式中的分子只包括新增加的全新固定资产数值，而不包括取得旧的固定资产。

(4) 固定资产损失率。

$$\text{固定资产损失率} = \frac{\text{全年盘亏和毁损固定资产总值}}{\text{年初固定资产总值}}$$

式中的分子包括财产清查中盘亏和因各种原因造成的毁损的固定资产总值。

(5) 固定资产磨损率。

$$\text{固定资产磨损率} = \frac{\text{年末累计已提折旧额}}{\text{年末固定资产总值}} \times 100\%$$

(6) 固定资产净值率。

$$\text{固定资产净值率} = \frac{\text{年末固定资产净值}}{\text{年末固定资产总值}} \times 100\%$$

固定资产磨损率主要反映企业固定资产的平均损耗程度，固定资产净值率则反映固定资产的平均新旧程度，它们的变化相反，磨损率小净值率大，或磨损率大净值率小，它们之间的关系可表示如下：

$$\text{固定资产磨损率} + \text{固定资产净值率} = 1$$

**例8** 某企业2004年固定资产如表4-5。

表4-5 单位：元

| 项目 | 行次 | 金额 |
|---|---|---|
| 固定资产总值年初数 | | 1000 |
| 本年增加固定资产总值 | | 400 |
| 其中：本年新增固定资产总值 | | 200 |
| 本年减少固定资产总值 | | 200 |

## 续上表

| 项 目 | 行次 | 金额 |
|---|---|---|
| 其中：盘亏和毁损总值 |  | 20 |
| 报废总值 |  | 30 |
| 年末累计折旧 |  | 300 |

根据上表，计算各有关指标如下：

$$\text{固定资产增长率} = \frac{400 - 200}{1\,000} \times 100\% = 20\%$$

$$\text{固定资产退废率} = \frac{30}{1\,000} \times 100\% = 3\%$$

$$\text{固定资产更新率} = \frac{200}{1\,000 + 400 - 200} \times 100\% = 16.7\%$$

$$\text{固定资产损失率} = \frac{20}{1000} \times 100\% = 2\%$$

$$\text{固定资产磨损率} = \frac{300}{1\,000 + 400 - 200} \times 100\% = 25\%$$

$$\text{固定资产净值率} = \frac{(1\,000 + 400 - 200) - 300}{1\,000 + 400 - 200} \times 100\% = 75\% (\text{或}) = 1 - 25\% = 75\%$$

上述分析表明，该企业固定资产较上年增长了20%，更新率大于退废率和损失率，净值率达75%，说明该企业通过更新、改造、新建、联营等形式增加了新的固定资产，生产能力有所提高，一般来说，是一种积极趋势。

## *五、固定资产利用情况分析

固定资产利用情况主要是通过固定资产产值率进行分析的，其计算公式如下：

$$\text{固定资产利用率} = \frac{\text{工业总产值}}{\text{固定资产平均总值}} \times 100\%$$

式中的分子工业总产值，在考核本期固定资金利用效果时，可按现行出厂价格计算，如果要进行同时期的比较，就需要按不变价格计算。

其分母固定资产平均总值的计算公式如下：

$$\text{年度固定资产平均总值} = \frac{\text{年度内各月固定资产平均总值之和}}{12}$$

$$\text{各月固定资产平均总值} = \frac{\text{月初固定资产总值} + \text{月末固定资产总值}}{2}$$

$$\text{生产经营用固定资产利用率} = \frac{\text{工业总产值}}{\text{生产经营用固定资产平均总值}} \times 100\%$$

该指标与全部固定资产利用率的关系如下：

$$\frac{\text{工业总产值}}{\text{固定资产平均总值}} = \frac{\text{工业总产值}}{\text{生产经营用固定资产平均总值}} \times \frac{\text{生产经营用固定资产平均总值}}{\text{全部固定资产平均总值}}$$

即：

$$\text{全部固定资产利用率} = \text{生产经营用固定资产产值率} \times \text{生产经营用固定资产所占比重}$$

**例9** 某企业 2003 年和 2004 年有关资料如表 4-6。

表 4-6

| 项　目 | 2003 年 | 2004 年 |
|---|---|---|
| 工业总产值（不变价格）（万元） | 6 000 | 7 000.4 |
| 全部固定资产平均总值（万元） | 8 000 | 8 600 |
| 其中：生产经营用固定资产平均总值（万元） | 7 000 | 7 800 |

则全部固定资产利用率：

2003 年为 $\dfrac{6\,000}{8\,000} \times 100\% = 75\%$

2004 年为 $\dfrac{7\,000.4}{8\,600} \times 100\% = 81.4\%$

利用差额法分析全部固定资产利用率变动原因如下：

基本关系式（2003 年） $\dfrac{6\,000}{8\,000} = \dfrac{6\,000}{7\,000} \times \dfrac{7\,000}{8\,000}$

对比关系式（2004 年） $\dfrac{7\,000.4}{8\,600} = \dfrac{7\,000.4}{7\,800} \times \dfrac{7\,800}{8\,600}$

替代① $\left(\dfrac{7\,000.4}{7\,800} - \dfrac{6\,000}{7\,000}\right) \times \dfrac{7\,000}{8\,000} = 3.53\%$

② $\dfrac{7\,000.4}{7\,800} \times \left(\dfrac{7\,800}{8\,600} - \dfrac{7\,000}{8\,000}\right) = 2.87\%$

分析结果表明，该企业 2004 年较 2003 年全部固定资产利用率提高 6.4%（81.4% - 75%），这是由于生产经营用固定资产利用率提高和生产经营用固定资产所占比重增加所致。

## *六、固定资产盈利情况分析

固定资产利用率只能表明固定资产投资的生产能力，为了综合反映企业固定资产与其经济效益的关系，还需进行固定资产盈利情况分析。

固定资产盈利情况分析主要是通过固定资产利润率指标进行分析，其计算公式如下：

$$\text{固定资产利润率} = \dfrac{\text{销售利润}}{\text{固定资产平均总值}} \times 100\%$$

式中的分子销售利润，一般为产品销售利润或商品销售利润。

该项指标表明平均 100 元固定资产可提供的销售利润，因而该项指标越大，说明企业经济效益越好。

企业也可根据该项指标与固定资产利用率指标及其他指标之间的关系，进行分析。固定资产利润率与固定资产利用率指标及其他指标之间的关系如下：

$$\frac{销售利润}{固定资产平均总值} = \frac{工业总产值}{固定资产平均总值} \times \frac{商品产值}{工业总产值} \times \frac{销售收入}{商品产值} \times \frac{销售利润}{销售收入}$$

即：$\frac{固定资产}{利润率} = \frac{固定资产}{利用率} \times \frac{产品}{完工率} \times \frac{产品}{销售率} \times \frac{销售}{利润率}$

**例 10** 甲企业与乙企业都是 80 年代建立的企业，两者的生产条件基本相同，但各项指标有所差异，有关指标如表 4-7。

表 4-7

| 项 目 | 甲企业① | 乙企业② | 差异 ③ = ② - ① |
|---|---|---|---|
| 固定资产利用率（%） | 75 | 70 | -5 |
| 产品完工率（%） | 90 | 95 | 5 |
| 产品销售率（%） | 80 | 90 | 10 |
| 销售利润率（%） | 35 | 40 | 5 |
| 固定资产利润率（%） | 18.9 | 23.94 | 5.04 |

根据甲、乙两企业有关指标资料，运用差额分析法分析如下：
基本关系式（甲企业）18.9% = 75% × 90% × 80% × 35%
对比关系式（乙企业）23.94% = 70% × 95% × 90% × 40%
替代①（70% - 75%）× 90% × 80% × 35% = -1.26%
②70% ×（95% - 90%）× 80% × 35% = 0.98%
③70% × 95% ×（90% - 80%）× 35% = 2.32%
④70% × 95% × 90% ×（40% - 35%）= 3%

通过上述分析表明，乙企业较甲企业固定资产利润率多 5.04（23.94% - 18.9%），是由于各个有关指标不同而造成的。乙企业固定资产利用率较甲企业少 5%，造成固定资产利润率少 1.26%，而乙企业产品完工率、产品销售率和销售利润率均比甲企业高，分别对固定资产利润率的影响为 0.98%，2.23%，3%。因此，甲企业应采取提高产品完工程度，增加销售额，降低成本费用，增加利润等措施来提高资产利润率，以获取更大的经济效益。

## 第二节　无形资产分析

无形资产是指企业长期使用但没有实物形态的资产。它们通常代表企业所拥有的一种法定权或优先权，或者是企业所具有的高于一般水平的获利能力。

## 一、无形资产的特点和分类

### （一）无形资产的特点

**1. 无形资产本身没有物质实体**

无形资产自身是无形的，不具有独立的物质实体，它不占有空间，但它必须通过一定的直接或间接的物质载体表现，如证书、图纸、资料等。

**2. 无形资产可以在较长时期内为企业提供经济效益**

无形资产的前提是资产，即可为企业带来经济效益的经济资源，而且还是一项长期资产，要为企业长期所用。如果某项无形的事物（如信息）只是偶然地、短暂地而不持久地为企业的生产经营发挥经济效益，则这项无形的事物就不能视为无形资产。

**3. 无形资产具有明显的专有性**

为了维护资产的专有性，可通过企业自身保密或取得法律保护。

**4. 无形资产提供的未来经济效益具有较强的不确定性**

企业的无形资产的潜在价值可能很大，也可能很小。这是因为科学技术的进步有可能使产品取得很高的附加值，也有可能被更先进的技术所取代。

### （二）无形资产的种类

**1. 按无形资产的性质分类**

无形资产按性质一般分为专利权、商标权、著作权、土地使用权、非专利技术、商誉等。

（1）专利权。专利是指对某一产品的造型、配方、结构、制造工艺或程序拥有专门的特殊权利。我国 1984 年发布的《中华人民共和国专利法》中明确规定，专利权人拥有的专利受到国家法律的保护。专利权允许其持有者独家使用或控制的特权。但它并不保证一定能够给持有者带来经济效益。有的专利可能不具备经济价值或只有很小的经济价值，有的专利会被另外更有经济价值的专利所淘汰等。所以并非所有的专利都要入账分期摊销，只有那些能够给企业带来较大经济价值，并且企业为此作出了支出的专利，才能作为无形资产处理。

（2）商标权。商标是用来辨认特定的商品或劳务的标记。商标经过注册登记，就获得了法律上的保障。商标的价值在于它能够使持有者具有较大的获利能力。企业自创商标并将其注册，所花支出一般不大，一般不作为无形资产管理。若企业购买他人商标，花费较大，则应作为无形资产管理。

（3）著作权。著作权又称为版权，是指公民、法人依法对文学、艺术和科学作品享有的专有权。

（4）土地使用权。土地使用权是指土地经营者对依法取得的土地在一定期限内进行建筑、生产或其他活动的权利。

（5）非专利技术。非专利技术又称为专有技术或技术秘密、技术诀窍。它是指运用先进的、未公开的、未申请专利、可以带来经济效益的技术及诀窍。主要内容包括：工业专有技术，指在生产上已经采用，仅限于少数人知道，不享有专利权或发明权的生产、装配、修理、工艺或加工方法的技术知识；商业（贸易）专有技术，指具有保密性质的市场情报、原材料价格情报以及用户、竞争对象的情况的有关知识；管理专有技术，即生产组织的经营方式、管理方法、培训职工方法等保密知识。非专利技术并不是专利法的保护对象，专有技术所有人依靠自我保密的方式来维持其独占权，可以用于转让和投资。

（6）商誉。商誉通常是指一家企业由于所处地理位置优越，或由于组织得当、生产经营效益好，或由于历史悠久、积累了丰富的从事本企业的经验，或由于它技术先进、掌握了生产的诀窍等原因而形成的无形价值。这种无形价值具体表现在一家企业的获利能力，超过了一般的获利水平。商誉的特点如下：①不能单独存在。商誉作为无形资产，必须与其企业相连，不能像其他如专利等无形资产单独出售，而必须连同企业一起转让出售。②不能单独计价。商誉的价值只有在把企业作为一个整体来看待时才能按总额加以确定，因而商誉不能单独计价。③在企业合并时才可确认。尽管企业有商誉价值存在，但除非企业合并、出售、转让的情况可作为无形资产处理外，一般不能作为无形资产处理。

**2．按无形资产的来源分类**

无形资产按其来源一般可分为内部形成的无形资产和从外部取得的无形资产。

（1）内部形成的无形资产，包括企业通过主观努力而创立和形成的自创无形资产以及企业出资者按要求作为资本投入的无形资产。如作为"实收资本"的专利权、著作权、专有技术等。

（2）从外部取得的无形资产，包括从外部购入、租入等有偿方式取得的无形资产；外部投资者投入的无形资产以及外部有关单位或个人捐赠的无形资产等。

## 二、无形资产价值分析

无形资产的价值是指为形成无形资产所付出的物资消耗和活动劳动消耗。无形资产的形成往往需要花费大量经费、大量时间、投入高质量的劳动。因此，无形资产具有较高的价值。

### （一）无形资产价值构成分析

由于无形资产的特殊性，取得的途径多样化，而且具有不可确定性，其价值的构成按不同的取得渠道有所不同。

（1）外购的无形资产，按照实际支付的价款及其他支出计价作为无形资产价值。

（2）自行开发并按法律程序认可的，按开发过程中实际支出计价，其价款包括为创造该项专利的试验费用、申请专利登记费用以及聘请律师费用等。但企业创造某项专利时，往往不一定能够保证成功。为了稳定起见，处于试验阶段而又没有十分把握成功情况下发生的费用，一般计入当期费用。待试验成功申请专利时，再将发生的费用作为无形资产处理。

（3）投资者作为资本金或合作条件投入的，按评估确认或合同、协议约定的金额作为无形资产价值。

（4）接受捐赠的，按照所附单据或参照同类无形资产的市价作为无形资产价值。

（5）当企业合并、兼并或购买另一间企业时，按买者付给卖者价款总额与买进企业所有净资产总额之间的差额，作为商誉无形资产的价值。

**例 11** 甲企业欲收购乙企业，乙企业资产总额为 5 600 万元，负债总额为 1 200 万元。甲企业以 5 000 万元的价格购进乙企业。则

乙企业的净资产 = 资产 − 负债 = 5 600 − 1 200 = 4 400（万元）

甲企业收购乙企业而形成的商誉 = 购进价格 − 被购企业净资产
$$= 5\ 000 - 4\ 400 = 600（万元）$$

### *（二）无形资产转让价值分析

企业所拥有的无形资产，可依法转让。企业转让无形资产的方式有两种，一是转让所有权，二是转让使用权。无形资产的所有权和使用权，两者的内容是不一样的。所有权是指企业在法律规定的范围内对其无形资产所享有的占有、使用、收益、处分的权能。而使用权是所有者所享有的一项独立权能。所有者在行使其所有权时，可以在法律规定的范围内，根据自己的意志和利益，将其使用权分离出去，由非所有者享有，非所有者行驶使用权时，必须根据法律和合同的规定，按指定的用途使用。无形资产的所有权与使用权的适当分离，是生产的社会化发展市场经济的需要。

无形资产所有权的转让，主要的问题在于分析、确定无形资产的价值，分析的方法有如下几种：

## 1. 专利及专有技术的价值分析

（1）成本法。成本法是一种以研制开发技术资产所耗费的各项费用之和的价值为主要依据来确定技术型资产价值的方法。

技术型无形资产的总成本包括研制开发或取得、持有期间的全部费用，一般包括研制开发成本、交易成本和机会成本。开发总成本计算公式为：

$$开发总成本 = 研制开发成本 + 交易成本 + 机会成本$$

研制开发成本是指在研制开发期间发生的直接成本和间接成本。直接成本是科技开发研究中的投入费用，一般包括材料能源费、工资费、专用设备折旧费、信息资料费、外协费、咨询鉴定费、培训费、旅差费以及其他费用。间接成本指与科技开发研究有关的其他支出，一般包括管理费、折旧费、摊销费等。

交易成本指在转让无形资过程中，所发生的交易费用，包括：①为买方提供专家指导、技术培训、设备仪器安装调试及市场开拓费的技术服务费；②差旅费；③有关法律咨询、公正、审查、注册等手续费；④广告、宣传费；⑤其他费用。

机会成本是指由于技术转让而使企业丧失在买方所在国或地区的全部或部分产品投资或销售机会而造成的可能的损失。

**例12** A 地某企业拥有一项生产甲产品的专利权，现 B 地另企业欲向 A 地某企业购买这项专利权。该专利权转让后，预计 A 地某企业在 B 地的销售额估计降低 80%，销售损失估计为 55 万元，如果甲产品的利润率为 20%，对 A 地某企业将其专利权转让的机会成本为：

$$机会成本 = 55 \times 20\% = 110（万元）$$

**例13** 某企业开发一项专有技术，研制开发成本为 150 万元，交易成本为 40 万元，若转让该项技术会导致销售损失 130 万元，利润率 20%，则无形资产转让价值为：

$$150 + 40 + 130 \times 20\% = 216（万元）$$

成本法仅考虑开发无形资产的总成本、交易成本以及因转让无形资产而造成的损失。一般适用于专有技术的许可贸易。

（2）收益现值法。收益现值法是指以无形资产对创造产品的总收益所作的贡献及现值作为转让价值。该方法一般适用于转让无形资产所有权。其计算公式如下：

$$无形资产转让价值 = (\Sigma 未来收益的现值) \times 销售利润分成率$$

其中，未来收益是指在项目的寿命周期内的现金净流量；其折现率一般采用社会平均资金收益率，包括无风险收益率（在我国为国库券利率）加上社会风险报酬率。

衡量无形资产转让价值，应以无形资产对创造产品总收益所作的贡献为依据，因此：

$$无形资产价值 = 销售收入现值 \times 销售收入分成率$$
$$= 销售利润现值 \times 销售利润分成率$$

可见，销售利润分成率 = $\dfrac{\text{销售收入现值} \times \text{销售收入分成率}}{\text{销售利润现值}}$ = 销售收入分成率/销售利润率。

**例 14** 某公司拥有一项生产 A 产品的专有技术（配方）。现有某企业欲购得该配方。现经测算此项技术的应用期限为 6 年，每年能获纯利 20 000 元。销售利润率为 20%，当时国库券利率为 12%，根据行业市场情况确定的社会风险报酬为 5%，预计该技术销售收入中的提成率为 4%，则该项技术的转让价值计算分析如下：

折现率 = 社会平均资金率
　　　 = 无风险收益率（国库券利率）+ 社会风险报酬率
　　　 = 12% + 5% = 17%

销售利润分成率 = 销售收入分成率/销售利润率
　　　　　　　 = 4%/20% = 20%

该项技术的转让价值（6 年期折现率 17% 的年金现值系数为 3.589）
　　　　　　　　 = 20 000 × 3.589 × 20% = 14 356（元）

（3）成本收益法。成本法只考虑成本，而没有考虑收益，收益现值法则只考虑未来收益，却忽视成本。当某项专有技术处于发展阶段尚未成熟，它的收益还不显著，技术开发成本不容忽视时，可采用成本收益法确定其转让价值。

成本收益是指确定无形资产转让价值时，既考虑专有技术的成本，又考虑其获利能力的一种方法。这种方法既运用于外购的专有技术，又可运用于自创或自身拥有的专有技术。其计算公式为：

无形资产转让价值 = 开发总成本 +（∑未来收益现值）× 销售利润分成率

**例 15** 某企业的一项生产 A 产品的专有技术，开发总成本为 480 万元，预计未来收益为每年 100 万元，有效期预计为 10 年，企业销售利润率为 15%，销售收入分成率为 5%，按 15% 的折现率，则该项专有技术转让价值应为（10 年折现率 15% 的年金现值为 5.019）：

转让价值 = 480 +（100 × 5.019）×（5%/15%）= 647.3（万元）

成本收益法用最直接的方法表达了技术产品等无形资产价值。但需指出的是，企业一般都是将无形资产的开发总成本分若干年在产品中摊销。因此，采取成本收益法还需考虑无形资产已摊销的价值。如上例，设该企业是生产 A 产品的专有技术且按 15 年为期，已摊销了 5 年，即已摊销 160 万元（480 ÷ 15 × 5），那么，其转让价值应为：

转让价值 =（480 − 160）+ 100 × 5.019 ×（5%/15%）
　　　　 = 487.3（万元）

（4）相对值估价法。相对值估价法是指通过转让双方协商后确定的无形资产的实现利润的提成率和提成年限来确定无形资产转让价值，然后分年多次偿付的方法。这种方法一般适用于无形资产转让。其计算公式如下：

无形资产转让价值(使用权) = ($\Sigma$预期销售额现值) × 协商销售收入提成率

= ($\Sigma$预期利润现值) × 协商利润提成率

**例16** 某空调机厂为了扩大生产，欲以一项专有技术入股与国内厂家合资。因该项专有技术的应用使空调机的功能更多更好，故成为畅销品。经测算其收益期为8年。每年能获利润16 000万元，双方协商利润提成率为10%。按15%的折现率计算，该项专有技术的转让价值为（8年期，折现率15%的年金现值系数为4.478）：

(16 000 × 4.478) × 10% = 7 179.2（万元）

**2．注册商标转让价值分析**

商标专用权或使用权的转让，是作为一种获利能力来转让的，因而其转让价值的确定，主要是其在使用中能带来的利益价值，一般采用的为收益现值法。

根据我国1993年修改后的商标法规定，注册商标的有效期为10年。有效期届满，可按时续展。因而注册商标一般为有永久性收益的无形资产。但在市场经济下，经济主体多元化、竞争激烈。某种产品往往会被新的同类产品所代替，其周期长短不一。因此，在考虑商标的转让价值时，应根据市场调查预测其使用年限。

(1) 转让商标所有权价值分析。

**例17** 甲企业准备将使用了20年并已续展的×商标转让给乙企业。甲企业标有×商标的商品可比生产同类商品的其他企业的商品单价高出20元。甲企业每年生产该商品200万件，×商标目前在市场信誉处于中上水平，预计在未来10年内销售量稳中有降。前5年将保持原售价，后5年售价将下降5元。按折现率15%计算，则×商标每年能获取的超额利润为：

前5年  200 × 20 = 4 000（万元）

后5年  200 × (20 – 5) = 3 000（万元）

转让价值为（5年期折现率15%的年金现值系数为3.352；5年期折现率为15%的普通现值系数为0.497）：

4 000 × 3.352 + 3 000 × 3.352 × 0.497 = 18 406（万元）

(2) 转让商标使用权价值分析。

**例18** 甲电饭煲厂将五角牌注册商标使用权通过许可使用合同给乙企业使用。合同约定：使用期为5年。由于五角牌商标的电饭煲深受消费者喜爱，预计乙企业取得该项商标使用权后，第一年生产50万个，以后每年递增10%，预计每个可新增利润30元，销售利润分成率25%，按折现率15%计算，则甲厂转让该商标使用权的价值应为：

许可使用期内乙企业新增利润：

第一年  30 × 50 = 1 500（万元）

第二年  30 × 50 (1 + 10%) = 1 650（万元）

第三年　$30 \times 50 (1+10\%)^2 = 1\,815$（万元）
第四年　$30 \times 50 (1+10\%)^3 = 1\,996.5$（万元）
第五年　$30 \times 50 (1+10\%)^4 = 2\,196.15$（万元）

五角牌商标 5 年使用费（使用权转让价值）为：

$$25\% \times \left[\frac{1\,500}{(1+15\%)} + \frac{1\,650}{(1+15\%)^2} + \frac{1\,815}{(1+15\%)^3} + \frac{1\,996.5}{(1+15\%)^4} + \frac{2\,196.15}{(1+15\%)^5}\right]$$

$= 25\% \times 5\,980.15 = 1\,495.03$（万元）

## 三、无形资产折旧（摊销）分析

大多数无形资产与固定资产一样，在使用过程中会产生损耗，其价值会随时间逐渐递减。尽管无形资产不会发生有形的实物磨损，但实际上，无形资产在使用过程中，也会使自身的价值减少。例如一项有效期为 20 年的发明专利权，期满后法律不再保持企业对其所拥有的独占性，该项专利的效能就自动失效。因此，这项专利在应有效期 20 年内提取折旧（摊销），逐渐将其价值转移，从销售收入中得以补偿。从这个角度看，无形资产与固定资产一样，也存在折旧问题，只是习惯上不称为无形资产折旧，而称为无形资产摊销而已。

### （一）我国对无形资产折旧（摊销）的确定

根据我国目前的有关规定，无形资产折旧采用直线摊销法，即在一定期间内分期平均摊销。同时，也对摊销期限作了明确的规定：法律和合同或企业申请书分别规定有法定有效期限和受益年限的，按照法定有效期限与合同或者企业申请书中规定的受益年限孰短的原则确定。法律无有效期，企业合同或申请书中规定有受益年限确定的，按照合同或企业申请书规定的受益年限确定。法律和合同或者企业申请书均未规定法定有效期限和受益年限的，按照不少于 10 年的期限确定。目前法律规定有效期限的无形资产主要有：

(1) 专利权。发明专利权的法定有效期限为 20 年；实用新型和外观设计专利权的法定有效期限为 10 年。

(2) 商标权。注册商标的法定有效期限为 10 年。

### （二）无形资产折旧（摊销）按直线法计算分析

直线摊销法是指在规定的期间里平均摊销无形资产价值，其计算公式如下：

$$\text{无形资产年摊销额} = \frac{\text{无形资产原始价值}}{\text{摊销年限}}$$

$$\text{无形资产月摊销额} = \frac{\text{年摊销额}}{12}$$

**例 19** 某企业购进一项生产 A 产品的专利权,尚有 12 年有效期,购进价款及费用为 5 808 万元,则:

年摊销额 = $\frac{5\ 808}{12}$ = 484(万元)

月摊销额 = $\frac{484}{12}$ = 40.33(万元)

### (三) 无形资产折旧(摊销)期限对有关指标的影响分析

如前所述,无形资产折旧(摊销)是逐渐计入有关费用(管理费用),从销售收入中得到补偿的那部分价值。无形资产折旧(摊销)期限的长短与费用(管理费用)、利润、所得税、现金流量等有关指标有密切的联系。

**例 20** 我国专利法在 1992 年修正前,发明专利的期限为 15 年,修正后为 20 年。设某企业拥有一项专有技术,开发费用为 1 200 万元,每年扣除无形资产前的利润为 7 200 万元,所得税税率 33%。该企业在 1992 年前或后申请专利权,由于摊销期不同,对利润及所得税的计算有所不同。

在 1992 年前申请专利权,按修正前的《专利法》,发明专利保护期限为 15 年,开发费用为 1 200 万元,则无形资产摊销为:

年摊销额 = 1 200 ÷ 15 = 80(万元)
月摊销额 = 80 ÷ 12 = 6.67(万元)
年利润总额 = 7 200 − 80 = 7 120(万元)
年应纳所得税 = 7 120 × 33% = 2 349.6(万元)

在 1992 年后申请专利权,按修正后的《专利法》,发明专利的保护期为 20 年,若其他条件不变,则无形资产摊销为:

年摊销额 = 1 200 ÷ 20 = 60(万元)
月摊销额 = 60 ÷ 12 = 5(万元)
年利润总额 = 7 200 − 60 = 7 140(万元)
年应纳所得税 = 7 140 × 33% = 2 356.2(万元)

可见,不同的摊销期限,对无形资产的摊销额、利润、所得税等指标有不同的影响。

## *四、无形资产利用效果分析

反映无形资产利用效果的指标主要有无形资产产值率、无形资产利润率和企业超额利润三项,其计算公式如下:

$$\text{无形资产产值率} = \frac{\text{工业总产值}}{\text{无形资产平均原值}} \times 100\%$$

其中，无形资产平均原值 = $\dfrac{\text{期初无形资产} + \text{期末无形资产}}{2}$。

$$\text{无形资产利润率} = \dfrac{\text{产品销售利润}}{\text{无形资产平均原值}} \times 100\%$$

$$\text{企业超额利润率} = \text{企业资金利润率} - \text{同行业平均资金利润率}$$

其中，资金利润率 = $\dfrac{\text{产品销售利润}}{\text{资金总额}} \times 100\%$。

**例21** 甲、乙两企业都是20世纪90年代初期建立的同行业，企业生产条件、规模基本相同。两企业有关指标见表4-8。

表4-8　　　　　　　　　　　　　　　单位：万元

| 项目 | 资金总额 | 工业总产值 | 产品销售利润 | 无形资产 | |
|---|---|---|---|---|---|
| | | | | 期初 | 期末 |
| 甲企业 | 568 | 4 560 | 912 | 58 | 60 |
| 乙企业 | 542 | 3 820 | 611.2 | 56 | 62 |

该行业平均资金利润率为18%。根据表4-8计算甲、乙企业有关指标如下：

无形资产产值率：

甲企业　$\dfrac{4\,560}{(58+60) \div 2} \times 100\% = 7\,728.81\%$

乙企业　$\dfrac{3\,820}{(56+62) \div 2} \times 100\% = 6\,474.58\%$

无形资产利润率：

甲企业　$\dfrac{912}{(58+60) \div 2} \times 100\% = 1\,545.76\%$

乙企业　$\dfrac{611.2}{(56+62) \div 2} \times 100\% = 1\,035.93\%$

企业超额利润率：

甲企业　$\dfrac{912}{4\,560} \times 100\% - 18\% = 2\%$

乙企业　$\dfrac{611.2}{3\,820} \times 100\% - 18\% = -2\%$

可见，甲乙两企业相比，甲企业无形资产利用效果要比乙企业好。甲企业无形资产产值率比乙企业高1 254.23%；无形资产利润率比乙企业高509.83%，企业超额利润率比乙企业高4%，比该行业平均资金利润率高2%，为了进一步分析乙企业落后于甲企业，甚至低于行业平均资金率的原因，还要进一步分析乙企业工业总产值、产品销售利润都低于甲企业的原因，查明无形资产的具体动用等情况。

## 第三节　长期待摊费用分析

长期待摊费用是指企业已经发生的不能全部计入当年损益，应当在以后年度内分期摊销的各项费用，包括开办费、固定资产修理支出、租入固定资产的改良支出以及摊销期限在一年以上的其他待摊费用。

从本质上说，长期待摊费用并不是资产。因为长期待摊费用是一项已经发生的费用，并不具备资产的特征。但由于长期待摊费用金额较大，其受益期往往超过一个年度。为了实现费用和收入的合理配比，以便正确计算各期的损益，必须将这些支出在受益期内均匀地分摊。

### 一、开办费及其摊销分析

开办费是指企业在筹建期间发生的费用，包括筹建期间的人员工资、办公费、培训费、差旅费、印刷费、注册登记费，以及不计入固定资产和无形资产购建成本的汇兑损益和利息支出等。

从理论上讲，开办费的效益要涉及企业成立以后的每一个生产经营年度，因此，开办费支出应在企业开始生产经营到最终解散清算的各个年度内摊销。但企业何时停业关闭无法预计，在实际工作中，为了避免企业生产经营的风险，简化核算手续，我国现行制度规定，除筹建期间不计入资产价值的汇兑损益外，开办费从企业开始生产经营月份的次月起，按照不短于 5 年的期限平均摊销。

开办费的摊销，采用直线法。不同的摊销期限，对其年摊销额、利润、所得税的计算有不同的影响。

**例22**　某企业从 19×2 年 1 月 1 日起开始筹建，筹建期间发生工商注册登记费 500 元，人员工资 5 500 元，办公费 10 000 元，培训费 8 000 元，差旅费 5 200 元，短期银行借款息 3 000 元（与资产的购建无关）。设 19×3 年 1 月 1 日起，该企业正式开始生产经营。每年扣除开办费前利润为 189 000 元，所得税率 33%。

按 5 年为摊销期摊销：

开办费总额 = 500 + 5 500 + 10 000 + 8 000 + 5 200 + 3 000 = 32 200（元）

每年摊销额 = 32 200 ÷ 5 = 6 440（元）

每年利润总额 = 189 000 − 6 440 = 182 560（元）

每年应交所得税 = 182 560 × 33% = 60 244.8（元）

按 8 年为摊销期摊销：

开办费总额 = 32 200 元
每年摊销额 = 32 200 ÷ 8 = 4 025（元）
每年利润总额 = 189 000 − 4 025 = 184 975（元）
每年应交所得税 = 184 975 × 33% = 61 041.75（元）

企业在筹建期间发生的汇兑损益，若为净损失，计入开办费，按上面的方法进行摊销。若为净收益，有三种处理办法：①从企业生产经营月份的次月起，按照不短于5年的期限平均摊销，计入各期收益；②留待弥补生产经营期间发生的亏损；③留待并入企业清算收益。

## 二、以经营租赁方式租入固定资产改良工程支出及摊销分析

以经营租赁方式租入的固定资产，不列入企业固定资产，但若企业在这类固定资产上进行增加其效用或延长其使用寿命的改装、装修、改建等改良工程，其支出要由企业承担。由于这类改良工程的支出金额往往较大，受益期也较长，应作为一项递延资产，在租赁有效期内平均分摊。

该项长期待摊费用的摊销，一般也采用直线法。

**例 23** 某企业以经营租入方式租用仓库一栋，租期 5 年，为提高仓库的利用率。决定在该仓库内加一层，其费用总额为 390 000 元。则：

每年摊销额 = 390 000 ÷ 5 = 78 000（元）

## 三、固定资产大修理支出及摊销分析

固定资产大修理支出，如果金额较大，且受益期一年以上，应作为递延资产，在受益期内摊销。摊销方法一般也采用直线法。

# 第四节 流动资产分析

流动资产是指可以在一年内或者超一年的一个营业周期内变现或耗用的资产，包括现金及各种存款、存货、应收款、预付款和可变现的有价证券等。流动资产是企业生产经营活动的主要资产。

## 一、流动资产的主要特征和分类

### (一) 流动资产的主要特征

(1) 流动性。流动资产在企业再生产过程中是不断循环的,一般在货币资产、材料、在产品、产成品、应收账款、货币资产之间顺序转化。流动资产的每次循环都要经过采购、生产、销售过程,在进行流动资产管理时,必须在流动资产的各种形态上合理配置资金数额,以促进资金周转顺利进行。

(2) 短期性。流动资产周转一次所需要的时间较短,投放于流动资产上的资金,通常在一个生产周期或一年以内得到收回,对企业影响的时间较短,因此,投放于流动资产上的资金可以采用商业信用、银行流动资金借款等短期筹资方式来加以解决。

(3) 变现性。变现性指一项资产变为现款的能力,流动资产中应收账款,有价证券等具有较强的变现能力。如果由于一些特殊原因,企业出现资金周转不灵、现金短缺时,可以迅速变卖这些资产,以获取现金。这对财务上应付临时性资金需求具有重要意义。

(4) 波动性。随着企业内外条件的变化。流动资产的数量也会随之变化,流动很大。其需求受许多因素约束,如季节、气候、经济等。因而在资金安排上,应合理安排其来源,以保证在资金占用较多时获取资金,在资金占用较少时还欠款。

### (二) 流动资产分类

企业流动资产种类繁多,按不同标准可分为不同种类。

(1) 按实物形态不同,可把流动资产划分为货币资产、存货、债权和有价证券。货币资产主要包括现金和银行存款;存货主要指原材料、在产品、包装物、低值易耗品、产成品等;债权包括应收账款、应收票据、预付货款等;有价证券主要包括在一年内到期的应收债券和随时准备出售转让的股票等。

(2) 按其在周转过程中所处的领域不同,可分为生产性流动资产和流通性流动资产。生产性流动资产是指占用在企业生产领域中的各项流动资产,主要包括生产物资储备和在产品、半成品等,这是保证企业持续生产的前提条件。这部分资产在一定的供、产、销条件下占用数量相对稳定,具有一定规律性,因而应对这部分资产核定定额,加强管理。流通性流动资产是指占用在流通领域的流动资产,如货币、应收款等。

## 二、流动资产利用效果分析

流动资产利用效果主要是指流动资产周转率和流动资产利用率两大指标。

### 1. 流动资产周转率

流动资产周转率是反映企业生产经营活动的一项综合性财务指标,它有以下两种表现形式：

(1) 流动资产周转次数。计算公式如下：

$$流动资产周转次数 = \frac{营业收入总额}{全部流动资产平均数}$$

式中，由于营业收入是从损益表中取得的时期数据，而流动资产则为资产负债表中取得的时点数据，为了使两者具备可比性，就要将时点数转换为时期数，故取其期初与期末之和除以 2 的平均数。

这个指标表明，企业全部流动资产在一定时期（一般为一年）内周转的次数。周转的次数越多，说明流动资产周转越快，其利用效果越好。

(2) 流动资产周转天数。计算公式如下：

$$流动资产周转天数 = \frac{1}{流动资产周转次数} \times 计算期日期$$

$$= \frac{全部流动资产平均数 \times 计算期日期}{营业收入总额}$$

在实际工作中，计算期日期的计算，年度按 360 天计，季度按 90 天计，月度按 30 天计。

这个指标表明，企业全部流动资产在一定时期（一般为一年）内周转一次需要多少天，周转天数越少，说明流动资产周转越快，利用效果越好。它与周转次数指标的经济意义相同。但相比之下，周转天数指标较为清晰，实际应用比较普遍。

**例 24**  某企业全年营业收入为 1 982 万元，全部流动资产期初余额为 460 万元，期末余额为 480 万元，则流动资产周转次数为：

$$\frac{1\ 982}{(460 + 480) \div 2} = 4.21 \text{（次）}$$

流动资产周转天数为：

$$\frac{1}{4.21} \times 360 = 85.5 \text{（天）}$$

**2．流动资产利用率**

流动资产利用率是通过把流动资产同其他指标进行对比，来说明其利用情况的比率。

(1) 利润流动资产率。这个指标表明每百元利润所耗用的流动资产数额，这个指标越小，表明流动资产利用效果越好。其计算公式如下：

$$利润流动资产率 = \frac{全部流动资产平均数}{利润} \times 100\%$$

(2) 产值流动资产率。这个指标与利润流动资产率一样，指标数值越小，表明流动资产利用效果越好。

为评价企业流动资产利用情况，可把这两个指标结合其他情况进行分析，并与同行业或本企业历史最好水平相比，以作出正确的评价。分析的计算公式如下：

$$\frac{\text{流动资产平均占用额}}{\text{工业总产值}} = \frac{\text{商品产值}}{\text{工业总产值}} \times \frac{\text{营业收入}}{\text{商品产值}} \times \frac{\text{利润}}{\text{营业收入}} \times \frac{\text{流动资产平均占用额}}{\text{利润}}$$

即，产值流动资产率 = 完工率 × 销售率 × 销售利润率 × 利润流动资产率。

**例 25** 甲企业与乙企业都是 20 世纪 80 年代中期建立的企业，其生产条件基本相同，但各项指标却有差异，具体数据见表 4-9。

表 4-9　　　　　　　　　　　　　　　　单位：万元

| 企业名称 | 工业总产值 | 商品产值 | 营业收入 | 利润 | 流动资产 | |
| --- | --- | --- | --- | --- | --- | --- |
| | | | | | 期初数 | 期末数 |
| 甲企业 | 180 | 150 | 120 | 10 | 80 | 86 |
| 乙企业 | 200 | 160 | 140 | 15 | 88 | 90 |

根据表 4-5，计算有关指标见表 4-10。

表 4-10　　　　　　　　　　　　　　　　单位：%

| 企业名称 | 完工率 | 销售率 | 销售利润率 | 利润流动资产率 | 产值流动资产率 |
| --- | --- | --- | --- | --- | --- |
| 甲企业 | 83.33 | 80 | 8.33 | 830 | 46.1 |
| 乙企业 | 80 | 87.5 | 10.71 | 593 | 44.5 |

可见，甲、乙两企业虽然生产条件基本相同，但各项指标却有所不同，从利润流动资产率和产值流动资产率看，甲企业都比乙企业高，说明甲企业流动资产利用情况不及乙企业好。

运用差额分析法深入分析各指标变动对产值流动资产率的影响程度。

基本关系式（乙企业）：

$$\frac{160}{200} \times \frac{140}{160} \times \frac{15}{140} \times \frac{89}{15} = 44.5\%$$

对比关系式（甲企业）：

$$\frac{150}{180} \times \frac{120}{150} \times \frac{10}{120} \times \frac{83}{10} = 46.11\%$$

差异：46.11% - 44.5% = 1.61%

替代：

① 由于完工率不同，对产值流动资产率的影响：

$$\left(\frac{150}{180} - \frac{160}{200}\right) \times \frac{140}{160} \times \frac{15}{140} \times \frac{89}{15} = 1.85\%$$

②由于销售率不同，对产值流动资产率的影响：

$$\frac{150}{180} \times \left(\frac{120}{150} - \frac{140}{160}\right) \times \frac{15}{140} \times \frac{89}{15} = -3.97\%$$

③由于销售利润率不同，对产值流动资产率的影响：

$$\frac{150}{180} \times \frac{120}{150} \times \left(\frac{10}{120} - \frac{15}{140}\right) \times \frac{89}{15} = -9.42\%$$

④由于利润流动资产率不同，对产值流动资产率的影响：

$$\frac{150}{180} \times \frac{120}{150} \times \frac{10}{120} \times \left(\frac{83}{10} - \frac{89}{15}\right) = 13.15\%$$

四个因素的共同影响：

$$1.85\% + (-3.97\%) + (-9.42\%) + 13.15\% = 1.61\%$$

可见，甲企业产值流动资产率比乙企业高 1.61%，是由于四个因素的共同影响所致。但主要的原因是利润流动资产率，甲企业比乙企业高出 237%（830% - 593%）。甲企业要达到乙企业流动资产利用水平，必须提高利润流动资产率，而提高利润流动资产率，就必须提高销售利润率，甲企业的销售利润率只有 8.33%，而乙企业的销售利润率则为 10.71%；同时要提高销售率，甲企业产品销售率仅为 80%，而乙企业则为 87.5%。

## 三、货币资产分析

对货币资产的分析，是指在经营期末对货币资产的实际使用情况进行事后的分析。货币资产的分析，可采用多种指标，但较常用的是货币资产周转率和货币资产周转期。

（1）货币资产周转率。货币资产周转率指企业一定时期内货币资产周转速度，其计算公式如下：

$$货币资产周转率 = \frac{每期实际收到的销售额}{期初银行存款余额}$$

式中，每期实际收到的销售额是指销售收入中实际收到的部分，而不是全部销售收入额（其中有些要在以后时期才能收到款项，不能参加当期的货币资产周转）。由于在企业的货币资产流入中，销售收入是最主要的部分，所占的比例最大，因而这个指标就能大致反映企业货币资产使用的状况，在其他条件不变的情况下，某一期间的货币资产周转率越高，货币资产的使用效率就越高。利用货币资产周转率，还可预测最佳货币资产持有量。其计算公式为：

$$最佳货币资产持有量 = \frac{货币资产需要量}{货币资产周转率}$$

（2）货币资产周转期。货币资产周转期是指企业从原材料购进而支付货币资产开始至产品销售而收回货币资产止的时间、计算公式如下：

$$货币资产周转期 = 平均存货期限 + 平均收款天数 - 平均付款天数$$

式中,平均存货期限是指企业从原材料购进至产品销售的期限;平均收款天数是指产成品销售起到货币资产收回止的平均时间;平均付款天数是指购入原材料到实际支付货币资产的时间。

**例26** 某企业期初银行存款余额为 250 000 元,本期销售收入 1 800 000 元,其中,以支票、现金、银行本票、银行汇票结算方式结算的 1 200 000 元,以分期收款方式结算的 600 000 元,其中,在本期收到 10 000 元,以商业汇票方式结算的 300 000 元,期间为二个月至六个月。全期货币资产需要量为 200 万元。则该企业本期货币资产周转率和最佳货币持有量为:

$$货币资产周转率 = \frac{1\,200\,000 + 10\,000}{250\,000} = 4.84(次)$$

$$最佳货币持有量 = \frac{200}{4.84} = 41.32(万元)$$

**例27** 某企业预计全年平均存货期限为 30 天,平均收款天数为 20 天,平均付款天数为 10 天,则货币资产周转期为:

$$货币资产周转期 = 30 + 20 - 10 = 40(天)$$

## 四、应收款项分析

应收款项分析,主要利用应收款项账龄分析表,分别对不同的客户逾期未还的款项进行分析,并作出相应的收账政策。

应收款项是企业的一项重要的流动资产,其产生的原因是商业竞争,采用赊销手段进行促销以及销售与收款的时间差距,采用赊销手段,不可避免会出现因债务人破产或死亡,以其破产财产和遗产无法清偿而收不回的坏账损失。因此,及时对应收款项进行分析,制定相应的收账政策,是减少坏账损失,避免陷入"三角债"泥潭的重要手段。

### (一) 应收款项的账龄分析及收账政策

应收款项的分析,一般采用编制账龄分析表的方法。

**例28** 某企业根据应收款项的有关资料编制的应收款项账龄分析表见表 4-11。

利用表 4-11,企业可以了解到以下情况:

(1) 信用期内的应收款项。从表中可见,信用期内的应收款项金额为 100 万元,占全部应收款项的 43%。这些款项未到付款期,欠款是正常的;但到中期后能否收回,仍待到期而定,因此及时的监督仍是必要的。

表 4-11

| 应收款项账龄 | 账户数量 | 金额（万元） | 百分率（%） |
| --- | --- | --- | --- |
| 信用期内 | 250 | 100 | 43 |
| 超过信用期 1~20 天 | 120 | 50 | 22 |
| 超过信用期 21~40 天 | 60 | 25 | 11 |
| 超过信用期 41~60 天 | 40 | 20 | 9 |
| 超过信用期 61~80 天 | 20 | 19 | 8 |
| 超过信用期 81~100 天 | 14 | 10 | 4 |
| 超过信用期 100 天以上 | 5 | 8 | 3 |
| 应收款项总额 | — | 232 | 100 |

（2）超过信用期的应收款项，以及超过时间的长短。如表中显示，有132万元的应收款项已超过了信用期，占全部应收款款项的57%，收回有一定难度，应及时追收，否则会因拖欠时间过长而发生坏账而蒙受损失。这些措施包括对应收账款回收情况的监督，对坏账损失事先准备和制定适当的收账政策。

一般来讲，对过期较短的顾客，不予过多地打扰，以免将来失去这部分市场；对过期稍长的顾客，可措词婉转地写信催收；对过期较长的顾客，应频繁地用信函催并电话催询；对过期很长的顾客，可在催款时措词严厉，或派人上门催收，必要时提请有关部门仲裁或提请诉讼，等等。

为催收账款要发生费用，某些催款方式的费用还会很高（如诉讼费）。一般来说，收账的花费越大，收款措施越有力，可收回的账款就大，坏账损失也就越小。因此，制定收款政策，要在收账费用与减少的坏账损失之间作出权衡。制定有效、得当的收账政策很大程度上靠有关人员的经验，也可根据应收款项总成本最小化原则，通过对各收款方案成本的大小对比而定。

（二）应收款项周转速度分析

应收款项周转速度分析是指分析反映应收款项流动程度指标的高低，反映应收款项转化为货币资产的快慢。一般可有应收款项目周转次数和平均收账期间两个指标，计算公式如下：

$$应收款项周转次数 = \frac{赊销收入净额}{平均应收款项余额} \times 100\%$$

其中，赊销收入净额 = 销售收入 - 现销收入 - 销售退回 - 销售折让、折扣。

由于公式中的分子为赊销收入，属于时期数，而应收款项则为时点数，因此，需把应收款项内时点数转为时期数，故取期初、期末的平均数。在实际工作，应收款项可采用会计上资产负债表中的应收账款资料进行分析。该指标反映应收款项转化货币资产的平均次数,从一个侧面反映了应收款项的流动程度。该指标值越高,说明应收款项的收回越快。

$$平均收账期间 = \frac{1}{应收款项周转次数} \times 周转期天数$$

该指标反映应收款项每周转一次需用的天数。该指标值越低,说明应收款项占用的天数越少,收账的速度越快。

**例29** 某企业2004年初应收款项余额为60 000元,年末为56 000元。今年销售收入总额1 000 000元。其中现销690 000元,销售退回30 000元,销售折让、折扣10 000元。计算应收款项周转次数和平均收账期间:

$$应收款项周转次数 = \frac{1\,000\,000 - 690\,000 - 30\,000 - 10\,000}{(60\,000 + 56\,000) \div 2} = 4.66(次)$$

$$应收款项平均收账期间 = \frac{1}{4.66} \times 360 = 77.25(天)$$

评价这一指标的标准,是企业赊销条件中规定的放款期限,也就是允许顾客赊购延期付款的期限。如果实际收回账款所需天数超过了规定的放款天数,说明顾客拖欠;若超过偿还期限较长,发生坏账损失的可能就很大。如本例,设该企业放款期限为60天,而平均收账期间为77.25天,说明企业因催收账款不力,有过多的资金呆滞在应收账款上,已影响了正常的资金周转。

## 五、存货资产分析

存货是指企业在生产经营过程中的销售或耗用而储备的物资。一般来讲,存货是企业流动资产中占比例最大的项目。对存货资产的分析,主要是对一些综合性指标进行分析,较常用的指标一般有存货周转次数和存货周转天数。

**1. 存货周转次数**

计算公式如下:

$$存货周转次数 = \frac{销货成本}{存货平均余额}$$

式中,销货成本是指由存货销售而转化的销售成本,是一个时期指标,而存货是一个时点指标,因而取期初、期末的平均值。

一般来说,存货周转速度越快,存货的占用水平越低,流动性就越强。存货转换为现金或应收账款的速度就越快,存货管理的业绩就越好。但是,对这个指标的评价,不能完全忽视存货批量的因素。在存货批量(包括材料采购批量和产品的生产批量)很小的情况下,存货会很快地转换;但批量过小,订货成本或生产调整准备成本便会上升,甚至造成缺货损失,反而使总成本增大,产生负效应。因此,在对这个指标进行分析时,不可绝对地认为存货周转论越快越好,而应当全面地考虑,才能取得满意的总体效益。

存货周转率的快慢，要与其他企业或行业平均水平或具有代表性的典型企业的平均水平相比，若达到或接近达到平均水平，表明企业的存货管理效果好；否则，表明企业的存货管理效果尚未达到一般的应有程度，需进一步改进。

**2. 存货周转天数**

存货周转天数是存货周转率的时间表现，表明存货转换为现金或应收账款所需的天数。计算公式如下：

$$存货周转天数 = \frac{平均存货}{销货成本} \times 周转期天数 = \frac{1}{存货周转率} \times 360$$

在同一时期内，当存货周转率高时，存货周转天数就小；当存货周转率低时，存货周转天数就大。一般来说，存货周转天数越短，说明企业的存货管理越佳；反之，则说明企业存货管理较差。

## 思考与练习

### 一、思考题

1. 企业的固定资产有何特征？
2. 预测固定资产需要量，应注意哪些问题？
3. 选择不同的折旧方法，对企业各期的现金流量、成本、费用、利润以及应纳所得税有何影响？
4. 如何进行固定资产增减变动分析？
5. 无形资产有什么特点？
6. 确定无形资产价值的方法有哪些？
7. 我国现行制度对无形资产摊销有哪些规定？
8. 什么是递延资产？
9. 以不同的摊销期限进行开办费的摊销，对其年摊销额、利润、所得税有何影响？
10. 如何避免陷入"三角债"的泥潭？

### 二、练习题

1. 〔目的〕不同的折旧方法对有关指标的影响分析。

〔资料〕某公司欲投资某种新产品，该投资项目需投资固定资产1 000万元，预计可使用5年，残值50万元；投资流动资产60万元。预计该项投资每年的营业现金收入为800万元，营业现金支出380万元，所得税税率为33%，要求最低投资报酬率为12%

〔要求〕分别测算采用平均法和年数总和法计提折旧时的各年现金流量和平均利润率。

2. 〔目的〕练习固定资产增减变动分析。

〔资料〕某企业某年度固定资产资料如下：

单位：万元

| 年初数 | 本年增加数 | 本年减少数 | 年末累计折旧 |
|---|---|---|---|
| 1 560 | 4 960   其中：新增 850 | 2 150   其中：报废 780<br>盘亏毁损 240 | 600 |

〔要求〕计算固定资产增长率、退废率、更新率、损失率、磨损率和净值率。

3．〔目的〕练习固定资产盈利情况分析。

〔资料〕A、B 两企业都是 20 世纪 90 年代建立的企业，两企业的生产经营条件基本相同，但各项指标有所不同，有关资料如下：

〔要求〕运用差额分析法分析 A、B 企业固定资产利润率不同的原因。

单位：万元

| 企业名称 | 工业总产值 | 商品产值 | 销售收入 | 销售利润 | 固定资产总值 | |
|---|---|---|---|---|---|---|
| | | | | | 期初 | 期末 |
| A 企业 | 3 450 | 2 760 | 2 070 | 248 | 5 000 | 4 860 |
| B 企业 | 2 980 | 2 533 | 1 773 | 260 | 5 100 | 5 200 |

（提示：以 A 企业为基本关系式）

4．〔目的〕练习无形资产转让价值的确定

〔资料〕某企业有一项生产甲产品的专利权。现有某企业欲购得该专利权。该项专利权尚有的使用期限为 8 年，每年能获利润 30 000 元，销售利润率为 18%，当时国库券利率为 12%，根据行业和市场情况确定的社会风险报酬率为 6%，预计该专利在销售收入中的提成率为 5%。

〔要求〕按收益现值法确定该项专利权的转让价值。

（提示：查附录六表可得 8 年期、折现率为 18% 的年金现值系数）

5．〔目的〕练习流动资产利用效果分析。

〔资料〕下面是甲企业 2003 年和 2004 年有关指标：

单位：万元

| 年份 | 工业总产值 | 商品产值 | 营业收入 | 利润 | 流动资产 | |
|---|---|---|---|---|---|---|
| | | | | | 期初数 | 期末数 |
| 2003 | 380 | 260 | 230 | 25 | 150 | 160 |
| 2004 | 450 | 410 | 370 | 55.5 | 160 | 200 |

〔要求〕运用差额分析法，分析各指变动对产值流动资产率的影响程度。

6. 〔目的〕练习货币资产的分析。

〔资料〕某企业 2002 年初银行存款余额为 46 万元，本期销售收入 3 600 000 元，其中以商业汇票结算方式结算的 80 000 元，期间为 2～6 个月，以支票方式结算的 2 100 000 元，以银行本票结算的 76 000 元，以银行汇票方式结算的 92 000 元，以分期收款方式结算的 180 000 元，其中在本期收到 18 000 元。全期货币资产需要量为 500 万元。

〔要求〕(1) 计算货币资产周转率。

(2) 计算货币持有量。

7. 〔目的〕练习应收款项账龄分析。

〔资料〕某企业某期末应收账款明细资料如下：

| | 账户数量 | 金额（千元） |
|---|---|---|
| 信用期（一个月） | 120 | 860 |
| 超过信用期一个月以内 | 80 | 300 |
| 超过信用期二个月以内 | 65 | 120 |
| 超过信用期三个月以内 | 42 | 80 |
| 超过信用期四个月以内 | 46 | 100 |
| 超过信用期五个月以内 | 30 | 72 |
| 超过信用期六个月以内 | 15 | 60 |
| 超过信用期六个月以上 | 20 | 86 |

〔要求〕对应收账款进行账龄分析，并制定相应的收账政策。

# 第五章 生产分析

生产是工业企业的基础活动。工业企业的经营和商业企业的经营不完全一样。商业企业经营的主要特征是商品交换,它销售的是别的企业生产的产品。而工业企业经营的主要特征是商品生产,它销售的则是自己生产的产品。因此,生产分析是工业企业经营分析的重要内容。生产分析包括生产决策分析、生产过程分析、产量及品种分析以及生产条件分析。

## 第一节 生产决策分析

现代企业的生产经营是大规模的、连续性的、复杂的经济活动。在市场经济下,企业成为独立自主的市场主体,自负盈亏,自我发展,优胜劣汰。企业可以在市场中自主地"畅游"。但是,企业能否在市场中达到彼岸,达到在市场中生存发展的目标,很重要的是企业生产经营的产品是否适销对路,成本是否降低,质量是否过硬,故生产分析的重要环节是生产决策分析。

### 一、生产决策分析应遵循的原则

(一) 经济效益原则

经济效益是指用最少的劳动消耗和资金占用,生产出尽可能多的适销对路的产品。

(二) 以销定产原则

以销定产是指根据产品的市场需求来安排生产。在市场经济下,企业生产的产品不是满足自己使用的需要,而是为了出售。只有生产适销对路的产品,才能实现产品的价值,收回垫支的资金。如果不顾产品销售需求,盲目生产,产需脱节,不仅造成产品积压、资金无法周转的严重后果，还有可能使企业陷入停产、亏损、甚至破产倒闭的境地。为此，必须深入市场，掌握产品销售动向，了解竞争对手；开发新产品，建立雄厚的技术储备，促进技术进步。

### （三）计划管理原则

现代大生产是由众多的劳动者集中在一起，使用各种不同的机器设备来完成的，生产过程复杂，劳动分工精细，协作关系严密的过程。在企业内部，整个生产经营活动过程中，各部门之间和各环节之间，既有高度的分工，又有密切的协作配合。必须通过周密的计划，把企业的生产经营活动纳入统一轨道，实施有效的计划管理。并通过对计划执行情况的分析，发现问题，及时采取措施，解决问题。

## 二、生产决策分析的内容

生产决策分析是生产分析的重要内容之一，通常要解决如下三个方面的问题：

### （一）产品品种的选择

企业在面对市场竞争日趋激烈，产品经济寿命缩短，市场需求多变的情况下，或在使用同一设备可以生产若干种产品时，为增强竞争能力，获得最佳经济效益，往往需选择开发新的产品。

### （二）生产产品的批量

在成批生产的企业或生产多品种产品的企业中，必须确定全年应分几批生产，每批生产多少数量产品成本最低，选择最优的产品组合进行生产，以及在有风险和真正不确定情况下，确定产品产量。

### （三）组织和安排生产

生产决策的最终目的是在现有生产条件下，如何最充分、最合理、最有效地利用企业现有资源，取得最大的经济效益。企业在生产经营过程中，必须确定选择用什么工艺进行加工生产，依据什么标准分配生产任务。

## 三、剩余生产能力利用分析

企业在存在剩余生产能力的情况下，为充分利用资源，可考虑增产新产品。增产新产品有两种情况，一种是增产新产品，并不影响原有产品的正常生产，以能提供的贡献收益最多的新产品为最优；另一种是增产新产品，影响到原有产品的正常生产，则应以减少原产品生产所带来的损失视为所增加产品的机会成本,以能提供的净收益最大的方案为最优。

**例1** 某企业原生产A产品,现有剩余生产能力,拟增产B产品或C产品(B、C产品是相互排斥的,只能生产、销售其中一种)。其中有关资料见表5-1。

表5-1

| 项 目 | A产品 | B产品 | C产品 |
| --- | --- | --- | --- |
| 产销量(台) | 800 | 300 | 1 000 |
| 单位售价(元) | 500 | 200 | 50 |
| 单位变动成本(元) | 360 | 110 | 30 |
| 固定成本总额 | | 6 000 | |

根据上述资料,列表计算B、C产品收益见表5-2。

表5-2

单位:元

| 项 目 | B产品① | C产品② | 差量①-② |
| --- | --- | --- | --- |
| 预期收入: | | | |
| 　销售收入 | 300×200=60 000 | 1 000×50=50 000 | 10 000 |
| 预期成本: | | | |
| 　变动成本 | 300×110=33 000 | 1 000×30=30 000 | 3 000 |
| 差量利润 | | | 7 000 |

计算结果,差量利润为正数,说明B产品提供的净收益大于C产品7 000元,生产B产品优于生产C产品。

**例2** 依例1资料,若生产B产品,A产品的产销量要减少50%,生产C产品,A产品的产销量要减少30%,则应增加哪种产品为最佳?

依据上述资料,编制分析表见表5-3。

表 5-3

单位：元

| 项 目 | B产品① | C产品② | 差量①-② |
|---|---|---|---|
| 预期收入 | | | |
| 　销售收入 | 60 000 | 50 000 | 10 000 |
| 预期成本 | 89 000 | 63 600 | 25 400 |
| 　变动成本 | 33 000 | 30 000 | |
| 　机会成本 | 800×(500-360) ×50%=56 000 | 800×(500-360) ×30%=33 600 | |
| 　小　计 | | | |
| 差量利润 | | | -154 000 |

计算结果，差量利润为负数，说明考虑了原有产品的损失后，增产C产品比增产B产品所获的预期收益大。因此，在这种情况下，应选择生产C产品。

## 四、产品是否继续加工分析

多步骤生产企业经常碰到的问题是，产品完工后，立即出售或是继续加工。如纺织品生产厂，生产的棉布立即出售，还是进一步加工印染后再出售？分析时，一般只需考虑继续加工后，预期增加的收入是否超过继续加工时所追加的成本（包括变动成本和专属固定成本）。至于继续加工前所发生的成本，在分析时可不必考虑。

**例3** 某生产A产品的企业本期生产A产品2 000件，A产品可马上出售，也可继续加工为B产品再出售，有关资料见表5-4。

表 5-4

单位：元

| | A产品 | B产品 |
|---|---|---|
| 单位售价 | 50 | 80 |
| 单位成本 | 36 | 60 |

根据上述有关资料，编制分析表见表5-5。

表 5-5　　　　　　　　　　　　　　　　　　　　　　单位：元

| 项　目 | 将 A 产品加工为 B 产品 | 将 A 产品马上出售 | 差量 |
|---|---|---|---|
| 预期收入 | 80 × 2 000 = 160 000 | 50 × 2 000 = 100 000 | 60 000 |
| 预期成本 | 60 × 2 000 = 120 000 | 36 × 2 000 = 72 000 | 48 000 |
| 差量利润 | 40 000 | 28 000 | 12 000 |

计算结果，差量利润为正数，说明 A 产品继续加工为 B 产品后出售比 A 产品立即出售，可以多获净利 12 000 元，应选择将 A 产品继续加工为 B 产品的方案。

## 五、零部件自制或外购分析

在企业生产经营中，究竟零部件自购有利还是外购有利？这是经常发生的问题。由于零部件无论自制或外购，其组成产品后所获的预期收入是相同的，因此在分析时无需考虑比较不同方案的预期收入，只需考虑不同方案的预期成本。零部件自制或外购，往往出现三种情况，第一种情况是自制零部件，而不需追加专用设备，则原使用的固定成本无需考虑，只考虑自制部件所发生的材料、运输费、保管费等变动成本；第二种情况是自制零部件，需追加专用设备，则必须考虑变动成本和追加的专属固定成本；第三种情况是自制零部件设备有其他用途，若外购零部件，可将自制零部件设备移作他用，下面分别举例说明。

**例 4**　某企业生产 A 产品所用的甲零件原为外购，每年需购 5 000 只，单价 20 元。该企业生产车间现有的剩余生产能力可以生产甲零件 6 000 只，预计自制甲零件，每只工资 8 元，原材料 6 元，制造费用 3 元。生产车间全年固定成本总额 50000 元，则该企业是外购零部件还是自制比较合算？

依题意编制分析表见表 5-6。

表 5-6

| 项　目 | 自制甲零件① | 外购甲零件② | 差量③ = ① - ② |
|---|---|---|---|
| 预期成本 | 直接材料<br>6 × 5 000 = 30 000<br>直接工资<br>8 × 5 000 = 40 000<br>制造费用<br>3 × 5 000 = 15 000<br>小计 85 000 | 外购成本<br>20 × 5 000 = 100 000 | - 15 000 |

计算结果表明，自制甲零件的预期成本低于外购甲零件成本 15 000 元，应选择自制甲零件方案。

**例 5**  若例 4 中，自制甲零件需追加一台专属设备，价值 30 000 元，则应计算成本平衡点。

$$\begin{cases} 自制方案预期成本 = 30\ 000 + (6+8+3) \times 零件数 \\ 外购方案预期成本 = 0 + 20 \times 零件数 \end{cases}$$

解得：零件数 = 10 000（只）。

计算结果表明，若甲零件每年需用量小于 10 000 只时，宜于外购，若年需要量大于 10 000 只时，宜于自制，而在本例中，该企业每年需用甲零件 5 000 只，在这种情况下，采取外购方案为宜。

**例 6**  设在例 4 中，该企业剩余的生产能力可用作出租，每年可获租金 25 000 元。

依题意，编制分析表见表 5-7。

表 5-7

| 项 目 | 外购甲零件 | 自制甲零件 | 差量 |
|---|---|---|---|
| 预期成本 | 外购成本<br>20×5 000 = 10 000 | 变动成本<br>17×5 000 = 85 000<br>机会成本（租金收益）<br>25 000<br>小计 110 000 | -10 000 |

计算结果表明，外购甲零件比自制全年可节约 10 000 元，应选择外购方案。

## *六、最优生产批量分析

在全年生产量确定的条件下，每批应生产多少产品，全年分几批生产，往往是成批生产企业经常遇到的问题，因此需确定投产批量。

投产批量是指确定一个适当的生产批量，使其全年的调整准备成本和平均储存成本之和为最低。调整准备成本是指在每批投产前需要进行一些调整工作，如调整机器、准备工卡模具、布置生产线、下达派工单等。储存成本是指单位产品在储存过程中所发生的各种耗用，如仓储费、搬运费、保险费等。

（1）单一零件生产批量的计算公式。

$$最优生产批量 = \sqrt{\frac{2 \times 全年需要量 \times 每批调整准备成本}{单位零件全年平均储存成本 \times \left(1 - \frac{每天领用量}{每天生产量}\right)}}$$

$$最优生产批数 = \frac{全年需要量}{最优生产批量}$$

**例7** 某企业全年需要 B 零件 40 000 只,专门生产 B 零件的设备每天能生产 150 只,每天一般领用 120 只。每批调整准备成本为 200 元。单位零件全年的平均储存成本为 2 元。则:

$$最优生产批量 = \sqrt{\frac{2 \times 40\,000 \times 200}{2 \times \left(1 - \frac{120}{150}\right)}} = 6\,325\ (只)$$

$$最优生产批数 = \frac{40\,000}{6\,325} = 6\ (批)$$

(2) 多种零件生产批量的计算公式。

$$共同最优生产批数 = \sqrt{\frac{\sum 全年需要量 \times 单位零件全年平均储存成本 \times \left(1 - \frac{每天领用量}{每天生产量}\right)}{2 \sum 每批零件的调整准备成本}}$$

$$各种零件的最优生产批量 = \frac{各种零件或半成品全年需要量}{共同最优生产批数}$$

**例8** 某企业有一台生产设备分批轮换生产 A、B 两种零件,其有关资料列示如表 5-8。

表 5-8

| 摘　　要 | A 零件 | B 零件 |
| --- | --- | --- |
| 全年的需要量 | 3 000 只 | 5 800 只 |
| 每批调整准备成本 | 200 元 | 300 元 |
| 每个零件全年储存成本 | 3 元 | 4 元 |
| 每日生产量 | 70 只 | 40 只 |
| 每日领用量 | 62 只 | 34 只 |

则最优生产批数和 A、B 零件最优生产批量为:

$$共同最优生产批数 = \sqrt{\frac{3\,000 \times 3 \times \left(1 - \frac{62}{70}\right) + 5\,800 \times 4 \times \left(1 - \frac{34}{40}\right)}{2 \times (200 + 300)}} = 2.12\ (批)$$

A 零件的最优生产批量 = $\frac{3\,000}{2.12}$ = 1 415（只）

B 零件的最优生产批量 = $\frac{5\,800}{2.12}$ = 2 735（只）

# 第二节 生产过程分析

生产过程是从原材料投入开始，到成品生产出来为止的过程。对生产过程的分析，主要是对生产的均衡性、成套性、产品质量等方面的分析。

## 一、生产均衡性分析

均衡生产，是指出产成品或完成某些工作，在相等时间内，在数量上基本相等或稳定递增。均衡生产是有节奏、按比例的生产。生产均衡性，是指企业要均衡地、有节奏地组织生产，杜绝时松时紧、前松后紧、忙闲不均、生产脱节的现象。企业生产不均衡，往往形成月初生产松弛，生产能力不能充分利用，劳动效率减低，而月末加班加点突击生产，影响产品质量，忽视安全生产，积压在制品，影响资金周转，使产品成本增加和企业盈利下降。所以，均衡生产既是生产管理工作质量的综合反映，又是企业生产经营活动取得良好的经济效果的需要条件。

生产均衡性分析，就是检查和考核企业是否按旬、按月、按季均衡地完成产品生产任务，分析生产前松后紧的原因，消除生产忙乱的现象。所谓均衡性，并不是要求企业每天每时的产品产量绝对均匀，而是按作业计划日历进度产量的要求完成生产任务。在实际工作中，一般要求成批生产的企业，按月计划的 30%、30%、40% 分别安排上、中、下旬计划，大量流水生产的企业按日组织均衡生产。

分析生产均衡性，一般可通过分析生产作业计划的完成程度来考察均衡生产水平。在实际工作中，运用动态数列图，可以按年分月、按月分旬、按旬分日地分析生产的均衡性，也可以用均衡率指标进行分析。生产均衡率是反映一定时期内生产均衡程度的综合性指标。其计算公式如下：

$$\text{生产均衡率} = \frac{\sum \text{一定时期产品产量完成率（超过部分不计入）}}{\text{一定时期内日数}}$$

$$= \frac{\sum \text{一定时期内实际产量（超额部分不计入）}}{\sum \text{一定时期内计划产量之和}}$$

不少企业生产产品的品种、规格繁多，而且经常变化，企业也可不用产品实物量，而用工业总产值计划生产均衡率。

**例9** 某企业甲产品年产量完成情况如表5-9所示,分析其生产均衡性。

表5-9 19××年度

| 月份 | 计划产量(台) | 实际产量(台) | 完成率(%) | 完成月平均产量的百分比 | 各月实际产量占年产量的百分比 |
|---|---|---|---|---|---|
| (1) | 1 000 | 1 005 | 100.50 | 86.69 | 7.22 |
| (2) | 1 000 | 890 | 89.00 | 76.77 | 6.40 |
| (3) | 1 000 | 960 | 96.00 | 82.81 | 6.90 |
| (4) | 1 000 | 1 003 | 100.30 | 86.52 | 7.21 |
| (5) | 1 100 | 1 008 | 91.64 | 86.95 | 7.25 |
| (6) | 1 100 | 1 080 | 98.18 | 93.32 | 7.76 |
| (7) | 1 100 | 1 500 | 136.36 | 129.39 | 10.78 |
| (8) | 1 100 | 1 230 | 111.82 | 106.10 | 8.84 |
| (9) | 1 200 | 1 280 | 106.67 | 110.41 | 9.20 |
| (10) | 1 200 | 1 300 | 108.33 | 112.13 | 9.34 |
| (11) | 1 250 | 1 306 | 104.48 | 112.65 | 9.39 |
| (12) | 1 250 | 1 350 | 108.00 | 116.45 | 9.71 |
| 合计 | 13 300 | 13 912 | 104.60 | | 100 |

注:全年实际总产量13 912台,月平均产量为1 159.33台。

$$生产均衡率 = \frac{100\% + 89\% + 96\% + 100\% + 91.64\% + 98.18\% + 100\% + 100\% + 100\% + 100\% + 100\% + 100\%}{12} = 97.90\%$$

计算生产均衡率,也要遵照"不抵补原则",即未完成计划的按实际完成率,已完成计划的只能按100%或按其计划数。

从以上分析可见,该企业甲产品全年实际完成计划的104.60%,实际比计划多生产612台。但从各月情况分析,2月份、3月份、5月份和6月份分别只完成计划的89%、96%、91.64%和98.18%。根据生产记录表明,2月份是由于电力供应不足,6月份是由于原材料供应脱节,企业又未采取措施所致。从全年各月产量综合分析来看,存在一定波动和前松后紧的现象。完成率最低的2月份与完成率最高的7月份相比,相差幅度较大,说明生产有一定潜力,各月产量与月平均产量比较,上半年各月均低于月平均产量,上半年实际产量5 946台,仅占全年产量的42.74%,时间过半,完成任务没有过半。下半年实际产量7 966台,占年实际总产量57.26%。下半年各月均超额完成任务,才取得全年超额完成计划的好成绩。上半年各月产量完成年产量的6.4%~7.76%之间,而下半年为8.84%~10.78%之间,说明存在前松后紧现象。从生产均衡率来看,均衡率为97.90%,

也说明均衡情况不够理想。

## 二、生产成套性分析

生产成套性分析是指装配式企业生产各种所需的零部件与产成品配套的分析。装配企业的产品必须是装配齐全的成套产品。凡配套不齐全，只能作为半成品。这类企业有些产品在出厂时，还必须配备一些预备机件和修理用专用工具，若规定配备的机件和修理用专用工具不齐全，也不能作为成套产品。因此，生产过程分析的一项重要内容，就是检查产品的成套性。

由于构成产品的各种零、部件之间存在着一定的比例关系，因此企业必须按零、部件之间的内在比例关系组织生产，并保证各种零、部件及时按质完成，否则，不仅影响生产进度，而且造成某些零、部件的大量积压，浪费资金，同时还会影响下期生产的正常进行。因此，必须经常和定期地分析生产的成套性，找出企业生产环节上的脱节现象，合理调配劳动力和劳动工具，改善原材料和外协加工件的供应，以保证产品生产按计划进行，避免资金积压。

生产成套性分析，主要是分析各零部件完成情况和计算零件成套率。其计算公式如下：

$$零件成套率 = \frac{\sum 实际完成零件套数（超产部分不计）}{\sum 产品计划产量} \times 100\%$$

**例10** 根据某摩托车装配厂零件生产资料编制的零件生产成套性分析表见表5–10，分析生产成套性。计划产量1 000辆。

表5–10 零件生产成套性分析表

| 零件名称 | 单位产品需要零件数① | 本期计划产量需要件数② | 期末计划储存零件数③ | 合计 ④=②+③ | 期初零件储备数⑤ | 本期计划生产零件数 ⑥=④-⑤ | 本期实际生产零件数⑦ | 可配套产成品数量 ⑧=((⑦+⑤-③)÷① |
|---|---|---|---|---|---|---|---|---|
| 摩01 | 1 | 1 000 | 100 | 1 100 | 90 | 1 010 | 820 | 810 |
| 摩02 | 3 | 3 000 | 300 | 3 300 | 320 | 2 980 | 3 105 | 1 041 |
| 摩03 | 2 | 2 000 | 200 | 2 200 | 180 | 2 020 | 2 002 | 991 |
| 摩04 | 4 | 4 000 | 400 | 4 400 | 350 | 4 050 | 4 080 | 1 007 |

$$零件成套率 = \frac{820 + 2\ 980 + 2\ 002 + 4\ 050}{1\ 010 + 2\ 980 + 2\ 020 + 4\ 050} = 97.93\%$$

四种零件中，摩01和摩03没有完成任务，分别仅为计划的81.19%和99.11%，摩

02 和摩 04 却超额，分别为计划的 104.19% 和 100.74%。从四种零件的实际生产情况来看，即使摩 01 期末库存全部不留，充其量也只能装配 910 辆摩托车（$\frac{820+90}{1}=910$）。由于摩 01、摩 03 没有完成任务，致使本月无法完成装配 1000 辆摩托车的生产任务，而另一方面，摩 02、摩 04 的超产又使零件大量积压。

## 三、产品质量分析

产品质量是指"产品、过程或服务满足规定要求的特征和特性总和"（注：《标准化基本术语（第一部分）》国家标准 GB3953）。也就是说，质量不仅指产品的质量，也包括过程质量、服务质量。过程是指若干个程序或环节的连贯整体而言，如产品质量的设计、工艺、制造、检验、维修等。服务，既包括对企业内部的服务，也包括对社会用户的服务。故质量可分为产品质量、工序质量和工作质量。产品质量也就是使用价值，是指产品适合一定用途，满足客户需要具备的自然属性或特性。工序质量是指工序能够稳定生产合格产品的能力。工作质量指企业为保证和提高产业质量的工作水平，其高低可通过各部门在保证和提高产品质量所表现的工作效率、工作成果来评价，并可用品级率、合格品率、返修率、废品率等一系列工作质量指标来衡量。

工作产品质量的提高，表现为产品性能更好，效率更高，更经久耐用，更满足客户对产品的需要，这就意味着同样的产品具有更大的使用价值；或者表现为生产过程中废次品的减少，这又说明用同样的原材料、燃料动力，同样多的设备、劳动力，可以生产出更多更好的产品，因此企业必须把产品质量放在第一位，从高质量中求增产，从高质量中求节约，才能取得良好的经济效益。反之，粗制滥造，片面追求数量，则会造成经济效益低下，甚至使企业丧失竞争力，在市场中遭淘汰。

### （一）产品质量指标

反映产品质量的指标有两种形式。一种是表明产品平均技术性能或含量指标，如纯度、平均寿命、含量等。这类指标的分析，除技术方法外，还可采取全面质量管理中介绍的方法如排列图、因果分析图、质量分布图等方法，进行质量分析与控制。这里不再举例进行分析。另一种是表明合格产品中，产品质量差别的等级，如根据物理、化学性能、外观质量等差别，对合格产品又分为一等品、二等品……，或分为正品、副品等。

反映产品等级率的指标，通常有以下几种形式：产品品级率、产品平均等级、产品等级系数等。应结合企业实际情况选用，但一经确定，不宜经常变动，以利于比较。有关计算公式如下：

$$产品某级的品级率 = \frac{某级产品产量}{全部合格品产量} \times 100\%$$

$$产品平均等级 = \frac{\sum(级数 \times 该级产品产量)}{全部产品产量}$$

$$= \frac{\sum(级数 \times 该级产品比重\%)}{100}$$

$$产品等级系数 = \frac{\sum(各级产品产量 \times 各级别单价)}{各级产品全部产量 \times 一级品单价}$$

**例 11** 某企业甲产品有关资料见表 5–11，分析该产品质量情况。

**表 5–11 甲产品品级分析表**

| 产品 | 产品等级 | 单价（千元） | 产品产量（件） | | | 品级率（%） | | | 差异（%） | |
|---|---|---|---|---|---|---|---|---|---|---|
| | | | 上年实际 | 本年计划 | 本年实际 | 上年实际 | 本年计划 | 本年实际 | 比上年 | 比计划 |
| 甲产品 | 一级品 | 30 | 400 | 576 | 580 | 50 | 60 | 58 | +8 | -2 |
| | 二级品 | 25 | 160 | 210 | 250 | 20 | 22 | 25 | +5 | +3 |
| | 三级品 | 18 | 240 | 174 | 170 | 30 | 18 | 17 | -13 | -1 |
| 合计 | | | 800 | 960 | 1 000 | 100 | 100 | 100 | | |

从上表可见，甲产品的一级品率比上年实际提高了 8%，二级品率提高了 5%，而三级品率下降了 13%，说明质量比上年有所提高，但与计划指标比较，一级品下降 2%，二级品提高 3%，而三级品率下降了 1%，说明没有达到计划的要求。

品级率，反映某等级产品产量在合格品总产量中所占比重。一般来说，高等级产品所占比重增大，说明产品质量提高，如在本例中，上年实际一级品占 50%，而本年实际一级品占 58%，说明质量有所提高。但当产品等级有多样时，各品级率的变动较为复杂，用等级品率的变动就很难评价产品质量的变化。如本例中，虽然本年一级品实际比计划下降 2%，但二级品率却提高了 3%，三级品率则下降 1%，要说明企业实际与计划的质量情况，就要采用平均等级或等级系数指标。

$$产品平均等级（实际产品） = \frac{50 \times 1 + 20 \times 2 + 30 \times 3}{100} = 1.8$$

$$产品平均等级（计划产品） = \frac{60 \times 1 + 22 \times 2 + 18 \times 3}{100} = 1.58$$

$$产品等级系数（计划产品） = \frac{576 \times 30 + 210 \times 25 + 174 \times 18}{960 \times 30} = 0.891$$

$$产品等级系数（实际产品） = \frac{580 \times 30 + 250 \times 25 + 170 \times 18}{1\ 000 \times 30} = 0.886$$

通过计算，可以看出，该企业甲产品实际平均等级为 1.8 级，说明产品质量没有达到要求。从产品等级系数看,如果企业生产的产品全部是一级品,则产品等级系数即等于1,因此产品等级系数越接近1,说明企业产品质量越高。但该企业甲产品计划等级系数为0.891,实际只有0.886。也说明产品质量没有达到计划要求。

## *（二）产品等级变动对产值影响分析

由于不同等级的产品一般是按不同的价格出售的,同种产品的一级价格,相对要高于二级品、三级品的价格。因此,可以利用产品平均价格的变动来测算产品等级的变动对企业产品产值的影响程度,计算公式如下:

$$产品产值 = 产量 \times 产品平均单价$$

其中,产品平均单价 $= \dfrac{\sum（各级产品产量 \times 各级别单价）}{\sum 各等级产量}$。

**例12** 沿用例11资料,分析产品等级变动对产值的影响。

(1) 计划平均单价 $= \dfrac{30 \times 576 + 25 \times 210 + 18 \times 174}{960} = 26.73$。

(2) 实际平均单价 $= \dfrac{30 \times 580 + 25 \times 250 + 18 \times 170}{1\,000} = 26.71$。

(3) 计划产值 $960 \times 26.73 = 25660.8$
(4) 实际产值 $1\,000 \times 26.71 = 26710$ }差异 $+1\,049.2$。

运用差额法分析产品等级变动对产值影响:
由于产量变动对产值的影响:

$$(1\,000 - 960) \times 26.73 = +1\,069.2$$

由于平均单价变动对产值影响:

$$1\,000 \times (26.71 - 26.73) = -20$$

两者共同影响: $1\,069.2 + (-20) = 1\,049.2$（千元）

可见,实际产值比计划产值增加1 049.2千元,是由于产量和产品平均单价两个因素共同影响所致。

产量的增加使产值增加1 069.2千元,但由于实际质量有所下降,平均单价比计划减少0.02元,致使产值减少20千元。所以,必须提高产品质量,以提高企业的经济效益。

## (三) 工序质量分析

工序质量通常以工序能力表示。对工序质量控制,是全面质量管理的中心环节。其目的是保证形成一个能生产合格品、优质品的生产系统。生产过程中影响产品工序质量有多种复杂因素,如操作者、原材料、设备、工艺方法、工作环境等方面,因此工序质量分析一般以统计图表法,如分层法、检验表、散布图法等。

### (四) 工作质量分析

反映企业生产过程工作质量的指标，主要有废品率、合格品率、返修品率指标等。因为在一些企业中，只分析产品指标还不能说明企业全部工作质量情况，如果企业在生产过程中，出现了大量的废品，产品等级是反映不出的。另外，一些机械制造冶金加工企业中，一般不允许把产品分为等级，生产的产品不是合格品便是废品，不存在次品或等级品。分析时，还要测算废品和返修品对产值的影响。有关计算公式如下：

$$合格品率 = \frac{合格品数量（或工时）}{合格品数量（或工时）+ 废品数量（或工时）} \times 100\%$$

$$废品率 = \frac{废品数量（或工时）}{合格品数量（或工时）+ 废品数量（或工时）} \times 100\%$$

$$返修品率 = \frac{返修品数量（或返修工时）}{全部检验品数量（或全部实用工时）} \times 100\%$$

$$废品和返修品对产值的影响 = \frac{实际产值}{实际工时 - 废品和返修损失工时} \times 废品和返修品损失的工时数$$

**例 13** 某企业乙种产品有关资料见表 5-12，分析有关指标如下：

表 5-12

| 产品名称 | 全部生产工时 | | 其中：废品工时 | | 其中：返修工时 | | 产值（千元） | |
|---|---|---|---|---|---|---|---|---|
| | 计划 | 实际 | 计划 | 实际 | 计划 | 实际 | 计划 | 实际 |
| 乙 | 180 000 | 220 000 | 5 000 | 5 500 | 1 000 | 1 600 | 9 000 | 11 000 |

$$\frac{合格品率}{（计划）} = \frac{180\,000 - 5\,000}{180\,000} = 97.22\%$$

$$\frac{合格品率}{（实际）} = \frac{220\,000 - 5\,500}{220\,000} = 97.50\%$$

$$\frac{废品率}{（计划）} = \frac{5\,000}{180\,000} = 2.78\%$$

$$或 = 100\% - 97.22\% = 2.78\%$$

$$\frac{废品率}{（实际）} = \frac{5\,500}{220\,000} = 2.5\%$$

$$或 = 100\% - 97.5\% = 2.5\%$$

$$\frac{返修率}{（计划）} = \frac{1\,000}{180\,000} = 0.56\%$$

$$\text{返修率（实际）} = \frac{1\,600}{220\,000} = 0.73\%$$

$$\text{废品和返修品对产值的影响} = \frac{11\,000}{220\,000 - (5\,500 + 1\,600)} \times (5\,500 + 1\,600)$$

$$= 366.84（千元）$$

通过以上分析说明，该企业乙产品合格率计划为 97.22%，实际为 97.50%，质量稍有提高。但计划返修率为 0.56%，而实际为 0.73%，比计划有所增加，说明企业返修占用工时比例增加，应进一步查明原因，进行分析。由于废品和返修品的存在，共损失 7 100 工时（5 500 + 1 600），从而使企业少生产产值 366.84 千元。

## 第三节　产品产量及品种分析

产品产量是企业在一定时期内为社会提供的有使用价值的产品的数量，反映企业在一定时期的生产发展水平的重要经济指标。

反映产品产量的指标有产品实物量、产品价值量和产品劳动量三种形式。产品实物量，是以产品实物单位表示的产品产量，但由于不便于综合反映不同使用价值的各种产品的总量，因此进行分析时较少使用。产品价值量，是以货币为单位表示的产品产量，通常称为产值。由于它可综合反映各种不同产品的总产量，具有广泛的用途。产品劳动量，是以定额工时为单位表示的产品产量，一般适用于产品性质不同、种类繁多的机械加工业，用以综合反映多种机械产品的总产量。

### 一、产品实物量指标的分析

产品实物量指标主要是根据经营决策确定的计划产量和企业产品产量统计报表的实际数来进行。

分析时，首先要检查产品产量数字是否正确。计入产量的产品是否符合规定的质量标准，规定要折合为标准实物量的产品产量，是否已按折算标准进行计算等情况。其次，计算各项产品产量计划完成率，公式如下：

$$\text{产品产量计划完成率} = \frac{\text{实际产量}}{\text{计划产量}} \times 100\%$$

由于用实物量表现的产品产量，很难加总合计，不能反映计划完成的总体情况，只能分别反映各个产品产量计划的完成程度。因此，应采用价值量指标分析。

## 二、产品价值量指标的分析

产品价值量指标有三种,即工业总产值、工业增加值以及成品生产价值。

### (一) 工业总产值

工业总产值指以货币表现的工业企业在报告期内生产的工业产品总量。工业总产值指标按"工厂法"计算,即以工业企业作为一个整体,按企业工业生产活动的最终成果计算。主要包括成品价值、工业性作业价值和自制半成品,在产品期末期初差额价值。其中,工业性作业不包括自行完成的本企业机器设备和交通运输工具的大修理作业价值。

工业总产值指标可分别按现行价格或 1990 年不变价格计算,在进行分析时,一般采用 1990 年不变价格,以避免因价格变动带来的影响。

虽然工业总产值是按"工厂法"计算的,企业内部产品价值不允许重复计算,但企业之间产品价值是重复计算的。因此,总值包含有生产资料的转移价值。在使用工业总产值指标时应注意如下问题:

(1) 由于工业总产值中包括生产过程中所消耗的生产资料(原材料、低值易耗品、包装物、外购半成品等)的转移价值,故不能片面地用总产值指标来考核企业的生产成绩,否则,就会使得一些企业为追求产值而生产用料多、用料贵的产品。

(2) 由于不同工业部门、企业产品价值中的物资转移价值所占比重不同,因此不能直接利用总产值或依据总产值而计算的其他指标进行对比。

(3) 由于总产值包括生产资料转移价值,企业委托外单位加工件或外购件的增减,并不影响总产值的变化。

(4) 由于总产值是按"工厂法"计算的,在工厂生产结构发生变化时,并不影响总产值。例如企业将产品或零件扩散给其他单位,虽然本企业工作时间减少了,但总产值并不减少。反之,有关企业成立总厂或形成企业集团,则总厂或集团内各企业产品价值就不能重复计算,总产值就可能比原来减少。

### (二) 工业增加值

工业增加值是工业企业在报告期内以货币表现的工业活动的最终成果。工业增加值有两种计算方法:一是"生产法",二是"收入法",即从收入的角度出发,根据生产要素在生产过程中应得的收入份额计算,具体构成项目有固定资产折旧、劳动者报酬、生产税净额、营业盈余。目前该指标的计算是采用"生产法"。用"生产法"计算工业增加值,计算公式如下:

$$工业增加值 = 工业总产出 - 工业中间投入$$

其中,工业总产出是指工业企业在一定时期内工业生产活动的总成果,主要包括生产的成品价值、对外加工费收入、自制设备、在产品自制半成品期末、期初差额,基本相当于现价计算的工业总产值。

工业中间投入价值是指工业企业在工业生产活动中消耗的外购物质产品和对外支付的服务费用。

将工业总产值与工业增加值对比，可以看出两者的不同，在于增加值不包括企业在生产过程中消耗的外购物质及对外支付的服务费用，因此该指标更能说明工业企业的产品产量。

（三）成品生产价值

成品生产价值指企业本身生产、并在报告期内不再进行加工，经检验、包装入库的已经销售和准备销售的全部工业产品（半成品）价值合计。包括企业生产的提供给本企业基本建设部门、其他非工业部门和生活福利部门等单位使用的成品和自制设备价值，按产成品实物量乘以本期产品实际销售平均单价计算，成品生产价值中不包括用订货者来料加工的成品（半成品）价值。

\*（四）工业总产值和成品生产价值分析

工业总产值和成品生产价值分析，主要是根据工业总产值统计表和有关资料来进行的。分析时通常是以分析期实际完成的工业总产值和成品生产价值与其计划数对比，然后从工业总产值，和成品生产价值的各项构成内容上，进一步分析脱离计划的原因。

计算工业总产值和成品生产价值有现行价格和不变价格两种。为了排除价格变动的影响，分析时通常以按不变价格（1990年不变价格）计算的工业总产值和成品生产价值为对象。

**例14** 根据某企业工业总值、成品生产价值的资料整理编制分析表见表5-13。

表5-13 工业总产值、成品生产价值完成情况分析表　　　　单位：万元

| 项　目 | 计划<br>(按1990年不变价格计) | 实际<br>(按1990年不变价格计) | 差异额 | 差异率（%） |
|---|---|---|---|---|
| ①用自备原材料生产的成品价值 | 3 000 | 3 600 | +600 | +20 |
| ②已经或准备出售的零部件价值 | | 400 | +400 | |
| ③已完成自制设备价值 | 1 000 | 1 000 | 0 | 0 |
| 成品生产价值 | 4 000 | 5 000 | +1 000 | +25 |
| ④订货者来料加工成品价值（半成品） | | 800 | +800 | |
| ⑤已完成的工业性作业 | 800 | 700 | -100 | -12.5 |
| ⑥自制半成品，在产品期末期初结存差额 | -100 | 50 | +150 | |
| 工业总产值 | 4 700 | 6 550 | 1 850 | 39.36 |

从表5-13可以看出，该企业分析期的成品生产价值和工业总产值都超额完成了计划。成品生产价值比计划多完成1 000万元，超计划35%；工业总产值多完成1 850万元，超计划39.36%。从各构成项目看，除工业性作业外，各项均完成计划。分析时还需结合有关方面和资料，作出客观的评价。

（1）用自备原材料生产的成品价值比计划多完成600万元，超计划20%，应结合产品品种、质量和销售情况进行分析。若是在遵守计划规定的产品品种和商品质量的条件下超产的，而且超产部分有销路，这是企业的工作成绩，应给予好评；若是盲目增产，造成产品积压、资金周转困难，虽然超产也不能给予好评。因为在市场经济下，关键是在于产品价值的实现。产品没有销路，生产越多产品，只会造成更大损失。

（2）已经或准备出售的零部件，计划并没有作出，而实际却增加400万元。应查明无计划生产的具体原因，若是企业根据市场需要、充分挖掘增产潜力而增产的，则说明企业取得很大成绩。

（3）自制设备的计划完成较好。

（4）计划外用订货者原材料生产成品价值800万元，若是企业挖掘增产潜力而增加生产，是企业取得的一项很大的成绩。

（5）工业性作业没有按计划完成，仅完成计划的87.5%（100% - 12.5%）。应查明原因，采取措施补救。

（6）自制半成品、在产品期末期初结存差额，计划规定为减少100万元，而实际却增加50万元，超计划150万元，必须进一步查明原因。若是为下期扩大生产作准备而增加的，是合理的，但若是由于生产组织或技术上的问题造成的积压，则是企业工作上的失误。

\*（五）工业增加值分析

工业增加值不受物质消耗转移价值大小的影响，不存在工业总产值按"工厂法"计算所出现的重复计算问题，可以避免企业、部门改组、形成集团企业等带来的影响。因此，它能比较准确地反映企业生产量的大小。在产品价格不变情况下，工业增加值随产品产量的增加和物质消耗的节约而增长，能较全面地反映企业增产和节约两个方面的成果。同时，增加值的多少又体现着企业对创造国民收入所作贡献的大小。

例15 某企业2004年与2003年有关工业增加值资料见表5-14。

表 5-14    单位：万元

| 项目 | 2003年 | 2004年 | 差异额 | 差异（%） |
|---|---|---|---|---|
| 工业总产出（现行价格总产值） | 5 000 | 6 500 | 1 500 | 30 |
| 工业中间投入 | 3 800 | 4 300 | 500 | 13.15 |
| 其中：①直接材料（原料、燃料） | 2 200 | 2 800 | 600 | 27.27 |
| ②制造费用中的修理费、水电费、租赁费、保险费、劳保费 | 160 | 180 | 20 | 12.5 |
| ③销售费用中的运输费、修理费、包装费、租赁费、广告费 | 610 | 790 | 180 | 29.51 |
| ④管理费用中的办公费、运输费、修理费、无形资产摊销 | 800 | 510 | -290 | -36 |
| ⑤利息支出（已扣除利息收入） | 30 | 20 | -10 | -31 |
| 工业增加值 | 1 200 | 2 200 | 1 000 | 83.33 |

根据以上资料可以看出，该企业2004年工业增加值比2003年增加1 000万元，增长率为83.33%，主要原因是工业总产出2004年比2003年增加1 500万元，增长30%，而工业中间投入仅增加500万元，增长13.15%。因此，应进一步具体分析工业中间投入的变化。编制工业中间投入结构分析表如表5-15。

表 5-15    单位：万元

| 项目 | 2003年 | 结构（%） | 2004年 | 结构（%） |
|---|---|---|---|---|
| 直接材料 | 2 200 | 57.89 | 2 800 | 65.12 |
| 制造费用 | 160 | 4.21 | 180 | 4.19 |
| 销售费用 | 610 | 16.05 | 790 | 18.37 |
| 管理费用 | 800 | 21.05 | 510 | 11.86 |
| 利息支出 | 30 | 0.8 | 20 | 0.46 |
| 工业中间投入 | 3 800 | | 4 300 | |

从表5-15分析可见，工业中间投入各个项目中，2004年管理费用中工业中间投入反为11.86%，而2003年为21.05%。可以看出，该企业在节约管理费用方面下了功夫。同时，利息支出也较2003年占的比重有所下降。但直接材料2004年的比重却比2003年增长。从总体看来，该企业2004年工业增加值比2003年取得较好的成绩。

## 三、产品劳动量指标分析

产品劳动量指标，是以定额工时为单位计算的产品产量指标。这个指标从能够汇总计算的作用来看，与产品价值量有相同的作用，可以综合反映一定时期内企业完成的工作数量。

产品劳动量指标的分析，主要是根据产品产量和产品定额工时等资料进行的。分析时，应先以实际完成的定额工时总数与计划中规定的应完成的定额工时总数比较，然后分别研究各种产品的定额工时完成情况，找出变动原因。

但是使用定额工时表示产品产量有一定的局限性。产生这种局限的原因，是因为"定额工时"是根据各企业单位的生产条件、技术水平来制定的。故这一指标在不同生产技术水平的企业之间缺乏可比性。

## 四、产品品种分析

产品品种是根据产品的具体用途、性能和结构上的不同而划分的各种小类产品，一般划分有种类、品名、型号规格、样式等区别。

### （一）产品品种完成情况分析

分析产品品种完成情况，应采用"不抵补原则"计算。所谓"不抵补原则"是指对完成和超额完成计划产量的产品只按完成100%计算；对没有完成计划产量的产品，按实际数计算；对计划外的品种，一律不予计算。这样才能防止用超产的产品产量和计划外的产品产量来弥补未完成计划的品种。企业只有按计划完成每一品种的产量，计划品种完成率指标才能达到100%，否则就会完不成品种计划。

分析品种完成情况有两个指标，即品种完成率、品种完成程度，其计算公式如下：

$$品种完成率 = \frac{完成计划产量的品种数}{计划品种数} \times 100\%$$

$$品种完成程度 = \frac{\Sigma 品种完成计划产量百分比}{计划品种数}$$

例16 某企业产品产量资料见表5-16，分析其品种完成情况如下：

表5-16

| 产品名称 | 单位 | 计划产量 | 实际产量 | 产品计划完成% | 备注 |
| --- | --- | --- | --- | --- | --- |
| A产品 | t | 150 | 130 | 86.67 | |
| B产品 | 台 | 100 | 120 | 120 | |
| C产品 | 件 | 80 | 100 | 125 | |
| D产品 | kg | 50 | 0 | 0 | |
| E产品 | 双 | — | 40 | | 计划外 |

$$品种完成率 = \frac{2}{4} \times 100\% = 50\%$$

$$品种完成程度 = \frac{86.67\% + 100\% + 100\% + 0}{4} = 71.67\%$$

以上计算说明,该企业品种完成率仅为 50%,品种完成程度仅为 71.67%,要进一步查明原因,深入分析变动原因。因为影响品种完成情况的因素有多种,如原材料、能源、设备使用等安排不周;材料、能源、外购件供应脱节;厂外加工件未按时供应或因期初、期末在产品增减变化大;以及产品不适销对路,造成积压,临时改变品种;等等。若是因为市场需求变动,根据产品销售而作出的相应调整,说明企业的应变能力强,若是其他原因,则要具体分析,采取措施补救。

\*(二)产品品种结构变动对产值影响分析

产品品种结构,是指各种产品产量在全部产品总产量中所占的比重,或各种产品产量之间的比例关系。产品品种结构变动,对企业其他经济指标的完成情况,都会产生不同程度的影响。分析产品品种结构变动对产品产值的影响,有利于对企业产量完成情况的分析。

由于不同种类的产品,其劳动量(定额工时)与不变价格的比例是不相同的,即各种产品每一定额小时的平均产值是不一样的。用定额工时计算的总产量完成率与用不变价格计算的总产量完成率进行对比,其差异就是由于产品品种结构变动对产值的影响。

**例 17** 根据某企业有关资料整理编制的按不同量度反映的多品种完成情况见表 5-17。

表 5-17 产品完成情况分析表

| 产品名称 | 产品实物量 | | | | 产品产值(千元) | | | | 产品劳动量(千小时) | | | |
|---|---|---|---|---|---|---|---|---|---|---|---|---|
| | 单位 | 计划 | 实际 | 完成率(%) | 不变价格 | 计划 | 实际 | 完成率(%) | 定额工时 | 计划 | 实际 | 完成率(%) |
| A 产品 | t | 150 | 130 | 86.67 | 30 | 4 500 | 3 900 | 86.67 | 3 | 450 | 390 | 86.67 |
| B 产品 | 台 | 100 | 120 | 120 | 100 | 10 000 | 12 000 | 120 | 6 | 600 | 720 | 120 |
| C 产品 | 件 | 80 | 100 | 125 | 16 | 800 | 1 000 | 125 | 0.8 | 64 | 80 | 125 |
| D 产品 | kg | 50 | 0 | 0 | 4 | 200 | — | 0 | 0.4 | 20 | — | 0 |
| E 产品 | 双 | | 40 | — | 2 | | 80 | — | 0.1 | | 4 | — |
| 合计 | | — | — | — | | 15 500 | 16 980 | 109.55 | — | 1 134 | 1 194 | 105.29 |

从表 5-17 可以看出,就个别产品来说,无论用哪种量度单位表示其产量,其完成率都相同;但从总产品产量来说,完成率有所不同,按价值量计算的总产量完成 109.55%,

而按劳动量（定额工时）计算的总产量只完成 105.29%。这种差异的产生，是由于各种产品品种结构发生了变化。

为进一步分析产品品种结构变化对产值的影响，编制产品品种结构变动分析表见表 5 – 18。

表 5 – 18 产品品种结构变动分析表

| 产品名称 | 不变价格（千元） | 定额工时（千小时） | 定额工时产值（元/小时） | 产品价值量（千元） | | | | 产品劳动量（千小时） | | | |
|---|---|---|---|---|---|---|---|---|---|---|---|
| | | | | 计划 | | 实际 | | 计划 | | 实际 | |
| | | | | 产值 | 比重(%) | 产值 | 比重(%) | 定额工时 | 比重(%) | 定额工时 | 比重(%) |
| A 产品 | 30 | 3 | 10 | 4 500 | 29.03 | 3 900 | 22.97 | 450 | 39.68 | 390 | 32.67 |
| B 产品 | 100 | 6 | 16.67 | 10 000 | 64.52 | 12 000 | 70.67 | 600 | 52.91 | 720 | 60.30 |
| C 产品 | 16 | 0.8 | 20 | 800 | 5.16 | 1 000 | 5.89 | 64 | 5.64 | 80 | 6.7 |
| D 产品 | 4 | 0.4 | 10 | 200 | 1.29 | — | — | 20 | 1.77 | — | — |
| E 产品 | 2 | 0.1 | 20 | — | — | 80 | 0.47 | — | — | 4 | 0.33 |
| 合计 | | | | 15 500 | 100 | 16 980 | 100 | 1134 | 100 | 1 194 | 100 |

从表 5 – 17 和表 5 – 18 可以看出，在产品品种结构发生变动的情况下，用不同量度表示的总产量完成率是不同的。这是因为有的产品产值高而耗用工时少，如 C 产品，每工时提供的产值为 20 元，而有些产品的产值低而耗用工时少，如 A 产品和 D 产品，每工时提供的产值只有 10 元。而该企业多生产了产值高的 B 产品和 C 产品，增加了产值高的 E 产品，但却减少了产值低的 A 产品和 D 产品，是形成按价值量计算的总产量完成率与按劳动量计算的总产量完成率不同的原因。

为了进一步说明由于产品结构（比重）变动和产量的增减对产值的影响程度，可用下式的分析计算：

$$产品总产值 = 定额工时总产量 \times 平均每定额工时产值$$

其中，平均每定额工时的产值 $= \dfrac{产品总产值}{产品定额总工时} = \sum 按定额工时计算的某产品比重 \times 该产品单位定额工时的产值$。

**例 18** 沿用表 5 – 17 和表 5 – 18 的资料，编制分析表见表 5 – 19。

表 5-19 分析表

| 指标 | 单位 | 计划 | 实际 | 差异 | 完成率（%） |
|---|---|---|---|---|---|
| 产品产值 | 千元 | 15 500 | 16 980 | 1 480 | 109.55 |
| 按定额工时计算的产品产量 | 千小时 | 1 134 | 1 194 | 60 | 105.29 |
| 平均每定额工时的产值 | 元/小时 | 13.67 | 14.22 | +0.55 | 104.02 |

利用差额分析定额工时产量和品种结构变动两个因素对总产值的影响如下：

计划产值 = $1\,134 \times \dfrac{15\,500}{1\,134}$ = 15 500

实际产值 = $1\,194 \times \dfrac{16\,980}{1\,194}$ = 16 980

替代

由于定额工时产量变动对产值的影响数：

$$(1194 - 1134) \times \dfrac{15500}{1134} = 820.11 \text{（千元）} \quad ①$$

由于品种结构变动对产值的影响数：

$$1\,194 \times \left( \dfrac{16\,980}{1\,194} - \dfrac{15\,500}{1\,134} \right) = 659.89 \text{（千元）} \quad ②$$

两个因素共同影响 = ① + ② = 820.11 + 659.59 = 1 480（千元）

以上分析说明，在品种结构不变的条件下，由于企业工作量的增加使产值增加 820.11（千元）；由于产品品种结构变动，使产值又增加 659.89（千元）。如果扣除品种结构变动对产值的影响，则该企业产值完成率应为 105.29%（$\dfrac{16\,980 - 659.89}{15\,500} \times 100\%$），与按劳动量计算的产品产量完成率相同。

# 第四节 生产条件分析

企业生产成果的大小取决于生产条件。生产条件一般包括劳动力、劳动资料和劳动对象，又称为生产三要素。在生产要素既定的情况下，企业能为社会提供的生产成果是有一定限度的。但是，在相同条件下，企业对生产要素的利用程度不同，即生产管理水平不同，企业的生产成果可有很大的差别。这是因为生产要素之间存在一定的比例关系，生产一定数量的产品与所需的生产要素之间也存在一定比例关系，任何一种比例关系遭到破坏，就会造成生产脱节，生产要素的利用效果也会相应降低。因此，必须对生产要素进行分析，及时协调各要素之间、要素与生产任务之间的关系，充分利用各种资源，提高经济效益。

## 一、劳动力利用情况分析

工业企业生产成果的大小，从劳动力要素来看，取决于劳动力数量多少和劳动生产率高低两个方面的因素。但增加劳动力数量，不仅有一定限度，而且会增大产品成本开支。因此，增加产品生产的根本途径是不断提高劳动生产率。

（一）职工人数分析

职工人数分析，主要是根据企业劳动部门的劳动计划和劳动报表资料进行的，对职工人数变动进行分析，包括职工平均人数分析和期末职工人数的分析。

**1. 职工平均人数分析**

职工平均人数是指企业在某一时期内每天平均拥有的职工人数。其计算方法如下：

$$月平均人数 = \frac{\sum 月内每天实有的全部人数}{\sum 月份日历日数}$$

$$季平均人数 = \frac{\sum 季内各月平均人数}{3}$$

$$年平均人数 = \frac{\sum 年内各月平均人数}{12}$$

分析时，可分别计算计划和实际的平均人数，加以对比分析，由于工人人数的需要量通常与产量增减密切相关，为分析其变化是否合理，还应将工人人数变动情况与产量的增减情况结合，从劳动生产率是否提高的角度进行分析。其计算公式为：

$$\frac{工人平均人数}{的相对变动数} = 实际平均工人人数 - 计划平均工人人数 \times 总产量计划完成率（\%）$$

**例19** 某企业某年有关职工人数资料见表5-20。

表5-20

| 职工按劳动岗位分类 | 计划平均人数 | 实际平均人数 | 差异 人数 | 差异 % |
|---|---|---|---|---|
| 工人 | 552 | 576 | +24 | +4.35 |
| 学徒 | 20 | 20 | 0 | 0 |
| 工程技术人员 | 80 | 81 | +1 | +1.25 |
| 管理人员 | 100 | 98 | -2 | -2 |
| 服务人员 | 42 | 45 | +3 | +7.14 |
| 其他人员 | 9 | 10 | +1 | +11.11 |
| 合　计 | 803 | 830 | 27 | 3.36 |

该企业当年总产量完成率为 105.8%。

则分析该企业某年职工人数变动情况为：

$$\text{工人平均人数的相对变动数} = 576 - 552 \times 105.8\% = -8 \text{（人）}$$

从表 5-20 及计算可以看出，该企业某年职工平均人数实际比计划多 27 人，其中，除管理人员比计划减少外，其他各类人员平均人数比计划增加，应进一步分析其定员编制的遵守情况。

该企业工人平均人数的相对变动数为 -8（人），这说明企业实际平均工人人数尽管比计划平均工人人数增加了 24 人，但与企业生产增产情况结合来看，不仅没有浪费劳动力，相反地，节约了 8 人。这是企业劳动生产率提高的结果。

**2．期末职工人数分析**

期末职工人数分析，主要是以分析期末职工人数与上期末职工人数对比，借以观察不同时期职工人数的增减变动情况和各类人员的构成情况。

**例 20**　沿用例 19 的资料，编制分析如表 5-21。

表 5-21　职工人数及其构成变动分析表

| 职工按劳动岗位分类 | 上期末 | | 分析期末 | | 差异 | |
|---|---|---|---|---|---|---|
| | 人数 | 占总人数的百分比 | 人数 | 占总人数的百分比 | 人数 | % |
| 工人 | 518 | 67.45 | 576 | 69.40 | +58 | +11.20 |
| 学徒 | 17 | 2.21 | 20 | 2.41 | +3 | +17.65 |
| 工程技术人员 | 76 | 9.90 | 81 | 9.76 | +5 | +6.17 |
| 管理人员 | 105 | 13.67 | 98 | 11.81 | -7 | -6.67 |
| 服务人员 | 40 | 5.21 | 45 | 5.42 | +5 | +12.5 |
| 其他人员 | 12 | 1.56 | 10 | 1.2 | -2 | -16.67 |
| 合　　计 | 768 | 100 | 830 | 100 | 80 | 104.17 |

从表 5-21 可以看出，企业分析期末比上期末共增加职工 80 人，增加 4.17%。在这六类职工中，工人、学徒、工程技术人员、服务人员均有所增加，一般而言，工人和工程技术人员增加，是企业技术力量加强的表现，而学徒增加，表明企业重视培养新技术力量，从而增加企业新的技术后备。若这种增加是根据生产发展需要，而且符合人员编制要求，应视为好的现象，服务人员的增加，应结合实际具体情况分析。管理人员和其他人员在职工总数比上期增加 80 人的情况下，分别减少了 7 人和 2 人。若这种减少是由于加强岗位责任制、精简机构的结果，应给予好评。

另外，从表 5-21 中可以看到分析期末工人、学徒等直接生产人员占职工总数的比重，比上期末有所提高。上期末工人占职工总数为 67.45%，分析期末为 69.4%，提高了 11.2%，相应的非直接生产人员的比重就降低了。职工构成的这种变化，说明企业在压缩非生产人员，加强生产第一线方面，采取了积极的措施。

但随着科技的发展，生产自动化、机械化程度的提高，电子计算机的广泛应用，劳动力结构将会发生根本的变化。因此，工程技术人员、生产管理人员所占的比重将会越来越大。

### (二) 劳动效率分析

详见本书第九章第三节。

## 二、生产设备利用分析

生产设备是工业企业固定资产最重要的组成部分。就劳动资料要素而言，工业企业生产成果的大小，取决于生产设备规模的大小和生产设备利用的效果两个方面。

对主要生产设备利用情况的分析，主要是考查企业主要生产设备当前的利用程度与设计能力或现有能力的差距，挖掘企业的生产潜力，提出改善设备利用情况的措施，以提高设备生产率，增加产品产量。

反映生产设备管理水平和利用水平的重要指标一般有设备完好率、设备综合利用率、设备有效利用率、设备事故率以及万元固定资产利税率和万元产值维修费用率指标等。有关计算公式如下：

$$主要设备完好率 = \frac{主要生产设备完好台数}{全部主要生产设备台数}$$

衡量生产设备完好的标准，主要有设备性能好、设备运转正常，原材料、燃料、油料消耗正常。

$$生产设备综合利用率 = \frac{设备实际产量}{设备可能产量} \times 100\%$$

$$= \frac{设备实际产量}{设备实际作业时间} \times \frac{设备实际作业时间}{设备可能利用时间}$$

$$= 设备能力利用率 \times 设备时间利用率$$

$$生产设备有效利用率 = \frac{设备实际作业时间}{设备实际作业时间 + 设备停用时间} \times 100\%$$

$$生产设备事故率 = \frac{事故停机时间}{生产运转时间} \times 100\%$$

$$万元生产设备利税率 = \frac{纳税部分 + 利润总额}{生产设备原值} \times 100\%$$

$$\text{万元产值维修费用率} = \frac{\text{维修费用}}{\text{工业总产值}} \times 100\%$$

利用上述设备有关指标,通过与上期、本期计划,历史先进水平,或与同类型企业同类设备的先进指标对比,分析其利用情况和效益情况,进一步挖掘设备利用潜力。

## 三、原材料、能源利用分析

原材料主要的作用是构成产品的实体,能源是产品生产必不可少的条件。工业企业生产成果的大小,就其劳动对象而言,取决于原材料、能源的供应以及利用效果两个方面因素。随着社会经济的发展,产品的需求不断增大,对原材料、能源的需求也日益增多,但原材料、能源资料是有限度的,故企业应着重提高原材料、能源的利用效果,做到增产不增材料、能源,节约物资,降低成本,提高经济效益。

(一) 原材料供应量和消耗量分析

材料的供应和消耗量的大小,通常受三个因素变化的影响,即材料购入量、储备量、以及单位产品材料消耗量。这些因素与产量之间的关系,可用下列公式表明:

$$\text{产品产量} = \frac{\text{材料消耗总量}}{\text{单位产品材料消耗量}}$$

$$= \frac{\text{材料购入量} + \text{期初储备量} - \text{期末储备量}}{\text{单位产品材料消耗量}}$$

例21 某企业某年度甲种产品的产量和某种原材料的供应、储备和使用情况如表5-22。分析如下:

表5-22

| 项 目 | 单位 | 计划 | 实际 | 差异 |
|---|---|---|---|---|
| 产品产量 | 件 | 8 000 | 8 800 | + 800 |
| 按不变价格计算的产值 | 千元 | 2 400 | 3 300 | + 900 |
| 材料消耗总量 | t | 1 800 | 1760 | - 40 |
| 按计划价格计算的材料费 | 千元 | 900 | 880 | - 20 |
| 材料供应量 | t | 1 792 | 1 770 | - 22 |
| 材料储备量 | t | | | |
| 月初储备量 | | 80 | 80 | 0 |
| 月末储备量 | | 72 | 88 | + 16 |
| 材料亏损量 | | | 2 | + 2 |

续上表

| 项 目 | 单位 | 计划 | 实际 | 差异 |
|---|---|---|---|---|
| 单位产品材料消耗量 | t | 0.225 | 0.2 | 0.025 |
| 百元产值消耗材料费用 | 元 | 40.5 | 38.2 | -2.3 |

(1) 单位产品材料消耗量变动对产量的影响：

$$\frac{材料消耗总量计划数}{单位产品材料实际消耗量} - \frac{材料消耗总量计划数}{单位产品材料计划消耗量}$$

$$= \frac{1\,800}{0.2} - \frac{1\,800}{0.225} = 9\,000 - 8\,000 = 1\,000 \text{（件）}$$

(2) 材料储备量变动对产量的影响：

$$\frac{材料储备实际数 - 材料储备计划数}{单位产品材料实际消耗量} = \frac{88 - 72}{0.2} = -80 \text{（件）}$$

(3) 材料供应量变动对产量的影响：

$$\frac{材料供应量实际数 - 材料供应量计划数}{单位产品材料实际消耗量} = \frac{1\,770 - 1\,792}{0.2} = -110 \text{（件）}$$

(4) 材料亏损对产量的影响：

$$\frac{材料亏损量}{单位产品材料实际消耗量} = \frac{2}{0.2} = 10 \text{（件）}$$

根据上述分析表明，可以看出该企业甲种产品产量实际比计划增加 800 件，是由于单位产品材料消耗节约使产品产量增加 1 000 件，而材料储备量增加使产量减少 80 件，材料供应量不足使产量减少 110 件，以及因材料亏损使产量减少 10 件所致。百元产值消耗材料费用计划为 40.5 元，实际为 38.2 元，表明材料利用效果较好。

初步分析表明，该企业甲种产品产量超产 800 件的主要成绩是在单位产品材料耗用量降低的情况下取得的。但该企业在材料供应不足的情况下月末材料储备量还有所增加，以及由于管理不善而出现的材料亏损，还须具体分析原因，进一步加以改进，同时在保证质量的前提下，分析单位产品材料耗用量降低的原因，以总结经验，继续采用使材料耗用量降低的办法。

（二）能源利用效果分析

能源是生产过程的重要资源，能源如果不足，就会给企业带来无法正常生产的问题。目前我国能源利用率相对于国外来说，比较低下，而燃料、电力不足也是十分突出的问题。因此，开展能源利用效果分析，采取措施，提高能源利用率，尽量节约能源，是企业在生产过程中一项重要的内容。

能源利用效果分析，通常可采用工业总产值综合能耗、工业总产值节能量和能源加工转换效率指标进行。其计算公式如下：

$$工业总产值综合能耗 = \frac{综合能源消费量}{工业总产值（1990不变价）}$$

$$工业总产值节能量 = （基期工业总产值综合能耗 - 报告期工业总产值综合能耗） \times 报告期工业总产值$$

$$能源加工转换效率 = \frac{能源加工转换产出量（标准量）}{能源加工转换投入量（标准量）} \times 100\%$$

## 四、生产三要素综合分析

如前所述，影响生产过程的条件即劳动力、劳动资料、劳动对象三要素。前面已对各个要素进行了分析。从分析的结果可知，各个要素对生产成果共同起着约束作用。对各个要素进行综合分析，并进行各要素之间的协调平衡，是十分必要的。产品产量与其生产要素之间的联系可用下式表示：

$$产品产量 = \frac{工人平均人数 \times 每工人平均操纵设备台数 \times 每台设备平均加工材料数量}{单位产品原材料消耗量}$$

式中，每个工人平均操纵设备台数 $= \dfrac{生产设备平均台数}{工人平均人数}$。

**例22** 某企业有关生产三要素资料见表5-23，分析生产三要素对产量的影响。

表5-23

| 指 标 | 计量单位 | 计划 | 实际 | 差异 |
|---|---|---|---|---|
| 产品产量 | 台 | 11 130 | 14 500 | +3 370 |
| 工人平均人数 | 人 | 742 | 750 | +8 |
| 每名工人平均操纵设备台数 | 台/人 | 0.25 | 0.278 4 | +0.028 4 |
| 每台设备平均加工原材料数 | kg/台 | 12 000 | 12 500 | +500 |
| 单位产品原材料消耗量 | kg/台 | 200 | 180 | -20 |

运用差额法，分析各因素变动对产品产量的影响：

计划产量 $\dfrac{742 \times 0.25 \times 12\ 000}{200} = 11\ 130$

实际产量 $\dfrac{750 \times 0.2784 \times 12\ 500}{180} = 14\ 500$

实际产量与计划产量的差异 $14\ 500 - 11\ 130 = 3\ 370$

替代：

①由于工人人数变动对产量影响 = $\dfrac{(750-742) \times 0.25 \times 12\,000}{200} = 120$

②由于每名工人平均操纵设备台数变动影响

$= \dfrac{750 \times (0.2\,784 - 0.25) \times 12\,000}{200} = 1\,278$

③由于每台设备平均加工原材料数量变动影响

$= \dfrac{750 \times 0.2\,784 \times (12\,500 - 12\,000)}{200} = 522$

④由于单耗变动影响 $= 750 \times 0.2\,784 \times 12\,500 \times \left(\dfrac{1}{180} - \dfrac{1}{200}\right) = 1\,450$

各因素共同影响 $= 120 + 1\,278 + 522 + 1\,450 = 3\,370$

从以上分析看出，该企业产品产量实际比计划超产 3 370 台，是由于各个因素综合变动而成。其中主要的原因是产品单耗由计划 200 kg，改为实际 180 kg，以及每名工人平均操纵设备台数变动影响。说明企业着重改革产品材料单耗和提高设备利用率，取得较好的效果。

## 思考与练习

### 一、思考题

1．生产决策分析应遵循哪些原则？
2．为什么要进行均衡生产？
3．如何进行产品质量分析？
4．用以计量产品产量的指标有哪些？各有何特点？
5．什么是工业增加值？如何进行分析？
6．产品品种结构变动对产值有何影响？
7．生产三要素综合分析应如何进行？

### 二、练习题

1．〔目的〕剩余生产能力分析。

〔资料〕某浴巾生产厂月产量生产能力为 480 万条，目前产量每月 300 万条。全部产品通过百货商店销售，某月份预计损益表为：

|      | 每单位（元） | 总额（万元） |
| --- | --- | --- |
| 销售收入 | 20 | 6 000 |
| 销售成本 | 12 | 3 600 |
| 毛　利 | 8 | 2 400 |
| 广告费用 | 6 | 1 800 |
| 销售利润 | 2 | 600 |

单位销售成本中,直接材料6元(全部为变动),直接人工2元(其中0.5元为变动,1.5元为固定),制造费用4元(其中1元为变动,3元为固定),广告费用6元(其中有5元为变动,1元为固定)现有某宾馆前来订购两个月的浴巾,每月10 000条,价格每条14元。

〔要求〕分析该生产厂是否应接受宾馆的订单?

2. 〔目的〕练习生产成套性分析。

〔资料〕某电视机厂计划生产电视机1 000台。有关零部件生产资料如下:

| 零件名称 | 单位产品需要零件数 | 期初零件储备数 | 本月生产数 | | 计划期末储备数 |
|---|---|---|---|---|---|
| | | | 计划 | 实际 | |
| 集成电路 | 4 | 500 | 3 900 | 4 000 | 400 |
| 荧光屏 | 1 | 100 | 1 000 | 1 115 | 100 |
| 控制电路 | 5 | 580 | 5 000 | 4 850 | 500 |
| 机箱 | 1 | 110 | 1 000 | 980 | 100 |
| 电路板 | 3 | 298 | 3 010 | 3 150 | 300 |

〔要求〕分析该企业生产成套性。

3. 〔目的〕练习产品质量分析。

〔资料〕某企业生产A产品,有关质量资料如下:

| 产品等级 | 单价(元) | 产品产量(万件) | | |
|---|---|---|---|---|
| | | 上年实际 | 本年计划 | 本年实际 |
| 一等品 | 150 | 560 | 600 | 580 |
| 二等品 | 130 | 320 | 300 | 310 |
| 三等品 | 100 | 120 | 100 | 110 |
| 合计 | — | 1 000 | 1 000 | 1 000 |

〔要求〕(1)计算该产品平均等级;

(2)分析产品等级变动对产值的影响。

*4. 〔目的〕产品品种变动分析。

〔资料〕某企业以定额工时表示的产量和以货币表示的产量情况如下:

| 产品 | 产品实物量 | | | 产品产值（千元） | | | 产品劳动量（千小时） | | |
|---|---|---|---|---|---|---|---|---|---|
| | 单位 | 计划 | 实际 | 不变价格 | 计划 | 实际 | 定额工时 | 计划 | 实际 |
| 甲 | 台 | 1 000 | 800 | 12 | 10 000 | 9 600 | 4 | 4 000 | 3 200 |
| 乙 | t | 400 | 400 | 20 | 8 000 | 8 000 | 2 000 | 2 000 | 2 000 |
| 丙 | 件 | 50 | 65 | 400 | 20 000 | 26 000 | 40 | 2 000 | 2 600 |

〔要求〕分析由于品种结构变动对产值的影响。

5.〔目的〕练习生产三要素综合分析。

〔资料〕某企业有关生产三要素资料如下：

| 指标 | 计量单位 | 计划 | 实际 |
|---|---|---|---|
| 产品产量 | 件 | 1 200 | 1 500 |
| 工人平均人数 | 人 | 371 | 382 |
| 设备台数 | 台 | 40 | 38 |
| 原材料消耗总量 | kg | 240 000 | 294 000 |

〔要求〕分析各因素变动对产量的影响。

# 第六章 产品成本分析

产品成本是以产品为成本计算对象,核算企业在产品生产过程中所发生的物质消耗、劳动报酬以及有关费用支出。产品成本是综合反映一个企业经营管理水平的重要指标,原材料、能源消耗的节约和浪费、劳动效率的高低、产品质量的优劣等,都可以通过产品成本表现出来。这一指标的分析对于加强企业经营管理、降低成本、提高经济效益有重要意义。产品成本也是产品价格的依据。产品成本分析主要包括产品成本预测分析、全部产品成本分析、可比产品成本降低率分析以及主要产品单位成本分析等内容。

## 第一节 产品成本预测分析

产品成本预测分析是指根据历史成本资料和有关经济信息,结合发展的趋势,采用科学的方法,对一定时期的产品或某个成本项目进行分析和测算。

### 一、产品成本的构成

产品成本主要是由直接材料、燃料和动力、直接工资、制造费用以及废品损失等组成。直接材料成本是指构成产品实体或有助于产品形成的各种原材料、辅助材料以及外购半成品成本。燃料和动力是指生产过程中为产品生产而发生的燃料、动力的耗费。直接工资成本是指为制造产品而发生的生产工人工资及其福利费形成的成本。制造费用是指企业的生产部门为组织和管理生产所发生的费用,一般包括生产部门技术人员、管理人员的工资、福利、固定资产折旧、修理费、水电费、设备物料消耗等费用。废品损失指因产品技术质量问题而作废或因返修所发生的费用。

## 二、产品成本预测的内容和步骤

产品成本预测的内容很多,一般包括编制成本计划阶段的成本预测、在计划实施过程中的成本预测,以及主要技术经济指标变动与单位成本的关系预测等。产品成本预测的步骤,一般可概括为四步:

(1) 明确预测目标。

(2) 收集和分析所需的资料和数据。根据预测目标而收集的资料,一般包括如企业历年的产量、销售收入、成本等的纵向数据资料,影响某一特定时间的成本变化的有关产量、质量、利润等横向资料数据。收集资料应做到既全面,又要注意资料的可靠性,去粗取精,去伪存真地加工整理。

(3) 建立成本预测模型进行预测。

(4) 测算预测误差,修正预测结果。

## 三、产品成本预测的方法

### (一) 趋势预测法

趋势预测法是指根据产品产量与成本相互之间的关系来预测未来时期产品成本的方法。

根据产品产量与成本之间的关系,可把成本分为固定成本和变动成本。固定成本是指不在一定范围内随产量增减变动而变动的成本,如租赁费、折旧费、技术人员和管理人员工资福利费等;变动成本是指费用随产量变动而成正比例变动的成本,包括材料费用、计件工资等费用。产品成本与固定成本、变动成本之间的关系为:

$$产品成本 = 固定成本 + 单位变动成本 \times 产量$$

利用产品成本与固定成本和变动成本之间的关系,可以预测产品成本。

**1. 高低点法**

高低点法是根据历史资料中产品产量最高期和最低期的产量和成本数据进行预测成本的计算方法。有关计算公式如下:

$$单位变动成本 = \frac{最高产量期总成本 - 最低产量期总成本}{最高期产量 - 最低期产量}$$

$$固定成本总额 = 总成本 - 单位变动成本 \times 产量$$

**例1** 某企业 2004 年 1 月至 12 月份,有关 A 产品成本资料见表 6-1。预计 2005 年生产 A 产品 70 t,用高低点法预测 A 产品成本。

表 6-1

| 月份 | 1月 | 2月 | 3月 | 4月 | 5月 | 6月 | 7月 | 8月 | 9月 | 10月 | 11月 | 12月 |
|---|---|---|---|---|---|---|---|---|---|---|---|---|
| 产量（t） | 50 | 48 | 51 | 53 | 52 | 54 | 57 | 56 | 59 | 68 | 60 | 58 |
| 成本（千元） | 2000 | 2062 | 2091 | 2173 | 2340 | 2430 | 2508 | 2576 | 2714 | 2790 | 2580 | 2668 |

根据上述资料，最高产量为 10 月份，68 t，成本为 2 790 千元，最低产量为 2 月份，48 t，成本为 2 062 千元，计算如下：

(1) 单位变动成本 = $\dfrac{2\,790 - 2\,062}{68 - 48}$ = 36.4。

(2) 固定成本（高点计）= 2 790 - 36.4 × 68 = 314.8（千元）。

固定成本也可用低点计：

$$2\,062 - 36.4 \times 48 = 314.8（千元）$$

即总成本 = 314.8 + 36.4 × 产量

(3) 预计 2005 年生产 A 产品 70 t 的总成本为：

$$314.8 + 36.4 \times 70 = 2\,862.8（千元）$$

**2．回归分析法**

由于高低点法仅考虑产量高点与低点时的产品成本，而忽略了其他时期产品成本，因此只适用于产品成本波动不大的企业。在产品成本波动较大的企业，可采用回归分析法。这种方法在第三章资金分析中已作介绍，这里不再重复。

**（二）目标成本预测法**

目标成本预测法是指根据目标利润确定目标成本的方法。其计算公式为：

$$目标成本 = 产品预计收入 - 应纳税金 - 目标利润$$

式中，产品预计收入可根据市场可接受的售价，按产品分别计算，汇总求得，也可以在上年销售收入基础上，预测销售额增减幅度来求得。应纳税金，是指企业按国家规定的税率计算的产品消费税、城建税等，值得注意的是，我国 1994 年开始实施新税制，增值税为税价分流，因此这里的应纳税金，不包括增值税。目标利润的确定，一般可用国内同行业销售利润率乘以企业预计销售收入或用本企业上期或较好年度的销售利润率乘以企业预计销售收入或用本企业历史最高的资金利润率、同行业平均资金利润率乘以企业资金平均占有额求得。在企业生产任务不足，销售收入低于去年，企业必须保持上年利润水平（或保持一定利润时），可把上年利润（或一定的利润）作为目标利润。

目标利润的确定，也可采用成本利润率进行计算。

∵　　　　　　　　目标利润 = 目标成本 × 成本利润率

∴　　　　　　　　目标成本 = $\dfrac{销售收入 - 税金}{1 + 成本利润率}$

$$单位产品目标成本 = \frac{单价 \times (1 - 税率)}{1 + 成本利润率}$$

**例2** 某企业有关资料如表6-2，测定目标成本。

表6-2

| 产品名称 | 预计销售量 | 预计单价 | 预计销售收入 | 税率 | 应纳税金 |
|---|---|---|---|---|---|
| A产品 | 500 | 100 | 50 000 | 5% | 2 500 |
| B产品 | 600 | 80 | 48 000 | 5% | 2 400 |
| C产品 | 1000 | 50 | 50 000 | 5% | 2 500 |
| 合　计 | | | 148 000 | | 7 400 |

设同行业平均销售利润率为12%，成本利润率为10%，则目标成本为：
（1）按平均销售利润率计算：
目标成本 = 148 000 - 7 400 - 148 000 × 12% = 122 840（元）
（2）按成本利润率计算：
$$目标成本 = \frac{148\,000 \times (1 - 5\%)}{1 + 10\%} = 127\,818.18 （元）$$

## *四、可比产品成本降低幅度的预测

企业生产的产品按其是否生产过，成本资料是否齐全，可分为可比产品和不可比产品。可比产品是指过去曾经生产过，产品成本资料齐全，可用于对比的产品。对于可比产品成本，往往要求进行成本降低率和成本降低额的分析，从动态上反映产品成本水平的降低程度。不可比产品是指本年初次生产的新产品，或虽在过去曾经生产过，但产品成本资料不齐全的产品的成本。由于缺乏可用于对比的产品成本资料，对不可比产品的分析，只能依据企业本身的生产条件和有关资料或同类产品的其他企业资料进行分析。

企业生产可比产品，一般都有降低成本任务。为完成降低成本的任务，需要对产品成本降低幅度进行预测。其预测方法是利用影响成本的因素及其结构进行分析，分成本项目测算预计产品成本比基期产品成本降低幅度。

由于产品成本是由直接材料、燃料和动力、直接工资、制造费用、废品损失等因素组成，各个因素占总成本比重变动，以及各因素成本降低率对总成本的降低率和降低额都有影响。因此，分析时，应着重测算这两个方面。

在进行可比产品降低指标测算时，首先应使企业计划指标建立在积极平稳和先进水平的基础上，充分地把企业内部潜力最大限度地挖掘出来。其次，应从实际出发，实事求是，保证成本指标的现实性。

**1．降低指标的测算步骤**

（1）计算上年全年预计平均单位成本。工业企业计划年度可比产品成本降低任务，是指计划年度可比产品的计划成本应比上年全年平均成本降低的数额和降低幅度,就是计划降低额和计划降低率。

为了进行成本指标的测算,应先确定上年可比产品的全年平均单位成本。如果在计划年度开始编制成本计划,则以上年各月份的实际产量去除实际成本求得。但通常是在上年第四季度初编制成本计划的。这时,上年全年平均单位成本就要预计,计算公式如下:

$$\text{上年预计平均单位成本} = \frac{\sum \text{上年}1\sim9\text{月实际产量}\times\text{实际平均单位成本} + \sum \text{上年}10\sim12\text{预计产量}\times\text{预计单位成本}}{\sum \text{上年}1\sim9\text{月实际产量} + \sum \text{上年}10\sim12\text{预计产量}}$$

今年预计平均单位成本的计算,是成本测算的重要环节。假若上年成本预计过高,由此和计划成本相比所得的降低率便会虚增;反之,预计过低,则成本降低率亦因而虚减。因此,预计全年平均单位成本,应予以特别注意。

(2) 确定计划年度各项成本项目占总成本比重。随着产品的深加工要求的不断提高,科技在生产中的应用不断发展。产品成本项目占成本的比重也会有所变动。如一般产品的直接材料项目,在初级产品中,占的比例较大,而在高级产品中,占的比例就会相对减少。因此,确定计划年度各项成本项目占总成本比重是进行可比产品成本预测的重要一环。如果计划年度各项成本项目与总成本比重变动不大,也可采用基期比重进行分析。

(3) 确定各因素的影响程度。这一步骤主要测算由于计划年度各项技术组织措施的实现,使产量增加、材料定额降低、劳动生产率提高、废品减少等形成的节约额。分别说明如下:

1) 测算由于材料消耗定额和材料价格变动而形成的节约。产品成本中的直接材料费用高低,主要取决于材料消耗定额和材料价格。在材料价格不变时,材料消耗定额降低,就使产品单位成本中材料费等比例降低。例如,材料消耗定额降低10%,直接材料费也就降低10%。但直接材料费降低10%,是否产品成本也降低10%?答案是否定的,因为直接材料费用只占产品成本中的一部分,所占的比重多大,也就只能影响多大。因此,材料定额降低而形成的节约,应按下列公式计算:

$$\text{材料消耗定额降低影响成本降低率} = \text{材料消耗定额降低的百分比} \times \text{直接材料费用占成本的百分比}$$

在材料消耗定额不变时,材料价格降低,也会使产品成本中的直接材料费用相应地减少;反之,材料价格提高,则会使产品成本中的直接材料费用成比例地增加。材料价格降低而形成的节约,可按下列公式计算:

$$\text{材料价格降低影响成本降低率} = \text{材料价格降低的百分比} \times \text{直接材料费用占成本的百分比}$$

在材料消耗定额变动的情况下,材料价格降低而形成成本的节约,应按下列公式计算:

$$\begin{matrix}\text{材料价格降低}\\ \text{影响成本降低率}\end{matrix} = \begin{matrix}\text{材料价格}\\ \text{降低的百分比}\end{matrix} \times \left(1 - \begin{matrix}\text{材料消耗定额}\\ \text{降低的百分比}\end{matrix}\right) \times \begin{matrix}\text{直接材料费用}\\ \text{占成本的百分比}\end{matrix}$$

材料消耗定额和材料价格的变动,也可以综合计算它们对成本的影响:

$$\begin{matrix}\text{材料消耗定额和材料价格}\\ \text{变动影响成本降低率}\end{matrix} = \left[1 - \left(1 - \begin{matrix}\text{材料消耗}\\ \text{额降低的百分比}\end{matrix}\right) \times \left(1 - \begin{matrix}\text{材料价格}\\ \text{降低的百分比}\end{matrix}\right)\right]$$
$$\times \begin{matrix}\text{直接材料费用}\\ \text{占成本的百分比}\end{matrix}$$

2) 测算由于劳动生产率提高超过平均工资增长程度而形成的节约。产品成本中的直接工资,与劳动生产率增长速度成反比,与工人平均工资增长速度成正比。劳动生产率增长速度超过平均工资增长速度时,每单位产品分摊的工资就会减少,产品成本也就降低。为了确定劳动生产率的增长速度和平均工资增长速度的对比关系的变动,对产品成本的影响程度,可按下列公式计算:

$$\begin{matrix}\text{劳动生产率提高}\\ \text{影响成本降低率}\end{matrix} = \left(1 - \frac{1 + \text{平均工资增长的百分比}}{1 + \text{劳动生产率提高的百分比}}\right) \times \begin{matrix}\text{直接工资占}\\ \text{成本的百分比}\end{matrix}$$

3) 测算由于产量增长超过制造费用增加而形成的节约。在企业制造费用中,大部分属于相对固定费用,如车间工程技术人员及管理人员的工资、办公费、差旅费、折旧费等;也有一部分费用属于半变动费用,如低值易耗品、设备物料消耗、修理费、运输费等。相对固定费用一般不随产量的增减而发生变动。当产量增加时,单位产品所分摊的固定费用就会相应减少。半变动费用虽然随着产量增长而有所增长,但却不成比例,而且通过采取各项节约措施,它的增长幅度一般可以小于产量的增长幅度。所以,当企业生产任务增加时,也会减少单位产品所分摊的半变动费用。

关于产量增长而形成固定费用和半变动费用的节约对成本降低率的影响,可按下列公式计算:

$$\begin{matrix}\text{产量增长而形成固定费用的}\\ \text{节约影响成本降低率}\end{matrix} = \left(1 - \frac{1}{1 + \text{产量增长百分比}}\right)$$
$\times$ 固定费用占成本的百分比产量增长而形成半变动费用比节约影响成本降低率

$$= \left(1 - \frac{1 + \text{半变动费用增加\%}}{1 + \text{产量增长\%}}\right) \times \begin{matrix}\text{半变动费用}\\ \text{占成本的百分比}\end{matrix}$$

4) 测算由于减少废品损失而形成的节约。生产中发生的废品,意味着合格品的减少,废品的损失额,要计入合格品的成本中。废品损失增加,合格品成本也就提高;反之则降低,其计算公式如下:

$$\begin{matrix}\text{废品损失减少影}\\ \text{响成本降低率}\end{matrix} = \begin{matrix}\text{废品损失}\\ \text{减少的百分比}\end{matrix} \times \begin{matrix}\text{废品损失占}\\ \text{成本的百分比}\end{matrix}$$

(4) 综合各因素影响数,确定成本降低指标。将各因素的影响汇总,即可求得计划期可比产品成本总降低率。用总降低率乘以按上年预计平均单位成本计算的计划年度可比产品总成本，即可求得计划期可比产品成本总降低额。

通过测算，若降低率还不能达到预期水平，或者经调查研究认为仍有潜力可挖，则要对有关部门提出增产节约的进一步要求，组织补救措施，修订消耗定额，然后再次测算，直到达到或超过预期降低成本的要求。经过这样反复的测算、反复的挖掘潜力，就可以使成本指标建立在较先进和合理的基础上。

**2．可比产品成本降低指标测算举例**

**例3** 某企业生产X、Y两种产品，2004年1~9月份X产品150 t，实际平均单位成本为160元，Y产品50 t，实际平均单位成本为850元。第四季度预计生产X产品50 t，单位成本为158元；Y产品18 t，单位成本为860元。

计划2005年度继续生产X、Y两种产品，全年计划生产X产品230 t，Y产品80 t；可比产品成本降低率要求达到9%，企业通过充分发动群众与技术人员群策群力，确定2005年度有关指标见表6-3和表6-4。

表6-3

| 指　　标 | % |
| --- | --- |
| 产品生产增长 | 20 |
| 劳动生产率提高 | 10 |
| 直接工资提高 | 5 |
| 燃料动力消耗定额降低 | 8 |
| 原材料消耗定额降低 | 8 |
| 制造费用中的半变动费用增加 | 10 |
| 废品损失减少 | 20 |

表6-4

| 各成本项目占产品成本比重 | 2004年度（%） |
| --- | --- |
| 直接材料 | 60 |
| 燃料和动力 | 8 |
| 直接工资 | 10 |
| 制造费用 | 20 |
| 　其中，固定费用 | 15 |
| 　　　半变动费用 | 5 |
| 废品损失 | 2 |
| 合计 | 100 |

该企业 2005 年各成本项目占产品成本比重变动不大。根据以上资料进行成本降低指标的测算：

（1）计算 2004 年预计平均单位成本。

X 产品 2004 年预计平均单位成本 $= \dfrac{150 \times 160 + 50 \times 158}{150 + 50} = 159.5$

Y 产品 2004 年预计平均单位成本 $= \dfrac{50 \times 850 + 18 \times 860}{50 + 18} = 852.65$

企业按 2004 年全年预计平均单位成本计算的 2005 年度可比产品总成本为：

$$159.5 \times 230 + 852.65 \times 80 = 104\,897（元）$$

（2）测算各因素的影响程度。

1）由于原材料消耗定额降低而形成的节约：

$$8\% \times 60\% = 4.8\%$$

2）由于燃料和动力消耗额降低而形成的节约：

$$8\% \times 8\% = 0.64\%$$

3）由于劳动生产率提高的速度超过直接工资增长速度而形成的节约：

$$\left(1 - \dfrac{1+5\%}{1+10\%}\right) \times 10\% = 0.45\%$$

4）由于生产增长而形成的制造费用的节约：

生产增长而形成的固定费用节约：

$$\left(1 - \dfrac{1}{1+20\%}\right) \times 15\% = 2.5\%$$

生产增长超过半变动费用增加而形成的节约：

$$\left(1 - \dfrac{1+10\%}{1+20\%}\right) \times 5\% = 0.417\%$$

5）由于废品损失减少而形成的节约：

$$20\% \times 2\% = 0.4\%$$

（3）综合各因素影响数，确定成本降低指标。

根据以上计算结果，可将各有关因素的变动对可比产品成本的影响程度列表见表 6-5。

表 6-5

| 成本项目 | 比重(%) ① | 计划产量按上年成本计算 ② | 降低率(%) 成本项目 ③ | 降低率(%) 对总成本 ④ | 降低额 ⑤=②×③ | 降低后的总成本 ⑥=②-⑤ |
|---|---|---|---|---|---|---|
| 直接材料 | 60 | 62 938.2 | 8 | 4.8 | 5 035.06 | 57 903.14 |
| 燃料和动力 | 8 | 8 391.76 | 8 | 0.64 | 671.34 | 7 720.42 |
| 直接工资 | 10 | 10 489.7 | 4.5 | 0.45 | 472.04 | 10 017.66 |
| 废品损失 | 2 | 2 097.94 | 20 | 0.4 | 419.59 | 1 678.35 |
| 制造费用 | 20 | 20 979.4 | 14.58 | 2.917 | 3 059.85 | 17 917.55 |
| 其中: |  |  |  |  |  |  |
| 固定费用 | 15 | 15 734.55 | 16.67 | 2.5 | 2 622.43 | 13 112.12 |
| 半变动费用 | 5 | 5 244.85 | 8.34 | 0.417 | 437.42 | 4 807.43 |
| 合　计 | 100 | 104 897 |  | 9.207 | 9 657.88 | 95 239.12 |

注：⑤也可以用④×1 048.97求得。

根据上表可知，2005年度可比产品成本降低9.207%，已经超过预期降低率9%。

## 第二节　全部产品成本分析

企业的全部产品成本，是企业在一定期间生产的可供销售的全部产品的总成本。一般包括可比产品成本和不可比产品成本。对全部产品成本的分析，可以按产品分别计算，也可以按成本项目汇总计算。

在对全部产品成本的分析时，由于产品成本是由产量和单位成本两个因素共同影响的，为剔除产量因素变动的影响，分析时无论计划总成本或实际总成本中的产量均应采用实际产量，用公式表示如下：

$$\text{全部产品总成本计划完成率} = \frac{\sum(\text{实际产量} \times \text{实际单位成本})}{\sum(\text{实际产量} \times \text{计划单位成本})} \times 100\%$$

### 一、按产品分列全部产品成本分析

**例4**　甲公司2004年全部产品成本（按产品品种计算）资料见表6-6。

表 6-6

| 产品名称 | 计量单位 | 产量 | | | 单位成本（千元） | | | 总成本（千元） | | |
|---|---|---|---|---|---|---|---|---|---|---|
| | | 上年实际 ① | 计划 ② | 实际 ③ | 上年实际平均 ④ | 本年计划平均 ⑤ | 本年实际平均 ⑥ | 按上年实际单位成本计算 ⑦=③×④ | 按本年计划单位成本计算 ⑧=③×⑤ | 按本年实际单位成本计算 ⑨=③×⑥ |
| 可比产品 | | | | | | | | | | |
| A产品 | t | 48 | 50 | 45 | 80 | 76 | 78 | 3 600 | 3 420 | 3 510 |
| B产品 | 台 | 17 | 20 | 30 | 60 | 58 | 57 | 1 800 | 1 740 | 1 710 |
| 不可比产品 | | | | | | | | | | |
| C产品 | 件 | | 40 | 46 | | 20 | 22 | | 920 | 1 012 |
| …… | | | | | | | | | | |
| 全部产品 | | | | | | | | 5 400 | 6 080 | 6 232 |

上表所列的各项成本指标，都是以本年实际产量为基础进行计算的，这样就保证了表中各项成本指标之间的相互可比性。

$$\text{全部产品总成本计划完成率} = \frac{6\,232}{6\,080} = 102.5\%$$

降低率 = 1 - 102.5% = -2.5%

降低率为 -2.5%，表示超支 2.5%。

为了具体分析全部产品总成本计划完成情况，编制分析表如表 6-7 所示。

从此表可以看出，该企业全部产品按本年计划单位成本计算的总成本为 6 080 千元，按本年实际单位成本计算的总成本为 6 232 千元，实际成本比计划总成本超过 152 千元，超支 2.5%。

表 6-7 全部产品成本分析表

| 产品名称 | 总成本（元） | | | 比上年 | | 比计划 | |
|---|---|---|---|---|---|---|---|
| | 按上年实际单位成本计算 ① | 按本期计划单位成本计算 ② | 实际成本 ③ | 差异额 ④=③-① | % ⑤=④÷① | 差异额 ⑥=③-② | % ⑦=⑥÷② |
| 可比产品 | 5 400 | 5 160 | 5 220 | -180 | -3.33 | +60 | +1.17 |
| A产品 | 3 600 | 3 420 | 3 510 | -90 | -2.5 | +90 | +2.63 |
| B产品 | 1 800 | 1 740 | 1 710 | -90 | -5 | -30 | 1.72 |

续上表

| 产品名称 | 总成本（元） | | | 比上年 | | 比计划 | |
|---|---|---|---|---|---|---|---|
| | 按上年实际单位成本计算① | 按本期计划单位成本② | 实际成本③ | 差异额④=③-① | %⑤=④÷① | 差异额⑥=③-② | %⑦=⑥÷② |
| 不可比产品 | | | | | | | |
| C产品 | | 920 | 1 012 | | | +92 | +10 |
| 全部产品 | | 6 080 | 6 232 | | | +152 | +2.5 |

进一步从全部可比产品情况来看，全部可比产品虽然与上年相比，总成本减少180千元，降低3.33%，但本年计划总成本为5 160千元。实际却为5 220千元，实际比计划增加60千元，超支1.17%。从具体产品品种看，A产品计划3 420千元，实际3 510千元，超过90千元，而B产品则计划为1 740千元，实际1 710千元，成本降低1.72%。因此，应着重分析A产品超支的原因采取措施，控制成本。

该企业只有C产品为不可比产品，其总成本实际比计划超支92千元，超支10%，必须深入分析单位产品的超支原因。

## 二、按成本项目分列全部产品成本分析

前面我们对全部产品按产品品种进行了分析，下面按成本项目来进一步分析全部产品成本，揭示每一个成本项目的节约或超支现象，以便根据成本开支的有关生产管理环节，分别寻找降低成本的途径。

**例5** 设例4企业按成本项目计算的产品成本资料见表6-8。

表6-8

| 成本项目 | 全部产品（千元） | | 其中：可比产品（千元） | | |
|---|---|---|---|---|---|
| | 按计划成本计算 | 实际成本 | 按上年实际单位成本计算 | 按计划成本计算 | 实际成本 |
| 直接材料 | 3 648 | 3 428 | 3 294 | 3 096 | 3 084 |
| 燃料和动力 | 304 | 250 | 243 | 258 | 260 |
| 直接工资 | 1 216 | 1 371 | 1 242 | 1 032 | 1 105 |
| 制造费用 | 912 | 1 057 | 491 | 774 | 730 |
| 废品损失 | | 126 | 130 | | 41 |
| 合　计 | 6 080 | 6 232 | 5 400 | 5 160 | 5 220 |

根据上述资料,编制分析表见表 6-9。

表 6-9　全部产品成本项目分析表　　　　　　　　　　单位:千元

| 成本项目 | 按计划成本计算 | 实际成本 | 差异情况 | |
|---|---|---|---|---|
| | | | 差异额 | % |
| 直接材料 | 3 648 | 3 428 | -220 | -6.03 |
| 燃料和动力 | 304 | 250 | -54 | -17.76 |
| 直接工资 | 1 216 | 1 371 | +155 | +12.75 |
| 制造费用 | 912 | 1 057 | +145 | +15.90 |
| 废品损失 | | 126 | +126 | |
| 合　　计 | 6 080 | 6 232 | +152 | +2.5 |

从分析表可见,该企业全部产品成本项目中,除直接材料及燃料和动力实际低于计划外,其余各项目均超支。超支额达 152 千元,超支 2.5%。

成本项目中,直接材料节约额为 220 千元,比计划节约了 6.03%;燃料和动力比计划节约了 54 千元,节约了 17.76%。应进一步分析原因,总结经验,加以推广。尤其是燃料和动力,节约幅度较大,应及时分析原因。

直接工资费用实际比计划超过 155 千元,超支 12.75%;制造费用实际比计划超支 145 千元,超支 15.9%;废品损失实际发生 126 千元。对于直接工资费用、制造费用的超支,应进一步分析原因。超支项目中,尤其严重的是实际废品损失增加 126 千元,应及时深入分析原因,采用有效措施,控制废品的产生。

由于全部产品成本是由可比产品和不可比产品组成,因此对全部产品成本分析,只能了解产品成本的初步情况,还需进一步分析可比产品和不可比产品成本项目计划执行情况。

# *第三节　可比产品成本分析

可比产品的实际成本,不但要与计划相比较,考核其计划完成情况,还要和实际产量按上年单位成本计算的总成本相比较,确定可比产品实际成本较上年成本的降低额和降低率,并与成本计划中所规定的计划降低额和降低率相比较,以考察可比产品成本降低完成情况。

## 一、影响可比产品成本降低任务完成的因素

概括起来,影响可比产品成本降低任务完成的因素有三个方面:

### (一) 产量因素

成本计划降低额是根据各种产品计划产量制定的,而实际成本降低额是根据各种产品的实际产量计算的。因此,在产品品种结构(各种可比产品在全部可比产品中的比重)和单位成本不变时,产量增减,应会使成本降低额发生同比例的增减。然而,这却不会影响成本降低率发生变化。

### (二) 产品单位成本

如前所述,可比产品成本降低计划是指计划规定的本年计划成本要比上年成本降低的数额和降低的幅度,而成本降低计划的实际结果,则是指实际成本比上年成本降低的数额和幅度,它们都是以上年成本为计算基础的。显然,产品实际单位成本比计划降低越多,降低额和降低率也就越大。

### (三) 产品品种结构

由于各种可比产品成本降低率不同,若成本降低率高的产品在全部可比产品中所占的比重比计划提高,那么,全部可比产品成本降低率就会降得多,降低额也会相应降得多。反之,降低率和降低额则会降得少。

## 二、可比产品成本分析

可比产品成本分析,与全部产品计划完成的考核不同。全部产品计划完成的考核,是以计划成本为基础进行对比,它反映的是实际成本脱离计划成本的差异。可比产品成本的分析,是以上年度实际成本为基础进行比较,它反映的是本年度成本水平与上年度成本水平相比的动态变化。反映可比产品成本降低情况,采用成本降低额和成本降低率两个指标。其计算公式如下:

$$计划降低额 = \sum(上年实际平均成本 \times 计划产量) - \sum(计划单位成本 \times 计划产量)$$

$$计划降低率 = \frac{计划降低额}{\sum(上年实际平均成本 \times 计划产量)} \times 100\%$$

为考核可比产品成本降低计划的完成情况,还需计算实际降低额和实际降低率。其计算公式如下:

实际降低额 = $\sum$(上年实际平均成本 × 实际产量) − $\sum$(实际单位成本 × 实际产量)

$$实际降低率 = \frac{实际降低额}{\sum(上年实际平均成本 \times 实际产量)} \times 100\%$$

可比产品成本降低计划完成情况的分析,就是把实际成本降低额和降低率与计划成本规定的降低指标进行比较,根据比较结果考察可比产品成本降低情况,再进一步查明影响的原因。

**例6** 仍以例4为例,有关可比产品成本的计划和实际资料见表6-10和表6-11。

表6-10 可比产品计划成本计算表　　　　　　　　　　　　单位:千元

| 产品名称 | 计量单位 | 计划产量① | 单位成本 | | 总成本 | | 成本降低任务 | |
|---|---|---|---|---|---|---|---|---|
| | | | 上年实际平均② | 本年计划③ | 按上年实际计算 ④=①×② | 本年计划 ⑤=①×③ | 降低额 ⑥=④-⑤ | 降低率% ⑦=⑥÷④ |
| A产品 | t | 50 | 80 | 76 | 4 000 | 3 800 | 200 | 5 |
| B产品 | 台 | 20 | 60 | 58 | 1 200 | 1 160 | 40 | 3.33 |
| 合　计 | | | | | 5 200 | 4 960 | 240 | 4.615 |

表6-11 可比产品实际成本计算表　　　　　　　　　　　　单位:千元

| 产品名称 | 计量单位 | 实际产量① | 单位成本 | | | 总成本(元) | | | 实际降低情况 | |
|---|---|---|---|---|---|---|---|---|---|---|
| | | | 上年实际平均② | 本年计划③ | 本年实际④ | 按上年实际计算 ⑤=①×② | 按本年计划计算 ⑥=①×③ | 实际成本 ⑦=①×④ | 降低额 ⑧=⑤-⑦ | 降低率% ⑨=⑧÷⑤ |
| A产品 | t | 45 | 80 | 76 | 78 | 3 600 | 3 420 | 3 510 | 90 | 2.5 |
| B产品 | 台 | 30 | 60 | 58 | 57 | 1 800 | 1 740 | 1 710 | 90 | 5 |
| 合计 | | | | | | 5 400 | 5 160 | 5 220 | 180 | 3.333 |

根据以上实际成本同计划成本资料对比,可比产品成本降低计划完成情况如下:

降低额 = 180 - 240 = -60

降低率 = 3.33% - 4.615% = -1.285%

也就是说,该企业可比产品成本没有完成计划任务。那么,是什么原因呢?下面我们来进一步分析。

**1. 产量因素**

可比产品产量变动对成本降低额的影响,可用下列公式计算:

$$产品产量变动对降低额的影响 = \left[\sum(实际产量 \times 上年单位成本) - \sum(计划产量 \times 上年单位成本)\right] \times 计划降低率$$

在本例中即为:

$$\text{产品产量变动对降低额的影响} = (5\,400 - 5\,200) \times 4.61\% = 9.2\,(千元)$$

## 2．产品单位成本

在产品产量不变的条件下，实际单位成本比计划单位成本的超支或节约，引起成本降低额和降低率发生变动的影响程度，可用下列公式计算：

$$\text{产品单位成本变动对降低额的影响} = \sum(\text{实际产量} \times \text{计划单位成本}) - \sum(\text{实际产量} \times \text{实际单位成本})$$

$$\text{产品单位成本变动对降低率的影响} = \frac{\text{产品单位成本变动对降低额的影响}}{\sum(\text{实际产量} \times \text{上年单位成本})} \times 100\%$$

在本例中即为：

$$\text{产品单位成本变动对降低额的影响} = 5\,160 - 5\,220 = -60\,(千元)$$

$$\text{产品单位成本变动对降低率的影响} = \frac{(-60)}{5\,400} \times 100\% = -1.11\%$$

## 3．产品品种结构变动的影响

产品品种结构变动，就是每种可比产品在其全部总量中所占比重的变动。品种结构变动对产品成本的影响，可用下列公式计算：

$$\text{品种结构变动对成本降低额的影响} = \left[\sum(\text{实际产量} \times \text{上年单位成本}) - \sum(\text{实际产量} \times \text{计划单位成本})\right] - \left[\sum(\text{实际产量} \times \text{上年单位成本}) \times \text{计划成本降低率}\right]$$

$$\text{品种结构变动对成本降低率的影响} = \frac{\text{品种结构变动对成本降低额的影响}}{\sum(\text{实际产量} \times \text{上年单位成本})}$$

在本例中即为：

$$\text{品种结构变动对成本降低额的影响} = (5\,400 - 5\,160) - 5\,400 \times 4.615\% = -9.2\,(千元)$$

$$\text{品种结构变动对成本降低率的影响} = \frac{(-9.2)}{5\,400} = -0.17\%$$

由于影响成本降低任务完成的三个因素中，产量变动因素只影响降低额，不影响降低率，成本降低率的完成只受单位成本和产品结构变动两个因素的影响，因此产品品种结构变动对成本的影响，也可采用余额计算法计算。从可比产品成本降低率的总差异中，减去产品单位成本变动对降低率的影响，其余额即为品种结构变动的影响程度，其计算公式如下：

$$\text{品种结构变动对成本降低率影响} = \text{成本降低率实际与计划的差异数} - \text{产品单位成本变动对降低率的影响}$$

$$\begin{matrix}\text{品种结构变动对}\\\text{降低额的影响}\end{matrix} = \Sigma\,(\text{实际产量} \times \text{上年单位成本}) \times \begin{matrix}\text{产品品种结构变动}\\\text{对降低率的影响}\end{matrix}$$

在本例中即为：

$$\begin{matrix}\text{品种结构变动对}\\\text{成本降低率影响}\end{matrix} = (-1.28\%) - (-1.11\%) = -0.17\%$$

$$\begin{matrix}\text{品种结构变动对}\\\text{成本降低额影响}\end{matrix} = 5\,400 \times 0.17\% = 9.2\,(\text{千元})$$

现将影响可比产品成本降低任务的因素影响汇总如表 6–12。

表 6–12

| 影响因素 | 降低额（千元） | 降低率（%） |
| --- | --- | --- |
| 产品产量变动 | 9.2 | |
| 产品单位成本变动 | -60 | -1.11 |
| 产品品种结构变动 | -9.2 | -0.17 |
| 合　计 | -60 | -1.28 |

根据以上分析可以看出，企业可比产品没有完成成本计划降低任务的主要原因是产品单位成本变动造成的影响。产品产量变动正好和产品品种结构变动相抵消。因此，应进一步分析产品单位成本的构成和变动，以及品种结构变动的原因。

## 第四节　产品单位成本分析

前面我们已对企业全部产品成本和可比产品成本进行了分析，但只是对全部成本作概括的了解，只是从成本任务完成的总体情况说明问题，尚未能揭示各种产品成本的高低，以及每种产品成本的构成情况和影响单位成本升降的原因。为了深入分析产品成本，找出影响成本升降的主要因素，寻找降低成本的途径，还必须进行产品单位成本分析。

在生产多品种产品的企业中，不可能也不必要对所有的产品成本都逐一进行分析，应对主要产品进行单位成本分析，或者根据企业的具体情况，选择对成本升降幅度影响较大的产品进行重点分析。如例 4 中的甲企业 A 产品本年实际单位成本比上年节约 32 千元，比计划却超支 2 千元，因此应着重分析 A 产品成本超支的原因。

产品单位成本分析包括产品单位成本的比较分析，产品单位成本主要项目分析，原材料成本三因素分析,以及制造费用分析等。

## 一、产品单位成本比较分析

在进行产品单位成本分析时,一般先从总的方面计算产品单位成本的实际比计划、比上期、比历史先进水平的升降情况;再着重地对某些产品进一步按成本项目对比分析其成本变动情况,查明造成成本升降的原因。若产品是在几个车间进行生产的,还要按车间分析产品单位成本的变化情况。

仍以本章例4的甲公司为例,其中A产品的单位成本资料见表6-13。

表6-13　　　　　　　　　　　　　　　　单位:千元

| 成本项目 | 上年单位成本 | 本年计划单位成本 | 本年实际单位成本 |
|---|---|---|---|
| 直接材料 | 56 | 54 | 55 |
| 燃料和动力 | 7 | 6 | 6.5 |
| 直接工资 | 10 | 9.5 | 11 |
| 制造费用 | 5 | 4.7 | 4 |
| 废品损失 | 2 | | 1.5 |
| 合计 | 80 | 74.2 | 78 |

根据表6-13资料编制分析表如表6-14。

表6-14　A产品单位成本分析表　　　　　单位:千元

| 成本项目 | 比上年 | | 比计划 | |
|---|---|---|---|---|
| | 差异额 | (%) | 差异额 | (%) |
| 直接材料 | -1 | -1.79 | +1 | +1.85 |
| 燃料和动力 | -0.5 | -7.14 | +0.5 | +8.33 |
| 直接工资 | +1 | +10 | +1.5 | +15.79 |
| 制造费用 | -1 | -20 | -0.7 | -14.89 |
| 废品损失 | -0.5 | -25 | | |
| 合计 | -2 | -2.5 | +3.8 | +5.12 |

以上分析表明,A产品每吨实际成本比上年同期节约了2千元,节约率2.5%;但比

本年计划却超支 3.8 千元，超支率 5.12%，超支的原因主要是直接材料、燃料和动务以及直接工资上升。从各成本项目来看，直接工资实际比计划超支较多，其次是直接材料和燃料和动力；而制造费用实际比计划有所下降，另外，还发生了废品损失。至于超支和节约及废品产生的原因，还需按每一成本项目进行分析。

## 二、产品单位成本各主要项目分析

### （一）直接材料分析

直接材料是构成产品实体的主要内容，在产品成本中一般比重较大。节约生产用料，是降低产品成本的重要途径。

在分析直接材料项目变动情况时，应先将各种主要材料的实际成本与计划成本相比较，找出超降幅度较大的一种或几种材料，然后分析其超降的原因。一般来说，材料费用受材料消耗量和材料单价两个因素的约束，其关系式如下：

$$材料费用 = 材料消耗量 \times 材料单价$$

利用差额分析法可分析这两个因素变动对材料费用的影响程度。

**例7** 仍以甲公司 A 产品为例，为生产 A 产品耗用 X、Y 两种材料，有关资料见表 6-15。

表 6-15　　　　　　　　　　　　　　　　单位：千元

| 材料名称 | 计量单位 | 耗用量 | | 材料单价 | | 材料成本 | | 差异 | |
|---|---|---|---|---|---|---|---|---|---|
| | | 计划 ① | 实际 ② | 计划 ③ | 实际 ④ | 计划 ⑤=①×③ | 实际 ⑥=②×④ | 差额 ⑦=⑥-⑤ | (%) ⑧=⑦÷⑤ |
| X 材料 | t | 15 | 14 | 2 | 2.3 | 30 | 32.2 | +2.2 | +7.33 |
| Y 材料 | t | 20 | 19 | 1.2 | 1.2 | 24 | 22.8 | -1.2 | -5 |
| 合计 | | | | | | 54 | 55 | +1 | +1.85 |

利用差额分析法分析如下：

（1）X 材料。

基本关系式（计划）：材料耗用量 × 材料单价 = 材料费用

$$15 \times 2 = 30$$

替代：

① 由于材料耗用量变动，对材料费用的影响：$(14 - 15) \times 2 = -2$

② 由于材料单价变动，对材料费用的影响：$14 \times (2.3 - 2) = 4.2$

共同影响：$(-2) + 4.2 = 2.2$

(2) Y 材料。

基本关系式：$20 \times 1.2 = 24$

替代：

①由于材料耗用量变动，对材料费用的影响：$(19-20) \times 1.2 = -1.2$

②由于材料单价无变动，故对材料费用无影响。

(3) 两种材料共同影响：

$$2.2 + (-1.2) = 1（千元）$$

上述各因素影响的结果表明，直接材料成本超支 1 千元，这是由于耗用 X、Y 两种材料而形成的，X、Y 材料耗用量实际比计划有所减少，使材料成本减少 3.2 千元〔$(-2)+(-1.2)$〕，但由于 X 材料单价实际比计划有所提高，导致材料成本费用增加 2.2 千元，因此 A 产品材料费用共超支 1 千元，还需进一步分析材料耗用量、材料单价变动的原因。

材料耗用量变动的原因有多种，如产品设计的改进、材料质量好坏、材料加工方式变化、材料利用率的高低以及利用废料和代用材料，等等。应深入生产实践，密切结合生产技术、生产组织以及各种技术经济指标的变动情况进行调查研究，进一步查明材料实际消耗量与计划差异的原因。

材料价格变动的主要原因是买价涨跌、采购费用增减。买价、采购费用的变动有两种情况，一种是由于物价变动，这与企业工作无关；另一种是由于企业没有很好组织供应工作而造成的，如采购地点的由近变远，或改变运输方式，使运输费用增加等。因此，对这方面的分析，主要分析企业主观原因。同时，对客观原因，也应创造条件，尽可能降低材料费用。

(二) 燃料和动力分析

燃料和动力是企业进行生产的重要物质基础。随着科学技术的发展，产品的深化加工，产品成本中燃料和动力的耗费越来越大。节约燃料和动力，不仅对于降低成本，而且对于整个国民经济的发展，加速现代化建设都有着十分重要的意义。

单位产品耗用的燃料和动力，通常取决于直接用于产品生产的各种燃料和动力的耗用量和单价。其分析方法与直接材料项目的分析基本相同，这里不再另举例分析。

(三) 直接工资的分析

直接工资是按直接进行产品生产的生产工人工资及福利费计算的。单位产品成本中的直接工资额，是将直接工资总额，采用分配方法计入的。按不同企业生产的特点，可采用生产工人工时分配法，也可用产量分配法等。

### 1. 工时分配法

用工时分配法分摊工资，是根据产品生产工时消耗的比例分配计入单位产品成本的。因此，单位产品的直接工资数额，取决于单位产品工时消耗和小时工资率。其相互关系可用公式表示为：

$$单位产品工资费用 = 单位产品工时消耗 \times \frac{直接工资总额}{工时消耗总额}$$

可见，单位产品成本中工资费用的高低，受到单位产品工时消耗和小时工资率两个因素的约束。单位产品的工时消耗直接反映着劳动生产率水平的高低，单位产品的工时消耗越小，表明劳动生产率水平越高，从而单位产品中所分摊的工资费用就越低。而小时工资率则反映每小时平均工资水平的高低。一般来说，在这两个因素中，提高劳动生产率以降低工时消耗有较重要的意义。

为了分别测算这两个因素对单位产品中直接工资费用的影响，可采用差额分析法进行计算。

**例8** 仍以甲公司的A产品为例，A产品单位成本有关资料见表6-16。

表6-16

| 项目 | 单位 | 计划数 | 实际数 | 差异 | % |
|---|---|---|---|---|---|
| 单位产品工时消耗 | 小时 | 50 | 55 | 5 | 10 |
| 小时工资率 | 千元/小时 | 0.19 | 0.2 | 0.01 | 5.26 |
| 单位产品直接工资 | 千元 | 9.5 | 11 | 1.5 | 15.79 |

运用差额分析法分析如下：

基本关系式：$50 \times 0.19 = 9.5$

替代：

①由于单位产品工时消耗变动，对单位产品直接工资的影响：

$$(55 - 50) \times 0.19 = 0.95$$

②由于小时工资率变动，对单位产品直接工资的影响：

$$55 \times (0.2 - 0.19) = 0.55$$

两因素共同影响：$0.95 + 0.55 = 1.5$（千元）

可见，A产品单位产品直接工资成本实际比计划超支1.5千元，主要是由于单位产品工时消耗变动造成的，小时工资率的变动，也是超支的另一个原因。

单位产品的工时消耗变动的原因，有多方面的因素。主要有：①劳动力方面，如生产工人的生产积极性以及技术熟练程度等；②物质技术方面，如产品设计与工艺改进、设备工具的改善、采用新技术以及原材料质量问题等；③组织管理方面，如劳动条件和劳动组织的改善、生产协作与组织、开展劳动竞赛等。本例中，A产品计划单位产品消耗量为

50小时，而实际为55小时，应进一步查明原因，及时采取措施。

小时工资率变动，主要受直接工资总额和工时消耗总额两个方面的影响。直接工资总额的增减，则与企业生产工人的增减、工资调整、奖金发放等有关。工时消耗总额的增减，则与工人出勤情况、工时利用情况有关。应根据国家有关工资政策和制度，结合企业实际情况进行分析检查。

**2．产量分配法**

产量分配法是根据产品产量去除工资总额求得单位成本的直接工资费用的方法。单位产品直接工资费用的高低，取决于产品产量和直接工资总额两个因素，产量增长速度超过工资支出额增长速度，成本就下降；反之，成本就升高。单位产品直接工资与产量变动的关系，可以用下列公式表示：

$$单位产品工资费用 = \frac{1}{产量} \times 直接工资总额$$

**例9** 仍以甲公司A产品为例，A产品产量和直接工资总额资料见表6-17。

表6-17

| 项目 | 单位 | 计划数 | 实际数 | 差异 | % |
|---|---|---|---|---|---|
| 产量 | t | 50 | 45 | -5 | -10 |
| 直接工资总额 | 千元 | 475 | 495 | 20 | +4.2 |
| 单位产品直接工资 | 千元/t | 9.5 | 11 | 1.5 | +15.79 |

运用差额分析法分析单位产品直接工资变动原因如下：

基本关系式：$\frac{1}{50} \times 475 = 9.5$

替代：

①由于产量的变动，对单位产品直接工资费用的影响：

$$\left(\frac{1}{45} - \frac{1}{50}\right) \times 475 = 1.06$$

②由于直接工资总额的变动，对单位产品直接工资费用的影响：

$$\frac{1}{45} \times (495 - 475) = 0.44$$

两个因素的共同影响：1.06 + 0.44 = 1.5（千元）

通过分析可见，A产品直接工资增加的主要原因，是因为产量的增长速度为-10%，低于直接工资总额增长速度4.2%所带来的超支结果。

如果企业采用直接计件工资制，单位产品的直接工资费用则直接取决于计划单价（定额工资),产量的增减并不会使单位产品的直接工资费用有所改变,但可以通过提高产量影响工资总额的增加或通过提高产量降低单位产品所分配的费用,从而影响产品单位成本。在采用累进计件工资制的企业,单位产品的直接工资费用则取决于计件单价和生产定额的完成。超额完成生产定额那部分产量,除按原定计价单价支付工资外,还需按超额完成的程度支付累进的补加工资。虽然采用累进计件制会在一定程度上增大单位产品中的直接工资费用,但是它能有效地提高工人的劳动效率,提高产量,从而降低单位产品成本。

(四)制造费用分析

制造费用是指车间为组织和管理产品生产而发生的各项耗费。

**1. 单一产品单位成本中制造费用分析**

在生产单一产品的企业或车间里,单位产品制造费用的多少,取决于产量的高低和制造费用总额的增减两个因素。其关系可用下列公式表示:

$$基本关系式 = \frac{1}{产量} \times 制造费用总额$$

**例 10** 仍以甲公司 A 产品为例,有关制造费用资料见表 6-18。

表 6-18

| 项目 | 单位 | 计划数 | 实际数 | 差异 | % |
|---|---|---|---|---|---|
| 制造费用总额 | 千元 | 250 | 211.5 | -38.5 | -15.4 |
| 产品产量 | t | 50 | 45 | -5 | -10 |
| 单位产品制造费用 | 千元/t | 5 | 4.7 | -0.3 | -6 |

运用差额分析法分析单位产品制造费用变动的原因如下:

基本关系式:$\frac{1}{50} \times 250 = 5$

替代:

①由于产量变动,对单位产品制造费用的影响:

$$\left(\frac{1}{45} - \frac{1}{50}\right) \times 250 = 0.56$$

②由于制造费用总额变动,对单位产品的制造费用的影响:

$$\frac{1}{45} \times (211.5 - 250) = -0.86$$

两个因素的共同影响为:$0.56 + (-0.86) = -0.3$(千元)

可见,A 产品单位产品中制造费用实际比计划节约 0.3 千元,主要是由于制造费用总额实际比计划减少 38.5 千元,而产量的减少,使单位产品制造费用增加 0.56 千元所致。

### 2. 多品种产品单位成本制造费用分析

在多品种的企业或车间里,首先应按一定标准将制造费用进行分配,分配的标准通常有生产工人工资比例、生产工时比例以及产量比例等。分配后再按单一产品产位成本的分析方法进行分析。近年来,随着生产技术的发展、产品的深加工,产品成本中直接材料和直接人工的比例越来越少,而制造费用的比例越来越大,仍用传统的分配制造费用方法分配制造费用显得不足。我们将在下一节再讨论制造费用分配标准变动对产品单位成本的影响。

### (五)废品损失分析

单位产品成本中,废品损失项目的分析,就是要查明单位产品分担的废品损失偏离计划的原因。由于计划的计算没有明细资料,所以分析时必须利用上期(上年度)资料进行分析对比。

单位产品成本应负担的废品损失,受到企业废品损失总额和产品产量两个因素的约束,其有关联系可用公式表示为:

$$单位产品废品损失 = \frac{1}{合格品产量} \times 废品损失总额$$

废品损失总额,包括不可修复的废品成本和可修复废品的修复费用,从中减去废品残值和过失人赔款后的余额。

**例 11** 仍以甲公司 A 产品为例,有关 A 产品中废品损失的上年度和本年实际资料见表 6-19。

表 6-19 废品损失分析表(一)

| 项目 | 单位 | 计划数 | 实际数 | 差异 | % |
| --- | --- | --- | --- | --- | --- |
| 废品损失总额 | 千元 | 96 | 67.5 | -28.5 | -29.69 |
| 合格品产量 | t | 48 | 45 | -3 | -6.25 |
| 单位产品废品损失 | 千元/t | 2 | 1.5 | -0.5 | -25 |

运用差额分析法分析 A 产品单位成本废品损失原因如下:

基本关系式:$\frac{1}{48} \times 96 = 2$

替代:

①由于产量变动,对单位产品废品损失的影响:

$$\left(\frac{1}{45}-\frac{1}{48}\right)\times 96 = 0.13$$

②由于废品损失总额变动，对单位产品废品损失的影响：

$$\frac{1}{45}\times(67.5-96) = -0.63$$

两个因素共同影响：$0.13 + (-0.63) = -0.5$（千元）

由分析可见，废品损失总额本年度比上年度减少 28.5 千元，主要是由于本年合格品数量减少 6.25%，而本年度废品损失总额下降 29.69% 形成的，从而使单位产品负担的废品损失比上年度减少 0.5 千元。

对本年单位产品负担的废品损失比上年度增加的具体原因，尚需进一步查清。现续上例，根据 A 产品的废品损失明细账编制分析表，如表 6 – 20。

表 6 – 20　废品损失分析表（二）　　　　　　　　　单位：千元

| 项　目 | 上年度 | | 本年度 | |
|---|---|---|---|---|
| | 金额 | 占产品总成本% | 金额 | 占产品总成本% |
| 不可修复的废品成本 | 106 | 2.76 | 95 | 2.7 |
| 可修复废品的修复费用 | 20 | 0.52 | 17 | 0.48 |
| 减：废品残值 | 10 | 0.26 | 9 | 0.26 |
| 废品过失人赔款 | 20 | 0.52 | 35.5 | 1.01 |
| 废品损失总额 | 96 | 2.5 | 67.5 | 1.92 |
| 产品成本总额 | 3 840 | | 3 510 | |

从表中分析可见，A 产品本年度不可修复废品成本和可修复废品的修复费用占产品总成本的 3.18%，(2.7% + 0.48%)，比上年度的 3.28%（2.76% + 0.52%）有所下降，而本年度的废品残值和废品过失人的赔款占产品总成本 1.27%（0.26 + 1.01%），比上年的 0.78%（0.26% + 0.52%）上升了 0.49%，这样就使废品损失总额从上年度占产品总成本的 2.5%，下降到本年的 1.92%。由此可见，该企业本年度对废品损失采取了一定的措施，严格执行了废品发生责任制。至于进一步分析产生废品的原因，就要根据日常的业务核算资料进行。

## 第五节 主要技术经济指标变动对单位产品成本影响的分析

产品成本是综合反映企业经济活动的一项重要指标，产品生产中一系列技术经济指标的变动都会引起产品成本的变动。因此，对产品单位成本的分析，还必须深入分析技术经济指标变动对产品单位成本的影响，了解单位成本变动的原因，从而寻找降低产品成本的途径即成本和产量。

不同的技术经济指标对产品单位成本的影响有所不同，有的不直接影响单位成本，但却通过产量间接地影响产品单位成本；有的既直接影响单位成本中的材料消耗量，又通过产量间接地影响单位成本；有的则以自身完成的好坏，直接影响产品成本中材料、燃料和动力等费用水平的变动。

各项技术经济指标，虽然从不同的方面反映生产技术工作情况及经济效果，但它们对产品单位成本的影响，可概括为两大途径即成本和产量。

因为产品单位成本是根据下列计算公式计算的：

$$产品单位成本 = \frac{总成本}{产量}$$

$$= \frac{直接材料 + 燃料动力 + 直接工资 + 制造费用 + 废品损失}{产量}$$

从产量方面看，因总成本中有一部分固定性成本，它并不随产量成正比例变动，如其他因素不变，产量增加将导致产品单位成本降低；反之，产量减少，必然导致产品单位成本提高。

从总成本方面看，在既定的生产任务下，比较少的物资消耗和劳动消耗，生产同样多的产量，就能直接影响成本和单位产品成本的降低。

### 一、产量变动对单位成本的影响

按照成本对产量的依存性，通常将全部成本分解为变动成本和固定成本。为了便于随时测定产量变动对产品单位成本的影响，可以采用下列简化公式分析：

产量变动对成本影响 = 1 - （可变成本所占比重 + 固定成本所占比重/产量计划完成百分数）

例 12 某企业有关单位成本中的变动成本和固定成本资料见表 6-21。

表 6-21                    单位：千元

| 项目 | 计划数 | | 实际数 | | 成本差异 | |
| --- | --- | --- | --- | --- | --- | --- |
| | 产量 | 成本 | 产量 | 成本 | 差异额 | (%) |
| 变动成本 | | 2 400 | | 2 900 | 500 | 20.83 |
| 固定成本 | | 800 | | 800 | 0 | 0 |
| 合　计 | 500 t | 3 200 | 550 t | 3 700 | 500 | 15.63 |

产量变动对成本的影响：$1-\left(75\%+\dfrac{25\%}{\dfrac{550}{500}}\right)=-2.27\%$

## 二、反映原材料有效利用的技术经济指标对单位成本影响的分析

原材料是构成产品实体的重要因素。为降低成本，必须合理有效地使用原材料。有效使用原材料，一般采用的方法有：①经济合理的配料比例；②改进产品设计，简化产品结构，减轻产品重量；③改进工艺和加工方法；④合理进行材料代用；⑤加强原材料的综合利用。

### (一) 原材料配料比例变动对单位成本的影响

在一些企业，其产品是由一定的配料比例投料的，因为各种材料的价格不同，配料比例的变动，也会影响材料费用。分析时应结合消耗量、单价及各种材料的比重进行。

**例 13** 乙企业 D 产品所耗用三种材料，其消耗量、单价以及材料比重见表 6-22。

表 6-22

| 材料名称 | 计划数 | | | | 实际数 | | | | 差异 | |
| --- | --- | --- | --- | --- | --- | --- | --- | --- | --- | --- |
| | 耗用量 | | 单价(千元) | 金额(千元) | 耗用量 | | 单价(千元) | 金额(千元) | 差额(千元) | (%) |
| | 重量(t) ① | 比重(%) ② | ③ | ④=①×③ | 重量(t) ⑤ | 比重(%) ⑥ | ⑦ | ⑧=⑤×⑦ | ⑨=⑧-④ | ⑩=⑨÷④ |
| X 材料 | 10 | 10 | 5 | 50 | 5 | 5.1 | 6 | 30 | -20 | -40 |
| Y 材料 | 30 | 30 | 3 | 90 | 28 | 28.57 | 2.8 | 78.4 | -11.6 | 12.89 |
| Z 材料 | 60 | 60 | 2 | 120 | 65 | 66.32 | 2.5 | 162.5 | 42.5 | 35.42 |
| 合计 | 100 | 100 | | 260 | 98 | 100 | | 270.9 | 10.9 | 4.19 |

为了分析原材料比重变动对原材料费用的影响，需要计算各种材料的平均价格。

$$\text{计划比重的平均计划单价} = \frac{\sum \text{计划各种材料数量} \times \text{计划单价}}{\sum \text{计划各种用料数量}}$$

$$= \frac{10 \times 5 + 30 \times 3 + 60 \times 2}{100} = 2.6$$

$$\text{实际比重的平均计划单价} = \frac{\sum \text{实际各种材料数量} \times \text{计划单价}}{\sum \text{实际各种用料数量}}$$

$$= \frac{5 \times 5 + 28 \times 3 + 65 \times 2}{98} = 2.439$$

运用差额分析法，分析 D 产品材料费用变动原因。

基本关系式：材料耗用量 × 材料平均单价 = 材料费用

$$100 \times 2.6 = 2\,600$$

其中，材料平均单价又可分解为材料比重结构和单价两个因素。

替代：

①由于耗用量变动，对材料费用的影响：

$$(98 - 100) \times 2.6 = -5.2$$

②由于材料比重结构变动，对材料费用的影响：

$$98 \times (2.439 - 2.6) = -15.8$$

③由于材料价格变动对材料费用的影响：

$$(6 - 5) \times 5 + (2.8 - 3) \times 28 + (2.5 - 2) \times 65 = 31.9$$

三个因素对材料费用的共同影响：

$$(-5.2) + (-15.8) + (31.9) = 10.9（千元）$$

本例材料成本的超支，主要是由于材料单价的提高，而耗用量变动、材料比重结构变动也是材料费用减少的原因，尤其是后者，更起主要作用。因此，在这类企业里，在不影响产品质量的前提下，尽量提高价格低的材料消耗比例，也是降低材料成本的一个重要途径。但是，价格低的材料比重提高，有时会引起材料消耗总量上升，这时，就要综合分析计算最佳配方方案。

**例 14** 上例乙企业 D 产品材料成本较高，经技术部门研究，提出两种新的配方方案见表 6-23。

表6-23　　　　　　　　　　　　　　　　　　　　计量单位：t　金额单位：千元

| | 单价 | 原有配方 | | 第一方案 | | 第二方案 | |
|---|---|---|---|---|---|---|---|
| | | 数量 | 金额 | 数量 | 金额 | 数量 | 金额 |
| X材料 | 5 | 10 | 50 | 7 | 35 | | |
| Y材料 | 3 | 30 | 90 | 25 | 75 | 40 | 120 |
| Z材料 | 2 | 60 | 120 | 50 | 100 | 50 | 100 |
| W材料 | 1.5 | | | 18 | 27 | 10 | 15 |
| 合　计 | | 100 | 260 | 100 | 237 | 100 | 235 |
| 材料平均单价 | | $\frac{260}{100}=2.6$ | | $\frac{237}{100}=2.37$ | | $\frac{235}{100}=2.35$ | |
| 成品率 | | 45% | | 48% | | 46% | |
| 原材料成本 | | $\frac{100}{45\%}\times 2.6$ $=577.78$ | | $\frac{100}{48\%}\times 2.37$ $=493.75$ | | $\frac{100}{46\%}\times 2.35$ $=510.87$ | |

从表中分析可见，技术部门提出的两个方案中，第一个方案经济效果最佳。虽然第一方案较第二方案的材料平均单价高0.02千元（2.37-2.35），但成品率却比第二方案高2%（48%~46%），因此原材料成本比第二方案少17.1千元（510.87-493.75），运用差额分析法分析第一方案较第二方案为佳原因如下：

基本关系式：$\frac{100}{46\%}\times 2.35=510.87$

替代：

①由于成本率变动对材料成本的影响：

$$\left(\frac{100}{48\%}-\frac{100}{46\%}\right)\times 2.35=-21.27$$

②由于原材料平均单价变动对材料成本的影响：

$$\frac{100}{48\%}\times(2.37-2.35)=4.17$$

两因素共同影响为：

$$(-21.27)+4.17=-17.1（千元）$$

（二）改进产品设计对单位成本影响的分析

在保证产品质量的前提下，改进产品设计、减轻产品重量可以节约原材料，其计算公式如下：

$$单位成本变动率 = \left(\frac{改进后产品重量}{改进前产品重量} - 1\right) \times \frac{原料费用占产品成本的原来比重}{}$$

**例15** 某企业某种产品设计改进前的净重为 50 kg，改进设计后净重为 48 kg，原材料成本在产品成本中的原来比重为 60%，则对该产品单位成本的影响为：

$$\left(\frac{48}{50} - 1\right) \times 60\% = -2.4\%$$

### （三）采用代用材料对单位成本影响的分析

在保证质量的前提下，合理进行利用材料代用，是扩大材料来源、降低产品成本的重要途径。但有时材料代用反而会增加材料成本。采用代用材料对单位成本的影响可用下列公式计算：

$$单位成本变动率 = \left(\frac{代用后原材料成本}{代用前原材料成本} - 1\right) \times \frac{原材料费用占产品成本的原来比重}{}$$

式中，代用前原材料成本 = 原使用单位产品消耗量 × 计划单价

　　　代用后原材料成本 = 代用后产品消耗量 × 计划单价

采用代用材料不仅直接影响原材料费用，有时还会影响产品的加工费用。因此，在确定代用材料对产品单位成本影响时，应考虑加工费用变动的影响。

### （四）原材料综合利用对单位成本影响分析

原材料综合利用，是指使用同样多的原材料生产产品的同时，生产多种副产品，以降低主产品成本。

**例16** 某企业原以直接材料 8 000 元，直接工资 4 000 元，制造费用 5 000 元，可生产 A 产品 1 000 件。现根据技术部门的建议，对原材料进行综合利用，除仍生产同样数量的 A 产品外，还可生产 B 产品 400 件。但直接工资需增加 1 000 元，制造费用需增加 1 500 元。设 A、B 产品的费用分配率分别为 78% 和 22%。

根据上述资料，编制原材料综合利用前后成本表如表 6-24 和表 6-25。

表 6-24　综合利用前 A 产品成本表　　　　　　　　　　单位：元

| 项　　目 | 总成本（1 000 件） | 单位成本 | 成本构成（%） |
| --- | --- | --- | --- |
| 直接材料 | 8 000 | 8 | 47.06 |
| 直接工资 | 4 000 | 4 | 23.53 |
| 制造费用 | 5 000 | 5 | 29.41 |
| 合　　计 | 1 7000 | 17 | 100 |

表 6-25　综合利用后 AB 产品成本表　　　　　　　　　单位：元

| 项目 | 总成本 | A 产品（1 000 件） | | B 产品（400 件） | |
| --- | --- | --- | --- | --- | --- |
| | | 总成本 | 单位成本 | 总成本 | 单位成本 |
| 直接材料 | 8 000 | 6 240 | 6.24 | 1 760 | 4.4 |
| 直接工资 | 5 000 | 3 900 | 3.9 | 1 100 | 2.75 |
| 制造费用 | 6 500 | 5 070 | 5.07 | 1 430 | 3.575 |
| 合　　计 | 19 500 | 15 210 | 15.21 | 4 290 | 10.725 |

根据表 6-24 和表 6-25 的资料，计算原材料综合利用后对 A 产品单位成本的影响程度为：

$$\frac{17-15.21}{17} \times 100\% = 10.53\%$$

计算结果表明，A 产品单位成本降低了 10.53%。

为了随时测定原材料综合利用对原产品单位成本的影响程度，亦可用下列公式测算：

$$\text{直接材料成本降低率} = \left(\text{综合利用后的分配率} - 1\right) \times \text{直接材料费用在产品成本中的原来比重}$$

$$\text{直接工资成本降低率} = \left[(1+\text{直接工资增长率}) \times \text{综合利用后的分配率} - 1\right] \times \text{直接工资在产品成本中原来的比重}$$

$$\text{制造费用成本降低率} = \left[(1+\text{制造费用增长率}) \times \text{综合利用后的分配率} - 1\right] \times \text{制造费用在产品成本中的原来比重}$$

单位成本降低率 = 直接材料成本降低率 + 直接工资成本降低率 + 制造费用成本降低率

将表 6-24 和 6-25 的资料代入以上公式，其计算结果如下：

直接材料的成本降低率 = （78% - 1）× 47.06% = -10.35%

直接工资成本降低率 = [（1 + 25%）× 78% - 1] × 23.53% = -0.59%

制造费用成本降低率 = [（1 + 30%）× 78% - 1] × 29.41% = +0.41%

单位成本降低率 = (-10.35%) + (-0.59%) + 0.41% = -10.53%

## 三、劳动生产率变动对单位成本影响的分析

劳动生产率的变动，不仅会通过产量因素影响产品单位成本中的固定费用，而且会通过劳动生产率和平均工资增长的比例关系直接影响单位成本中直接工资项目的成本。

劳动生产率变动通过直接工资项目对单位成本的影响程度，可用下列公式计算：

$$\text{劳动生产率变动对成本的影响} = \left(\frac{1+\text{小时工资率增长\%}}{1+\text{劳动生产率增长\%}} - 1\right) \times \text{直接工资占产品成本原来比重}$$

式中，小时工资率增长百分比 = $\left(\dfrac{实际小时工资}{计划小时工资} - 1\right) \times 100\%$

劳动生产率增长百分比 = $\left(\dfrac{计划单位产品工时消耗}{实际单位产品工时消耗} - 1\right) \times 100\%$

**例17** 某企业B产品直接工资占产品比重为28%，有关资料见表6-26。

表6-26

| 项　目 | 计划 | 实际 |
|---|---|---|
| 每小时工资率（元/时） | 15 | 18 |
| 单位产品工时消耗 | 50 | 42 |

小时工资率增长百分比 = $\left(\dfrac{18}{15} - 1\right) \times 100\% = 20\%$

劳动生产率增长百分比 = $\left(\dfrac{50}{42} - 1\right) \times 100\% = 19.05\%$

劳动生产率变动对成本的影响 = $\left(\dfrac{1+20\%}{1+19.05\%} - 1\right) \times 28\% = 0.22\%$

从上面计算可见，由于劳动生产率增长幅度低于小时工资率增长幅度，因而使产品单位成本超支0.22%。

## *四、制造费用分配标准变动对单位产品成本影响的分析

当企业生产多种产品时，制造费用就要按一定的标准在各产品之间进行分配。传统制度下最常用的制造费用分配标准为：直接工资小时、直接机器小时、产品耗用工时或产量等。

例如，某车间本月生产A、B两种新产品，其发生制造费用5 600元，A产品直接工资3 000元，B产品直接工资2 600元，则分配制造费用为：

分配率 = $\dfrac{制造费用}{\sum 直接工资} = \dfrac{5\,600}{3\,000 + 2\,600} = 1$

A产品应承担的制造费用 = 1 × 3 000 = 3 000

B产品应承担的制造费用 = 1 × 2 600 = 2 600

传统的分配方法比较简单，但随着产品的多元化发展，科学技术在生产中的应用，产品成本中直接费用比例越来越小，制造费用比例越来越大，按传统的制造费用分配方法则显得不足，甚至出现误导决策的现象。

因为影响制造费用高低的因素通常是产品的多元性与复杂性，而并非产量。传统用产量来分摊制造费用导致产品成本计算错误。在传统方法下，高产量的产品被分配承担较多

的制造费用。但事实上有许多情况是低产量的项目使制造费用增加。例如制造费用中的机物料消耗，许多供应单位都采用商业折扣方式促销，产量大，机物料消耗多，可获一定的折扣优惠，从而使制造费用降低。另外，在许多时候，制造费用的发生与产量和机器小时无关，如开工准备等。在竞争激烈，产品组合多元化，花样多，复杂性强，批次量变化大，配料弹性大，产品生命周期短的情况下，应采用不同的分配标准进行分配制造费用。

**例18** 某公司目前生产两种产品，高级电脑（每月产量20台）和影碟机（第月产量400台）。公司自从10年前成立以来，都是按机器小时为标准分配制造费用。两种产品的直接材料、直接工资都相同，均为每台200元，耗用机器小时也都为5小时，若制造费用总额为252 000元，两种产品按传统方法计算的制造成本见表6-27。

表6-27 传统分配方法成本表　　　　　　　　　　　　　　单位：元

| 产　品 | 单位产品直接材料及工资 ① | 单位产品机器小时 ② | 每机器小时费用分配率 ③ | 单位产品制造费用 ④=②×③ | 单位产品制造成本 ⑤=①+④ |
|---|---|---|---|---|---|
| 电脑 | 200 | 5 | 120 | 600 | 800 |
| 影碟机 | 200 | 5 | 120 | 600 | 800 |

其中：

$$每机器小时费用分配率 = \frac{制造费用总额}{耗用工时总额} = \frac{252\,000}{5 \times (20+400)} = 120$$

近年来，由于精密度的需求不断提高，机器的开工准备也不断提高，每一种产品的生产需要一次机器开工准备，两种产品开工准备费用升高到84 000元，设制造费用总额仍为252 000元。

若按传统的以机器小时为标准分配制造费用，其两种产品计算结果与表6-27相同，每小时费用分配率仍为120元，两种产品的单位产品制造成本相同，均为800元。但这种分配是不合理的。因为每种产品均需一次的机器开工准备，而机器开工准备与机器小时无关。因此，应采用不同的分配标准来分配制造费用。

（1）机器开工准备与机器小时无关，这部分费用应独立出来，以机器开工次数为分配标准进行分配。

$$每产量机器开工准备分配率 = \frac{机器开工准备费用}{次数} = \frac{84\,000}{2} = 42\,000$$

电脑：42 000 × 1 = 42 000

影碟机：42 000 × 1 = 42 000

（2）扣除机器开工准备后的其他制造费用，仍与机器小时相关，以机器小时为分配标准：

每小时其他制造费用分配率 = $\dfrac{252\,000 - 42\,000 \times 2}{5 \times (20 + 400)} = 80$

两种产品制造成本的计算结果见表 6 – 28。

表 6 – 28　新分配方法成本表　　　　　　　　　　单位：元

| 产品 | 单位产品直接材料及工资 ① | 开工准备 ② | 产量 ③ | 单位产品开工准备 ④ = ②÷③ | 机器小时 ⑤ | 其他制造费用分配率 ⑥ | 单位产品其他制造费用 ⑦=⑤×⑥ | 单位产品制造费用 ⑧=④+⑦ | 单位产品制造成本 ⑨=①+⑧ |
|---|---|---|---|---|---|---|---|---|---|
| 电脑 | 200 | 42 000 | 20 | 2 100 | 5 | 80 | 400 | 2 500 | 2 700 |
| 影碟机 | 200 | 42 000 | 400 | 105 | 5 | 80 | 400 | 505 | 705 |

可见，不同的制造费用分配方法，导致产品的单位成本计算不同。

若销售部门主管决定每台电脑售价为 1 500 元，在传统分配方法下，是可行的，其贡献毛益为 700 元（1 500 – 800）。但实际上，按这种价格出售，每台电脑的销售损失 1 200 元（2 700 – 1 500）。

若有外在供应商原以每台 1 000 元供应电脑，在传统配制方法下，主管人员会拒绝外购，因为自制成本只需 800 元，但采用新方法后，1 000 元的购价比自制电脑 2 700 元的成本要低得多。

## 五、废品率变动对单位产品成本影响的分析

在合格品数量不变的情况下，废品率的降低会使单位产品负担的废品损失减少。废品率变动对单位产品成本的影响可按下列公式计算：

$$\text{废品率变动对成本的影响} = \left(\dfrac{\text{实际废品率} \times \text{计划合格品率}}{\text{计划废品率} \times \text{实际合格品率}} - 1\right) \times \text{废品损失占产品成本中的原来比重}$$

对于计划不规定废品率的产品，可用本期实际数与前期实际数比较，分析对单位成本的影响。

**例 19**　某企业 C 产品上年废品损失占成本的 2%，上年废品率为 5%，本年废品率 3%，废品率变动对成本的影响为：

$$\text{废品率变动对成本的影响} = \left(\dfrac{3\% \times 95\%}{5\% \times 97\%} - 1\right) \times 2\% = -0.82\%$$

## 思考与练习

### 一、思考题

1. 产品成本的构成内容包括哪些？
2. 产品成本预测有哪些方法？
3. 如何分析全部产品成本？
4. 什么是可比产品和不可比产品？
5. 怎样进行单位产品成本分析？
6. 技术经济指标变动对单位成本有何影响？
7. 制造费用分配标准变动对产品成本有什么影响？
8. 废品率变动对产品成本有何影响？

### 二、练习题

1. 〔目的〕练习产品成本的预测分析。

〔资料〕某企业有关资料见下表：

| 产品名称 | 单位 | 预计销售量 | 预计单价（元） | 消费税率（%） |
|---|---|---|---|---|
| 甲产品 | 件 | 800 | 500 | 10 |
| 乙产品 | 台 | 50 | 2 000 | 10 |
| 丙产品 | kg | 1 000 | 180 | 10 |

同行业平均销售利润率为18%，成本利润率为15%。

〔要求〕分别按平均销售利润率和成本利润率预测目标成本。

*2. 〔目的〕练习可比产品成本降低指标的测算。

〔资料〕某企业生产A产品，上年1~9月份产量132 t，实际平均单位成本为900元。第四季度预计生产A产品48 t，单位成本为862.5元。

计划年度继续生产A产品，全年计划产量200 t，成本降低率要求达8%。企业经过挖掘技改措施，确定计划年度有关指标如下：

| 指标 | 变动幅度（%） |
|---|---|
| 产品生产增长 | 20 |
| 劳动生产率提高 | 10 |
| 生产工人平均工资提高 | 5 |
| 废品损失减少 | 2 |
| 原材料消耗定额降低 | 8 |
| 燃料和动力消耗定额降低 | 10 |
| 制造费用中的半变动费用增加 | 8 |

另外，可比产品各成本项目的比重为：

| 项目 | 比重（%） |
|---|---|
| 直接材料 | 60 |
| 燃料与动车 | 8 |
| 直接工资 | 12 |
| 废品损失 | 2 |
| 制造费用 | 18 |
| 其中：固定费用 | 14 |
| 半变动费用 | 4 |
| 合计 | 100 |

〔要求〕测算成本降低指标能否完成。

3．〔目的〕练习全部产品成本分析。

〔资料〕A公司某年全部产品成本（按产品品种计算）资料如下：

| 产品名称 | 计量单位 | 产量 | | | 单位成本（千元） | | |
|---|---|---|---|---|---|---|---|
| | | 上年实际 | 本年计划 | 本年实际 | 上年实际平均 | 本年计划平均 | 本年实际平均 |
| 可比产品 | | | | | | | |
| 甲产品 | kg | 500 | 600 | 680 | 20 | 18 | 17 |
| 乙产品 | t | 20 | 30 | 26 | 80 | 77 | 78 |
| 丙产品 | 台 | 100 | 95 | 90 | 10 | 9.5 | 9.8 |
| 不可比产品 | | | | | | | |
| 丁产品 | 件 | | 50 | 58 | | 2 | 2.5 |
| …… | | | | | | | |

〔要求〕分析全部产品成本计划完成情况。

4．〔目的〕分析影响可比产品成本降低任务的因素。

〔资料〕习题3可比产品成本资料。

〔要求〕分析产品产量、单位成本、品种结构变动对可比产品成本降低任务的影响程度。

5．〔目的〕练习产品单位成本分析。

〔资料〕某企业A产品单位成本资料如下：

| 成本项目 | 上年单位成本 | 本年计划单位成本 | 本年实际单位成本 |
|---|---|---|---|
| 直接材料 | 85 | 84 | 86 |
| 燃料和动力 | 20 | 18 | 17 |
| 直接工资 | 15 | 17 | 20 |
| 制造费用 | 25 | 24 | 28 |
| 废品损失 | 5 | 4 | 2 |

〔要求〕对该产品单位成本进行比较分析。

6. 〔目的〕练习原材料配料比例变动对单位成本的影响分析。

〔资料〕某企业生产甲产品，需耗用3种材料，有关资料如下：

| 材料名称 | 耗用量（t） | | 单价（千元） | |
|---|---|---|---|---|
| | 计划 | 实际 | 计划 | 实际 |
| A材料 | 2 | 1.5 | 3 | 2.8 |
| B材料 | 1 | 0.8 | 5 | 5.5 |
| C材料 | 0.5 | 1.2 | 8 | 7.5 |
| 合计 | 3.5 | 3.5 | | |

〔要求〕运用差额法分析甲产品材料费用变动的原因。

7. 〔目的〕练习制造费用分配标准变动对单位产品成本影响分析。

〔资料〕某公司生产两种产品，摄影机和录像机，年产量分别为3 000台和1 000台。公司原采用按机器小时为标准分配制造费用。两种产品的直接材料、直接人工都相同，均为每台1 500元。耗用的机器小时也都为8小时。近年来，由于对精密度的要求不断提高，机器的开工准备费用升高到6 400元，制造费用总额为45 200元。

〔要求〕(1) 按机器小时为标准分配制造费用。

(2) 先将机器开工准备按机器开工次数为标准进行分配，再按机器小时分配剩余的制造费用。

8. 〔目的〕练习废品率变动对单位产品成本的影响。

〔资料〕某企业A产品上年度废品损失占成本3%，废品率为7%，本年度废品率为2.5%。

〔要求〕计算废品率变动对产品成本的影响。

# 第七章  商品流转分析

商品流转是指商品从生产领域进入消费领域的流通过程。在产品统购统销的年代里，生产企业不必关注商品流转，产品自有销路。但如今，生产企业再也不能坐视不理，因为只有产品以销定产品才有出路，所以不仅商品流通企业而且生产企业乃至整个社会都必须重视商品流转。

在商品生产的条件下，生产过程中消耗掉的生产资料和消费资料要通过流转环节从实物形式上得到补偿；生产过程中消耗掉的活劳动和物化劳动也要通过流转环节实现价值上的补偿。而且，只有通过商品流转，才能促进生产规模的扩大和社会分工的发展，满足人民对消费品的需要，而这正是社会生产发展和劳动效率提高的动力。正因为商品流转是社会再生产的一个基本条件，所以很有必要加强对商品流转的分析。

本章从商品流转的四个基本环节（商品采购、商品运输、商品储存、商品销售）进行分析。

## 第一节  商品采购分析

商品采购居于商品流转活动的始点，它直接影响商品成本的高低、经营成果的好坏、企业经营的成败。

### 一、商品采购来源分析

商品采购分析，首先要对进货来源分析，按不同的渠道进行分组，然后计算各组的结构相对数，进行不同时期的对比，分析企业的商品渠道的变化。要注意的是，购进渠道的分组，从不同的角度可以有不同的分法。比如按不同部门及行业分、按不同的隶属关系分、按所有制形式分、按是自行采购还是上级公司调拨分、按是直接进厂采购还是在交易批发市场采购分，等等。

例 1  现以某贸易公司上期、本期商品购进额按购进渠道分组为例（见表 7-1）。

表 7-1  进货来源分析表

| 项目<br>购进渠道 | 金额（万元） | | | 比重（%） | | | 差异（万元） | |
| --- | --- | --- | --- | --- | --- | --- | --- | --- |
| | 上期<br>① | 本期<br>计划<br>② | 本期<br>实际<br>③ | 上期<br>④ | 本期<br>计划<br>⑤ | 本期<br>实际<br>⑥ | 实际与上期<br>⑦=③-① | 实际与计划<br>⑧=③-② |
| （一）购自生产者 | 230 | 300 | 485 | 14.42 | 16.7 | 25.6 | 255 | 185 |
| （二）购自商业部门 | 1 277 | 1 300 | 1 184 | 80.06 | 72.2 | 62.4 | -93 | -116 |
| （三）进口 | 88 | 200 | 227 | 5.52 | 11.1 | 12.0 | 139 | 27 |
| 合计 | 1595 | 1 800 | 1 896 | 100 | 100 | 100 | 301 | 96 |

该贸易公司将商品进货来源分为三种：购自生产者、购自商业部门、进口。购自生产者属最初流转；购自商业部门并不增加供应市场的总货源，故属中间流转。

通过进货来源的分析，可以确定商品来源的不同渠道及其比重和变化，了解各种进货来源对进货计划完成的保证程度，并可了解货源的潜力，指出扩大货源和开辟货源的方向，为企业扩大经营提供了条件。从表 7-1 可见，本期从生产者购进和进口有较大增加，从商业部门购进有明显减少。

## 二、购进商品质量分析

商品流通企业要经常对购进商口的质量进行分析，检查商品质量是否符合要求，以加强采购和验收工作，搞好市场供应。分析购进商品的质量可通过分析购进商品的等级情况加以反映。

例 2  某企业近两年购进的商品等级见表 7-2。

表 7-2                                         单位：万元

| 商品等级 | 上年 | | 本年 | | 等级系数<br>折合率 |
| --- | --- | --- | --- | --- | --- |
| | 购进金额 | % | 购进金额 | % | |
| 一级 | 880 | 60.3 | 1 250 | 75.8 | 1 |
| 二级 | 430 | 29.4 | 320 | 19.4 | 0.9 |
| 三级 | 150 | 10.3 | 80 | 4.8 | 0.7 |
| 合计 | 1 460 | 100 | 1 650 | 100 | — |

在这个例子里，我们可以进行这两年购进商品的质量变化的对比。很显然，本年的购进商品质量较之去年有较大提高，我们可以从购进商品的一级品比重提高了 15.5 个百分点。二、三级品的比重分别下降了 10 个和 5.5 个百分点来说明质量的提高情况。但是若要用一个指标来综合准确地说明这个情况，就要计算并比较两年的平均等级或等级系数。

$$平均等级 = \frac{\sum（商品等级 \times 各项等级商品金额或数量）}{商品金额或数量}$$

$$本年平均等级 = \frac{1 \times 1\,250 + 2 \times 320 + 3 \times 80}{1\,650} = 1.29（级）$$

$$上年平均等级 = \frac{1 \times 880 + 2 \times 430 + 3 \times 150}{1\,460} = 1.5（级）$$

$$等级系数 = \frac{\sum（等级折合率 \times 各该等级商品金额或数量）}{商品金额或数量}$$

$$本年等级系数 = \frac{1 \times 1\,250 + 0.9 \times 320 + 0.7 \times 80}{1\,650} = 0.966$$

$$上年等级系数 = \frac{1 \times 880 + 0.9 \times 430 + 0.7 \times 150}{1\,460} = 0.94$$

有了平均等级，为什么还要有等级系数呢？这是由于平均等级数值越高，其质量状况就越低，与人们通常的观察习惯不一。而等级系数通过等级系数折合率，将低于一级品的各等级商品折合为低于一级品的一定数量，这样算出来的等级系数，数值越低，商品质量也就越低，比较直观，符合人们通常的观察习惯。等级系数折合率的确定，是根据不同商品等级的差别程度而定，有的商品各等级之间的技术标准要求很接近，那么折合率就可定高一点；有的商品各等级之间的技术标准要求相距较大，则折合率就可定低一点。

对于不分等级的商品，可计算正品率或副、次品率。通过计算，了解情况后，还要检查原因，采取相应措施。

## *三、购进商品季节分析

不少商品的购进有明显的季节性，这就需要对商品购进的季节变化进行分析。最常用的方法是测定季节比率。它是根据历史销售资料，计算各季平均季节性指数和季节性总平均指数，再求出季节比率，衡量季节性的影响程度。从而反映各季购进额平均波动的幅度，作为日后季节进货的依据。

表 7-3

| 项 目 | 行次 | 第一季度 | 第二季度 | 第三季度 | 第四季度 | 全年平均 |
|---|---|---|---|---|---|---|
| 2001 | ① | 56 | 23 | 69 | 44 | — |
| 2002 | ② | 68 | 42 | 75 | 55 | — |
| 2003 | ③ | 71 | 48 | 83 | 62 | — |
| 2004 | ④ | 85 | 63 | 106 | 81 | — |
| 合计 | ⑤ | 280 | 176 | 333 | 242 | — |
| 平均 | ⑥ | 70 | 44 | 83.3 | 60.5 | 64.5 |
| 季节比率 | ⑦ | 1.085 | 0.682 | 1.291 | 0.938 | — |

**例3** 某商店食品类商品购进额如表 7-3，求季节比率。

表中第 1~4 行均为已知条件，是各年度各季度的购进额。表中第 5~7 行均为计算栏，其计算步骤如下：

（1）计算合计数：

$$合计数 = 历年同季的季节指数之和$$

2001~2004 年第一季度合计数 = 56 + 68 + 71 + 85 = 280

（2）计算各季平均季节性指数：

$$某季度平均季节指数 = \frac{历年同季的季节指数之和}{年数}$$

2001~2004 年第一季度平均季节指数 = $\frac{280}{4}$ = 70

（3）计算季节性总平均指数：

$$季节性总平均指数 = \frac{各季平均季节指数之和}{季数}$$

2001~2004 年的季节性总平均指数 = $\frac{70 + 44 + 83.3 + 60.5}{4}$ = 64.5

（4）计算季节比率（又称季节性系数）：

$$季节比率 = \frac{某季度平均季节指数}{季节性总平均指数}$$

第一季度季节比率 = $\frac{70}{64.5}$ = 1.085

第二季度季节比率 = $\frac{44}{64.5}$ = 0.682

第三季度季节比率 = $\frac{83.3}{64.5}$ = 1.291

第四季度季节比率 = $\frac{60.5}{64.5}$ = 0.938

以上计算的季节比率表明季节对于各季销售的影响程度。比率为1，说明无季节性影响；比率大于或小于1，表明有季节性影响；差距越大，影响越大。以全年销售的预测值除以4，再乘以季节比率，就可以求出考虑季节性影响后的各季预测值。

仍以表7-3为例，如该店2005年的购进额为380万元，则各季的购进额按季节波动的情况可如下安排：

第一季度购进预测值 = $\frac{380}{4}$ × 1.085 = 103.5（万元）

第二季度购进预测值 = $\frac{380}{4}$ × 0.682 = 64.8（万元）

第三季度购进预测值 = $\frac{380}{4}$ × 1.291 = 122.6（万元）

第四季度购进预测值 = $\frac{380}{4}$ × 0.938 = 89.1（万元）

上面计算出来的四个季度的购进额比较符合商品购进的季节波动情况，可作为制定购进计划的依据。

## *四、购进收益期望值分析

期望值，简言之是估计可能出现的数值，它是分析研究企业经营活动常用的一种方法。根据过去的市场商品销售规律来选择购进数量，选择收益最大的进货方案，称购进收益期望值分析。

**例4** 某商店打算在2005年第二季度购进某种商品。这种商品，销售一件可获利10元，积压一件则损失5元。在过去五年中，第二季度每天该商品的销量分组见表7-4。

表7-4

| 销量（件） | 平均销量 | 天数 | 概率 |
|---|---|---|---|
| 80~100 | 90 | 90 | 0.2 |
| 100~120 | 110 | 120 | 0.27 |
| 120~140 | 130 | 140 | 0.31 |
| 140~160 | 150 | 100 | 0.22 |
| 合　　计 |  | 450 | 1 |

按以销定进的原则，以日销量作为日进货量，可提出四种方案，收益值计算表见表7-5。

表 7-5

| 概率<br>方案 | 不同销量下的收益期望值 | | | | 和收益期望值 |
|---|---|---|---|---|---|
| | 90 | 110 | 130 | 150 | |
| | 0.2 | 0.27 | 0.31 | 0.22 | |
| A（日进 90 件） | 900 | 900 | 900 | 900 | 900 |
| B（日进 110 件） | 800 | 1 100 | 1 100 | 1 100 | 1 040 |
| C（日进 130 件） | 700 | 1 000 | 1 300 | 1 300 | 1 099 |
| D（日进 150 件） | 600 | 900 | 1 200 | 1 500 | 1 065 |

步骤为：

（1）计算不同销量下的收益期望值。

$$期望值 = 可销数 \times 单位商品毛利 - （购进数 - 可销数）\times 单位商品亏损数$$

公式中前面部分为可盈利的数值，后面部分为因积压而亏损的数值。当购进数小于可销数时，后面部分不必计算。如表 7-5 中方案 A 的第 1 列期望值为：$90 \times 10 = 900$ 元，方案 C 的第 2 列期望值为：$110 \times 10 - (130 - 110) \times 5 = 1 000$ 元。

（2）计算总和收益期望值。

$$总和收益期望值 = \sum（不同销量收益期望值 \times 概率）$$

如 D 方案的总和收益期望值为：

$$600 \times 0.2 + 900 \times 0.27 + 1 200 \times 0.31 + 1 500 \times 0.22 = 1 065 \text{ 元}$$

（3）选择总和收益期望值最大的方案为最佳进货方案。

在四个方案中，以 C 方案收益期望值最高，即以每日购进 130 件为最佳进货方案。

## 五、商品采购批量的控制

### （一）经验判断法

这方法主要根据商品购进的原则和依据进行分析和经验判断，确定采购批量（即一次的采购量）。

（1）按商品供求状况确定采购量。货源正常、供求平衡的商品，本着以销定进、勤进快销的原则，多销多进，少销少进；供不应求、销售活力大的商品，采购批量应大些，多进多销；货源充沛、供过于求的商品，采购批量应小些，随进随销。

（2）按生产周期确定采购批量。对于常年生产、季节销售的商品，按淡旺季需求确定采购批量；对季节生产、常年销售的商品，应以在工业停产期间保证正常供应的要求确定采购批量；对季节生产、季节销售的商品，按季前多进、季中补进、季末销完的要求确定采购批量；对鲜活商品，按随进随销、进一批销一批来确定采购批量。

（3）按商品合理周转的要求确定采购批量。商品周转快，采购批量应大。库存过大，应压缩库存，减少采购批量；库存过小，应充实库存，增加采购批量。总之要保证商品正常周转的库存量。

（4）按供货单位远近，确定采购批量。当地进货，要勤进，批量可小些；外地进货，要适当储存，批量可大些。

## （二）定量分析法

### 1. 经济订货批量法

因采购费用（包括运费、装卸费、差旅费等）与采购批量成反比，储存费用（包括保管费、资金占用利息、库存损失等）与采购批量成正比，故应用定量分析的方法，求出最合理、费用最节省的采购批量。采购批量、采购费用、储存费用的关系如图 7.1 所示。

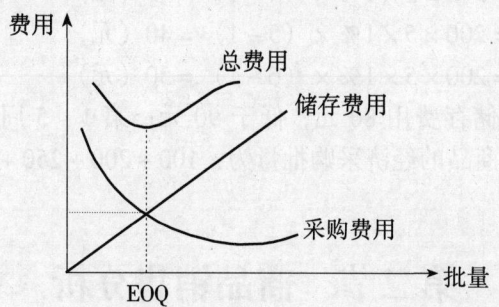

图 7.1

从图 7.1 可见，当采购费用等于储存费用时，总费用最小，对应于这一总费用最小值的采购数量就是经济订货批量（EOQ）。用微分方法（推导过程从略）求得公式如下：

$$经济订货批量 = \sqrt{\frac{2 \times 年采购总量 \times 一次采购费用}{单位商品价格 \times 单位商品年储存费用率}}$$

$$最佳采购次数 = \frac{采购总量}{经济订货批量}$$

**例 6** 某企业全年需购进某商品 8 000 件，每次采购费用 50 元，该商品单价 100 元，年商品储存费用率 5%，求其经济订货批量和最佳采购次数。

解：经济订货批量 $= \sqrt{\dfrac{2 \times 8\,000 \times 50}{100 \times 0.05}} = 400$（件/次）

最佳采购次数 $= 8\,000/400 = 20$（次）

### 2. 费用平衡法

以采购费用为基础，规定储存费用上限，当累积的储存费用小于或等于采购费用时便可确定其采购批量。其计算公式是：

$$采购费用 \geqslant 储存费用 = 销量 \times 商品单价 \times 储存费用率 \times 储存时间$$

公式中储存时间的计算单位根据储存费用率的计算单位而定，若以年计算时则都以年为单位，此时也可折合小数计算。若储存时间用进货间隔的周期为单位，此时计算公式可以变换为：

$$储存费用 = 销售量 \times 商品单价 \times 储存费用率 \times (周期-1)$$

**例6** 据市场调查，某商品从第一个进货周期到第六个进货周期的销售量分别为100只、200只、250只、300只、200只、200只，商品的价格为5元/只，该商品每周期的储存费用率为1%，某企业对这种商品的采购费用核定为90元，试计算经济采购批量。

第一周期储存费用 $= 100 \times 5 \times 1\% \times (1-1) = 0$

第二周期储存费用 $= 200 \times 5 \times 1\% \times (2-1) = 10$（元）

第三周期储存费用 $= 250 \times 5 \times 1\% \times (3-1) = 25$（元）

第四周期储存费用 $= 300 \times 5 \times 1\% \times (4-1) = 45$（元）

第五周期储存费用 $= 200 \times 5 \times 1\% \times (5-1) = 40$（元）

第六周期储存费用 $= 200 \times 5 \times 1\% \times (6-1) = 50$（元）

第1~4周期，累积储存费用80元，低于90元；第1~5周期，累积储存费用120元，大于90元，所以该商品的经济采购批量为：$100+200+250+300=850$只。

## 第二节 商品销售分析

商品销售居于商品流转活动的终点。根据商品经营者在流通领域的地位和作用可分为批发销售和零售。批发销售是指以实现商品转售或加工为目的而进行的商品销售活动，商品仍处于流通过程或生产过程。商品零售是指将商品卖给最终消费者，商品被推出流通领域，进入消费领域，最终实现商品的价值和使用价值。

商品销售是企业经营的关键环节；是满足社会需要，提高人民生活水平的手段；是提高企业经济效益的条件。因此，必须注重商品销售分析，搞好商品销售。

### 一、商品销售渠道分析

经济体制改革前，商品销售呈封闭式、少渠道、多环节，商品从生产者到消费者的转移只能是：生产者→一级站→二级站→三级批→零售店→消费者，绝不能越雷池半步。随着经济体制改革的深入发展，销售呈开放式、多渠道、少环节。销售者便有了多种选择。生产企业销售某种产品究竟是自己直接销售还是通过出售好？商品流通企业自己零售门市部销售还是批发出售好？这主要根据经济效益来衡量，哪种销售渠道获利大，就应选用哪种销售渠道。企业必须从销售渠道对利润的影响程度进行分析比较。通常是计算不同销售渠道的投资报酬率，并加以比较，投资报酬率高者为最佳方案。计算公式如下：

$$R = \frac{S - C}{C}$$

式中：$R$——使用某一渠道的投资报酬率；

$S$——使用该渠道的预计销售金额；

$C$——使用该渠道的预计成本费。

**例7** 某制造厂通过零售商可以销售10 000件产品，单位产品售价为1元，估计单位产品成本为0.80元。若采用推销员直接销售，假设也能销售10 000件，单位产品售价上升为1.20元，但销售费用增加，估计单位产品成本为1.05元，问该厂应采用哪种销售渠道？

间接销售投资报酬率：

$$R_{间} = \frac{1 \times 10\,000 - 0.80 \times 10\,000}{0.80 \times 10\,000} = 0.25$$

直接销售投资报酬率：

$$R_{直} = \frac{1.20 \times 10\,000 - 1.05 \times 10\,000}{1.05 \times 10\,000} = 0.143$$

由于 $R_{间} > R_{直}$，所以该厂应采用间接销售渠道。

## 二、商品销售构成分析

分析步骤如下：

**1．对销售进行分组**

将商品销售额（或主要商品销售量）按销售对象分（如：售给城乡居民、售给社会集团等），按商品类别分（如：百货类、家电类、五金类等），按销售地区分（如：城市、乡镇等），按销售用途分（如：生产用、生活用等），按销售性质分（如批发、零售等）。

**2．计算结构相对数（略）**

**3．分析**

通过从不同角度的分组，计算其结构相对数，可以从多方面研究市场变化情况，组织好商品供应。

作为零售企业，在综合研究商品构成以后，还要按照本企业经营范围和特点，修改并拟订"经营商品目录"和"必备商品目录"。"经营商品目录"是企业全部经营商品及大类商品的商品名单;"必备商品目录"是企业必须经常贮备的最低限度的库存商品名单。这种商品目录是企业经营和存贮商品的依据,当市场商品结构发生变动时,必须相应地进行修正,使其适应新的市场需求。

## 三、商品供应水平分析

计算强度相对指标——人均(或户均)的商品销售额和主要商品销售量,如人均社会商品零售额、人均粮食销售量等,借以研究市场情况和消费水平的变化。

**例8** 某市 2003、2004 两年的有关资料对比说明见表 7–6。

表 7–6

| 年度 | 人口（万人） | 粮食销量 | | 肉类销量 | |
|---|---|---|---|---|---|
| | | 总量（万 kg） | 人均（kg） | 总量（万 kg） | 人均（kg） |
| 2003 | 156 | 21 528 | 138 | 4 430 | 28.4 |
| 2004 | 164 | 20 008 | 122 | 5 330 | 32.5 |

通过该市两年间粮食与肉类销量,特别是人均销量的变化,可以看出该市居民食物结构的变化和消费水平的提高。

## 四、商品销售趋势分析

趋势分析的方法很多,可基本分为经验判断法和数学模型法两大类。从另一角度讲,就是定性分析方法和定量分析方法。这两种方法要结合使用。

#### 1. 主观概率推断法

这种方法是以定性分析为主,最后用定量分析方法表示。

主观概率推断法是在分析历史数据资料的基础上,据预测者的经验,对预测对象作出判断估计值,估计值中包括未来预测对象发展的最高限度、可能值和最低限度,并提出三种情况出现的概率,然后,对上述估计值乘以各自可能出现的概率,相加后即可得到预测对象的期望值,最后计算预测值。

**例9** 某商店召集六名人员对下年度销售额分别进行主观判断,见表 7–7,表中的权数,由主持分析的人员根据参加人员进行判断的可能准确程度而予给定。

表 7-7

单位：万元

| | 估计量 | | | | | | 期望值 | 权数 |
|---|---|---|---|---|---|---|---|---|
| | 最高销售额 | 概率 | 最可能销售额 | 概率 | 最低销售额 | 概率 | | |
| | ① | ② | ③ | ④ | ⑤ | ⑥ | ⑦ | ⑧ |
| 主任 | 1 200 | 0.3 | 1 000 | 0.5 | 800 | 0.2 | 1 020 | 2 |
| 统计员 | 1 100 | 0.2 | 950 | 0.6 | 850 | 0.2 | 960 | 1.5 |
| 会计员 | 1 200 | 0.2 | 900 | 0.6 | 700 | 0.2 | 920 | 1.5 |
| 营业员 | 1 400 | 0.4 | 1 000 | 0.4 | 900 | 0.2 | 1 140 | 1 |
| 营业员 | 1 200 | 0.2 | 800 | 0.4 | 600 | 0.4 | 800 | 1 |
| 营业员 | 1 000 | 0.3 | 900 | 0.4 | 800 | 0.3 | 900 | 1 |

$$期望值 = \sum（销售额 \times 概率）$$

主任期望值 = $1\,200 \times 0.3 + 1\,000 \times 0.5 + 800 \times 0.2 = 1\,020$

$$预测值 = \frac{\sum（期望值 \times 权数）}{\sum（权数）}$$

本例预测值 = $\dfrac{1\,020 \times 2 + 960 \times 1.5 + 920 \times 1.5 + 1\,140 \times 1 + 800 \times 1 + 900 \times 1}{2 + 1.5 + 1.5 + 1 + 1 + 1}$

$= \dfrac{7\,700}{8} = 962.5$（万元）

## 2．直线趋势外推法

在现象表现为稳定增长时，它的增长曲线可看作是一条直线，把直线向外继续延长，就可表示现象在今后一段时间里的趋势。

直线趋势外推法是根据过去一段时间里销售额（或销售量）的时间序列建立趋势方程，描述这段时间的销售趋势并推算出今后一段时间的销售趋势。

**例 10** 以某商店 2000～2004 年间销售额为例编制趋势方程。

表 7 – 8

单位：万元

| 年　序 | 销售额（Y） | X | $X^2$ | XY |
|---|---|---|---|---|
| 2000 | 21 | -2 | 4 | -42 |
| 2001 | 23 | -1 | 1 | -23 |
| 2002 | 27 | 0 | 0 | 0 |
| 2003 | 30 | 1 | 1 | 30 |
| 2004 | 34 | 2 | 4 | 68 |
| 合　计 | 135 | 0 | 10 | 33 |

用函数 $y = a + bx$ 来描述该店销售额的变化趋势。运用最小平方法的简捷法求得参数 $a, b$ 的公式为：

$$a = \frac{\sum y}{n}, \quad b = \frac{\sum xy}{\sum x^2}$$

将有关数据代入，则 $a = \frac{135}{5} = 27$，$b = \frac{33}{10} = 3.3$

趋势方程为：$y = 27 + 3.3x$

预测 2006 年该店销售额为：

$$y_{06} = 27 + 3.3 \times (2006 - 2002) = 40.2（万元）$$

之所以要用 2002 年来减，是因为本方程是以 2002 年为中位数计算的。

## 第三节　商品储存分析

商品储存是商品流转活动的中间环节，它提供各种场所和设备收储商品，以弥合商品的产销时差和适应商品供求周转。

合理储存商品，既能降低商品流通费用，提高流动资金的使用效率，又能使储存商品在总量上、结构上满足市场的需要，从而提高企业的经济效益。

### 一、仓容利用率分析

仓容即仓库的容量。它取决于仓库的面积、高度和仓库载重量。

研究仓容使用量，充分发挥仓库的效能，就必须研究仓库面积利用率、库房高度利用率、载重量利用率、容载利用系数。

**1. 面积利用率**

它是指堆货面积与实际面积之比。计算公式如下：

$$面积使用率 = \frac{堆货面积}{实际面积} \times 100\%$$

仓库实际面积是指仓库总面积减去障碍物（柱子、楼梯、固定设备等）、固定验货区、发货待运区、挑选整理场、固定加工场以后的面积。

堆货面积（又称可用面积）是指堆存货物的面积，即实际面积减去走道、支道、墙距、垛距等以后的面积。

**2. 库房高度利用率**

它是指货垛平均高度与库房高度之比。其计算公式如下：

$$库房高度利用率 = \frac{货垛平均高度}{库房高度} \times 100\%$$

库房高度是指地面到平顶之间的距离（必须留有一定的顶距、灯距）；仓间如有横梁则库房高度是指地面到横梁之间的距离。

货垛平均高度是指货垛实占面程上所堆商品的平均高度。测算库房货垛平均高度，可以把所堆货物体积的总和除以货垛实占面积。货物体积有重吨和尺吨（体积吨）两种。例如，货物毛重 1 000 kg 体积不足 2 m³ 者以 1 t 计算；轻泡货物则以尺吨计算，如毛重不足 1 000 kg 而其体积达 2 m³ 者，均以 1 t 计算。货物体积一般用尺吨数来测算，把尺吨乘以 2 就是商品的体积。

$$货垛平均高度（m） = \frac{储存总尺吨 \times 2}{堆货面积 - 空仓面积}$$

**例 11** 某仓库库房高度为 5m，储存货物总尺吨为 1 000 t，核定堆货面积为 500 m²，空仓面积为 20 m²。其库房高度利用率计算如下：

$$货垛平均高度 = \frac{1\ 000 \times 2}{500 - 20} = 4.17\ (m)$$

$$库房高度利用率 = \frac{4.17}{5} \times 100\% = 83.4\%$$

货垛平均高度越高，库房高度利用率就越高，就意味着每平方米（或每立方米）的货物储存量越多，仓容的利用率越高。而提高货垛的平均高度，主要是改进垛码技术，尽可能减少空仓面积。同时，也涉及到货物分区分类的科学管理方法和货物批量大小等各种因素。

在提高库房高度利用率的同时，也必须注意到库房的负荷能力，要保持和延长仓库建筑物的使用期限。在货物储存过程中，使仓库受损的主要原因是力学因素和化学因素。堆放货物过重，超过库房的负荷能力，库房会遭到损坏；化学商品的随便堆放，会使库房遭受腐蚀损坏，缩短库房寿命。

为确保仓库安全，需定出每个仓库的荷重定额。仓库荷重定额是根据建筑结构在安全原则下制定出的库房每平方米的最大负荷量，它以每千克/平方米来表示。堆码的高度是将荷重定额除以货物单位体积重量。

**例 12** 某库房每平方米的负荷量为 3 t，某种商品每吨体积为 1.5 m³。其堆码高度的计算方法如下：

$$商品单位体积重量 = \frac{1}{1.5} = 0.67 \text{（t/m}^3\text{）}$$

$$每平方米堆码的高度 = \frac{3}{0.67} = 4.48 \text{（m）}$$

### 3. 载重量利用率

它指货垛单位面积重量和仓库核定载重量之比。其计算公式如下：

$$库房载重量利用率 = \frac{库房货垛单位面积重量}{库房核定载重量} \times 100\%$$

$$库房货垛单位面积重量 = \frac{库房储存货物实重吨}{堆货面积 - 空仓面积}$$

**例 13** 某库房核定载重量每平方米为 2 t，核定堆货面积为 500 m²，储存商品的实重吨数为 600 t，空仓 80 m²。其库房载重量利用率的计算方法如下：

$$库房货垛单位面积重量 = \frac{600}{500 - 80} = 1.43 \text{（t/m}^2\text{）}$$

$$库房载重量利用率 = \frac{1.43}{2} \times 100\% = 71.5\%$$

在安全的原则下，货垛单位面积重量越大，库房载重量利用率就越高。但有的笨重商品，需计算其堆放的可能性，以免压坏地板，损坏库房。

**例 14** 有 12 t 的五金类商品，长 1.5 m，宽 2 m，仓库每平方米的负荷量为 2 t。其堆放的可能性计算如下：

$$该商品每平方米的重量 = \frac{12}{1.5 \times 2} = 4 \text{（t）}$$

大于仓库每平方米负荷量，即超过仓库单位负荷能力。

$$该商品按仓库负荷能力的堆放面积 = \frac{12}{2} = 6 \text{（m}^2\text{）}$$

而该商品本身面积是 1.5 × 2 = 3（m²），超过了仓库单位面积负荷能力的一倍。因此，该商品须放在垫木上，且垫木波及的面积至少应占 6 m²，使仓库每平方米的负荷不致超过 2 t。

仓库面积利用率、库房高度利用率、载重量利用率均为仓容利用的单项指标。实际上，库房底面积摆满了，高度不一定堆满；高度堆到顶了，重量不一定达到；货物还未堆到库房的高度就早已超过库房载重量的限度。因此，需要有一个综合性的指标来反映，这就是容载利用系数。

### 4. 容载利用系数

它是指货物的容重与库房容载之比，反映货物容重与库房容载是否相等，借以考察库房高度和载重量的综合利用程度。其计算公式如下：

$$容载利用系数 = \frac{容重}{容载}$$

容重是指每立方米体积货物的重量，即货物毛重与体积的比，也称货物密度。其计算公式为：

$$容重 = \frac{货物毛重}{货物体积}$$

容载是指每立方米仓容可以容纳货物的重量，是仓库载重量与高度的比。其计算公式为：

$$容载 = \frac{库房载重量}{库房高度}$$

$$容载利用系数 - 1 = 离差$$

容载利用系数等于1时，离差为0，库房的高度和载重量的综合利用程度最高。容载利用系数小于1时，离差为负数，负离差表示在库房高度被充分利用的情况下，载重量还未能被充分利用。未被利用的程度可用下列公式计算：

$$库房载重量未利用程度 = |容载利用系数 - 1| \times 100\%$$

容载利用系数大于1时，离差为正数，正离差表示在载重量被充分利用的情况下，库房高度未被充分利用。未被利用的程度可用下列公式计算：

$$库房高度未利用程度 = \frac{容载利用系数 - 1}{容载利用系数} \times 100\%$$

**例15** 某仓库高6 m，每平方米载重量为2 t，拟储存的商品，每箱长0.5 m，宽0.5 m，高2 m，毛重为0.1 t。计算其仓容利用程度。

$$容重 = \frac{0.1}{0.5 \times 0.5 \times 2} = 0.2 \ (t/m^3)$$

$$容载 = \frac{2}{6} = 0.33 \ (t/m^3)$$

$$容载利用系数 = \frac{0.2}{0.33} = 0.6$$

$$离差 = 0.6 - 1 = -0.4$$

$$库房载重量未利用程度 = |-0.4| \times 100\% = 40\%$$

容载利用系数小于1，说明该库房储存这种商品即使堆满6 m高，其2 t/m² 的载重量仍只能利用60%，还有40%未利用。若要更好地利用库房的载重量，可同时存放一些容重更大的商品（前提是可以同时存放的商品）。

**例 16** 某仓库高 5 m，载重量是 1.5 t/m²，存放的货物每箱长 2.5 m，宽 2 m，高 1 m，毛重 2 t。求仓容利用程度。

$$容重 = \frac{2}{2.5 \times 2 \times 1} = 0.4 \ (t/m^3)$$

$$容载 = \frac{1.5}{5} = 0.3 \ (t/m^3)$$

$$容载利用系数 = \frac{0.4}{0.3} = 1.33$$

$$离差 = 1.33 - 1 = 0.33$$

$$库房高度未利用程度 = \frac{0.33}{1.33} \times 100\% = 25\%$$

容载利用系数大于 1，说明载重量被充分利用而库房高度未被充分利用，库房高度未利用程度是 25%，故应适当增加轻泡货物的库存。

## 二、商品储存量分析

影响商品储存量的因素有：①市场需求；②生产情况（包括产量和生产周期）；③商品的保存期限；④进货周期；⑤运输情况；⑥仓库设施及管理水平。

为了确定合理的商品储存量，还需要进行定量分析，主要研究周转储存量，而周转储存量又分为经常储存量和保险储存量。

### （一）经常储存量的确定

经常储存是商品流通企业为满足日常销售所需要的商品储存。它在每次进货后上升，然后随商品不断销售逐渐下降，在下次进货后再次上升。

确定合理的经常储存量，通常用经济批量法，方法如本章第一节介绍的经济订货批量，在此不再赘述。所要强调的是，经济批量公式有两个前提条件：一是均衡销售，二是不考虑其他因素。经济批量公式，是在抽象了其他因素、其他约束条件之后，概括出最佳进货（或储存）数量的计算结果。

### *（二）保险储存量的确定

由于商品的需求不是绝对均衡的，除了正常的可确定的变动外，还有一些不可确定的随机变动。这就要求商品流通企业在经常储存外还要有一定的保险储存。保险储存量的计算步骤是：

**1. 测定均方差**

不同企业、不同商品的销售量的波动幅度差别是很大的。一般来说，需求弹性小的商品(如食盐等),它的波动幅度就小;需求弹性大的商品(如家用电器等),它的波动幅度就大。波动幅度(概率论称之为离散程度)的数量大小,用均方差来表示。其计算公式如下:

$$\delta = \sqrt{\frac{\sum (X - \overline{X})^2 f}{\sum f}}$$

**例17** 以某企业2004年各月销售额为例(见表7-9)。

表7-9　　　　　　　　　　　　　　　　　单位:万元

| 月份 | 销售额 | 月份 | 销售额 |
| --- | --- | --- | --- |
| 1 | 400 | 7 | 300 |
| 2 | 550 | 8 | 350 |
| 3 | 350 | 9 | 450 |
| 4 | 400 | 10 | 400 |
| 5 | 400 | 11 | 500 |
| 6 | 350 | 12 | 450 |

计算均方差的步骤为:

(1)整理出次数分布(见表7-10)。表7-10的月份数,概率论称之为次数(也称频数),各个次数所形成的数列叫次数分布。

表7-10

| 销售额($X$) | 300 | 350 | 400 | 450 | 500 | 550 |
| --- | --- | --- | --- | --- | --- | --- |
| 月份数($f$) | 1 | 3 | 4 | 2 | 1 | 1 |

(2)计算平均数 $\overline{X} = \frac{\sum Xf}{\sum f}$。

$$\overline{X} = \frac{300 + 350 \times 3 + 400 \times 4 + 450 \times 2 + 500 + 550}{12} = 408.3(万元)$$

(3)计算 $\sum (X - \overline{X})^2 f$。一般可列表计算,见表7-11。

表7–11

| $X$ | $f$ | $Xf$ | $X - \bar{X}$ | $(X - \bar{X})^2 f$ |
| --- | --- | --- | --- | --- |
| 300 | 1 | 300 | -108.3 | 11 729 |
| 350 | 3 | 1 050 | -58.3 | 10 197 |
| 400 | 4 | 1 600 | -8.3 | 276 |
| 450 | 2 | 900 | 41.7 | 3 478 |
| 500 | 1 | 500 | 91.7 | 8 409 |
| 550 | 1 | 550 | 141.7 | 20 079 |
| $\Sigma$ | 12 | 4 900 | | 54 168 |

(4) 计算均方差。

$$\delta = \sqrt{\frac{\Sigma (X - \bar{X})^2 f}{\Sigma f}} = \sqrt{\frac{54\ 168}{12}} = 67(万元)$$

均方差可理解为各月份销售额与平均月销售额的离差的平均数。均方差越大,说明各月份销售量的波动越大。

**2. 确定销售保证概率**

按概率论的原理,随机变动的分布可以看成是服从正态分布。所谓正态分布,就是说围绕平均数附近出现的次数(或出现的可能性)较多,而离开平均数越远,出现的次数(或可能性)就越小。而且在不同范围内,出现次数的多少是有规律的。就标准正态分布而言,它的概率可查现成的概率分布表(见附录一)。

概率分布表所表示的意思如图7.2所示,即从$-\infty$到$\delta$的范围内,事件出现的可能性是84.1%;反过来说,不出现的可能性就是15.9%。其他各行如此类推。具体到本例的企业来说,它的月销售额的变动幅度有84.1%可能性不超过其一倍的均方差,即67万元;有97.7%的可能性,其变动幅度不超过二倍的均方差(即$6 \times 2 = 134$万元)。企业可根据实际情况来确定本企业的(或该类商品的)保证概率。比如,本例的企业把保证概率定为99.9%,则需要3倍于均方差的保险储存,即保险储存量$= 3\delta = 3 \times 67 = 201$万元。

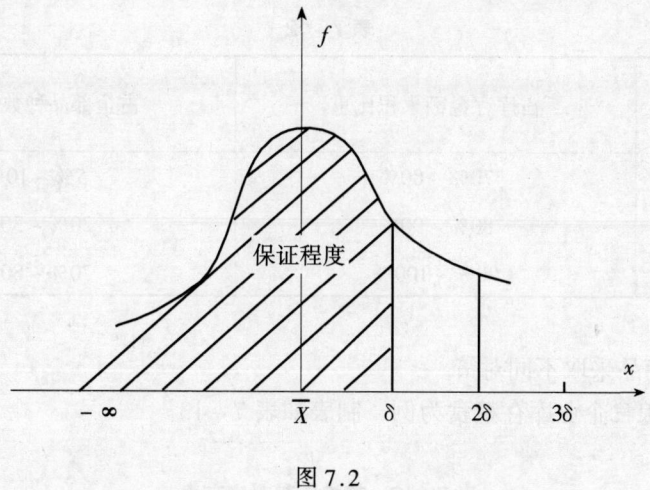

图 7.2

## 三、商品储存结构分析

商品储存结构就是商品储存总量中各类商品的构成,也就是不同品种、规格、花色、档次的商品在储存量上的比例关系。

对商品储存结构进行定量分析,主要是对商品进行分类,然后观察其结构是否合理,对不同类别的产品采取不同的对策。储存商品的分类可依据不同的研究目的而定。比如,按销售情况分为:畅销商品、平销商品、滞销商品等;按商品的品种分为:百货类、五金类、电器类等。

ABC 分类控制法是用于对商品按品种分类后测定企业储存的主要商品和次要商品,实行分类管理、重点控制,从而使储存结构合理化的一种方法。ABC 分类控制法的步骤如下:

(1) 将企业各种商品按库存金额(个别情况下也可按实物量)计算比重。其计算公式:

$$\text{比重(即结构相对数)} = \frac{\text{某种商品库存金额}}{\text{全部商品库存金额}} \times 100\%$$

(2) 按比重的大小顺序排列。

(3) 计算各种商品库存金额累积比重。其计算公式为:

$$\text{某商品库存金额累积比重} = \text{自身库存金额比重} + \text{前者库存金额累积比重}$$

(4) 据表 7-12 所列标准划分 ABC 三类商品。

表 7-12

| 类别 \ 比重 | 占库存金额累积比重 | 占全部品种数的比重 |
| --- | --- | --- |
| A 类 | 70%~80% | 5%~10% |
| B 类 | 80%~90% | 20%~30% |
| C 类 | 90%~100% | 70%~80% |

（5）对不同商品采取不同对策。

**例 18** 以某粮食企业库存粮食为例，制表如表 7-13。

表 7-13 某粮所粮食库存表

单位：万元；%

| 品 种 | 金额 | 比重 | 累积 | 顺序 | 品 种 | 金额 | 比重 | 累积 | 顺序 |
| --- | --- | --- | --- | --- | --- | --- | --- | --- | --- |
| 小 麦 | 560 | 39.8 | 39.8 | 1 | 小 米 | 18 | 1.3 | 97.4 | 7 |
| 稻 谷 | 480 | 34.2 | 74.0 | 2 | 高 粱 | 14 | 1.0 | 98.4 | 8 |
| 玉 米 | 125 | 8.9 | 82.9 | 3 | 赤 豆 | 8 | 0.6 | 99.0 | 9 |
| 大 豆 | 105 | 7.5 | 90.4 | 4 | 绿 豆 | 8 | 0.6 | 99.6 | 10 |
| 面 粉 | 43 | 3.0 | 93.4 | 5 | 蚕 豆 | 5 | 0.4 | 100 | 11 |
| 大 米 | 38 | 2.7 | 96.1 | 4 | 合 计 | 1 404 | 100 | | |

本例中，小麦、稻谷可视为 A 类商品；玉米、大豆可视为 B 类商品；其余则为 C 类商品。A 类商品品种虽少，但占用资金比重大，是重要商品，故应实行重点控制，定时定量采购，经常检查每个品种的储存，及时调整，减少不必要的库存。C 类商品品种虽多，但占用资金少，可以采用较简便的办法加以控制。如采用固定采购量，适当减少采购次数以节省进货费用。B 类商品介乎于 A 类商品、C 类商品之间，故可实行一般控制，按合理批量组织进货。用这种根据商品不同情况实行分类管理的办法，有利于及时调整储存结构，促使储存结构合理化。

## 四、商品合理储存时间分析

确定商品合理储存时间的依据是：①商品使用价值的保存期限，这是商品储存时间的最高界限；②商品的生产周期；③商品更新换代的周期；④商品储存的经济效益，这是商品储存的主要依据。

商品储存保本期和保利期，是计算商品可以储存的合理时间。它首先要满足确定商品合理储存时间的前三个依据，然后着重从储存的经济收益角度进行计算。

（一）商品储存保本期

从商品购进到销售能保持不亏本的最长储存期，称为商品储存保本期。商品储存保本期与固定费用、变动费用、日增长费用密切相关。固定费用（又称不变费用）是指不随着储存期的变动而变动的费用。如运杂费、包装费、工资、工业品保管损耗等。变动费用（又称可变费用）是指随着储存期的变动而变动的费用。如利息、保管费用、鲜活商品保管损耗等。日增长费用是指平均每天的变动费用。

∵ 保本即是费用 = 毛利额 − 销售税金

固定费用 + 变动费用 = 毛利额 − 销售税金

固定费用 + 商品储存保本期 × 日增长费用 = 毛利额 − 销售税金

∴ 商品储存保本期 = $\dfrac{\text{毛利额} - \text{销售税金} - \text{固定费用}}{\text{日增长费用}}$

**例 19** 某零售商店经营羽绒服，每件进价 200 元，售价 250 元，一次性固定费用 2.5 元，销售税金 12.5 元，月增长费用 3 元。该羽绒服的储存保本期为：

$$\dfrac{250 - 200 - 2.5 - 12.5}{3 \div 30} = 350 \text{（天）}$$

商品储存保本期也可以用相对数计算：

商品储存保本期 = $\dfrac{\text{毛利率} - \text{固定费用率} - \text{税金率}}{\text{日增长费用率}}$

**例 20** 某商店经营某种商品，毛利率为 16%，固定费用率为 4%，税金率为 5%，日增长费用率为 0.02%，则该商品储存保本期为：

$$\dfrac{16\% - 4\% - 5\%}{0.02\%} = 350 \text{（天）}$$

（二）商品储存保利期

从商品购进到销售能获得一定的目标利润，商品可以储存的最长储存期，称商品储存保利期。其计算公式是在储存保本期公式的基础上演变而来的：

$$\dfrac{\text{商品储存}}{\text{保利期}} = \dfrac{\text{毛利额} - \text{固定费用} - \text{销售税金} - \text{目标利润}}{\text{日增长费用}}$$

或

$$\dfrac{\text{商品储存}}{\text{保利期}} = \dfrac{\text{毛利率} - \text{固定费用率} - \text{销售税金率} - \text{目标利润率}}{\text{日增长费用率}}$$

仍按上例，若该商店打算每件羽绒服盈利 20 元，则商品的储存保利期为：

$$\frac{250-200-2.5-12.5-20}{3 \div 30} = 150（天）$$

## 五、商品损耗、损失分析

商品储存过程往往发生商品损耗和损失。商品损耗率的计算公式为：

$$商品损耗率 = \frac{商品损耗数}{该商品总数} \times 100\%$$

商品损耗和损失的分类如下：

**1．按发生的性质分**

业务过程中发生的商品减量叫损耗；事故性、灾害性的商品减量叫损失。

**2．按发生的环节分**

在运输过程、加工过程、保管过程、销售过程中发生的损耗，分别叫运输损耗、加工损耗、保管损耗和销售损耗。

保管损耗 = 商品入库量 − 商品出库量

**3．农副产品的保管损耗**

（1）水份杂质减量（简称水杂减量）。它虽然减少了产品重量却提高了商品的品质，故有别于其他性质的损耗。其计算公式如下：

$$水杂减量 = \frac{入库时水杂率 - 出库时水杂率}{1 - 出库时水杂率} \times 入库量$$

（2）自然损耗。凡因商品性能、技术设备等因素，导致商品发生必然的或不可避免的损耗，称自然损耗。其计算公式如下：

$$自然损耗 = 保管损耗 - 水杂减量$$

**例 21** 某粮食仓库入库稻谷 10 万 kg，当时水杂率为 15%，储存一段时间后全部调出，这时水杂率为 12%，出库量为 9.6 万 kg。计算各项损耗如下：

保管损耗 = 10 − 9.6 = 0.4（万 kg）

$$水杂减量 = \frac{15\% - 12\%}{1 - 12\%} \times 10 = 0.3409（万 kg）$$

自然损耗 = 4 000 − 3 409 = 591（kg）

## 六、储存商品质量分析

储存商品的质量分析，可以按本章第一节购进商品质量分析的办法，计算储存商品的平均等级和等级系数。同时，分析储存商品质量主要是了解商品的适销状况。这一分析，主要也是三个基本步骤：进行分组；计算结构相对数；分析具体原因和提出相应措施。不再赘述。

## 第四节 商品运输分析

商品运输是商品流转活动的中间环节，它是商品借助于运力在空间的转移。由于商品的生产和消费在空间上有一定距离，商品只有通过运输，才能从产地到达销地，完成商品流通的全过程，满足社会的需要。

通过商品运输分析，使商品运输贯彻"及时、准确、安全、经济"的原则，在充分利用各种运输方式的条件下，选择最经济合理的运输路线和运输工具，以最短的里程、最少的环节、最快的速度和最少的劳动消耗，安全优质地完成商品运输任务。

### 一、合理运输的定量分析方法

常用的合理运输定量分析方法有：

（一）供应分界线法

供应分界线法是在两个供应地之间划分合理的供应范围，使该种商品生产、运输、消费的费用总额为最小。

商品产地向外供应商品的辐射范围的大小受到很多因素影响，比如产品的知名度、质量、经营策略、售后服务等，在此概括为受商品的供应量、运输成本、生产成本三个因素的影响。在实际工作中，如果某商品有两个以上的产地，其供应范围就相互交叉重叠，但在此简化为不重叠、不交叉。当我们在实际工作中研究具体问题时，可以也应该把各种影响因素考虑得尽量全面些，而且要综合起来加以研究。但在介绍某种基本方法时，一般采用逐一考察的办法。

现以两个位于直线上的产地为例，设线路 AB，A 和 B 为同一种商品的产地，则供应范围与供应量成正比，与运输成本、生产成本成反比。

**1. 供应范围与供应量成正比**

假设两地的商品生产成本、运输成本等其他条件相同，供应量分别为 $Q_1$、$Q_2$，两地的供应范围 $F_1$、$F_2$ 如图 7.3 所示。

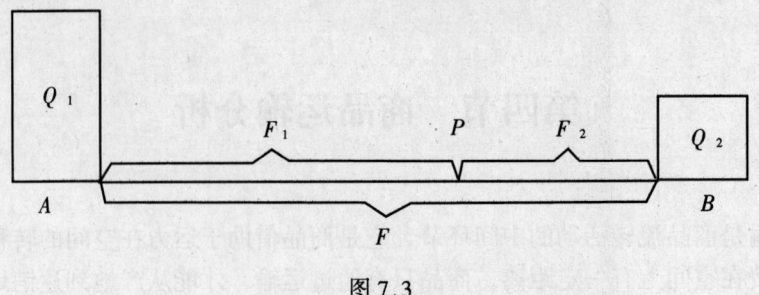

图 7.3

从图 7.3 可见，A 地的供应量越多，它在 A、B 之间的距离 F 内（也就是一定的市场范围内）所占据的份额就越多，供应分界点 P 点就越向 B 地推移。$F_1$ 与 $F_2$ 的比例，实际上就是 $Q_1$ 与 $Q_2$ 的比例。即：

$$F_1 : F_2 = Q_1 : Q_2$$

$$F_1 Q_2 = F_2 Q_1 = (F - F_1) Q_1 = FQ_1 - F_1 Q_1$$

$$F_1 Q_1 + F_1 Q_2 = FQ_1$$

$$\therefore \quad F_1 = \frac{FQ_1}{Q_1 + Q_2} \qquad 同理：F_2 = \frac{FQ_2}{Q_1 + Q_2}$$

**例 22** A、B 两地生产家具，产量分别为 1 万套和 5 千套，两地相距 600 km（其他条件相同）。则：

$$F_1 = \frac{600 \times 1}{1 + 0.5} = 400 \ (\text{km})$$

$$F_2 = \frac{600 \times 0.5}{1 + 0.5} = 200 \ (\text{km})$$

**2．供应范围与运输成本成反比**

假设两地的商品生产成本、供应量等其他条件相同，运输成本分别为 $E_1$、$E_2$，两地的供应范围 $F_1$、$F_2$ 如图 7.4 所示。

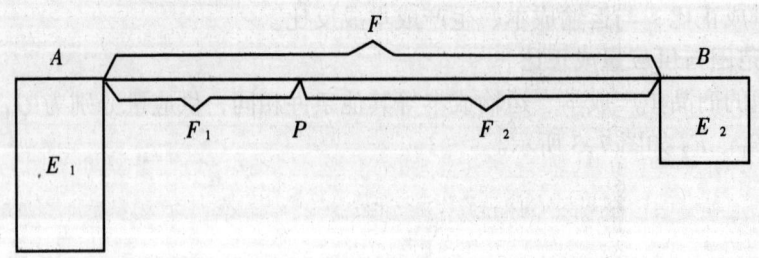

图 7.4

从图 7.4 可见，运输成本 $E_1$ 越高，市场竞争力越小，供应范围也就越小，供应分界点 $P$ 点就越向 $A$ 地推移。$F_1$ 与 $F_2$ 的比例，实际上就是 $E_2$ 与 $E_1$ 的比例。即：

$$F_1 : F_2 = E_2 : E_1$$

$$F_1 E_1 = F_2 E_2$$

$$F_1 E_1 = (F - F_1) E_2 = F E_2 - F_1 E_2$$

$$F_1 E_1 + F_1 E_2 = F E_2$$

$$\therefore \quad F_1 = \frac{F E_2}{E_1 + E_2} \qquad 同理：F_2 = \frac{F E_1}{E_1 + E_2}$$

**例 23** A、B 两地生产家具，运输成本分别为 0.25 元/km、0.15 元/km，两地相距仍为 600 km（其他条件相同）。则：

$$F_1 = \frac{600 \times 0.15}{0.25 + 0.15} = 225 \text{ (km)}$$

$$F_2 = \frac{600 \times 0.25}{0.25 + 0.15} = 375 \text{ (km)}$$

**3．供应范围与生产成本成反比**

假设两地的商品供应量、运输成本等其他条件相同，生产成本分别为 $C_1$、$C_2$，则两地的供应范围分别是：

$$F_1 = \frac{1}{2}\left(F + \frac{C_2 - C_1}{E}\right)$$

$$F_2 = \frac{1}{2}\left(F - \frac{C_2 - C_1}{E}\right)$$

上述两个公式不仅表现了供应范围与生产成本的相互关系，而且也把运输成本考虑进去了。当然引进这个因素，也是经过简化的，假定运输成本两地都为 $E$。生产成本越低，越具有市场竞争力，供应范围就越大。而随着供应范围的扩大，运输成本就逐步增加，这一优势就被逐步抵消，直至与对方保持平衡。这个平衡点，就是供应分界点。

∵ 供应分界点是两地总成本一致点

∴ $C_1 + F_1 E = C_2 + F_2 E$

$C_1 + F_1 E = C_2 + (F - F_1) E$

$C_1 + F_1 E = C_2 + F E - F_1 E$

$2 F_1 E = C_2 - C_1 + F E$

$$F_1 = \frac{C_2 - C_1 + F E}{2E} = \frac{1}{2}\left(F + \frac{C_2 - C_1}{E}\right)$$

同理：$F_2 = \frac{1}{2}\left(F - \frac{C_2 - C_1}{E}\right)$

**例 24** 甲、乙两地相距 500 km，而单位产品生产成本分别为 100 元和 150 元，运输成本均为 1 元/km，求两地的供应距离。

据已知条件：$F = 500$，$E = 1$，$C_1 = 100$，$C_2 = 150$，代入公式：

$$F_1 = \frac{1}{2}\left(500 + \frac{150-100}{1}\right) = 275 \text{（km）}$$

$$F_2 = \frac{1}{2}\left(500 - \frac{150-100}{1}\right) = 225 \text{（km）}$$

则甲地的供应距离为 275 km，乙地的供应距离应为 225 km。

### （二）成对比较法

成对比较法是确定产品产、销地合理联系的最简便方法。它与供应分界线法的不同之处在于：它有两个商品销售地，同一销售地可以由 A 产地供应，也可以由 B 产地供应。因此，有两个方案，即成对的方案，加以比较，所以叫成对比较法。成对比较法以最短运输距离和最低运输费用为依据。

**例25** 某种商品以 A、B 两地起运，供应 C、D 两地，而且都能满足供应，运输距离如表 7-14。

表 7-14

单位：km

| 运输距离\产地 | C | D |
|---|---|---|
| A | 50 | 70 |
| B | 80 | 120 |

根据上述已知条件，可以列表比较如表 7-15。

表 7-15

| 第一方案 | | 第二方案 | |
|---|---|---|---|
| 联系地点 | 运输距离 | 联系地点 | 运输距离 |
| A→C | 50 | A→D | 70 |
| B→D | 120 | B→C | 80 |
| 小计 | 170 | 小计 | 150 |

显然,第二方案的运输距离短于第一方案,故采用第二方案较为经济。本方法也可以按运费对比计算。

\* (三) 图上作业法

图上作业法是我国首创的编制商品运输方案的方法。它是在一定的运输线路上使用同一种运输工具进行商品运输时,采用图解的形式,画出商品的运输方向和里程,寻求商品合理运输的方案。

在运输交通图上,用"◎"表示产地(或发运点),正数为该产地的产量;用"O"表示销地(或收集点),负数为该销地的销量。从某一产地到某一销地商品的运输方向用"→"表示,称为流向,它标在前进方向的右侧。该流向的运输量称为流量,用括号括着数字记在"→"的旁边。

图上作业法适用面广,对于线状、环状、以至多环状线路都可以运用,而用对产、销地点的数目没有严格限制。

**1. 线状线路的图上作业**

具体步骤如下:

(1) 绘制线路图。

**例36** 设有发运点 A、B、C、D,收集点 a、b、c、d、e、f、g,产量与销售量如图 7.5 所示。

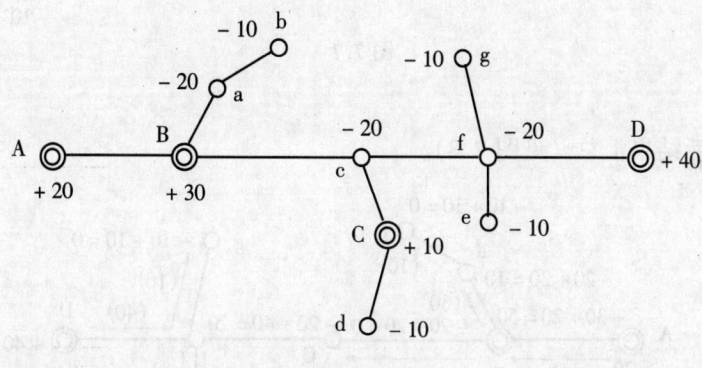

图 7.5

(2) 从各端开始就近调拨(见图 7.6)。

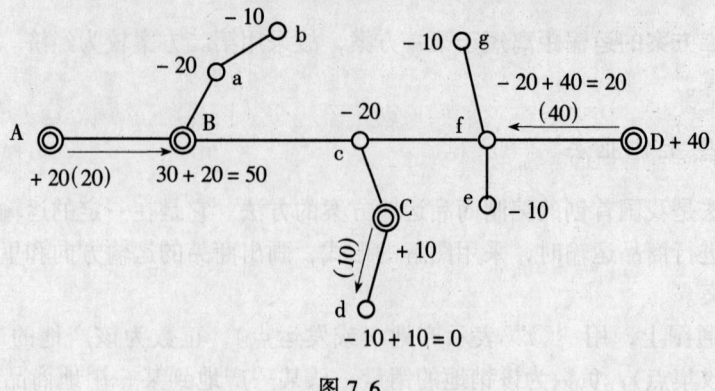

图 7.6

（3）再从新端点开始第二次就近调拨（见图 7.7）。

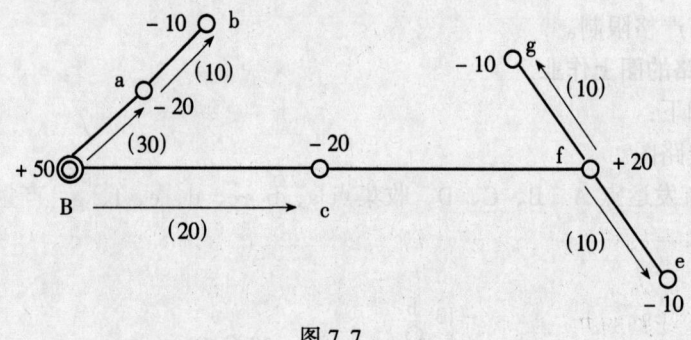

图 7.7

（4）将最后结果汇总（见图 7.8）。

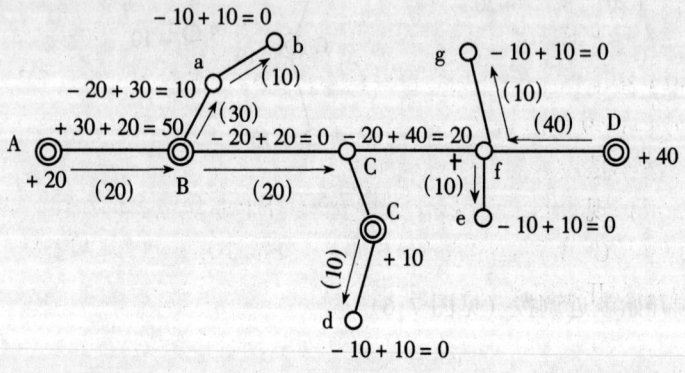

图 7.8

## 2. 环状线路的图上作业

具体步骤如下：

（1）绘制路线图。将各收、发点的地理位置、交通情况画出环状线路图，并将各点相应的收发数量和运输距离标上（见图7.9）。

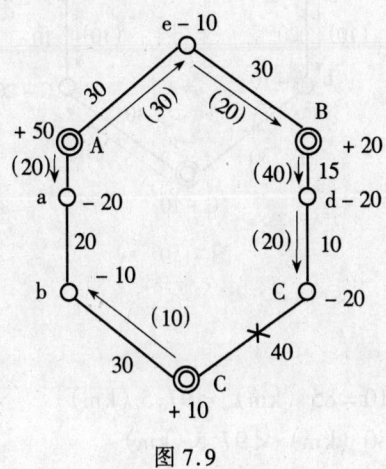

图7.9

（2）甩掉里程最长的一段，使环状线路变成线状线路。本例中，C–c段为40 km，运距最长，先予甩去。

（3）按线状线路的办法安排调运。

（4）检查是否合理。运输线路合理的数量标准是，里、外圈均不得超过整个圈长的一半。

本例中：

半圈长 = $\frac{1}{2}$（30 + 30 + 15 + 10 + 40 + 30 + 20 + 20）= 97.5（km）

里圈长 = 30 + 30 + 15 + 10 + 30 = 115（km）> 97.5（km）

外圈长 = 20 km < 97.5 km

可见，本方案不是最优的，应进行调整。

（5）调整。甩掉现有圈中运量最小的一段，补上原先甩去的那段，再按线状线路重新安排调拨。本例中，C—b段运量只有10万t，是最小运量，予以甩去。将C—c段补上，再按线状线路从端点开始安排（见图7.10）。

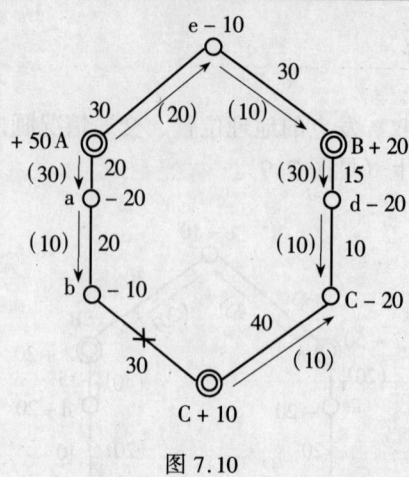

图 7.10

（6）重新检查。

里圈长 = 30 + 30 + 15 + 10 = 85（km）＜97.5（km）

外圈长 = 20 + 20 + 40 = 80（km）＜97.5（km）

可见，本方案为最优方案。

综上所述，用图上作业法规划最优运输方案可按照如下口诀进行：

物资流向画右旁，发生对流不应当；
里圈、外圈分别算，都不超过半圈长。

\*（四）表上作业法

表上作业法是运用线性规划，以最小运费为目标函数，在产销平衡表中求最佳方案的方法。其步骤为：

**1．按已知条件列出产销平衡表**

**例27** 某种商品有甲、乙、丙三个产地和 A、B、C、D 四个销地，其供应量和需要量如表所示（单位为万吨）。中间的各项数值表示各区间的单位运价（万元/百吨），见表 7 – 16。

**2．在产销平衡表上用最小元素法拟定初始运输方案**

最小元素法就是按运费最小优先调运的方法。当某一个产地或销地的产量或销量得到满足后，就将对应行或列的运价划去，再从余下的运价中找出最小的一个运价，将对应产地的运量运到相应的销地，依次就可以得到一个初始方案。见表 7 – 17。步骤如下：

表 7－16

| 运价 $C_{ij}$ 销地 $j$ 产地 $i$ | A | B | C | D | 供应量 |
|---|---|---|---|---|---|
| 甲 | 10 | 6 | 3 | 12 | 10 |
| 乙 | 11 | 10 | 2 | 5 | 6 |
| 丙 | 1 | 6 | 8 | 4 | 4 |
| 需要量 | 2 | 4 | 8 | 6 | |

（1）先挑运价最小的线段，丙 A 的运价最低，由丙地发给 A 地 200 t，在丙 A 处标上。此时 A 地已满足，将 A 的需要量划去。

（2）在剩下的各项里面找最低运价的线段。找出这时的最低运价——乙 C，将乙地的 600 t 全部调给 C 地，在乙 C 处标上，并将乙的供应量划去。

（3）余下各项里运价最低的是甲 C，由甲地发给 C 地 200 t，在甲 C 处标上。此时 C 地已满足，故将 C 的需要量划去。

（4）剩下的各项中运价最低的是丙 D，由丙地供应 2 百 t 给 D 地，在丙 D 处标上。此时丙地运量全部调出，故将丙地的供应量划去。

（5）余下的几项中，乙 D 运价最低，但因乙地的供应量已全部调出，故转而考虑运价同是 6 万元/百吨的丙 B 和甲 B，因丙地的供应量已全部调出，故只能将甲地的 400 t 发给 B 地，在甲 B 处标上，此时 B 地需要量已满足，故将其划去。

（6）此时，D 地尚有 400 t 需求量未得到满足，只好由甲地发给 D 地 400 t，在甲 D 处标上，并将甲地的供应量划去，D 地的需求量已得到满足，故将其划去。

表 7－17

| 运价 $C_{ij}$ 销地 $j$ 产地 $i$ | A | B | C | D | 供应量 |
|---|---|---|---|---|---|
| 甲 | 10 | 6④ | 3② | 12④ | 10 |
| 乙 | 11 | 10 | 2⑥ | 5 | 6 |
| 丙 | 1② | 6 | 8 | 4② | 4 |
| 需要量 | 2 | 4 | 8 | 6 | |

### 3. 检验

一个运输方案是否最优,需要检验,检验的方法是先算位势值,再求检验值。

(1) 位势值。位势,从字面上讲是位置、势态的意思。但这种字面上的含义对我们解题和操作关系不大,可不去理会。位势值的意义,在于它是表上作业法检验过程中所必须要的一个中间的值。

求位势值的规律是,表内任何一个已安排调运的格子的运价数必须等于该行位势值与该列位势值之和。

设:$U_i$ 为产地的位势值

$V_j$ 为销地的位势值

$C_{ij}$ 为 $i$ 产地到 $j$ 销地的运价($i$ 表示矩阵中元素所在的行数,$j$ 表示元素所在的列数)

∵ 已调运运价 $C_{ij}$ = 产地位势值 $U_i$ + 销地位势值 $V_j$

∴ 产地位势值 $U_i$ = 已调运运价 $C_{ij}$ − 销地位势值 $V_j$

销地位势值 $V_j$ = 已调运运价 $C_{ij}$ − 产地位势值 $U_i$

据上述公式,可列出位势值表,见表 7−18。

表 7−18

| 运价 $C_{ij}$ 销地 $j$ / 产地 $i$ | A | B | C | D | 产地位势值 $U_i$ |
|---|---|---|---|---|---|
| 甲 | 10 | 6④ | 3② | 12④ | $U_1 = 0$ |
| 乙 | 11 | 10 | 2⑥ | 5 | $U_2 = -1$ |
| 丙 | 1② | 6 | 8 | 4② | $U_3 = -8$ |
| 销地位势值 $V_j$ | $V_1 = 9$ | $V_2 = 6$ | $V_3 = 3$ | $V_4 = 12$ | |

表 7−8 中数字填列的思路是:

设 $U_1 = 0$,则

$V_2 = C_{12} - U_1 = 6 - 0 = 6$

$V_3 = C_{12} - U_1 = 3 - 0 = 3$

$V_4 = C_{12} - U_1 = 12 - 0 = 12$

$U_2 = C_{23} - V_3 = 2 - 3 = -1$

$U_3 = C_{34} - V_4 = 4 - 12 = -8$

$V_1 = C_{31} - U_3 = 1 - (-8) = 9$

(2) 检验值。检验值等于运价减去相应的产地与销地位势值之和。计算公式为:

$$Z_{ij} = C_{ij} - (U_i + V_i)$$

对于已安排调运的各项，不必计算检验值，因为它的检验值必定等于零。我们只须计算未安排调运的检验值。

本例中，$Z_{11} = C_{11} - (U_1 + V_1) = 10 - (0 + 9) = 1$
$Z_{21} = C_{21} - (U_2 + V_1) = 11 - (-1 + 9) = 3$
$Z_{22} = C_{22} - (U_2 + V_2) = 10 - (-1 + 6) = 5$
$Z_{24} = C_{24} - (U_2 + V_4) = 5 - (-1 + 12) = -6$
$Z_{32} = C_{32} - (U_3 + V_2) = 6 - (-8 + 6) = 8$
$Z_{33} = C_{33} - (U_3 + V_3) = 8 - (-8 + 3) = 13$

如果所有的检验值都是非负值，初始方案即为最优方案；如果有一个或若干个检验值为负值，则说明这方案还不是最优方案，必须进行调整。

**4．调整**

调整的方法有多种，在此我们只介绍闭回路法。

（1）以初始运输方案表中绝对值最大的负检验数所在空格为起点，沿着水平或垂直方向前进，遇到有数字格转 90°（顺时针或逆时针），继续下去必能回到原来空格，形成一个闭回路。以这个空格相应的闭回路顶点编号为零数起（无论从哪个方向）依次将这条闭回路的每个顶点编号。

（2）在闭回路上，从各奇数号顶点相应的运量中选出最小的运量作为调整量（本例的调整量是4）。

（3）将闭回路上奇数号顶点的运量都减去调整量，偶数量顶点的运量都加上调整量，便得到一个新的运输方案。见表 7 – 19。

表 7 – 19

| 运价 $C_{ij}$ 销地 $j$ 产地 $i$ | A | B | C | D | 供应量 |
|---|---|---|---|---|---|
| 甲 | 10 | 6④ | 3⑥ | 12 | 10 |
| 乙 | 11 | 10 | 2② | 5④ | 6 |
| 丙 | 1② | 6 | 8 | 4② | 4 |
| 需要量 | 2 | 4 | 8 | 6 | |

**5．再检验**

再一次计算位势值和检验值：

(1) 列位势值表,见表7-20。
(2) 计算检验值:

$Z_{11} = 10 - (0 + 3) = 7$       $Z_{14} = 12 - (0 + 6) = 6$

$Z_{21} = 11 - (-1 + 3) = 9$      $Z_{22} = 10 - (-1 + 6) = 5$

$Z_{32} = 6 - (-2 + 6) = 2$       $Z_{33} = 8 - (-1 + 3) = 7$

表7-20

| 运价 $C_{ij}$ 销地 $j$ 产地 $i$ | A | B | C | D | 产地位势值 $U_i$ |
|---|---|---|---|---|---|
| 甲 | 10 | 6④ | 3⑥ | 12 | $U_1 = 0$ |
| 乙 | 11 | 10 | 2② | 5④ | $U_2 = -1$ |
| 丙 | 1② | 6 | 8 | 4② | $U_3 = -2$ |
| 销地位势值 $V_j$ | $V_1 = 3$ | $V_2 = 6$ | $V_3 = 3$ | $V_4 = 6$ | |

检验值均为正值,说明调整方案7-19合理。

**6. 计算总运费**

代入目标函数公式,得出本例条件下的最小总运费:

总运费 = ∑(运价 × 运量)
　　　 = 6×4 + 3×6 + 2×2 + 5×4 + 1×2 + 4×2
　　　 = 76(万元)

为了便于理解,我们把四种合理运输的定量方法联系起来看,它们之间既有联系又有不同,逐步推进,适应更复杂的情况,考虑更多的因素,因而更趋合理。整理成表7-21。

表7-21

| 方法 | | 适应情况 | 供需点之间联系情况 | 考虑因素 |
|---|---|---|---|---|
| 供应分界线法 | | 二个供应点 | 单线联系,一个线段 | 供应量或成本 |
| 成对比较法 | | 二个供应点 | 单线联系,二个线段 | 运距、运费 |
| 图上作业法 | 线状 | 多个供应点 | 单线联系,多个线段 | 运量 |
| | 环状 | 多个供应点 | 单线联系,多个线段 | 运量、运距 |
| 表上作业法 | | 多个供应点 | 交叉联系 | 运量、运价 |

## 二、商品运输综合比算

商品运输，首先应根据商品性能、特点来考虑对运输工具、运输路线、运输里程等各个因素的选择。现将运输工具的特点整理如表7-22，我们可据此选择合适的运输工具。

表7-22

| 运输工具 | 运量 | 速度 | 运费 | 其他特点 | 适于 |
|---|---|---|---|---|---|
| 火车 | 大 | 快 | 低 | 不受气候、季节的影响 | 大宗物资的远程运输 |
| 轮船 | 大 | 慢 | 最低 | 受气候、季节的影响 | 时间性不强的大宗物资运输 |
| 汽车 | 较小 | 较快 | 较高 | 装卸方便、灵活机动 | 物资的短程运输 |
| 飞机 | 最小 | 最快 | 最高 | 受气候、季节的影响 | 时间性强、贵重物资的远程运输 |

商品运输还要考虑各种因素，防止片面追求某一单项指标。要从各方面权衡利弊得失，这就要运用综合比算法进行全面地综合分析。

综合比算法就是对运输路线、运输时间、运输工具、转运环节、运输费用、商品安全这六个方面的因素进行综合性的分析对比，从中选择最优的商品运输方案。

**例28** 有批货物100 t，由甲地运到乙地。有三条运输路线可供选择，有关资料整理如表7-23。

表7-23

| | 里程（km） | 运价[元/(t·km)] | 中转费率（元/t） | 损耗率（元/t） | 杂费率（元/t） |
|---|---|---|---|---|---|
| 水路 | 1000 | 0.06 | 10 | 4 | 20 |
| 公路 | 500 | 0.125 | — | 2 | 10 |
| 铁路 | 700 | 0.08 | 5 | 3 | 15 |

根据公式：

$$运费 = 运价 \times 运量 \times 里程$$
$$中转费 = 中转费率 \times 运量$$
$$损耗费 = 损耗率 \times 运量$$
$$杂费 = 杂费率 \times 运量$$

先计算分项费用，再计算总费用。计算过程和计算结果见表7-24。

表 7-24

| | 货运量（万 t·km） | 运费 | 中转费 | 损耗 | 杂费 | 总费用（万元） |
|---|---|---|---|---|---|---|
| 水路 | 10 | 0.6 | 0.1 | 0.04 | 0.2 | 0.94 |
| 公路 | 5 | 0.625 | — | 0.02 | 0.1 | 0.745 |
| 铁路 | 7 | 0.56 | 0.05 | 0.03 | 0.15 | 0.79 |

经过综合比算，在本例的三个方案中，以公路运输的费用最低，为首选运输方案。

## 三、商品运输的主要技术经济指标

### （一）商品待运期（天数）

商品待运期是指从收到商品调拨单（中转的从卸车时算起），到商品装车办完托运手续为止的天数。计算公式如下：

$$商品待运期（天数）= \frac{当月每日累计待运商品实重吨数}{当月每日累计发运商品实重吨数}$$

式中，每日待运商品吨数等于前日待运吨数加当日收货吨数减当日发运吨数。对由铁路、水路、公路运输的，应分别计算其商品待运天数，再用加权平均法求之。

商品待运期，是衡量商品运输组配、装卸效能的一个尺度。待运期的长短直接影响商品在途时间的多少。待运期太长，会影响商品流转速度和购销业务的活动，还会影响商品的质量和安全，尤其是鲜活易腐商品、有有效期限的药品、某些化学品等，由于待运期太长，而发生霉烂变质或失效。

### （二）车辆标重（容积）利用率

这项指标是用来衡量车辆载重能力和载货容量是否被合理利用，从而促进装载技术的改革，提高车辆利用率。计算公式如下：

$$\frac{车辆标重}{（容积）利用率} = \frac{发行车辆实装吨数（或实装体积）}{发运车辆标重吨数（或标记容积）} \times 100\%$$

**例29** 有货物 10 t 需要装运，预定了 4 t 卡车三辆，则车辆标重利用率 $= \frac{10}{4 \times 3} \times 100\% = 83.3\%$。

如果改用两辆 4 t 卡车，一辆 2 t 卡车，就能充分地利用运输工具。

### （三）整零比重

整车运输比起零担运输有很多优点，它能更充分地利用运输工具、降低运输费用，便

于装卸和运输管理等。所以,商品运输要尽量提高整车运输比重。其计算公式为:

$$整车(或零担)比重 = \frac{整车(或零担)发运吨数}{发运总吨数} \times 100\%$$

## (四)车皮实载率

车皮实载率是衡量铁路货车载重能力的实际利用系数。其计算公式为:

$$车皮实载率 = \frac{全月发运车皮实装吨数}{全月发运车皮标重吨数} \times 100\%$$

车皮实载率反映运输商品的组配和装载技术水平。车皮实载率高,可以节省运费,减少亏吨。

**例30** 某企业第三季度向铁路申请到装运的车皮标重总吨数为 27 800 t,实际装运商品总吨数为 15 950 t,而同时期零担发运数为 4 800 t。则:

$$零担比重 = \frac{4\ 800}{15\ 950} \times 100\% = 30\%$$

$$车皮实载率 = \frac{15\ 950}{27\ 800} \times 100\% = 57\%$$

可见,该企业零担托运比重太大,车皮利用率较低,只利用57%,亏吨较多,说明该企业在运输商品的组配、装载技术以及商品调运计划等方面的水平较低。

要提高车皮装载率,可推行联合组装运输,就是将轻泡商品与重货商品搭配装车。因为针织、百货等商品都较轻,装载率一般为60%;而五金类商品仅占用40%的车皮容积(如一个 100 m³ 的 50 t 车皮,装 50 t 的五金类商品就浪费 60 m³ 的容积)。故应低层装重货,上层装轻泡货,充分利用车皮,提高车皮实载率,节约运输费用,缩短待运时间,加速商品流转。

# 第五节 商品流转速度分析

商品流转速度是指商品从购进到售出为止在企业的平均停留时间的快慢程度。它可以用次数表示,即在一定时期商品周转的次数;也可以用天数表示,即在一定时期内商品周转一次所需用的天数。其计算公式为:

$$商品流转次数 = \frac{商品销售额}{平均库存额}$$

$$商品流转天数 = \frac{平均库存额}{平均日销售额}$$

若已知流转次数,流转天数也可用下列公式计算:

$$商品流转天数 = \frac{计算期天数}{流转次数}$$

如果用指数表示：

$$商品流转速度指数 = \frac{报告期商品流转次数}{基期商品流转次数} = \frac{商品销售额指数}{平均库存额指数}$$

如果用天数指数表示，则为倒指数，即：

$$商品流转速度指数 = \frac{基期商品流转天数}{报告期商品流转天数}$$

计算期天数，一般采用一年为360天，一个季度为90天。

**例31** 某商品有关资料见表7-25。

表7-25

| 项 目 | 基期 | 报告期 | 指数% |
|---|---|---|---|
| 商品销售额（万元） | 227 | 229.99 | 101.31 |
| 平均库存额（万元） | 39 | 39.85 | 102.18 |
| 商品流转次数（次） | 5.82 | 5.77 | 99.14 |
| 商品流转天数（天） | 61.85 | 62.38 | |

以基期为例：

流转次数 = 227 ÷ 39 = 5.82（次）

流转天数 = 360 ÷ 5.82 = 61.85（天）

流转速度指数 = 5.77 ÷ 5.82 = 99.14%

或 = 101.31% ÷ 102.18% = 99.14%

本例还可以用连环替代法来分析销售额和平均库这两个因素对流转次数的不同影响。

$$\left.\begin{array}{ll}基期： & 227 \div 39 = 5.82 \\ 替代： & 229.99 \div 39 = 5.897 \\ 报告期： & 229.99 \div 39.85 = 5.771\end{array}\right\} \begin{array}{l}+0.077 \\ -0.126\end{array}$$

由计算可知，由于销售额的增加而使流转次数增加077次，由于平均库存的增加而使流转次数减少0.126次。两个因素共同作用的结果，使报告期流转次数比基期流转次数减少0.049次≈0.05次。

使用商品流转速度指数指标，还可以进行商品库存额的预控。

**例32** 已知报告期商品销售额为229.99万元，商品平均库存为39.85万元，如果下年度计划要求商品销售额增长10%，商品流转速度加快8%，那么计划年度平均库存是多少？年末库存应达到什么水平才能实现上述要求？

从题目可知，报告期销售额指数为110%，商品流转次数为108%。

∵ 商品平均库存指数 = $\dfrac{商品销售额指数}{商品流转速度指数}$

∴ 计划期商品平均库存指数 = $\dfrac{110\%}{108\%}$ = 101.85%

计划期商品平均库存额 = 基期平均库存额 × 指数
= 39.85 × 101.85%
= 40.59（万元）

又 ∵ 平均库存 =（年初库存 + 年末库存）÷ 2

∴ 年末库存 = 平均库存 × 2 – 年初库存
= 40.59 × 2 – 39.85
= 41.33（万元）

所以计划年度平均库存是40.59万元；年末库存应达到41.33万元。

商品流转速度的快慢还取决于商品库存结构。分析库存商品结构对流转速度的影响，就是以库存实际结构按照计划流转程度来计算，可以得出商品结构对商品流转速度的影响见表7-26。

表7-26 商品库存结构对商品流转速度的影响

单位：万元

| 商品类别 | 销售额 | | 平均库存 | | 商品流转次数 | | | 按计划次数计算销售额 |
|---|---|---|---|---|---|---|---|---|
| | 计划 | 实际 | 计划 | 实际 | 计划 | 实际 | 指数% | |
| 百货类 | 102.96 | 112.06 | 10 | 12.5 | 10.296 | 8.96 | 87.02 | 128.7 |
| 针纺类 | 57.28 | 51.64 | 16 | 12 | 3.58 | 4.30 | 120.11 | 42.96 |
| 文化类 | 49.19 | 64.14 | 6.8 | 8.6 | 7.23 | 7.46 | 103.18 | 62.18 |
| 其他类 | 19.79 | 19.48 | 6.2 | 6.75 | 3.19 | 2.89 | 90.60 | 21.53 |
| 合 计 | 229.22 | 247.32 | 39 | 39.85 | 5.88 | 6.21 | 153.61 | 255.37 |

分析表7-26，以实际周转次数与计划周转次数计算的商品流转速度指数为105.61%，超过原计划周转速度水平，如果剔除结构因素的影响，商品流转速度指数为：

$\dfrac{\sum（实际商品销售额）}{\sum（各类商品实际库存 \times 该类商品计划周转次数）}$

= 247.32/255.37 = 96.85%

可见，如果没有商品结构的影响，商品流转速度指数则是96.85%，较计划次数略低,没有完成计划。同时也可以得出:由于结构变动影响,销售额增加 8.05 万元 (247.32—255.37)。

## 思考与练习

### 一、思考题

1. 商品流转的基本环节是什么?
2. 商品采购分析有哪些内容?
3. 简述商品采购批量控制的经验判断法。
4. 商品销售分析有哪些内容?
5. 简述商品销售构成分析的步骤。
6. 商品储存分析有哪些内容?
7. 简述 ABC 分类控制法的步骤。
8. 商品运输分析有哪些内容?
9. 简述图上作业法的步骤。
10. 商品流转速度公式是什么?

### 二、练习题

1. 〔目的〕练习购进商品质量分析。

〔资料〕某企业某年购进商品分等如表 7-27。

〔要求〕计算该企业购进商品的平均等级和等级系数。

表 7-27

| 商品等级 | 等级折合率 | 购进金额(万元) |
| --- | --- | --- |
| 一级 | 1 | 1 080 |
| 二级 | 0.82 | 275 |
| 三级 | 0.64 | 85 |
| 合计 | — | 1 440 |

\*2.〔目的〕练习购进商品季节分析。

〔资料〕某商店近四年饮料分季度销售额资料如表 7-28,现预测 2005 年全年饮料销售额为 250 万元。

表 7-28

| 年度\季度 | 一 | 二 | 三 | 四 |
|---|---|---|---|---|
| 2001 | 24 | 48 | 65 | 36 |
| 2002 | 30 | 51 | 72 | 38 |
| 2003 | 33 | 55 | 76 | 40 |
| 2004 | 41 | 57 | 82 | 52 |

〔要求〕用季节比率法预测 2005 年各季度的饮料销售额。

*3.〔目的〕练习购进收益期望值分析。

〔资料〕某商场家电部经销彩电,每销售一台可获利 500 元,而积压一台则亏损 1 200 元。日销量的概率如表 7-29 所示。

表 7-29

| 日销量（台） | 1 | 2 | 3 | 4 |
|---|---|---|---|---|
| 概　率 | 0.1 | 0.3 | 0.4 | 0.2 |

〔要求〕选择收益最大的进货方案。

4.〔目的〕练习经济订货批量法。

〔资料〕某商场年销售家具 6 000 套,每套家具年储存费用 6 000 元,每次进货费用 4 500 元。

〔要求〕求经济订货批量、最佳进货次数。

5.〔目的〕练习费用平衡法。

〔资料〕某商品预计从第一个进货周期到第五个周期的销量各为 40、50、60、80、60 件,商品单价 10 元,采购费用 38 元,每周期储存费用率 2.1%。

〔要求〕求该商品的经济采购批量。

6.〔目的〕练习商品销售渠道的投资报酬率分析。

〔资料〕某制冷设备厂生产的大型冷冻机,每台利润 1.4 万元,需要较高的安装技术。中间商销售,一年卖 10 台,每台销售费用 2 000 元;厂家自销,一年卖 40 台,每台销售费用 8 000 元。

〔要求〕选择最佳销售渠道。

7.〔目的〕练习主观概率推断法。

〔资料〕某服装店拟推出新款时装,由三位营业员作销售额预测判断如表 7-30。

表 7-30

| 营业员 | 最高销量（件） | 概率 | 最可能销售量 | 概率 | 最低销量 | 概率 | 权数 |
|---|---|---|---|---|---|---|---|
| 甲 | 1 800 | 0.2 | 1 600 | 0.6 | 1 400 | 0.2 | 2 |
| 乙 | 1 200 | 0.3 | 1 500 | 0.4 | 1 000 | 0.3 | 1 |
| 丙 | 1 600 | 0.3 | 1 200 | 0.5 | 800 | 0.2 | 1 |

〔要求〕预测该时装的销售量。

8．〔目的〕练习直线趋势外推法。

〔资料〕某企业历年销售额如表 7-31。

表 7-31

| 年份 | 1996 | 1997 | 1998 | 1999 | 2000 | 2001 | 2002 | 2003 | 2004 |
|---|---|---|---|---|---|---|---|---|---|
| 销额（万元） | 315.4 | 312.5 | 329.4 | 343.3 | 358.0 | 377.1 | 394.9 | 398.0 | 429.9 |

〔要求〕预测该企业 2005 年的销售额。

9．〔目的〕练习分析仓库高度和载重量的综合利用程度。

〔资料1〕某仓库库房高 6 m，载重量为 5 t/m$^2$，用于储存底面积为 0.4 m$^2$，高 0.5 m，毛重 0.2 t 的货物。

〔资料2〕有容重为 0.4 的货物储存在容载为 0.5 的库房里。

〔要求〕分别计算资料 1、资料 2 的仓库容载利用系数，并说明库房高度和载重量的综合利用程度。

*10．〔目的〕练习商品保险储存量的确定。

〔资料〕某商场经销某商品，三年中各月的日销量资料见表 7-32。

表 7-32　某商品日销量

| 日销量 | 次数 | 日销量 | 次数 |
|---|---|---|---|
| 8 | 1 | 16 | 10 |
| 10 | 4 | 18 | 5 |
| 12 | 5 | 20 | 2 |
| 14 | 7 | 22 | 2 |

〔要求〕计算销售保证概率为 93.32% 的商品保险储存量。

11. 〔目的〕练习商品储存控制。

〔资料〕某商场上年末各大类商品库存金额见表 7-33。

〔要求〕按 ABC 分类控制法对各大类商品分类,并采取相应的控制方法。

12. 〔目的〕分析商品合理储存时间。

〔资料〕某商店经营某种商品,毛利额为 15 000 元,固定费用 3 000 元,销售税金 4 000 元,日增长费用 80 元,商店计划获取 4 800 元利润。

〔要求〕计算该商品的储存保本期、保利期。

表 7-33

| 品类 | 库存额（万元） | 品类 | 库存额（万元） |
| --- | --- | --- | --- |
| 五金 | 10 | 纺织品 | 240 |
| 服装 | 350 | 眼镜 | 5 |
| 玩具 | 5 | 自行车 | 20 |
| 文化用品 | 10 | 家电 | 100 |
| 小百货 | 90 | 食品 | 40 |
| 鞋帽 | 10 | 灯具 | 20 |

13. 〔目的〕分析农副产品的损耗。

〔资料〕某粮库存购入小麦 30 000 kg,水杂率为 13.5%,经储存一段时间后全部调出,这时水杂率为 10%,出库存量为 27 000 kg。

〔要求〕计算保管损耗、水杂减量和自然损耗。

14. 〔目的〕练习供应分界线法。

〔资料 1〕某产品有 A、B 两个产地,相距 600 km,供应量分别为 18 万 t 和 12 万 t。

〔资料 2〕A、B 两个产地,相距 600 km,运输成本分别为 0.3 元/km、0.2 元/km。

〔要求〕分别计算资料 1、资料 2 的两地供应范围。

15. 〔目的〕练习供应分界线法。

〔资料〕甲、乙两地相距 500 km,生产同一种产品,甲地的生产成本为单位产品 100 元,两地的运输成本均为 0.2 元/km,又已知甲地的供应距离与乙地供应距离之比为 3:2。

〔要求〕计算乙地生产此产品的单位成本。

16. 〔目的〕练习成对比较法。

〔资料〕有 A、B 两产地和甲、乙两销地，相互间的距离见表 7-34。

表 7-34

| 销地<br>产地 | 甲 | 乙 |
|---|---|---|
| A | 70 | 100 |
| B | 60 | 80 |

〔要求〕选择最佳运输方案。

17. 〔目的〕练习表上作业法。

〔资料〕有产销平衡表见表 7-35。

表 7-35

| 运价 $C_{ij}$ 销地 j<br>产地 i | A | B | C | D | 供应量 |
|---|---|---|---|---|---|
| 甲 | 7 | 25 | 6 | 15 | 65 |
| 乙 | 2 | 14 | 4 | 13 | 35 |
| 丙 | 12 | 8 | 20 | 10 | 100 |
| 需要量 | 30 | 70 | 45 | 55 | 200 |

〔要求〕安排合理的运输方案。

18. 〔目的〕练习商品运输综合比算。

〔资料〕有批货物从 A 地运到 B 地，有公路、铁路、水路三条运输线路，有关资料见表 7-36。

表 7-36

|  | 里程<br>(km) | 运价<br>(元/km) | 损耗率<br>(占运费的百分比) | 中转费率<br>(占运费的百分比) | 杂费 |
|---|---|---|---|---|---|
| 公里 | 400 | 40 | 1 | 0 | 2000 |
| 铁路 | 700 | 35 | 2 | 2 | 1000 |
| 水路 | 500 | 30 | 3 | 5 | 3000 |

〔要求〕选择最佳运输线路。

19．〔目的〕练习商品运输的主要技术经济指标的计算。

〔资料〕某企业上月向铁路部门申请得到装运的车皮标重总吨数为 2 000 t，实际装运商品总吨数为 1 035 t，其中整车发运 850 t，零担发运 185 t。

〔要求〕求整车比重、零担比重、车皮实载率。

20．〔目的〕分析商品流转速度。

〔资料〕某企业有关资料见表 7-39。

表 7-39

|  | 销售额 | 平均库存 | 流转次数 | 流转天数 |
|---|---|---|---|---|
| 上期 | 1 460 万元 | 258 万元 |  |  |
| 本期 | 1 885 万元 | 277 万元 |  |  |

〔要求〕①将表 7-39 的空格填上数字。

②用连环替代法分析销售额和平均库存这两个因素对流转次数的不同影响。

# 第八章 财务分析

财务分析是指为了达到预期的经济效果,以会计核算提供的资料为基础,对报告期实现的各项财务活动及其成果进行综合的研究和评价。

本章将阐述财务分析的基本概念、财务报表分析、综合财务分析。

## 第一节 财务分析概述

### 一、财务分析的必要性、内容和作用

#### (一) 财务分析的必要性

企业财务活动的结果,主要是通过财务报表的各项指标定期反映的。各项指标的数据虽然可以反映企业财务活动的基本情况,但难以对企业财务状况、经营活动成果和企业经营管理工作作出全面的、正确的评价,更难以提出解决问题、改进工作的意见。例如,某企业本年度净利润200万元,很显然,光有这一会计数据并不能说明多少问题,但假如我们还了解到该企业去年的净利润只有100万元,那么将这两个数据加以比较就能从中获得有用的经济信息。换言之,财务报表所提供的财务信息,只能概括反映一个企业的财务状况和经营成果,不能说明财务状况好坏的形成原因以及对企业偿债能力的影响程度;只能反映企业经营成果的大小,而无法说明企业获利能力的高低,更无法预测企业未来的变化趋势。因此,很有必要进行财务分析,通过揭示和披露企业经营状况和理财状况,了解企业经营理财成绩与问题,及时采取措施,促进企业经营理财沿着所有者财富最大化的目标运行。

## （二）财务分析的内容

企业财务分析一般包括下列主要内容：
（1）企业资金来源结构的分析；
（2）企业短期内资金实力的分析；
（3）负债经营对投资者权益影响的分析；
（4）占用资产（或资本）与获得利润情况的分析；
（5）利润与利息、股利之间关系的分析；
（6）每股普通股分得股利的分析；
（7）企业获利情况的趋势分析；
（8）将营运能力、偿债能力和获利能力等联系起来，综合分析。

我国《企业财务通则》第四十一条规定：企业应当定期向投资者、债权人、有关的政府部门以及其他报表使用者提供财务报告。财务报告是反映企业财务状况和经营成果的总结性书面文件。它包括两个部分：第一，企业对外报送的会计报表：资产负债表、损益表、财务状况变动表（现金流量表）、利润分配表、主营业务收支明细表、月度财务快报等。在财务分析时，还要利用企业内部会计报表，如产品成本费用计算表、现金收支日报表等提供的会计信息。第二，企业编写的财务情况说明书，主要说明企业的生产经营状况、利润实现和分配情况、资金增减和周转情况、税金缴纳情况、各项财产物资变动情况；对本期或下期财务状况发生重大影响的事项；资产负债表日后至报出财务报告前发生的对企业财务状况变动有重大影响的事项；以及需要说明的其他事项。财务情况说明书应对每个问题用数据简要说明基本情况，它不是分析资料的简单罗列，而是财务状况的诊断书。

## （三）财务分析的作用

财务分析非常重要，它具有以下作用：
（1）企业财务分析能帮助企业的经营管理者总结过去的营业成果和财务状况，明确现在所处的竞争地位，加强内部控制，并在此基础上预测和规划未来。
（2）财务分析能帮助银行、投资者、供应商以及同企业有利害关系的单位和个人，了解和掌握企业的生产经营和财务状况，了解企业的偿债能力、获利能力以及发展趋势，并据此作出科学的投资决策和提供信贷的决策。同时，投资者和债权人还可根据财务分析所提供的信息，监督企业的生产经营管理，以保护自身的合法权益。
（3）财务分析能帮助政府的财税、外汇管理、证券管理和统计等职能部门对各种会计数据进行汇总处理和分析利用，使国家对宏观经济的调控更具有效率。例如，财税部门根据企业报送的财务报告检查企业的财务情况，检查企业税款计算是否正确，是否及时、足额上缴,从而加强税收管理;政府的证券管理部门在对有价证券的发行和流通进行监管的过程中,也需要有关企业所提供的财务报告;政府的统计部门也可以通过对企业的财务报告所包含的经济信息进行汇总分析,及时发现国民经济运行过程中存在的问题,为国家采取宏观调控措施提供依据。

## 二、财务分析的类型和分析的方法

### (一) 财务分析的类型

处在不同地位的人员对企业提供的会计信息有不同的要求,换言之,对财务分析有不同的侧重点。根据分析的主体是企业经营管理者还是企业的投资者或债务人,我们可以将财务分析分成内部分析和外部分析两大类:

#### 1. 外部分析

企业的投资者和债权人是企业资本或资金的供给者,是在企业外部形成的利益集团,他们一般不直接参与企业的经营管理,不能直接从企业的生产过程和营销过程中获取所需要的经济信息,而只能依赖于企业的财务报告来了解和掌握企业过去的经营成绩和目前的财务状况,并在此基础上形成自己对企业未来盈利能力及潜在风险的判断,最终作出投资或信贷决策。

然而,即使都属于外部分析,不同的外部集团成员对财务分析也各有侧重。例如,向企业提供短期信贷资金的银行以及在赊购、赊销过程中形成的商业信贷提供者(如原材料或中间产品的供应商以及向企业支付预付货款的客户等),主要对企业当期的现金头寸和近期产生现金收入的能力感兴趣,因为他们对企业的要求权是短期性质的。而要想了解企业对短期债务的偿还能力,则只需对财务报表进行流动性分析便可得出结论。又如,对企业提供中、长期贷款的金融中介机构、公司债券的持有者以及公司优先股的股东对企业的资产和收益所拥有的要求权是长期的,他们对企业在较长时期里的支付利息和产生收入的能力以及提供偿债基金的情况感兴趣。因此,他们对财务报表的分析主要围绕着企业的资本结构和长期偿债能力展开;当然,他们同时也关注其他债权人和投资者对企业现金等资产的要求权的情况。再如,企业的所有者以及潜在的投资者对企业当期的盈利水平和未来的发展潜力尤感兴趣,因为公司股票市价的涨跌很大程度上取决于公司目前实际的和未来预期的收益情况、红利的发放数量及其稳定性。至于政府的税务部门,他们则特别注意企业成本费用的开支情况、税前利润的水平以及应缴税款的数量等。

#### 2. 内部分析

企业的经营管理者常常将分析重点集中于企业管理过程中出现的某些薄弱环节或对企业发展有重大影响的项目,分析的目的是为了更有效地进行控制和规划。

例如,为了加强企业的内部控制,产销情况一直是企业经营管理者所瞩目的焦点,他们对各种流动资产和固定资产的周转情况以及对这些资产的投资收益率特别关注，因为这些财务指标是评估企业的资产管理是否具有效率的重要依据。又如，为了扩大从外界获得资金的渠道和降低筹资成本，企业的财务主管必须很熟悉财务报表的外部使用者通常用来了解和评价企业盈利能力和财务状况的各项指标，以便能有的放矢地改善企业的整体形象。再如，为了对企业的未来作出科学的发展规划，管理人员必须仔细地分析企业当期的财务状况，认真地评估企业目前面临的发展机会及其对企业未来现金流动所产生的潜在影响。

综上所述，由于企业的内部管理人员、与企业有经济利害关系的外部集团成员对企业的运行和发展有不同的预期或希望，因此他们往往从不同的角度来分析。

### (二) 财务分析的基本方法

#### 1. 比率分析法

它是通过计算财务报表上的相关项目之间的比率，借以分析和评价企业财务状况及经营成果好坏的一种方法。

比率分析法所运用的比率种类很多，有的是由资产负债表中的有关项目所构成的比率；有的是由损益表中有关项目所构成的比率；有的是由资产负债表与损益表中有关项目所构成的比率。按照比率所反映的内容不同，可分为：①变现力比率，主要有流动比率和速动比率；②资产管理比率，主要有应收账款回收期、固定资产增减率或更新率、固定资产使用率、流动资金周转率、流动资金占用率等；③负债与股东权益比率，主要有借入资金与自有资金比率等；④获利能力比率，主要有各种利润率。

#### 2. 趋势分析法

对照企业连续几年财务报表中的相同项目，比较各项目前后期的增减方向和幅度，以便揭示企业财务状况、经营成果的增减变化及发展趋势。

趋势分析法的具体形式有两种：一种是采用比较财务报表的形式；另一种是采用统计图形式，前者应用更为广泛。编制比较财务报表，按其比较的内容可以分为比较资产负债表和比较损益表；按其比较的形式可分为绝对金额比较表和百分比比较表。

绝对金额比较表列示出各项目前后期的增减差额，使比较结果一目了然。其计算公式为：

$$增减额 = 本期金额 - 上期金额$$

百分比比较表便于与同行业其他企业相比较，而不必考虑不同企业在规模上的差别。其计算公式为：

$$增减百分比 = 增减额 \div 上期金额$$

#### 3. 构成分析法

把常规的财务报表换算成构成百分比报表，然后将不同年度的报表逐项比较，了解某一特定项目在不同年度间百分比的差额。

同一报表中不同项目的构成分析的计算公式为：

$$构成百分比（比重）=（部分 \div 总体）\times 100\%$$

通常，资产负债表的"总体"是"总资产"；损益表的"总体"是"销售收入"；现金流量表的"总体"是"现金及现金等价物净增加额"。

## 三、财务分析的局限性及弥补措施

### （一）财务分析的局限性

尽管财务分析对于正确评价和监督企业理财状况以及优化企业经营管理有着极大作用，但它并非绝对正确，其原因在于财务分析本身固有的局限性。

**1. 资料来源的局限性**

财务报表是财务分析的主要依据，财务报表数据的局限性决定了财务分析的局限性。①可比性。影响财务分析可比性的因素有计算方法、计价标准、时间跨度和经营规模等，因此财务报表数据资料是否具有可比性，对财务分析的结果都会产生重大影响。②可靠性。财务报表数据是否真实可靠，不仅制约于企业的主观因素及人为因素，而且还受到通货膨胀及会计方法的影响。如果通货膨胀严重、会计方法不适当，或过多地掺杂了各种人为因素和主观因素，财务报表数据的真实可靠性就缺乏保证，这必然会使财务分析的结果产生不同程度的虚假性。③有效性。财务报表的各项数据及其他有关资料大多属于企业的历史资料，如果企业单纯依据这些历史资料进行分析，而不充分发挥人的积极能动性，其结果是无法有效地为企业改善经营管理提供参考，甚至还可能对企业的政策行为产生误导作用。

**2. 分析方法的局限性**

分析方法的局限性表现在：①滞后性。财务分析的方法基本上都是限于事后分析，因此针对分析中发现的问题，无论企业采取什么对策，都无法对过去加以补救。②假设性。各种分析方法运用的有效性都是以各种条件不变或具有可比性为前提假设的。一旦这些前提条件发生变化或者已经不再具备，财务分析的结果就会与实际相背离。因此，以条件不变作为各种方法使用的前提是不切实际的。

**3. 分析指标的局限性**

出于保护自身商业秘密和市场利益的目的，企业公开于社会的各项指标数值通常仅限于财务通则和会计准则范畴的浅层次的一般性财务信息，同时为了得到政府和金融机构等的良好评价，企业还会对这些应公开的信息加以不同程度的修饰，以树立良好的市场形象。因此，投资者依据这些指标数值很难对企业真实经营理财状况作出正确评价。此外，对经营决策者真正有用的是那些深层次的、涉及商业秘密的、详尽的财务信息。然而，从当前财务通则的财务指标体系中却无法找到那种能够对经营决策发挥指导作用的财务指标，因而大大降低了财务分析的作用。

另外，在指标的名称、计算公式、计算口径等方面也存在很大的不规范性；如何将时间价值观念纳入财务分析当中以及如何消除通货膨胀的影响都缺乏统一规定及标准，等等。

### (二) 弥补措施

针对上述缺陷，在进行财务分析时必须采取如下弥补措施：

(1) 尽可能去异存同，增强指标的可比性。例如，在分析时将不同会计方法的影响差异剔除；将某些特殊的、个别事件或因素剔除；选择同行业同等规模企业进行横向比较等。

(2) 企业根据需要设置一些适合内部经营决策需要，有助于揭示各种深层次财务信息的分析指标，在计算时尽量消除通货膨胀的虚假影响，并将时间价值观念有机地纳入分析过程。

(3) 注意各种分析指标的综合运用。如定量分析与定性分析相结合，横向分析与纵向分析相结合，总量分析与个量分析相结合，比较分析与比率分析相结合，静态分析与动态分析相结合，以便相互取长补短，发挥财务分析的总体功能效应。

(4) 将营运能力、偿债能力及获利能力等各项指标综合权衡，并结合社会经常环境的变化及企业不同时期的经营理财目标进行系统分析，力求透过指标的现象揭示企业经营理财状况的实质。

(5) 善于运用"例外管理"原则，对各种异常现象进行追踪调查和深入剖析。

下面以 A 公司（一般纳税人）为例，进行资产负债表、损益表、利润分配表及现金流量表的分析。

## 第二节　资产负债表分析

资产负债表是反映企业在某一时点（如月末、季末、年末）的资产、负债和所有者权益状况的静态报表（见表 8-1）。

表 8-1　　　　　　　　　　　　　　　　　　　　　　　　　　　会工 01 表

编制单位：A 公司　　　　　　20××年 12 月 31 日　　　　　　　　　　　单位：元

| 资　产 | 行次 | 年初数 | 期末数 | 负债及所有都权益 | 行次 | 年初数 | 期末数 |
|---|---|---|---|---|---|---|---|
| 流动资产： | | | | 流动负债： | | | |
| 货币奖金 | 1 | 1 406 300 | 820 745 | 短期借款 | 22 | 300 000 | 50 000 |
| 短期投资 | 2 | | 15 000 | 应付票据 | 23 | 200 000 | 100 000 |
| 应收票据 | 3 | 246 000 | 46 000 | 应付账款 | 24 | 953 800 | 953 800 |
| 应收账款 | 4 | 300 000 | 600 000 | 其他应付款 | 25 | 50 000 | 50 000 |
| 减：坏账准备 | 5 | －900 | －1800 | 应付工资 | 26 | 100 000 | 100 000 |
| 应收账款净额 | 6 | 299 100 | 598 200 | 应付福利费 | 27 | 10 000 | 80 000 |
| 预付账款 | 7 | 100 000 | 100 000 | 未交税金 | 28 | 30 000 | 205 344 |
| 其他应收款 | 8 | 5 000 | 5 000 | 其他未交款 | 29 | 6 600 | 6 600 |
| 存货 | 9 | 2 580 000 | 2 574 700 | 预提费用 | 30 | 1 000 | |
| 待摊费用 | 10 | 100 000 | | 一年内到期的长期负债 | 31 | 1 000 000 | |
| 流动资产合计 | 11 | 4 751 400 | 4 144 645 | 流动负债合计 | 32 | 2 651 400 | 1 545 744 |
| 长期投资： | | | | 长期负债： | | | |
| 长期投资 | 12 | 250 000 | 250 000 | 长期借款 | 33 | 600 000 | 1 160 000 |
| 固定资产： | | | | | | | |
| 固定资产原价 | 13 | 1 500 000 | 2 401 000 | | | | |
| 减：累计折旧 | 14 | 400 000 | 170 000 | | | | |
| 固定资产净值 | 15 | 1 100 000 | 2 231 000 | | | | |
| 在建工程 | 16 | 150 000 | 728 000 | 所有者权益： | | | |
| 固定资产合计 | 17 | 2 600 000 | 2 959 000 | 实收资本 | 34 | 5 000 000 | 5 000 000 |
| 无形及递延资产： | | | | 盈余公积 | 35 | 150 000 | 185 685.15 |
| 无形资产 | 18 | 600 000 | 540 000 | 其中：公益金 | 36 | | 11 895.05 |
| 递延资产 | 19 | 200 000 | 200 000 | 未分配利润 | 37 | | 202 215.85 |
| 无形递延资产合计 | 20 | 800 000 | 740 000 | 所有者权益合计 | 38 | 5 150 000 | 5 387 901 |
| 资产总计 | 21 | 8 401 400 | 8 093 645 | 负债及所有者权益总计 | 39 | 84 101 400 | 8 093 645 |

资产负债表主要内容分左、右两个部分，左边反映企业的各种资产数额，按资产变现能力的高低，即资产转换成现金所需时间的长短顺序排列，先流动资产，后固定资产。右方反映资产的求偿权，按清偿所需要时间长短顺序排列，先流动负债，后长期负债，最后为所有者权益。资产负债表的平衡原理是：

$$资产 = 负债 + 所有者权益$$

分析资产负债表的意义在于：

（1）通过该表的资产项目，可以了解企业所拥有或控制的各种经济资源的分布形态和构成情况，分析资源的配置是否合理。

(2) 通过该表的负债项目，可以了解企业负担的长期债务和短期债务数额以及偿还时间，将有关的项目进行对比分析，便可知企业的偿债能力和筹资能力。

(3) 通过该表的所有者权益项目，可以了解企业投资者对本企业资产所拥有的权益总额，将所有者权益与负债进行对比，可以了解企业的财务实力。

(4) 通过不同时期资产负债表的横向对比分析和纵向对比分析，可以了解企业资金结构的变化和财务发展趋势。

## 一、比率分析

根据资产负债表的有关项目，可以计算以下指标：

### （一）资本结构比率

资本结构比率是指债务、所有者权益与资产的相互关系，它反映企业的财务风险和长期偿债能力。

企业各项资产的资金来源，一是债权人提供的，如银行借款、各项应付款等；二是企业投资者提供的，如企业所有者投资于企业的资金和企业留存的利润。属于债权人的称负债，属于投资者的称所有者权益。

**1. 资产负债率（又称举债经营比率）**

它是负债总额与资产总额的比率。是衡量企业在多大程度上利用债权人的资金来对其资产进行融通以展开生产经营活动的指标。其公式为：

$$资产负债率 = \frac{负债总额}{资产总额} \times 100\%$$

该指标表明每百元资产有多少是债权人提供的，反映企业偿还长期债务（指一年以上到期的应付债务）的能力，以及企业在清算时保护债权人利益的程度。

公式中的负债总额不仅包括长期负债，还包括短期负债。这是因为：短期负债作为一个整体，企业总是长期占用着，可以视同长期性资本来源的一部分。例如，某一个应付账款明细科目可能是短期性的，但企业总是长期性地保持一个相对稳定的应付账款总额，这部分应付账款便可成为企业长期性资本来源的一部分。

从债权人的角度看，由于资产负债率的高低直接关系到他们所提供的资金或发放贷款的安全程度，也就是能否按期收回本金和利息。如果资产负债率大，也就是说投资者提供的资本只占企业资本总额的较小比例，则企业的风险将主要由债权人负担，这对债权人来讲是不利的。因此，他们希望资产负债率越低越好，这样，企业偿债有保证；在企业发生重大财务困难、被迫宣布破产而受清算时，他们的权益就能在较大程度上得到保障。

从投资者的角度看，由于企业通过举债筹措的资金与投资者提供的资金，在生产经营中发挥同样的作用，所以，投资者关心的是全部资本盈利率是否超过借入款项的利率，即借入资本的代价。在企业所得的全部资本利润率超过因借款而支付的利息率时,投资者所得到利润就会加大;反之,则对投资者不利,因为借入资本的多余利息要用投资者所得的利润份额来弥补。因此,从投资者的立场看,当全部资本利润率高于借款利息率时,资产负债率越高越好,否则反之。

从经营管理者的角度看,如果资产负债率很大,超过债权人心理承受能力,则企业筹资的能力就受到限制,甚至借不到钱;如果企业不负债,或负债比率很小,则说明企业畏缩不前,对前途信心不足,利用债权人资本进行经营活动的能力很差。因此,从经营管理者的立场看,只要不是盲目的借款,资产负债率越大越显得企业活力充沛、敢冒风险、富于进取。

从财务管理的角度看,企业应审时度势,全面考虑,在利用资产负债率制定借入资本决策时,须充分估计预期的利润和增加的风险,在两者之间权衡利害得失,作出正确决策。若企业有足够的现金流量且收益比较稳定,说明企业经营状况良好,还债能力较强,则提高负债比率为佳。反之,则可能因无法偿债而破产。根据表 8-1 提供的资料,可计算得资产负债率为:

年初:$\dfrac{2\ 651\ 400 + 600\ 000}{8\ 401\ 400} \times 100\% = 38.7\%$

期末:$\dfrac{1\ 545\ 744 + 1\ 160\ 000}{8\ 093\ 645} \times 100\% = 33.43\%$

**2. 产权比率(又称债务股权比)**

产权比率也是衡量长期偿债能力的指标之一。它是负债总额与所有者权益总额的比率。其计算公式如下:

$$产权比率 = \dfrac{负债总额}{所有者权益总额} \times 100\%$$

根据表 8-1 提供的资料,可计算得产权比率为:

年初:$\dfrac{2\ 651\ 400 + 600\ 000}{5\ 150\ 000} \times 100\% = 63.13\%$

期末:$\dfrac{1\ 545\ 744 + 1\ 160\ 000}{5\ 387\ 901} \times 100\% = 50.22\%$

产权比率反映债权人提供的资本与投资者提供的资本的相对关系,反映企业基本财务结构是否稳定。一般来说,所有者权益大于负债较好,但也不能一概而论。从投资者来看,在通货膨胀加剧时,企业多借债可以把损失和风险转嫁给债权人;在经济繁荣时,多借债可以获得额外的利润;在经济萎缩时,少借债可以减少利息负担和财务风险。产权比率高,是高风险、高报酬的财务结构;产权比率低,是低风险、低报酬的财务结构。从本例计算结果看,年初、期末的产权比率分别为 63.13%、50.22% 表明 A 公司的财务结构期末比期初稳定。

产权比率同时也表明债权人投入的资本受到股东权益保障的程度,或者说是企业清算时对债权人利益的保障程度。国家规定债权人的索偿权在投资者之前。按本例的情况看，如果 A 公司期末进行清算，则债权人的利益因投资者提供的资本所占比重较大而有所保障。

### 3．所有者权益比率（又称自有资金构成比率）

所有者权益包括实收资本（或股本）、资本公积金、盈余公积金和未分配利润等。所有者权益比率是所有者权益与资产总额的比率，简称权益比率。其公式为：

$$权益比率 = \frac{所有者权益额}{资产总额} \times 100\%$$

该指标反映自有资金占企业总资本的比重，表明企业的偿债能力。

由于权益比率＝1－负债比率，所以从债权人的角度讲，这个比率越高越好，它表明企业的资金来源中依靠投资者投资的比重较大，靠举债融资的比重较小，偿债能力强。假如企业因连续亏损而宣告破产，债权人的权益能得到较大的保障。但是，从企业投资者的角度来讲，权益比率太高不一定可取，因为它意味着企业没有充分利用企业资产。在举债能创造出比平均资本成本更高的利润时，权益比率越低越好。然而，在企业的利润率小于平均资本成本率时，所有者权益比率太低反而会使企业被沉重的利息负担压得喘不过气来。尤其在经济衰退或萧条之际，企业的资产容易发生贬值，再加上企业的经营收益不抵借入资金的成本，就可能发生无力偿付到期债务本息的情况，这会导致投资者丧失对企业的控制权，甚至被迫进行破产清理。

根据表 8－1 提供的资料，可计算得所有者权益比率为：

年初：$\frac{5\ 150\ 000}{8\ 401\ 400} \times 100\% = 61.30\%$

期末：$\frac{5\ 387\ 901}{8\ 093\ 645} \times 100\% = 66.60\%$

### 4．权益乘数

它表明企业的股权资本支撑着几倍于自己的投资规模，它能从另一个角度揭示企业使用债务资金对其资产进行融通的程度。其公式为：

$$权益乘数 = \frac{资产总额}{所有者权益总额}$$

据表 8－1 资料，可计算得权益乘数为：

年初：$\frac{8\ 401\ 400}{5\ 150\ 000} = 1.63$

期末：$\frac{8\ 093\ 645}{5\ 387\ 901} \times 100\% = 1.50$

资产负债率、产权比率、所有者权益比率与权益乘数具有共同的经济意义，四个指标可以相互补充。

### 5．有形净值债务率

有形净值债务率是企业负债总额与有形净值的比率。有形净值是所有者权益减去无形

资产净值,即投资者具有所有权的有形资产的净值。其计算公式为:

$$有形净值债务率 = \frac{负债总额}{所有者权益 - 无形资产净值} \times 100\%$$

根据表 8-1 提供的资料,可计算得有形净值债务率为:

年初:$\frac{2\ 651\ 400 + 600\ 000}{5\ 150\ 000 - 600\ 000} \times 100\% = 71.46\%$

期末:$\frac{1\ 545\ 744 + 1\ 160\ 000}{5\ 387\ 901 - 540\ 000} \times 100\% = 55.81\%$

有形净值债务率指标实质上是产权比率指标的延伸,是更为谨慎、保守地反映在企业清算时债权人投入的资本受到所有者权益的保障程度,因为该指标不考虑无形资产的价值,包括商誉、商标、专利权以及非专利技术等,它们不一定能用于偿债,为谨慎起见一律视为不能偿债,所以将其从分母中扣除。

从长期偿债能力来讲,该比率越低越好。对有形净值债务率的分析可以参见对产权比率的分析。

### (二)变现能力比率(又称流动性比率)

变现能力是企业产生现金的能力,它取决于可以在近期转变为现金的流动资产的多少。

任何一家企业要想维持正常的生产经营活动,手中必须持有足够的现金和银行存款以支付各种到期的费用账单和其他债务;而最能反映企业短期支付能力的是流动性比率,它是建立在对企业流动资产和流动负债关系的分析之上的,主要由流动比率和速动比率构成。

**1. 流动比率**

它是流动资产与流动负债的比率。是衡量企业流动资产在短期债务到期前可变为现金用于偿还流动负债能力的指标。其公式为:

$$流动比率 = \frac{流动资产}{流动负债} \times 100\%$$

流动比率表明每百元流动负债有多少流动资产作偿还保证。流动比率越高,企业偿债能力越强,企业的安全程度就越高。但是,流动比率过高,就可能出现资金呆滞,从而影响企业资金的有效利用,相对降低了企业的盈利能力。一般来说,流动比率以 200% 即 2:1 为宜。这是因为处于流动资产中变现能力最差的存货金额约占流动资产总额的一半,剩下的流动性较大的流动资产至少要等于流动负债,企业的短期偿债能力才会有保证。

根据表 8-1 提供的资料,可计算得流动比率为:

年初:$\frac{4\ 751\ 400}{2\ 651\ 400} \times 100\% = 179.20\%$

期末：$\dfrac{4\,144\,645}{1\,545\,744} \times 100\% = 268.13\%$

## 2．速动比率（又称酸性试验比率）

它是速动资产与流动负债的比率。是衡量企业流动资产中可立即用于偿付流动负债能力的指标。其公式为：

$$速动比率 = \dfrac{速动资产}{流动负债} \times 100\% = \dfrac{流动资产 - 存货}{流动负债} \times 100\%$$

它表明每百元流动负债有多少速动资产作偿还保证。

速动资产是指短期内能够变现，具有直接支付手段的资产。它是现金、银行存款、应收票据、短期投资、应收账款净额、有价证券等之和。也可以从流动资产中减去不能变现的待摊费用、预付费用和变现能力差的存货。但因待摊费用、预付费用数额较小、影响不大，故将其忽略不计。于是，速动资产 = 流动资产 - 存货。

在计算速动比率时要把存货从流动资产中剔除的原因是：存货需要通过销售和应收账款等环节才能变现，故在流动资产中存货的变现速度最慢；部分存货虽已损失报废却未作处理；部分存货已抵押给某债权人；存货估价还存在着成本与合理市价相差悬殊的问题；存货若不适销对路或遇上经济萧条时期还可能成为滞销货。综合上述原因，存货能否在其价值不受损失的条件下迅速转化为现金以支付到期的债务，就具有很大的不确定性。因此，在计算速动比率时要把存货从流动资产中剔除，用以衡量企业在不必将存货出售时或不可能将存货变现时的短期偿债能力。

一般来说，速动比率100%即1∶1为宜。

速动比率小于100%，则视存货是否畅销。存货畅销，仍有偿债能力；存货滞销则不保证有足够的偿债能力，企业必须立即采取措施调整企业资产结构，并想方设法筹措到足够的资金以备不测。

速动比率大于100%，表明企业通过使用手中所持有的现金、提取银行存款、出售短期有价证券、回收应收账款、贴现应收票据或到期收回票款等方式就足以偿付全部流动负债，而不必出售存货。但是速动资产过多，则说明游资过多，会出现浪费，对企业经营不利。

当然，正常的速动比率为100%，仅是一般的看法，没有统一的标准速动比率，因为行业不同，速动比率也就会有很大差别。例如，大量采用现金销售的商店，几乎没有应收账款，大大低于100%的速动比率是很正常的；相反，一些应收账款较多的企业，速动比率可能会大于100%。

影响速动比率可信性的重要因素是应收账款的变现能力。账面上的应收账款不一定都能变成现金，实际坏账可能比计提准备的要多；季节性的变化，可能使报表的应收账款数额不反映平均水平。

此外，短期有价证券的质量问题也可影响速动比率的可信性。因有些短期有价证券的信用级别较低、流动性较差，在出售时会因市场价格的波动而蒙受一些损失。假如速动比率不对此作出适当调整，它所传递的有关企业流动性的信息，就可能包含一些不可靠的因素，以致引起误导作用。

总之，速动比率是一个比流动比率更严格的、用以衡量企业流动性状况的指标。

据表 8 – 1 提供的资料，可计算得速动比率为：

年初：$\dfrac{4\ 751\ 400 - 2\ 580\ 000}{2\ 651\ 400} \times 100\% = 81.90\%$

期末：$\dfrac{4\ 144\ 645 - 2\ 574\ 700}{1\ 545\ 744} \times 100\% = 101.57\%$

### （三）周转比率（又称营运效率比率）

周转比率是衡量企业在资产管理方面的效率的财务比率。包括存货周转率、应收账款周转率、固定资产周转率、总资产周转率等。

#### 1. 存货周转率

它是反映存货周转速度的比率。是衡量企业销货能力强弱和存货是否过量的重要指标。其公式为：

$$存货周转率（次）= \dfrac{销售成本}{平均存货}$$

$$存货周转天数 = \dfrac{360}{存货周转率} = \dfrac{360 \times 平均存货}{销售成本}$$

公式中的销售成本数据来自损益表，平均存货来自资产负债表中的"年初存货"和"期末存货"的平均数。

根据表 8 – 1、表 8 – 3 的资料，可计算得：

$$存货周转率 = \dfrac{750\ 000}{(258\ 000 + 2\ 574\ 700) \div 2} = 0.53（次）$$

$$存货周转天数 = \dfrac{360}{0.53} = 680（天）.$$

一般情况下，存货周转的速度快，说明企业的销售效率高，库存积压少，营运资本中被存货占用的比重相对较小；反之，存货周转率低则是企业经营管理不善，使较多的营运资金在存货上积压，不能正常营运。造成存货周转速度慢的原因有两个：一是存货有问题，要么是货物受损，残次品较多，要么是产品已过时，成为冷背滞销货，其变现的流动性大大减少，因此对这部分存货的账面价值应作调整以真正反映其市场价值；二是企业急于扩大销售规模，使存货过分充足，偏离了最佳存货水平（其数学模型如"经济订货批量"，见本书第七章第一节），造成资金积压，成本增大。

#### 2. 应收账款周转率

它反映出企业管理应收账款的效率。这是衡量企业流动资产周转状况的指标之一，是分析企业应收账款变现速度的重要指标。其计算公式为：

$$应收账款周转率（次）= \frac{赊销净额}{平均应收账款}$$

式中，赊销净额 = 销售收入 – 现销收入 – 销售退回、折让和折扣

平均应收账款 =（年初应收账款 + 期末应收账款）÷ 2

注：商业信用性质的应收票据也可包括在应收账款中一并计算其周转率。

$$应收账款周转天数 = \frac{360}{应账款周转率}$$

$$= \frac{360 \times 平均应收账款}{赊销净额}$$

根据表 8 – 1 的资料，又已知赊销净额为 1 245 000 元，则：

$$应收账款周转次数 = \frac{1\,245\,000}{(299\,100 + 598\,200) \div 2} = 2.77（次）$$

$$应收账款周转天数 = \frac{360}{2.77} = 130（天）$$

一般来说，应收账款周转率越高，周转天数越少，说明应收账款的收回速度越快，流动资产营运状况越好，经营效率越高；反之，就意味着企业的销售、信贷或财务人员的工作失职，信用调查和催收账款不力，使营运资金滞留在应收账款上，而且可能会发生坏账损失，企业的资源配置效率因此而降低。当然，若因账款回收周期长而扩大了企业的销售规模、增加销售收入和营业利润，则应另当别论。

影响应收账款周转率正确计算的因素有：①大量使用分期付款结算方式；②大量的销售使用现金支付；③年末大量销售或年末销售大幅度下降；④季节性经营。

总之，应收账款周转次数、周转天数如何考核是一个因人、因地制宜的问题，它与所售产品的种类、商业习惯以及竞争环境等因素有关。因此，对该指标的评价，应与企业前期、与行业平均水平或其他类似企业相比较分析。

以上有关应收账款和存货等流动资产周转速度的比率在反映企业经营效率的同时，也表明了企业的流动性状况或偿还短期债务的能力，因此也可将这类比率列作流动性分析之内。

### 3．流动资产周转率

它是销售收入与全部流动资产的平均余额的比率。它是反映流动资产周转速度的指标。其计算公式为：

$$流动资产周转率 = \frac{销售收入}{平均流动资产}$$

公式中的"销售收入"来自损益表，"平均流动资产"来自资产负债表中"年初流动资产"与"期末流动资产"的平均数。

根据表 8 – 1、表 8 – 3 的资料，可计算得：

$$\text{流动资产周转率（次）} = \frac{1\ 250\ 000}{(4\ 751\ 400 + 4\ 144\ 645) \div 2} = 0.28\text{（次）}$$

一般来说，流动资产周转率越大，周转速度越快，相对节约流动资产，亦即相对扩大资产投入，增强企业盈利能力；而延缓周转速度，则需要补充流动资产参加周转，形成资金浪费，降低企业盈利能力。

**4. 固定资产周转率**

它是销售收入与固定资产净值的比率。它是衡量企业利用现存的厂房、建筑物和机器设备等固定资产来形成销售程度的指标。其计算公式为：

$$\text{固定资产周转率（次）} = \frac{\text{销售收入}}{\text{平均固定资产净值}}$$

固定资产净值受下述因素的影响：①固定资产原始成本的大小；②企业采取的固定资产折旧政策；③固定资产存续时间的长度；④企业自有资产和（金融）租赁资产的相对比重；等等。

由于上述因素的不同，所以即使是两家经营规模完全相同的企业，它们的固定资产周转率也可能会出现巨大差异。有鉴于此，固定资产周转率一般只用于本企业的不同年份的纵向比较，而很少在不同企业中作横向比较。

根据表 8-1、表 8-3 的资料，可计算得：

$$\text{固定资产周转率（次）} = \frac{1\ 250\ 000}{(1\ 100\ 000 + 2\ 231\ 000) \div 2} = 0.75\text{（次）}$$

可见，A 公司固定资产周转率为 0.75 次，这说明 A 公司对固定资产每 1 元的投资在一年里形成了 0.75 元的销售收入。

**5. 总资产周转率**

它是销售收入与平均资产总额的比率。衡量企业投资的每 1 元资产在一年里可形成多少元的销售收入，从总体上反映了企业利用资产的效率。其计算公式如下：

$$\text{总资产周转率（次）} = \frac{\text{销售收入}}{\text{平均资产总额}}$$

公式中的"平均资产总额"来自资产负债表中"年初资产合计"与"期末资产合计"的平均数。

根据表 8-1、表 8-3 的资料，可计算得：

$$\text{总资产周转率（次）} = \frac{1\ 250\ 000}{(8\ 401\ 400 + 8\ 093\ 645) \div 2} = 0.15\text{（次）}$$

可见，A 公司总资产周转率为 0.15 次，表明 A 公司对总资产每 1 元的投资在一年里形成了 0.15 元的销售收入。

一般来说，总资产周转率越大，周转速度越快，表明企业资产利用程度越高，企业投资所发挥的效率就越大，销售能力越强；反之，则说明资产利用程度越低，企业投资所发挥的效率就越差。企业可通过薄利多销的办法，加速资产的周转，促使利润绝对额的增加。

必须指出，总资产周转率在资本密集程度不同的行业之间存在着显著差异。例如在美国，重工业每形成1美元的销售额需要有1美元以上的投资（最高的是发电厂，所需投资平均高达5美元）；制造业需1美元左右；轻工业只需几十美分；而服务行业最低（如饮食行业1美元的投资可形成10美元以上的销售额）。所以，光用此比率作跨行业的比较没有实际意义。

## 二、构成趋势分析

现以表8-1资产负债表的资料编制为资产负债构成趋势分析表，见表8-2。

表8-2 资产负债构成趋势分析表

| 项 目 | 趋势变动 | | | | 构成变动 | | |
|---|---|---|---|---|---|---|---|
| | 年初数 ① | 期末数 ② | 增减额 ③=②-① | 增减% ④=③÷① | 期初% ⑤ | 期末% ⑥ | 增减（百分点）⑦=⑥-⑤ |
| 一、资产 | | | | | | | |
| 流动资产 | 4 751 400 | 4 144 645 | -606 755 | -12.77 | 56.55 | 51.21 | -5.34 |
| 其中:存货 | 2 580 000 | 2 574 700 | -5 300 | -0.20 | 30.71 | 31.81 | +1.10 |
| 长期投资 | 250 000 | 250 000 | — | — | 2.98 | 3.09 | +0.11 |
| 固定资产 | 2 600 000 | 2 959 000 | +359 000 | +13.8 | 30.95 | 36.56 | +5.61 |
| 其中:在建工程 | 1 500 000 | 728 000 | -772 000 | -51.47 | 17.85 | 8.99 | -8.86 |
| 无形及递延资产 | 800 000 | 740 000 | -60 000 | -7.5 | 9.52 | 9.14 | -0.38 |
| 资产总计 | 8 401 400 | 8 093 645 | -307 755 | 3.66 | 100.00 | 100.00 | — |
| 二、负债及权益 | | | | | | | |
| 流动负债 | 2 651 400 | 1 545 744 | -1 105 656 | -41.70 | 31.56 | 19.10 | -12.46 |
| 其中:短期借款 | 300 000 | 50 000 | -250 000 | -83.33 | 3.57 | 0.62 | -2.95 |
| 应付票据 | 200 000 | 100 000 | -100 000 | -50 | 2.38 | 1.24 | -1.14 |
| 到期的长期负债 | 1 000 000 | — | -1 000 000 | -100.00 | 11.90 | — | -11.9 |
| 长期负债 | 600 000 | 1 160 000 | +560 000 | +93.33 | 7.14 | 14.33 | +7.19 |
| 其中:长期借款 | 600 000 | 1 160 000 | +560 000 | +93.33 | 7.14 | 14.33 | +7.19 |
| 所有者权益 | 5 150 000 | 5 387 901 | +237 901 | +4.62 | 61.30 | 66.57 | +5.27 |
| 其中:实收资本 | 5 000 000 | 5 000 000 | — | — | 59.51 | 61.78 | +2.27 |
| 负债及权益合计 | 8 401 400 | 8 093 645 | -307 755 | -3.66 | 100.00 | 100.00 | — |

从表8-2"资产"变动来看：A公司资产总计期末比年初减少307 755元，减少幅度为3.66%。其主要原因是流动资产减少606 755元，减少幅度为12.77%所致。以各项目的构成来看，主要表现为流动资产比重减少5.34个百分点，固定资产比重提高了5.61个百分点，说明公司资产流动性有所削弱。

从表8-2"负债及权益"变动来看：A公司负债及所有者权益期末比年初减少307 755元，减少幅度为3.66%，其原因主要是流动负债减少1 105 656元，减少幅度为41.70%，可见A公司在该年度以较多的流动资产偿付流动负债(主要用于偿还短期借款和到期的长期负债)。从项目的构成来看，A公司年初流动负债与长期负债比重悬殊，而期末两者比例相当，原因是公司除减少流动负债外，还筹措了较多的长期借款，在资本来源方面兼顾了眼前和长远利益。A公司年初、期末的负债总额占所有者权益分别为63.13%、50.22%，说明A公司财务状况得以改善；期末债权人的利益较年初有保障。

## 第三节 损益表及其附表分析

### 一、损益表分析

损益表是反映企业一定会计期间财务成果的动态报表(见表8-3)。

表8-3 损益表　　　　　　　　　　会工02表

编制单位：A公司　　　　　20××年度　　　　　　　　　　单位：元

| 项　　目 | 行次 | 本月数(略) | 本年累计数 |
| --- | --- | --- | --- |
| 一、产品销售收入 | 1 | | 1250 000 |
| 　减：产品销售成本 | 2 | | 750 000 |
| 　　　产品销售费用 | 3 | | 20 000 |
| 　　　产品销售税金及附加 | 4 | | 2 000 |
| 二、产品销售利润 | 5 | | 478 000 |
| 　加：其他业务利润 | 6 | | |
| 　减：管理费用 | 7 | | 158 000 |
| 　　　财务费用 | 8 | | 41 500 |
| 三、营业利润 | 9 | | 278 500 |
| 　加：投资收益 | 10 | | 31 500 |
| 　　　营业外收入 | 11 | | 50 000 |
| 　减：营业外支出 | 12 | | 19 700 |
| 　加：以前年度损益调整 | 13 | | |
| 四、利润总额 | 14 | | 340 300 |
| 　减：所得税 | 15 | | 102 399 |
| 五、净利润 | 16 | | 237 901 |

注：表8-3为工业企业损益表，商品流通企业损益表与其大同小异，区别在于后者的销售收入净额须将销售折扣与折让扣除。

从内容上，损益表可分为四个部分：第一部分反映企业产品销售利润的形成过程；第二部分反映企业营业利润的形成过程；第三部分反映企业利润总额的形成过程；第四部分反映企业净利润的形成过程。分析损益表的意义在于：

(1) 通过计算、比较不同企业之间和同一企业不同时期的销售收入利润率、销售成本利润率、投资报酬率等指标，可以了解企业的盈利能力以及企业的财务变动趋势。

(2) 通过比较分析不同时期的利润构成项目，了解企业收入、费用和利润之间的变动趋势，了解企业生产经营状况，预测企业未来的获利能力。

### (一) 比率分析

根据损益表资料，可计算得收益比率。收益比率反映企业赚取利润的能力。不论是投资者、债权人还是企业经营管理者，都日益关心和重视企业的收益能力。

反映企业盈利能力的指标很多，主要有如下几个：

**1. 销售净利率**

它是净利润与销售收入的比率，其计算公式为：

$$销售净利率 = \frac{净利润}{销售收入} \times 100\%$$

它表明每百元销售收入实现了多少净利润。根据表 8-3 的资料，可计算得：

$$销售净利率 = \frac{237\ 901}{1\ 250\ 0000} \times 100\% = 19.03\%$$

可见，A 公司每百元销售收入实现 19.03 元净利润。

由于净利润与销售净利率成正比，而销售收入与销售净利率成反比，因此，企业在增加销售收入额的同时必须相应地获取更多的净利润，才能使销售净利率保持不变或有所提高。通过分析销售净利率的升降变动，可以促使企业在扩大销售的同时，注意改进经营管理，提高盈利水平。

销售净利率可分解为销售毛利率、销售税金率、销售成本率、销售期间费用率、可作进一步分析。

**2. 销售毛利率**

它是销售毛利与销售收入的比率，其计算公式如下：

$$销售毛利率 = \frac{销售毛利}{销售收入} \times 100\% = \frac{销售收入 - 销售成本}{销售收入} \times 100\%$$

它表明每百元销售收入实现多少销售毛利，亦即每百元销售收入扣除销售产品或商品成本后，有多少钱可用于各项期间费用和形成盈利。销售毛利率是销售净利率的最初基础，没有足够大的毛利率便不能盈利。根据表 8-3 资料，可计算得：

$$销售毛利率 = \frac{1\ 250\ 000 - 750\ 000}{1\ 250\ 000} \times 100\% = 40\%$$

可见，A 公司每百元销售收入实现 40 元毛利。

### 3. 成本费用净利率

它是企业一定时期净利润与成本费用总额的比率。其计算公式为：

$$成本费用净利率 = \frac{净利润}{成本费用总额} \times 100\%$$

式中，成本费用总额包括产品销售成本、销售费用、销售税金及附加管理费用和财务费用。该指标反映一定的成本费用耗费所带来收益的大小，其比值越高，收益就越好。根据表 8-3 资料，可计算得：

$$成本费用净利率 = \frac{237\,901}{750\,000 + 20\,000 + 2\,000 + 158\,000 + 41\,500} \times 100\%$$
$$= 24.49\%$$

### 4. 资产净利率

它是企业净利润与平均资产总额的比率。这是一个重要的、反映企业盈利能力的综合性指标，其计算公式为：

$$资产净利率 = \frac{净利润}{平均资产总额} \times 100\%$$

$$= \frac{净利润}{(期初资产总额 + 期末资产总额) \div 2} \times 100\%$$

在前面，我们介绍了资产周转率和销售净利率，前者虽能衡量企业利用资产的情况，但它未能反映企业利用资产所实现的盈利状况；后者虽揭示了企业每一单位销售收入所实现的利润情况，但却忽略了用以形成销售从而产生利润所需的资产数额。因此说，这两个比率都存在着缺陷。而资产净利率则克服了这个缺陷，它把资产周转率和销售净利率有机地结合起来，从而能较准确、较全面地反映企业的经营效率和盈利状况。比如说，无论是资产周转缺乏效率，还是销售净利率偏低，它们都会使企业的资产净利率下降。

根据表 8-1、表 8-3 的资料，可计算得：

$$资产净利率 = \frac{237\,901}{(8\,401\,400 + 8\,093\,645) \div 2} \times 100\% = 2.88\%$$

可见，A 公司每百元资产实现 2.88 元净利。

一般来说，资产净利率越高，表明资产的利用效率越高，企业在增收节支和节约资金使用等方面取得良好效果。否则相反。

影响资产净利率高低的因素主要有：产品价格和单位成本的高低，产品的产量和销量的大小，资金占用量的多少。

### 5. 净值报酬率（又称股东权益比率）

它是净利润与平均所有者权益（股东权益）的比率。反映股东权益的收益水平。其计算公式为：

$$净值报酬率 = \frac{净利润}{平均股东权益} \times 100\%$$

由于
$$股东权益 = 总资产 - 负债 = 净资产$$

所以
$$净值报酬率 = \frac{净利润}{平均净资产} \times 100\%$$

公式中的股东权益是指股份制企业股东对企业净资产的权利,包括股本、资本公积金、盈余公积金、公益金和未分配利润。平均股东权益则指年初股东权益与年末股东权益的平均数。(在非股份制企业里,该公式的分母为平均所有者权益)。

根据表8-1、表8-3资料,可计算得:

$$净值报酬率 = \frac{237\,901}{(5\,150\,000 + 5\,387\,901) \div 2} \times 100\% = 4.52\%$$

可见,A公司每百元净资产可实现4.52元净利润。一般来说,该指标值越高,说明投资带来的收益越高。

由于股东权益构成了公式的分母,而它与债权人权益存在着非此即彼、此消彼长的关系,因此,任何有关通过承担债务来对企业资产进行融通的决策都会间接地影响股本收益。作为公式分子的净利润,它是股东收益的基本来源。假如一家公司不能经常以派发股利的形式或以股票市场价格升值的形式为股东们提供足够的收益或报酬,那么这家公司就可能难以维持现有的资产基础,更不用说吸引潜在的投资者作股权投资来使之扩大了。所以,净值报酬率要处于什么水平才会使股东们满意,这要视投资者的预期收益率而定,而预期收益率的高低又与投资者所承担的风险程度密切相关。一般来说,投资的风险越大,投资者所要求的收益率就越高。所以,净值报酬率必须足以补偿投资者所承受的特定程度的风险。

上述收益比率是衡量企业从事生产经营活动所获利润情况或收益水平的指标。各行各业的利润率有所不同,有的甚至相差很大。一般来说,越是资本密集型的企业,其利润率也就越高;反之,资本密集程度相对较低的企业,其利润率也较低。

必须指出,非正常的营业状况,也会给企业带来收益或损失,但只是特殊状况下的个别结果,不能说明企业的能力。因此,在分析企业盈利能力时,应当排除:①证券买卖等非正常项目;②已经或将要停止的营业项目;③重大事故或法律更改等特别项目;④会计准则和财务制度变更带来的累积影响等因素。

(二) 构成趋势分析

根据损益表(见表8-3)资料计算分析,编制为损益表构成趋势分析表,见表8-4。

表8-4 损益表构成趋势分析

| 项目 | 金额(元) | | | | 占销售收入(%) | | |
| --- | --- | --- | --- | --- | --- | --- | --- |
| | 上年 | 本年 | 增减额 | 增减% | 上年 | 本年 | 变动 |
| 产品销售收入 | 1 120 000 | 1 250 000 | +130 000 | +11.61 | 100.00 | 100.00 | — |
| 减:产品销售成本 | 728 000 | 750 000 | +22 000 | +3.01 | 65.00 | 60.00 | -5.00 |
| 　产品销售费用 | 19 000 | 20 000 | +1 000 | +5.26 | 1.70 | 1.60 | -0.10 |
| 　产品销售税金及附加 | 3 136 | 2 000 | -1 136 | -0.36 | 0.28 | 0.16 | -0.12 |
| 　产品销售利润 | 369 864 | 478 000 | +108 136 | +29.24 | 33.02 | 38.24 | +5.22 |
| 加:其他业务利润 | | | | | | | |
| 减:管理费用 | 134 000 | 158 000 | +24 000 | +17.91 | 11.96 | 12.64 | +0.68 |
| 　财务费用 | 30 000 | 41 500 | +11 500 | +38.33 | 2.68 | 3.32 | +0.64 |
| 　营业利润 | 205 864 | 278 500 | +72 636 | +35.28 | 18.38 | 22.28 | +3.90 |
| 加:投资净收益 | 27 100 | 31 500 | +4 400 | +16.24 | 2.42 | 2.52 | +0.10 |
| 　营业外收入 | 35 000 | 50 000 | +15 000 | +42.86 | 3.13 | 4.00 | +0.87 |
| 减:营业外支出 | 48 600 | 19 700 | -28 900 | -59.47 | 4.34 | 1.58 | -2.76 |
| 　利润总额 | 219 364 | 340 300 | +120 936 | +55.13 | 19.58 | 27.22 | +7.64 |
| 减:所得税 | 72 390 | 102 399 | +30 009 | +41.45 | 6.46 | 8.19 | +1.73 |
| 　净利润 | 146 974 | 237 901 | +90 927 | +61.87 | 13.12 | 19.03 | +5.91 |

(1) 表8-4表明,本年A公司的销售利润额增加了108 136元,增幅为29.24%。其主要原因是:①销售额增加130 000元,增幅11.61%;②销售成本率有所降低,其占销售收入的比重从上年的65%下降至本年的60%,降低5个百分点,直接导致毛利率的提高;③销售费用占销售收入的比重下降了0.1个百分点;④产品销售税金及附加占销售收入的比重下降了0.12个百分点。

(2) 营业利润本年比上年增加72 636元,增幅为35.28%,主要原因是销售利润增长的绝对金额大于管理费用、财务费用的绝对金额,但财务费用的增长速度快于销售利润的增长速度,这值得引起注意。

(3) 利润总额本年比上年增加120 936元,主要是投资净收益、营业外收入分别增加了4 400元、15 000元,营业外支出减少28 900元所致。

(4) 净利润本年比上年增加90 927元,主要是利润总额、所得税分别增加了120 936元、30 009元所致。

综上所述,该企业销售成本率、销售费用率均比上年有所下降,各项利润率指标也相应地提高,销售收入、销售利润、利润总额等收益指标均比上年有较大幅度的增长,表明企业收益情况具有良好的增长和发展趋势,但仍需注意控制管理费用和财务费用。

## 二、利润分配表分析

利润分配表是反映企业在一定会计期间对实现利润的分配或亏损弥补的财务报表,是损益表的附表,反映企业实现净利润的分配情况(见表8-5)。

表8-5 利润分配表　　　　　　　　会工02附表1

编制单位:A公司　　　　20××年度　　　　　　　　　　　　单位:元

| 项目 | 行次 | 本年实际 | 上年实际 |
|---|---|---|---|
| 一、净利润 | 1 | 237 901 | 146 974 |
| 　加:年初未分配利润 | 2 | 0 | 0 |
| 　减:单项留用的利润 | 3 | | |
| 二、可供分配利润 | 10 | 237 901 | 146 974 |
| 　加:盈余公积补亏 | 11 | | |
| 　减:提取盈余公积 | 12 | 23 790.1 | 14 697.4 |
| 　　　应付利润 | 13 | 11 895.05 | 132 276.6 |
| 三、未分配利润 | 20 | 202 215.85 | 0 |

A公司本年净利润比上年实际增加90 927元,增长61.87% ($\frac{237\ 901}{146\ 974} - 1$)。但本年应付利润占可供分配利润(扣除提取盈余公积)为5.56% ($\frac{11\ 895.05}{237\ 901 - 23\ 790.1}$),而上年为100.00% ($\frac{132\ 276.6}{146\ 974 - 14\ 697.4}$)。可见,A公司本年所取得的净利润将用于积累和扩大生产规模。

## 第四节　现金流量表分析

现金流动量表是以企业现金流入与流出汇总说明企业在一定会计期间营业、投资及理财活动引起资产、负债及所有者权益变动情况的会计报表。

现金流量表的"现金"是一个广义现金的概念,它包括现金(库存现金以及可以随时用于支付的存款）和现金等价物（指期限短、流动性强、易于转换为已知金额现金、价值变动风险很小的投资）。

$$现金流量净额 = 现金流入 - 现金流出$$

现根据 A 公司有关报表（表 8-1、表 8-3、表 8-5）资料编制现金流量表（见表 8-6）。

表 8-6 现金流量表

编制单位：A 公司　　　　　　　　　20××年度　　　　　　　　　　　单位：元

| 项　　目 | 行次 | 金　　额 |
|---|---|---|
| 一、经营活动产生的现金流量： | | |
| 　销售商品、提供劳务收到的现金 | 1 | 1 181 000 |
| 　收到增值税、销项税额 | 2 | 161 500 |
| 现金收入合计 | 3 | 1 342 500 |
| 　购买商品、接受劳务支付的现金 | 4 | 349 800 |
| 　支付给职工以及为职工支付的现金 | | |
| 　支付的增值税款 | 5 | 300 000 |
| 　支付的所得税款 | 6 | 142 466 |
| 　支付的除增值税、所得税以外的其他税费 | 7 | 97 089 |
| 　支付的其他与经营活动有关的现金 | 8 | 2 000 |
| 现金支出小计 | 9 | 70 000 |
| 经营活动产生的现金流量净额 | 10 | 961 355 |
| 二、投资活动产生的现金流量： | 11 | 381 145 |
| 　收回投资所收到的现金 | | |
| 　分得股利或利润所收到的现金 | 12 | 16 500 |
| 　处置固定资产而收回的现金净额 | 13 | 30 000 |
| 现金收入小计 | 14 | 300 300 |
| 　购建固定资产所支付的现金 | 15 | 346 800 |
| 现金支出小计 | 16 | 451 000 |
| 投资活动产生的现金流量净额 | 17 | 451 000 |
| 三、筹资活动产生的现金流量： | 18 | -104 200 |
| 　借款所收到的现金 | | |
| 现金收入小计 | 19 | 400 000 |
| 　偿还债务所支付的现金 | 20 | 400 000 |
| | 21 | 1 250 000 |
| 　偿付利息所支付的现金 | 22 | 12 500 |
| 现金支出小计 | 23 | 1 262 500 |
| 筹资活动产生的现金流量净额 | 24 | -862 500 |
| 四、现金及现金等价物净增加额 | 25 | -585 555 |

续上表

| 补充资料 | 金　额 |
|---|---|
| 1. 不涉及现金收支的投资和筹资活动 | |
| （本例中没有不涉及现金收支的投资和筹资活动） | |
| 2. 将净利润调节为经营活动现金流量 | |
| 　　净利润 | 237 901 |
| 　加：计提的坏账准备或转销的坏账 | 900 |
| 　　　固定资产折旧 | 100 000 |
| 　　　无形资产摊销 | 60 000 |
| 　　　处置固定资产的收益 | -50 000 |
| 　　　固定资产报废损失 | 19 700 |
| 　　　财务费用 | 21 500 |
| 　　　投资收益 | -31 500 |
| 　　　存货减少 | 5 300 |
| 　　　经营性应收项目的增加 | -49 000 |
| 　　　经营性应付项目的增加 | 47 310 |
| 　　　增值税净增加额 | 19 034 |
| 　　　经营活动产生的现金流量净额 | 381 145 |
| 3. 现金和现金等价物的净增加情况 | |
| 　　货币资金的期末余额 | 820 745 |
| 　减：货币资金的期初余额 | 1 406 300 |
| 　　现金等价物的期末余额 | 0 |
| 　减：现金等价物的期初余额 | 0 |
| 　　现金和现金等价物的净增加额 | -585 555 |

# 一、现金流量表的内容

现金流量表分为主表和附注两部分。主表的内容如下：

## （一）经营活动产生的现金流量

经营活动，是指企业投资活动和筹资活动以外的所有交易和事项。

| 现金流入 | 现金流出 |
|---|---|
| （1）销售商品、提供劳务收到的现金（不包 | （1）购买商品、接受劳务支付的现金（不包 |

括收到的增值税销项税额；扣除因销货退回支付的现金）；
(2) 收到的租金；
(3) 收到的增值税销项税额和退回的增值税款；
(4) 收到的除增值税以外的其他税费返还。

括能够抵扣增值税销项税额的进项税额；扣除因购货退回收到的现金）；
(2) 经营租赁所支付的现金；
(3) 支付给职工以及为职工支付的现金；
(4) 支付的增值税款（不包括不能抵扣增值税销项税额的进项税额）；
(5) 支付的所得税款；
(6) 支付的除增值税、所得税以外的其他税费。

## （二）投资活动产生的现金流量

投资活动，是指企业长期资产的购建和不包括在现金等价物范围内的投资及其处置活动。

**现金流入**

(1) 收回投资所收到的现金；
(2) 分得股利或利润所收到的现金；
(3) 取得债券利息收入所收到的现金；
(4) 处置固定资产、无形资产和其他长期资产而收到的现金净额（如为负数，应作为投资活动现金流出项目反映）。

**现金流出**

(1) 购建固定资产、无形资产和其他长期资产所支付的现金；
(2) 权益性投资所支付的现金；
(3) 债权性投资所支付的现金。

## （三）筹资活动产生的现金流量

筹资活动，是指导致企业资本及债务规模和构成发生变化的活动。

**现金流入**

(1) 吸收权益性投资所收到的现金；
(2) 发行债券所收到的现金；
(3) 借款所收到的现金。

**现金流出**

(1) 偿还债务所支付的现金；
(2) 发生筹资费用所支付的现金；
(3) 分配股利或利润所支付的现金；
(4) 偿付利息所支付的现金；
(5) 融资租赁所支付的现金；
(6) 减少注册资本所支付的现金。

$$\text{现金流量净额} = \text{经营活动现金流量净增(减)额} \;(+)\; \text{投资活动现金流量净增(减)额} \;(+)\; \text{筹资活动现金流量净增(减)额}$$

## 二、现金流量表取代财务状况变动表的原因

### (一) 财务状况变动表与现金流量表的区别

财务状况变动表是综合反映企业一定会计期间内营运资金（即流动资金与流动负债的差额）来源和运用及其增减变动情况的会计报表；现金流量表是反映企业在一定会计期间现金收入和支出的会计报表。两者都是是对企业资金流动量的计量并揭示其理财过程，都是对企业资产负债表、损益表的补充说明，是沟通资产负债表和损益表的桥梁。但是，财务状况变动表与现金流量表存在如下区别：一是编制基础不同，前者的编制基础是营运资金，后者的编制基础是现金和现金等价物。二是编制原则不同，前者以权责发生制为编制原则，后者以收付实现制为编制原则。三是编制方法和结构内容不同，前者编制方法有"T"型账户法和工作底稿法，表的结构分左右两方，后者编制方法有直接法和间接法，表的结构为自上而下的报告式。

### (二) 财务状况变动表的缺陷

**1. 以营运资金为基础编制财务状况变动表不能准确反映企业资产流动性和偿债能力**

由于营运资金体现的是一年内或一个营业周期内变现的资产或清偿的债务，包括了许多流动性不强的项目，如呆滞的存货、有可能收不回的应收账款等。因此，财务状况变动表不能准确地反映企业资产的流动性和偿债能力，不同企业的财务状况变动表所提供的信息也缺乏可比性。

**2. 以权责发生制为原则编制财务状况变动表致使会计收入与现金收入严重偏离**

在核算企业收入时，按照权责发生制原则，对赊销带来的有收入无现金作为已实现的收入来处理。尽管应收账款已计提坏账准备金，但应收账款净额仍存在一定的风险，假如主要购货者破产，那么，列示在报表上的已实现收入自然就不准确了。

在购建固定资产时支付的现金并不是即时计入成本而是计入了资产，因而此时计算出来的净收益大于真正可用于分配或扩大再生产的现金数。而当固定资产计提折旧时，折旧费用纳入当期成本，并通过销售收回，但是该部分现金不是从企业中退出或积累起来等待设备更新，而是直接投入企业的生产经营，此时以权责发生制为原则计算的企业净收益比实际可用于分配和扩大再生产的现金要少。预提费用、待摊费用以及无形资产核算也存在这种问题。

某些会计期间的收入和费用，有一部分是账项调整的结果，包括预计项目和应计项

目。这些调整项目在当期不产生任何现金流量,而且其确定的金额数量取决于会计方法,含有一定主观成分。如固定资产折旧率、无形资产摊销年限等,都在会计中使用了较多的人为随意判断,账面收入已不能反映企业创造真正的收入——现金收入的能力。

**3. 财务状况变动表列示结构、内容存在局限性,报表目的欠缺明确性**

财务状况变动表以左右两方方式列示反映企业在一定时期所获得或耗用的营运资金,包括营运资金如何流入、流出企业以及在各个项目之间怎样进行流动,并能使左右两方得出的营运净增加额相互验证。但是这种列示结构使信息分散,不能很好地反映相关的营运资金流动构成项目。由于该表未能提供获得现金及未来状况的资料,营运资金的增减变动无法反映企业获得的现金是通过营业活动还是其他途径,也无法反映企业现在和将来是否有足够的现金支付股利、偿还贷款和到期债务等;右方的流动资产和流动负债的变动,也不过是比较资产负债表部分内容的重复,并不能很好地解释和分析企业理财活动和投资活动。因此,该表提供的信息不能很好地满足报表使用者的需要。

## (三) 现金流量表的优点

**1. 现金流量表以"现金及现金等价物"为基础编制,更能恰当反映企业的财务状况和支付能力**

观察一个企业的财务状况,重要的是看其现金是否充足,实物资产的变现能力是否很强,而不是看其未完全实现的收入的多寡。因此,现金流量表以"现金"而不是以"营运资金"编制是比较科学的,不会出现同等数额的现金及现金等价物却代表了不同财务状况的现象。

同时,现金本身就具有支付能力,现金等价物因变现能力强,也可作为商品流通的交换媒介,同样具有支付能力。因此,现金流量表上反映的现金及现金等价物的数额,实际上就代表了企业即期的支付能力。

**2. 现金流量表依据收付实现制原则编制,可为报表使用者提供所需的信息**

以收付实现制为编制原则的现金流量表,只对当期的现金收入和现金支出进行确认,有可靠的原始凭证,受主观因素影响程度较小,因而其提供的会计信息更真实可靠。

按收付实现制编制的现金流量表披露的是企业在经营活动、投资活动和筹资活动中净现金的流量,强调了经营活动中现金收入的重要性。有利于分析、评估企业本期净收益与经营活动现金流量的差异及其原因,从而帮助报表使用者更合理地预测评估企业未来现金流量。此外,现金流量表还披露与现金流量无关的投资及筹资活动,有助于报表使用者制定合理的投资与信贷决策,评估企业未来的现金流量。

现金流量表按收付实现制确认反映现金流量,剔除了相同交易和事件运用不同会计处理方法产生的会计差异,提高了不同企业报告的经营业绩的可比性。

### 3. 现金流量表列示结构内容合理、科学、实用

中国财政部 1998 年 3 月 20 日颁布的《企业会计准则——现金流量表》提出，现金流量表应分别经营活动，投资活动和筹资活动划分现金收入和支出，报告其现金流量。采用这种方式编制现金流量表，比较直观，信息容易理解，有助于报表使用者了解这三种活动各自对企业现金流动情况的影响程度以及这三种活动相互之间的关系，可以看到现金的增减有多少由经营活动所致，有多少由借贷而来，有多少由变卖资产或由发行股票而得，等等。这种结构远把人们经常认为是不相关的现金流动联系在一起，如来自借贷交易的现金用于偿还贷款，这样就能反映出企业的主要活动对现金流动的影响，它们之间的相互关系及其趋势，更能为经营者、投资者及债权人提供有价值的信息。

由于财务状况变动表的固有缺陷以及现金流量表的独特优势，因此在 80 年代中期，加拿大、美国、英国等西方国家以现金流量表取代财务状况变动表。我国规定从 1998 年 1 月 1 日起，取消财务状况变动表，实行现金流量表。

## 三、现金流量表的作用及分析意义

企业财务工作的基本目标有二：一是使企业经营获利；二是使企业保持偿债能力，经营利润是由损益表反映的，而偿债能力由资产负债表来反映。但是，一个企业有经营净收益，并不等于就有充足的现金，它可能由于购置长期资产或偿还长期债务而使资金相当紧张甚至周转不灵。而一个企业有经营亏损，也可能财务状况仍显稳定，因为通过出售资产、发行股票或债券等活动，又可获得现金用于经营周转。另一方面，要评价一个企业的偿债能力，仅仅观察资产负债表日持有的流动资源是不够的，还要考虑企业在年内收到多少现金？这些现金来自哪些方面？经营活动使用了多少现金？等等。这些问题只有利用现金流量表才能回答。

现金流量表的作用是反映一个企业在一定会计期间，来自经营活动、投资活动与融资活动的现金流入流出情况，揭示导致现金状况变动的各种原因和结果，提供企业保持偿债能力及其变化的有关信息，达到财务报告的目的。分析现金流量表的意义在于：

(1) 评估企业的现金偿债和支付投资者利润、债权人债息的能力；
(2) 分析企业净收益与经营活动现金净流量的差额及其原因；
(3) 评估企业在未来期间形成净现金流量的能力；
(4) 评估企业需要从外部筹资的程度；
(5) 分析企业在一定会计期间内全部筹资、投资活动影响现金收支和不影响现金收支的情况；
(6) 了解期初现金与期末现金的差异变动原因。

## 四、现金流量表比率分析

在现金流量信息中,经营活动的现金流量信息最值得关注。会计报表使用者通过将经营活动的现金流量与其他项目相比,可以分析评价企业的偿债能力、支付股利的能力等,用处很多,比如:

### (一) 反映企业短期偿债能力的现金流量比率

经营活动的净现金流量与流动负债的比率,可以反映企业获得现金偿还短期债务的能力。该比率的计算公式如下:

$$\frac{经营活动的净现金流量}{流动负债} \times 100\%$$

这个比率越大,说明企业的短期偿债能力越强。

根据表8-1、表8-6提供的资料,可计算得A公司短期偿债能力的现金流量比率为:

$$\frac{381\ 145}{1\ 545\ 744} \times 100\% = 24.66\%$$

### (二) 反映企业偿付全部债务能力的现金流量比率

经营活动的现金净流量与全部债务的比率,可以反映企业用每年的经营活动现金流量偿付所有债务的能力。该比率的计算公式如下:

$$\frac{经营活动的净现金流量}{债务总额} \times 100\%$$

这个比率越大,说明企业承担债务的能力越强。

根据表8-1、表8-6的资料,计算得A公司偿付全部债务能力的现金流量比率为:

$$\frac{381\ 145}{1\ 545\ 744 + 1\ 160\ 000} \times 100\% = 14.09\%$$

### (三) 反映每股流通在外普通股的现金流量的现金流量比率

经营活动的净现金流量与流通在外的普通股股数的比率,可以反映每股流通在外普通股的现金流量的现金流量比率。该比率的计算公式如下:

$$\frac{经营活动的净现金流量}{流通在外的普通股股数}$$

这个比率越大,说明企业进行资本支出和支付股利的能力越强。

据表8-6资料,又已知A公司在社会发行普通股股票25 000股,则A公司每股流通在外普通股的现金流量的现金流量比率为:

$$\frac{381\ 145}{25\ 000} = 15.25\ (元/股)$$

### (四) 反映企业支付现金股利的现金流量比率

经营活动的净现金流量与现金股利的比率，可以反映企业用年度经济活动的现金流量支付现金流量支付现金股利的能力。该比率的计算公式如下：

$$净现金流量与现金股利比率 = \frac{经营活动的净现金流量}{现金股利}$$

这个比率越大，说明企业支付现金股利的能力越强。

根据表 8-5、表 8-6 资料计算得 A 公司支付现金股利的现金流量比率为：

$$\frac{381\ 145}{11\ 895.05} = 32.04$$

## 五、现金流量表构成分析

根据表 8-6 资料，整理得现金流量构成分析表如表 8-7。

表 8-7 现金流量构成分析表

| 项 目 | 金额（元） | 构成（%） |
| --- | --- | --- |
| 一、经营活动产生的现金流量： | | |
|     销售商品、提供劳务收到的现金 | 1 181 000 | 87.97 |
|     收到增值税、销项税额 | 161 500 | 12.03 |
| 现金收入合计 | 1 342 500 | 100.00 |
|     购买商品、接受劳务支付的现金 | 349 800 | 36.39 |
|     支付给职工以及为职工支付的现金 | 300 000 | 31.21 |
|     支付的增值税 | 142 466 | 14.82 |
|     支付的所得税款 | 97 089 | 10.10 |
|     支付的除增值税、所得税以外的其他税费 | 2 000 | 0.20 |
|     支付的其他与经营活动有关的现金 | 70 000 | 7.28 |
| 现金支出小计 | 961 355 | 100.00 |
| 经营活动产生现金流量净额 | 381 145 | -65.10 |
| 二、投资活动产生的现金流量： | | |
|     收回投资所收到的现金 | 16 500 | 4.76 |
|     分得股利或利润所收到的现金 | 30 000 | 8.65 |
|     处置固定资产而收回的现金净额 | 300 300 | 86.59 |
| 现金收入小计 | 346 800 | 100.00 |
|     购建固定资产所支付的现金 | 451 000 | 100.00 |
| 现金支出小计 | 451 000 | 100.00 |

续上表

| | | |
|---|---:|---:|
| 投资活动产生的现金流量净额 | -104 200 | 17.80 |
| 三、筹资活动产生的现金流量： | | |
|   借款所收到的现金 | 400 000 | 100.00 |
| 现金收入小计 | 400 000 | 100.00 |
|   偿付债务所支付的现金 | 1 250 000 | 99.01 |
|   偿还付利息所支付的现金 | 12 500 | 0.99 |
| 现金支出小计 | 1 262 500 | 100.00 |
| 筹资活动产生的现金流量净额 | -862 500 | 147.30 |
| 四、现金及现金等价物净增加额 | -585 555 | 100.00 |

从现金流量构成分析表（表8-7）可见，A公司现金及现金等价物净增加额为负值，原因是经营活动产生的现金流量净额381 145元（占-65.10%），而投资活动产生的现金流量净额为-104 200元（占17.80%），筹资活动产生现金流量净额为-862 500元（占147.30%），经营活动增加的现金流量比重远低于筹资活动减少的现金流量比重。因此，A公司现金及现金等价物减少了585 555元（381 145-104 200-862 500）。

因经营活动而增加现金流量的原因是销售商品、提供劳务使现金流入1 181 000元（占现金收入的87.97%），收到增值税销项税额161 500元（占现金收入的12.03%）；购买商品、支付税金使现金减少349 800元（占现金支出的36.39%），支付职工及为职工支付的现金300 000元（占现金支出的31.21%）。经营活动产生的现金流量净额381 145元（1 342 500-961 355）。

因投资活动而减少现金流量的原因是收回投资（占现金收入的4.76%），分得股利或利润（占现金收入的8.65%），处置资产（占现金收入的86.59%），现金收入346 800元，小于购建固定资产支付的现金451 000元，投资活动产生的现金流量净额-104 200元（300 300-451 000）。

因筹资活动而减少现金流量的原因是借款收到的现金（400 000元）小于偿还债务、利息所支付的现金（1 262 500元），筹资活动产生的现金流量净额-862 500元（1 250 000-1 262 500）。

从总体上看，A公司营运能力较强，尽管因购置固定资产和偿还债务使资金较紧张，但资产添置、债务减轻将令A公司具有发展后劲，前景良好。

# 第五节 综合财务分析

## 一、综合财务分析的含义和特点

### (一) 综合财务分析的含义

综合财务分析,就是将企业营运能力、偿债能力和获利能力等诸方面的分析纳入一个有机的整体之中,以全方位地对企业经营情况、财务状况揭示与披露。

尽管在前面几节进行了财务分析,但仅仅是某一侧面的信息,只有将上述彼此孤立的分析以联系的观点,作出系统评价,才能从总体意义上把握企业经营理财状况,从而对企业经济效益的优劣作出合理的判断。因此,综合财务分析是必不可少的。

### (二) 综合财务分析的特点

综合财务分析的特点,体现在其财务指标体系的要求上。一个健全有效的综合财务指标体系必须具有三个基本素质:

(1) 指标要素齐全适当。综合财务指标体系必须涵盖企业获利能力、偿债能力及营运能力诸方面总体考核的要求。

(2) 主辅指标功能协调匹配。①在确立获利能力、偿债能力、营运能力诸方面评价的主要指标和辅助指标的同时,进一步明晰总体结构中各项指标的主辅地位;②不同范畴的主要考核指标所反映的企业经营状况、财务状况的不同侧面与不同层次的信息有机统一,能全面而详实地揭示企业经营理财的实绩。

(3) 满足以企业为重心的多方位财务信息的需要。财务指标体系必须能提供多层次、多角度的信息资料,既满足企业内管理者的需要,又满足外部投资者、政府管理机构的需要。

## 二、财务指标体系

借鉴国外企管经验,总结我国改革成效,财务指标可按表8-9所列内容设置。

表 8-9 财务指标

| 项目 | 指标 | 计算公式 | 分析目的 |
|---|---|---|---|
| 一、资金实力<br>(1) 资金结构分析（资金来源） | 1) 自有资本构成比率 | $\dfrac{\text{自有资本合计数}}{\text{资金总额}^{①}} \times 100\%$ | 考察自有资本在整个营运资金中占多大比重 |
| | 2) 资本负债比率 | $\dfrac{\text{自有资本合计数}}{\text{负债总额}} \times 100\%$ | 反映自有资本占借入资金的比重，衡量经营安全程度 |
| | 3) 资本金构成比率 | $\dfrac{\text{实收资本}}{\text{资金总额}} \times 100\%$ | 考察实收资本在整个营运资金中比重，衡量经营风险程度 |
| | 4) 所有者权益构成比率 | $\dfrac{\text{盈余公积}+\text{资本公积}+\text{未分配的利润}}{\text{实收资本}} \times 100\%$ | 又称实收资本安全率，反映公积金对实收资本的保证程度 |
| | 5) 长期负债构成比率 | $\dfrac{\text{长期负债合计数}}{\text{资金总额}} \times 100\%$ | 考察企业长期负债是否得当 |
| | 6) 流动负债构成比率 | $\dfrac{\text{流动负债合计数}}{\text{资金总额}} \times 100\%$ | 考察企业一定时期内流动负债是否过多 |
| | 7) 债务股权比率 | $\dfrac{\text{负债总额}}{\text{股东权益总额}} \times 100\%$ | 反映企业举债情况及企业基本财务结构 |
| (2) 资产结构分析（资金占用） | 1) 流动资产构成比率 | $\dfrac{\text{流动资产合计数}}{\text{资产总额}} \times 100\%$ | 考虑流动资产比重，衡量企业经营的稳定性和收益性 |
| | 2) 流动资产对固定资产比率 | $\dfrac{\text{流动资产合计数}}{\text{固定资产合计数}} \times 100\%$ | 反映固定资产和流动资产比例关系，考察经营的稳定性和收益性 |
| | 3) 销售债权对盘存资产比率 | $\dfrac{\text{销售债权（应收账款、预售货款等）}}{\text{盘存资产（存货等）额}} \times 100\%$ | 考察销售债权与盘存资产的比例是否合适，间接反映商品销售情况 |
| | 4) 速动资产构成比率 | $\dfrac{\text{速动资产合计数}}{\text{资产总额}} \times 100\%$ | 分析研究企业一定时期内速动资产过多还是不足 |

① 资金总额 = $\dfrac{\text{负债总额}}{\text{(借入资金)}} + \dfrac{\text{所有者权益合计数}}{\text{(自有资金)}}$

续上表

| 项 目 | 指 标 | 计算公式 | 分析目的 |
|---|---|---|---|
| （2）资产结构分析（资金占用） | 5）固定资产与所有者权益总额比率 | $\dfrac{\text{固定资产净值}}{\text{所有者权益}} \times 100\%$ | 反映两者之间的比例是否合适，从另一个侧面反映借款经营程度 |
| | 6）固定资产与长期负债比率 | $\dfrac{\text{固定资产净值}}{\text{长期负债}} \times 100\%$ | 反映企业固定资产投资中来自长期负债的程度 |
| | 7）固定资产净值率 | $\dfrac{\text{固定资产净值}}{\text{固定资产原值}} \times 100\%$ | 反映固定资产的新旧程度 |
| （3）偿债能力分析（长期、短期） | 1）资产负债率（负债比率） | $\dfrac{\text{企业负债总额}}{\text{企业资产总额}} \times 100\%$ | 考察企业长期债务趋势，反映长期偿债能力 |
| | 2）所有者权益比率 | $\dfrac{\text{所有者权益}}{\text{资产总额}} \times 100\%$ | 反映自有资金占企业总资本的比例，表明企业的长期偿债能力 |
| | 3）资金流转对负债总额比率 | $\dfrac{\text{营业所得资金}}{\text{负债总额}} \times 100\%$ | 它和流动比率、速动比率指标结合全面判断企业偿债能力大小 |
| | 4）产权比率 | $\dfrac{\text{负债总额}}{\text{所有者权益}} \times 100\%$ | 考察企业自有资本的偿债能力 |
| | 5）流动比率 | $\dfrac{\text{流动资产合计数}}{\text{流动负债合计数}} \times 100\%$ | 考察企业资产流动性，表明企业短期偿债能力 |
| | 6）速动比率（酸性试验比率） | $\dfrac{\text{速动资产合计数}}{\text{流动负债合计数}} \times 100\%$ | 判断企业短期偿债能力 |
| | 7）企业血压 | $\dfrac{\text{流动负债合计数} - \text{速动资产合计数}}{\text{流动负债合计数}} \times 100\%$ | 表明企业支付流动负债的缺口多大 |

续上表

| 项 目 | 指 标 | 计算公式 | 分析目的 |
|---|---|---|---|
| （3）偿债能力分析（长期、短期） | 8）货币资金比率 | $\dfrac{\text{货币资金合计数}}{\text{流动负债合计数}} \times 100\%$ | 反映货币资金占流动负债比重，比值越大，表明偿债能力越强 |
| | 9）基础防卫期间 | $\dfrac{\text{速动资产}}{\text{每日营业固定支出}} \times 100\%$ | 反映无任何收入情况下现有速动资产能以支付的天数 |
| | 10）营运资金与流动负债比率 | $\dfrac{\text{流动负债}}{\text{流动资产} - \text{流动负债}} \times 100\%$ | 考察企业一定时期营运资金负担企业债务的情况 |
| | 11）即付比率 | $\dfrac{\text{现金} + \text{银行存款}}{\text{流动负数合计数} + \text{预收款项} - \text{预提费用} - \text{远期借款}} \times 100\%$ | 反映企业一定时期同货币资金支付流动负债的能力大小 |
| | 12）有形净值债务率 | $\dfrac{\text{负债总额}}{\text{所有者权益} - \text{无形资产}} \times 100\%$ | 考察企业有形净值支付企业债务的能力 |
| | 13）固定资产与所有者权益比率 | $\dfrac{\text{固定资产净值}}{\text{所有者权益}} \times 100\%$ | 考察企业购建固定资产的资金由所有者提供的情况 |
| | 14）已获利息倍数 | $\dfrac{\text{税息前利润}}{\text{支付利息额}} \times 100\%$ | 考察企业一定盈利水平下支付债务利息的能力，反映利息的保障倍数 |
| 二、经营能力（1）生产成果分析 | 1）工业增加值增长率 | $\left(\dfrac{\text{报告期工业增加值}}{\text{基期工业增加值}} - 1\right) \times 100\%$ | 反映企业一定时期生产经营的最终成果 |
| | 2）工业净产值增长率 | $\left(\dfrac{\text{报告期工业净产值}}{\text{基期工业净产值}} - 1\right) \times 100\%$ | 反映企业一定时期为社会新创造价值的增长情况 |

续上表

| 项 目 | 指 标 | 计算公式 | 分析目的 |
|---|---|---|---|
| （2）销售成果分析 | 1）工业产品销售率 | $\dfrac{\text{报告期按现行价格计算的工业销售产值}}{\text{报告期按现行价格计算的工业总产值}} \times 100\%$ | 反映企业一定时期工业产品生产已实现销售的程度 |
| | 2）销售收入（营业收入）增长率 | $\left(\dfrac{\text{报告期销售收入}}{\text{基期销售收入}} - 1\right) \times 100\%$ | 从动态上反映企业一定时期内销售成果增长情况 |
| | 3）市场占有率 | $\dfrac{\text{本企业某产品销售量}}{\text{整个行业该产品销售量}} \times 100\%$ | 从一个侧面反映企业在市场中的竞争能力 |
| （3）财务成果分析 | 1）利润总额增长率 | $\left(\dfrac{\text{报告期利润总额}}{\text{基期利润总额}} - 1\right) \times 100\%$ | 观察企业一定时期利润的成长情况 |
| | 2）净利润增长率 | $\left(\dfrac{\text{报告期净利润}}{\text{基期净利润}} - 1\right) \times 100\%$ | 考察企业一定时期净利润增长情况 |
| | 3）所有者权益收益率 | $\dfrac{\text{净利润}}{\text{所有者权益}} \times 100\%$ | 考察企业一定时期内每百元自有资本实现净利润情况 |
| | 4）公积金增长率 | $\left[\dfrac{\text{报告期盈余公积与资本公积之和}}{\text{基期盈余公积与资本公积之和}} - 1\right] \times 100\%$ | 考察企业一定时期公积金的变动情况 |
| | 5）资本金利润率增长率 | $\left(\dfrac{\text{报告期资本金利润率}}{\text{基期资本金利润率}} - 1\right) \times 100\%$ | 考察企业一定时期资本金利润率变动情况 |
| | 6）自有资金增长率 | $\left(\dfrac{\text{报告期所有者权益}}{\text{基期所有者权益}} - 1\right) \times 100\%$ | 考察资本保全和增值情况反映企业资金实力 |
| | 7）资本金增值率 | $\left(\dfrac{\text{报告期实收资本}}{\text{基期实收资本}} - 1\right) \times 100\%$ | 考察企业一定时期实收资本的增资情况 |

**续上表**

| 项　目 | 指　标 | 计算公式 | 分析目的 |
|---|---|---|---|
| （4）营运效率分析 | 1）流动资产周转率（次数） | $\dfrac{商品销售收入}{流动资产平均占用额} \times 100\%$ | 考察企业流动资产利用状况 |
| | 2）存货周转率（次数） | $\dfrac{销货成本额}{存货平均占用额} \times 100\%$ | 反映一定时期内利用存货的效率 |
| | 3）成品周转率（次数） | $\dfrac{月已销商品产品销售成本}{商品产品平均占用额} \times 100\%$ | 反映销售库存商品需要多少时间 |
| | 4）应收账款周转率（次数）（平均收账期） | $\dfrac{赊销净额}{平均应收账款（或加应收票据）}$ | 反映企业一定时期收回应收账款的效率 |
| | 应收账款损失率 | $\dfrac{坏账损失}{应收账款余额} \times 100\%$ | 反映应收账款的损失程度 |
| | 5）营运资产周转率 | $\dfrac{销售收入}{流动资产-流动负债} \times 100\%$ | 反映营运资金利用效果 |
| | 6）现金比率 | $\dfrac{现金、银行存款平均余额}{流动负债} \times 100\%$ | 考察货币结存量的合理程度 |
| | 货币资金周转率 | $\dfrac{全年货币资金支出总额}{货币资金平均余额} \times 100\%$ | 考察货币资金是否保留一定期的存量 |
| | 7）流动资产占用率 | $\dfrac{流动资产平均占用额}{商品销售收入} \times 100\%$ | 考察流动资产运用的效率 |
| | 8）商品存货变现能力（次） | $\dfrac{按进价计算的销售收入}{商品存货平均占用额} \times 100\%$ | 反映商品资产的变现速度，是影响资产效率的决定因素 |
| | 9）企业支付能力指数 | $\dfrac{期初银行存款余额 + 日平均销货额 \times 平均回笼比重}{日平均应缴应付款数}$ | 判断企业货币持有量对资产效率影响是否合理、正常 |

续上表

| 项目 | 指标 | 计算公式 | 分析目的 |
|---|---|---|---|
| (4) 营运效率分析 | 10) 结算速度对流动资产效率影响 | 年应收账款平均收账期（天） $=\dfrac{\text{应收账款平均金额}}{\text{商品销售收入净额}}\times 360$ | 反映结算资产的结算速度，间接反映资产效率 |
| | 11) 固定资产净值率 | $\dfrac{\text{净产值}}{\text{固定资产平均总值}}\times 100\%$ | 反映固定资产利用效果 |
| | 固定资产使用率 | $\dfrac{\text{在用固定资产原价}}{\text{全部固定资产原价}}\times 100\%$ | 考察全部固定资产的利用情况 |
| | 固定资产占用率 | $\dfrac{\text{固定资产平均总值}}{\text{工业总产值}}\times 100\%$ | 反映平均每创造百元产值需占用多少固定资产 |
| | 固定资产增减率 | $\dfrac{\text{本期增加的固定资产原值}-\text{本期减少的固定资产原值}}{\text{期初固定资产原值}}\times 100\%$ | 反映企业固定资产增减变化情况 |
| | 固定资产更新率 | $\dfrac{\text{本期增加固定资产原值}}{\text{期末固定资产原值}}\times 100\%$ | 反映企业固定资产的更新程度 |
| | 固定资产退废率 | $\dfrac{\text{本期退废的固定资产原值}}{\text{期初固定资产原值}}\times 100\%$ | 反映企业固定资产退废情况 |
| | 12) 固定资产周转率 次/年 | $\dfrac{\text{年销收入}}{\text{固定资产平均余额}}\times 100\%$ | 反映固定资产利用状况 |
| | 13) 总资产周转率（全部投资周转率） | $\dfrac{\text{销售收入}}{\text{总资产平均余额}}\times 100\%$ | 反映总资产利用情况，表示每 1 元投资发挥的效益如何 |
| | 14) 销售资金率 | $\dfrac{\text{流动资产}}{\text{销售收入}}\times 100\%$ | 反映每销售收入百元占用流动资产的数额 |

续上表

| 项目 | 指标 | 计算公式 | 分析目的 |
|---|---|---|---|
| 三、盈利能力（1）核心指标 | 1）资本金净利率 | $\dfrac{\text{净利润}}{\text{资本总额}} \times 100\%$ | 又称资本收益率，反映资本金的盈利能力 |
| | 2）销售净利率（营业收入利润） | $\dfrac{\text{净利润}}{\text{销售收入}} \times 100\%$ $\dfrac{\text{营业利润}}{\text{营业收入}} \times 100\%$ | |
| | 3）营业利税率 | $\dfrac{\text{利润总额}+\text{销售税金}}{\text{营业收入}} \times 100\%$ | 反映每百元营业收入实现多少利税 |
| | 4）成本费用净利润率 | $\dfrac{\text{净利润}}{\text{成本费用总额}} \times 100\%$ | 考察企业成本费用与净利润的关系，说明百元成本实现多少净利润 |
| | 5）资产报酬（收益）率（生产率比率） | $\dfrac{\text{净利润}}{\text{资产平均总额}} \times 100\%$ | 考察企业运用全部资本的收益率，衡量资产运用效率的高低 |
| | 6）边际利润率（临界收益率） | 边际利润率 =（1 − 变动成本率）× 100% | 考察边际利润变动对销售利润的影响程度 |
| | 7）流动资产净利率 | $\dfrac{\text{净利润}}{\text{流动资产平均占用}} \times 100\%$ | 考察流动资产占用与净利润的关系 |
| | 8）固定资产净利率 | $\dfrac{\text{净利润}}{\text{固定资产平均余额}} \times 100\%$ | 考察固定资产占用与净利润的关系 |
| | 9）净收益与销售额比率 | $\dfrac{\text{净收益}+\text{利息费用}}{\text{销售收入}} \times 100\%$ | 反映每百元销售收入获得的收益额，说明企业获利能力 |
| | 10）所有者权益销售额比率 | $\dfrac{\text{所有者收益}}{\text{销售收入}} \times 100\%$ | 观察销售收入与所有者收益的关系 |
| | 11）费用水平变动速度 | $\dfrac{\text{报告期费用水平}-\text{基期费用水平}}{\text{基期费用水平}} \times 100\%$ | 考察企业费用水平变动趋势 |

续上表

| 项　目 | 指　标 | 计算公式 | 分析目的 |
|---|---|---|---|
| | 12）销售成本、费用率 | $\dfrac{\text{成本费用总额}}{\text{销售收入}} \times 100\%$ | 考察每百元销售收入耗费成本费用多少 |
| | 13）权益乘数 | $\dfrac{\text{资产总额}}{\text{所有者权益总额}} = \dfrac{1}{\dfrac{\text{所有者权益总额}}{\text{资产总额}}}$ $= 1 \div (1 - \text{负债比率})$ | 考察资产总额是所有者权益的几倍 |
| | 14）权益报酬（收益率①） | $\dfrac{\text{净利润}}{\text{资产总额}} \times \dfrac{\text{资产总额}}{\text{所有者权益}} \times 100\%$ | 考察投资取得的报酬 |
| （2）股份公司指标 | 1）普通股权益报酬率 | $\dfrac{\text{净收益} - \text{优先股股利}}{\text{平均普通股权益}} \times 100\%$ | 衡量普通股的获利能力 |
| | 2）普通股每股收益额 | $\dfrac{\text{净收益} - \text{优先股股利}}{\text{普通股股数}}$ | 反映普通股每股所获盈利额 |
| | 3）股票价格与收益比率（市盈率） | $\dfrac{\text{普通股每股市价}}{\text{普通股每股收益额}} \times 100\%$ | 反映每股市价相当于每股收益的倍数，衡量市价的合理性 |
| | 4）每股股利 | $\dfrac{\text{已分配普通股股利总额}}{\text{普通股股数}}$ | 反映普通股每股获股利数 |
| | 5）股利分派率 | $\dfrac{\text{每股现金股利}}{\text{每股收益额}} \times 100\%$ | 考察企业分派的股利占每股净收益额的比例 |
| | 6）证券收益率 | $\dfrac{\text{股息（利息）} + \text{证券面值期末价格与期初价格之差}}{\text{证券期初价格}} \times 100\%$ （证券持有期收益率） | 反映投资者从证券投资中获得的收益 |
| | 7）股利与股票价格比率 | $\dfrac{\text{每股股利}}{\text{每股市价}} \times 100\%$ | 反映每股现在价的获利能力 |

续上表

| 项 目 | 指 标 | 计 算 公 式 | 分 析 目 的 |
|---|---|---|---|
| （2）股份公司指标 | 8）股东权益比率 | $\dfrac{\text{股东（所有者）权益总额}}{\text{资产总额}} \times 100\%$ | 反映所有者权益在总资产中的比重，衡量所有者权益的保障程度 |
| | 9）收益与利息保障倍数比率（利息收益倍数） | $\dfrac{\text{营业利润}}{\text{利息费用}} \times 100\%$ | 反映利润对应付利息的保障程度 |
| | 10）每股现金流量 | $\dfrac{\text{净收益}+\text{折旧}}{\text{发行在外的普通股股数}} \times 100\%$ | 反映一普通股股本提供现金流量的情况 |
| | 11）股利支付率 | $\dfrac{\text{普通股每股股利}}{\text{普通股每股利润额}} \times 100\%$ | 衡量普通股股利支付的程度 |
| | 12）普通股本每股账面价值 | $\dfrac{\text{普通股权益}}{\text{普通股本发行在外股数}}$ | 在兼并破产情况下衡量企业股东权益情况 |

## *三、综合财务分析的方法

综合财务分析的方法有很多，其中应用较广泛的有杜邦财务分析体系和 Z 计分法。

### （一）杜邦财务分析体系

杜邦财务分析体系（简称杜邦体系）是利用各财务指标间的内在关系，对企业经营效率和盈利能力进行系统分析评价的方法。因其最初由美国杜邦公司创立并成功运用而得名。杜邦财务分析体系的基本结构如图 8.1 所示。

第八章 财务分析

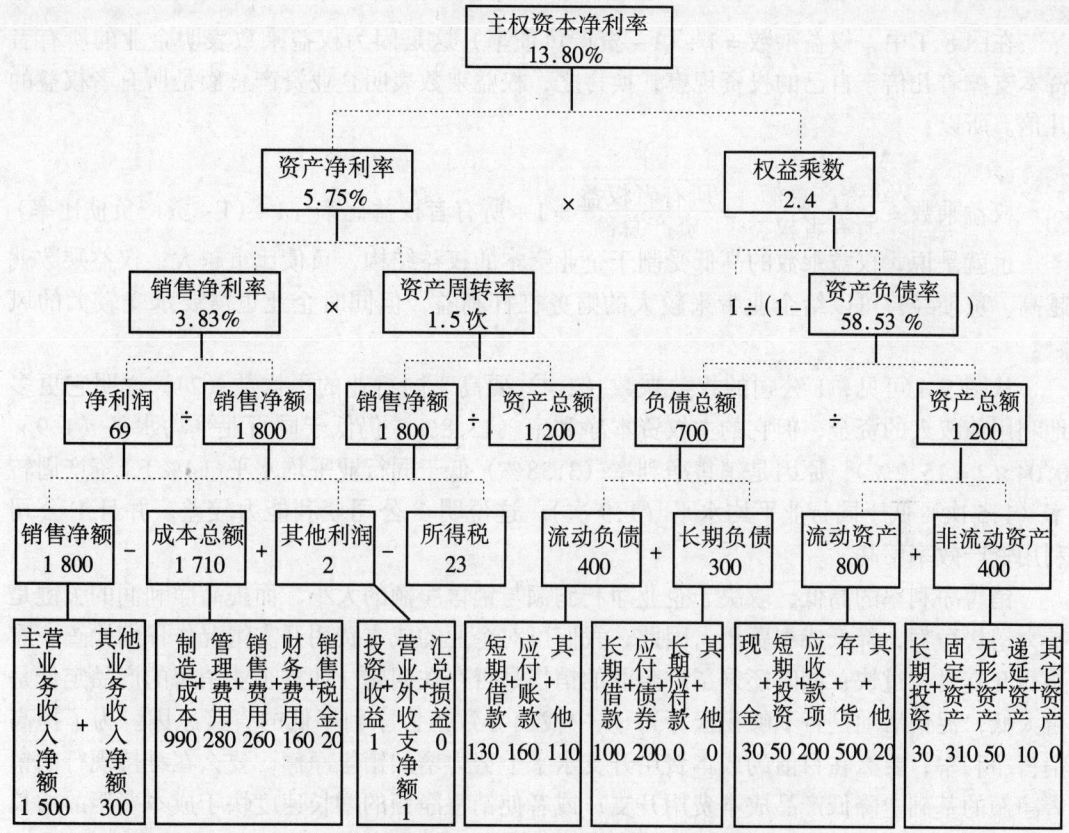

[注]同期同行业的平均水平为：权益乘数2倍，资产周转率1.9次，销售净利率4%

图8.1 杜邦财务分析体系（以F公司上年情况为例）

从图8.1可见，主权资本净利率（又称权益报酬率）是最具综合性与代表性的指标，在整个财务分析指标体系中居于核心地位，其他各项指标都是围绕这一核心，通过研究彼此间的依存制约关系，揭示企业的获利能力及其前因后果。

通过分析可以看出，主权资本净利率的高低受资产净利率（又称资产报酬率）及权益乘数的影响，其中最主要的是资产净利率，它体现着企业资产的总体获利能力。而资产净利率的高低又是销售净利率与资产周转率共同作用的结果。

为了更清楚地了解主权资本净利率是如何形成的，下面对这个比率进行分解：

$$\text{主权资本净利率} = \frac{\text{净利润}}{\text{所有者权益}}$$
$$= \text{资产净利率} \times \text{权益乘数}$$
$$= \text{销售净利率} \times \text{资产周转率} \times \text{权益乘数}$$
$$= \frac{\text{净利润}}{\text{销售净额}} \times \frac{\text{销售净额}}{\text{资产总额}} \times \frac{\text{资产总额}}{\text{所有者权益}}$$

在图 8.1 中，权益乘数 = 1÷(1 - 资产负债率) 这是因为权益乘数表明企业的所有者资本支撑着几倍于自己的投资规模，换言之，权益乘数表明企业资产总额是所有者权益的几倍。所以：

$$权益乘数 = \frac{资产总额}{所有者权益} = \frac{1}{\frac{所有者权益}{资产总额}} = 1 \div 所有者权益比率 = 1 \div (1 - 资产负债比率)$$

也就是说，权益乘数的高低受制于企业资本的权益结构，负债比重越大，权益乘数就越高，负债经营可以给企业带来较大的财务杠杆利益，但同时企业也需要承受较大的风险。

从图 8.1 可见，F 公司的权益乘数（2.4）要高于同行业的平均数（2），说明它更多地利用债权人的资金，但它的主权资本净利率（13.8%）仍低于同行业平均水平（1.9×0.04×2=15.2%），原因是销售净利率（3.38%）低于同行业平均水平（4%），资产周转率（1.5 次）低于同行业平均水平（1.9 次）。这说明 F 公司获利能力较差，并且 F 公司利用资产效率不高。

销售净利率的高低，取决于企业净利润额与销售净额的大小，而提高净利润的关键是扩大销售净额，降低成本费用。因此，我们可对企业的成本费用开支情况作仔细检查，看是否开支增长过快；同时还须了解企业的销售是否存在问题（如本企业销售的产品定价是否太低，促销活动是否不够积极等），从中找出导致销售净利率低的直接原因。为了提高销售净利率，要么在目前的成本费用开支水平上努力增加销售净额，要么在维持现行的销售净额的基础上降低产品成本费用开支；或者使销售净额的增长速度快于成本费用的增长速度。

资产周转率揭示出企业资产实现销售净额的综合能力。对它的分析可从各影响因素进行。除了考察资产总量结构是否合理外，还须对固定资产、流动资产的内部结构是否合理，找出企业究竟是对哪些资产项目投资过多，使其增长率超过了销售净额的增长率，从而引起企业全部资产周转速度的放慢；同时还须对流动资产周转率产生影响的各具体因素进行分析，查明资产利用效率降低的原因。为了改善资产周转率，要么在现有的资产规模上想方设法增加销售净额，要么在现有的销售水平下减少资产总额；或者使销售净额的增长速度快于资产总额的增长速度。

根据杜邦体系的框架自上而下地分析，不仅可以揭示出企业各项财务指标间的结构关系、查明各项主要指标的影响因素，而且为决策者优化经营理财状况，提高企业经济效益提供了思路：提高主权资本净利率的根本在于确立风险意识、合理投资配置、优化资本结构、节约成本费用、扩大销售等。

## （二）Z 计分法

在进行财务分析时，人们遇到的一个主要困难就是计算出财务比率后，无法判断它是偏高还是偏低。即使与本企业的前会计年度的比率进行比较,也只能看出自身的变化,却难以评价其市场竞争中的优劣地位。

为了弥补这些缺陷,美国爱德华·阿尔曼在60年代中期创造了Z计分法。

利用企业四个财务指标的数值,分别乘以阿尔曼导出的系数价值,加成总数即可求得企业的Z值。公式如下:

$$Z = 6.56X_1 + 3.36X_2 + 6.72X_3 + 1.05X_4$$

式中,$X_1 = \dfrac{营运资本}{总资本} = \dfrac{流动资产-流动负债}{总资产}$

$X_2 = \dfrac{留存收益总额}{总资产}$

$X_3 = \dfrac{税前利润+利息}{总资产}$

$X_4 = \dfrac{净值(所有者权益)}{负债总额}$

阿尔曼的经验数据表明,如果一个企业的Z总计分大于2.6,企业的经营状况优良。如果Z值小于1.1,企业面临较大破产风险。Z值越大,企业破产风险越小。

**例** 某企业2003年底总资产13 000万元,其中流动资产8 700万元;负债总额8 400万元,其中流动负债4 700万元,留存收益4 000万元;税前利润与利息为1 200万元。则:

$X_1 = \dfrac{8\ 700 - 4\ 700}{13\ 000} = 30\%$

$X_2 = \dfrac{4\ 000}{13\ 000} = 30\%$

$X_3 = \dfrac{1\ 200}{13\ 000} = 9\%$

$X_4 = \dfrac{13\ 000 - 8\ 400}{8\ 400} = 55\%$

表 8-10

| 指标 | 数值 | 系数 | Z计分 |
| --- | --- | --- | --- |
| $X_1$ | 30% | 6.56 | 1.97 |
| $X_2$ | 30% | 3.26 | 0.98 |
| $X_3$ | 9% | 6.72 | 0.60 |
| $X_4$ | 55% | 1.05 | 0.58 |
| 合计 | | | 4.13 |

可见,该企业2003年的Z计分值为4.13,说明企业经营良好,远离危险点之外。

## 思考与练习

### 一、思考题

1. 财务分析的定义和内容是什么？
2. 财务分析的方法有哪些？
3. 什么是构成分析法、趋势分析法、比率法？

### 二、练习题

1. 〔目的〕练习财务报表分析。

   〔资料〕学员所在单位的资产负债表、损益表、现金流量表。

   〔要求〕用构成分析法、趋势分析法、比率法进行分析。

2. 〔目的〕练习资产负债表分析。

   〔资料〕某企业 2004 年流动资产 700 万元，存货 119 万元，流动负债 300 万元，长期负债 360 万元，资产总额 2 000 万元。

   〔要求〕计算该企业的资产负债率、流动比率、速动比率、并分析其偿债能力。

3. 〔目的〕练习损益表分析。

   〔资料〕某企业 2004 年度净利润 136 万元，销售收入为 3 000 万元，销售成本为 2 644 万元，销售费用 22 万元，管理费用 46 万元，财务费用 110 万元，期初资产总额 1 680 万元，期末资产总额 2 000 万元，所有者权益 940 万元。

   〔要求〕计算销售净利率、销售毛利率、费用成本净利率、总资产周转率、权益乘数、主权资本净利率，并分析获利能力。

4. 〔目的〕分析营运能力。

   〔资料〕某企业 2003 年度销售收入 400 000 元，其中现销收入 275 000 元，销售退回、折让、折扣 4 000 元，应收账款期初余额 31 500 元，期末余额 42 000 元。

   〔要求〕计算应收账款周转率。

5. 〔目的〕分析企业营运能力。

   〔资料〕某企业 2003 年度销售成本为 150 000 元，期初存货 60 000 元，期末存货 65 000 元。

   〔要求〕计算该企业存货周转率。

6. 〔目的〕综合财务分析。

   〔资料〕某企业上年度资产总额 2 000 万元，所有者权益 940 万元，销售净额 3000 万元，净利润 136 万元；同期同行业的平均水平：权益乘数为 2.5 倍，资产周转率为 1.4 次，销售净利率为 4.3%。

   〔要求〕计算该企业的权益乘数、资产周转率、销售净利率、主权资本净利率；用杜邦财务分析体系分析该企业的主权资本净利率。

# *第九章 企业业绩评价

业绩评价是指运用数理统计和运筹学方法,采用特定的指标体系,对照统一的评价标准,按照一定的程序,通过定量定性分析,对企业一定经营期间内的经营效益和经营者业绩,作出客观、公正和准确的综合评判。

企业的业绩评价是一个深受各方利益关系人重视的问题,人们对此进行了多方面的长期探索。这种探索今后还会继续,并且永远不会完结。

## 第一节 业绩评价方法

企业业绩的计量指标,可以分为财务指标和非财务指标两类。

### 一、企业业绩的财务指标

(一)业绩计量的财务指标

有多种财务指标被用来计量企业的业绩,包括净收益和每股收益、现金流量、投资收益率、经济增加值、市场价值和经济收益等。他们作为业绩计量指标各有利弊。

**1. 净收益**

无论是净收益的总额还是联系股份数表示的每股收益,都被广泛用于企业的业绩计量。

(1)净收益的概念。净收益是一个企业一定时期的收入减去全部费用的剩余部分。作为业绩计量指标,净收益是属于普通股东的净收益,与会计报表中的净利润不同:

$$净收益 = 净利润 - 优先股股利$$

由于净收益的大小与企业的投入资本有关,不便于企业之间的横向比较,也不便于投入资本变化时同一企业的各期比较,因此需要使用每股收益。每股收益是净收益除以普通股数得到的：

$$每股收益 = 净收益 \div 平均发行在外普通股股数$$

由于我国《公司法》没有关于优先股的规定，即我国公司不得发行优先股，所以股东净收益与净利润没有区别。另外，我国《公司法》还规定，除非减少注册资本不允许回购股票，所以"发行在外的普通股"与"普通股"的数字是相同的。因此，我国《公开发行股票公司信息披露的内容与格式准则》规定：

$$每股收益 = 净利润 \div 年度末普通股股份总数$$

在增发股份的年度里，"平均股份数"与"年度末股份数"不同，从企业的盈利能力看，使用"平均股份数"可以使净利润与产生净利润的资本保持更好的因果关系。从股东分享的财富看，使用"年度末股份数"可以更好体现"同股同权"的经济现实。如果股份数的变动不是增发股份引起的，而是发放股票股利或股票分割造成的，则投入资本并无实际增长，使用"年度末股份数"更为合理。

(2) 净收益指标的主要优点。作为业绩评价指标，净收益有着悠久的历史，获得公众的广泛认可。

对于净收益和每股收益的计算方法，各国都有统一的会计准则或会计制度来进行规范，因此该指标具有很好的一致性和一贯性。虽然各国的会计规范制定机构或证券监管机构不对财务比率进行规范，但每股收益是个例外。每股收益的计算方法有许多种，它们之间的差别很大，而该指标又非常重要，因此必须加以规范。统一的规范为净收益和每股收益的可比性提供了保障，这是其他业绩评价指标无法比拟的。

净收益数字是经过审计的，因此其可信性比其他业绩指标要高得多。

(3) 净收益的局限性：①净收益是按照会计制度计算的。会计制度的假设前提之一是"币值不变"。因此，净收益作为业绩计量指标，没有考虑通货膨胀的影响是一个明显的缺陷。②会计师在计算净收益时必须遵循财务会计的各种规范。按照这些规范，收益的确认必须具备确定性和可计量性等要求，这就会导致忽视价值创造活动的某些成果。③每股净收益的"每股"的"质量"不同，限制了该指标的可比性。有的国家对股票的面值没有限制，例如，一个企业每股的面值是1元，每股净收益是0.1元；另一个企业每股的面值是2元，每股净收益0.2元；尽管后者的每股净收益加大，但很难说后者的业绩优于前者。我国虽然规定股票的面值必须为1元，但是他们所代表的投资并不相同。有的股票是平价发行的，有的股票是溢价发行的，股东投入的资本并不相同。即使同一企业的股票，并且每次按相同的价格发行，由于每年的留存收益不同使各年每一股代表的净资产不同，各年的每股收益也不具有真正的可比性。④与其他业绩计量相比，净收益容易被企业管理人员进行主观的控制和调整。例如交易时间的调度、提前或递延收入的确认、净收益在营业收益与营业外收益之间进行项目调整、净收益在利润表和利润分配表之间的安排等。这种操纵可能是出于正当目的，也可能是出于粉饰业绩等不正当目的；使用的手段可能是符合会计制度的，也可能是不符合会计制度的。从业绩评价来看，不增加企业价值而可以改变净收益的任何做法，都是不利于客观评价的。

一旦净收益成为惟一的业绩评价指标，企业管理人员就可能为提高净收益而牺牲股东的长期利益，例如减少当年研究开发支出，或仅仅为了避免确认损失而不处理陈旧财产等。从科学的角度来看，净收益指标促使企业的行为短期化，不利于企业长期、稳定的可持续发展。

无论是净收益还是每股净收益，作为业绩评价指标是不够理想的。它们被长期而且广泛的使用，主要原因是其便于计算，以及不需要额外的信息成本。

因此，净收益指标应该在了解其局限性的基础上使用，并且与其他财务的和非财务的业绩计量指标结合。

**2．投资收益率**

(1) 投资收益率的概念。它是一个企业赚得的收益和所使用的资产的比值。作为业绩评价指标，投资收益率有两种：①总资产收益率。指息税前利润除以总资产的百分比。它着眼于企业整体的经营效率，反映企业管理人员综合利用全部资产、创造营业利润的业绩。总资产收益率假设纳税、付息前的收益是运用总资产赚取的，两者存在因果关系。②所有者权益收益率。指利润表中的税后利润除以资产负债表中的所有者权益的百分比，也叫净资产收益率或股本收益率。它着眼于经营效率转化为所有者受益的情况，反映股东获得回报的水平。所有者权益收益率假设税后利润是运用股东资本赚取的，两者存在因果关系。

总资产收益率和所有者权益收益率有内在联系。总资产收益率是企业形成良好所有者权益收益率的必要基础。没有较好的总资产收益率，令人满意的所有者权益收益率就无从谈起。但是，良好的资产收益率并不能保证股东会获得满意的回报，还要看借款的多少和利率的高低。如果说总资产收益率反映经营管理的业绩，那么所有者权益收益率则反映以经营业绩为基础的理财业绩。良好的所有者权益收益率可以使股票升值，股票升值可以令企业筹集资金更容易，充裕的资金可以促使增长，增长可以扩大企业收益。在这种良性循环中，企业价值不断提高，股东财富不断增长。

(2) 投资收益率的优点。所有者权益收益率是财务管理中最重要、最综合的财务比率。它的重要性在于，企业每一元资产与金融市场上的每一元资金是相匹配的。无论债务资本还是股权资本，都是从金融市场上取得的。在金融市场上，每一元资本都是有成本的。因此，企业的每一元资产都应赚取一定的收益，以弥补资本成本。

如果资产收益率大于全部资金的成本，则企业经营活动处于良性循环，该企业运用资金是有效率的，社会资源配置在该企业是合理的。如果所有者权益收益率大于所有者权益的成本，则企业总体上处于良性循环，该企业运用股权资本是有效率的，股东把资本投入该企业是明智的。如果投资收益持续性的低于资金资本，则说明企业不具备长期发展的潜力。

投资收益率指标是把一个企业赚取的收益和所使用的资产联系起来，衡量企业资产使用的效率水平，并且把经营利润与维持生产经营必要的资本联系在一起的评价指标。因此，它是监控资产管理和经营策略有效性的有力工具。

(3) 投资收益率的局限性。投资收益率的计算要使用"净收益"数据，因此作为业绩评价指标具有与"净收益"类似的缺点。由于会计规范中对折旧方法、存货估价方法等存在多种选择，不同的选择会影响收益和资产的数额，从而影响投资收益率的客观性。投资收益率也受减少研究支出和推销支出、递延维修费用等影响，企业管理人员对它有一定的粉饰能力。在通货膨胀期间，投资收益率会夸大该企业的业绩。

不同的企业发展阶段，投资收益率会有变化。在开办阶段，资产的增加会超过受益的增加，投资收益率较低，这并不表示该企业的业绩不好。与此相反，企业处于衰退阶段，资产减少大于受益的减少，投资收益率可能提高，这也不表示业绩有什么改善。因此，投资收益率的评价要根据企业的发展阶段进行。

投资收益率的另一个局限性是它诱使企业管理人员放弃收益率低于企业平均收益率但高于企业资本成本的投资机会。

### 3. 现金流量。

(1) 现金流量的概念。按照收付实现制计量公司的净收益即净现金流量，是一定期间现金流入和现金流出的差额。

(2) 现金流量的优点。确定现金流量的规则非常简单，企业每签发一张支票就发生一笔现金流出，每收到一张支票就有一笔现金流入。作为确定现金流量的规则，这种简单性意味着很难通过做手脚掩盖企业经营中不尽人意的地方。与净收益相比较，现金流量受会计估计和会计分摊的影响较小。

现金流量不仅可以用来评价企业业绩，还可以用来评价企业支付利息、支付股息的能力和偿付债务的能力，还可以用于现金管理业绩的计量。

(3) 现金流量的局限性。现金流量概念虽然直接明晰，但是无法取代净收益，主要原因是它不区分受益性支出和资本性支出。按照现金流量的概念，支付当月的水电费和购买可使用30年的办公楼，都是当年的现金流出，两者没有区别。按此计算的每年现金流出与现金流入没有因果关系，使得年度现金净流量不能反映业绩的全貌，也不能以此可靠地预测将来的业绩。

### 4. 经济增加值

(1) 经济增加值的概念。经济增加值可以定义为企业收入扣除所有成本（包括股东权益的成本）后的剩余收益，在数量上它等于息前税后营业收益再减去债务和股权的成本：

$$经济增加值 = 息前税后经营收益 - 使用的全部资金 \times 资本成本率$$
$$= 税后经营收益 - 使用的股权资金 \times 股权成本率$$

经济增加值是资本在特定时期内创造的收益，或者称为剩余收益。如果经济增加值为正值,说明企业创造了价值和财富;如果经济增加值为负值,说明企业丧失了应有的价值;如果经济增加值为零,说明企业的经营收益刚好补偿资本成本。

(2) 经济增加值的优点。经济增加值具有区别于传统的业绩评价指标的明显特点:①经济利润代替了会计利润。会计核算过程由于受到公认会计原则的约束,使会计利润与反映企业创造财富真实情况利润产生了偏差。在经济增加值的计算过程中,为更真实地反映企业的业绩,对由会计原则导致的衡量企业创造价值方面的曲解进行了调整,如研究开发费用、顾客与市场开发、员工技能培训等费用,是对未来的竞争力、客户、人力资源方面的投资,公认会计原则将其计入当年的成本,扭曲了利润。经济增加值的做法是将其调整为资本化,即从利润中提出这一部分费用,并在适当时期内分期摊销。②向管理者灌输了新的"资本增值"理念。缺乏股权资本成本概念是国有企业管理层的普遍现象。股东可以自由地将他们投资于企业的资本变现,并将其投资于其他资产,因此股东的投资必须获得回报,而且这种回报是与投资风险相联系的。按照风险与收益匹配原理,股权资本成本高于债务资本成本,如果他们所投资企业的税后净营业利润低于用同样的资本投资于其他风险相近的有价证券的最低回报,那么这笔投资对他们来说不仅无利可图,甚至是很吃亏的事情。经济增加值强调了只有在资本投资于现有资产上的实际收益大于资本供应者的预期时,资本才得到了增值。③经济增加值提出了不同资本规模、不同资本结构、不同经营风险的企业之间为股东创造价值能力的区别。股权资本收益率是股东期望在现有资产上获得的最低收益,对于不同风险的企业,他们所预期的资本收益是不一样的,如投资于一家高新技术企业与投资于一家餐饮企业,二者的风险绝然不同,股东所期望的最低收益也有很大区别。经济增加值考虑了所有投入资本的成本,股权资本不再是免费的,资本结构的区别不会再对经营业绩产生影响。因此,经济增加值能将不同投资风险、不同资本规模和资本结构的企业放在同一起跑线进行业绩评价,适合于不同行业之间所有企业的业绩评价。

(3) 经济增加值的局限性:①计算经济增加值所进行的必要调整可能并不符合成本效益原则。为消除会计信息对利润的扭曲,必须对有关的会计数据进行调整,调整的数据越多,计算结果就越精确,也就大大增加了计算的复杂性和难度,并且妨碍了经济增加值的广泛应用。因此,计算经济增加值时,对营业利润和投资资本进行的必要调整并不符合成本效益的要求。②经济增加值无法解释企业内在的成长机会。一个企业的股票价格反映的是市场对这些成长机会价值的预期。但是由于经济增加值在计算过程中对会计信息进行了调整,这些调整可能去掉了企业经营者用来向市场传递有关企业未来发展机会的信息。这样,一方面经济增加值比其他指标更接近企业真正创造的财富,但另一方面也降低了经济增加值指标与股票市场的相关性。③经济增加值评价方法过分强调了经营结果的业绩,主张将经济增加值作为决定企业管理者与员工报酬的惟一指标。这种做法一方面在企业管理事务中难以操作,另一方面可能导致业绩评价局限于过去的业绩,而忽略了影响未来成功的关键驱动因素。④单纯运用经济增加值难以识别会计信息的真实性。由于经济增加值是以权责发生制为基础计算的指标，权责发生制的种种不足不可避免地反映到经济增加值指标上。尽管计算经济增加值时对会计资料进行了各项调整，但难以完全摆脱权责发生制所具有的主观、易被操控等缺点；此外，经济增加值只是一个财务指标，尽管它代表了企业的经营目标，仅以这个指标评价企业的业绩，不能反映企业价值的创造过程，给恶意制造虚假会计信息者提供了方便。遗憾的是，我国会计报表存在虚假成份绝不是偶然的。因此，单纯用经济增加值指标很难做到客观、公正地评价企业的经营业绩。

### 5. 市场增加值

（1）市场增加值的概念。市场增加值是总市值和总资本之间的差额：

$$市场增加值 = 总市值 - 总资本$$

总市值包括债权价值和股权价值，总资本是资本供应者投入的全部资本。公司创建以来的累计市场增加值，可以根据当前的总市值减去当前投入资本的价值来计算。某一年的市场增加值，可以根据本年末累计市场增加值减去上年末累计市场增加值来计算。

一个公司的债务价值比较容易估计，它通常是债务的本利和。上市公司的股权价值，可以用每股价格和总股数估计；非上市公司的股权价值则没有那么容易估计，只能根据同类上市公司的股价或者用其他方法间接估计。

（2）市场增加值的优点。从理论上看，市场增加值是评价公司创造财富的准确方法，它胜过其他任何方法。它计算的是现金流入和现金流出之间的差额，即投资者投入一家公司的资本和他们按当前价格卖掉股票所获现金之间的差额。因此，市场增加值就是一个公司增加值或减少股东财富的累计总量，是从外部评价公司管理业绩的最好方法。

市场增加值的另一个好处是可以反映公司的风险。公司的市值既包含了投资者对风险的判断，也包含了他们对公司业绩的评价。因此，市场增加值不仅可以用来直接比较不同行业的公司，甚至可以直接比较不同国家公司的业绩。市场增加值是创造财富竞赛的最终目标。

市场增加值等价于金融市场对一家公司净现值的估计。人们普遍接受项目评价的净现值法，如果把一家公司看成是众多投资项目的集合，市场增加值就是所有项目净现值的合计。这些项目包括那些已经完工的项目，也包括那些预期将要动工的项目。公司的净现值与市场增加值的惟一区别在于净现值是公司自己估计的，而市场增加值是金融市场估计的。

（3）市场增加值的局限性。市场价值虽然和企业目标有极好的一致性，但在实务中应用却不广泛。由于信息不对称，投资人经常作出不正确的预期，使得股价偏离企业价值。股票市场并非能真正评价企业的价值。从短期来看股市总水平的变化可以"淹没"管理者作为。股票价格不仅受管理业绩的影响，还受股市总水平的影响。只有公司上市之后有比较公平的市场价格，才能计算它的市场增加值。非上市公司的市值估计往往是不可靠的。大部分公司是不上市的，没有恰当的市值估计数据，限制了市场增加值的应用。即使是上市公司也只能计算它的整体经济增加值,对于下属部门和单位无法计算其经济增加值,也就不能用于内部业绩评价。

#### 6. 经济收益

(1) 经济收益的概念。经济收益是在业绩评价期内由于生产经营、培训职工、提高工作效率等使企业增加的价值。

$$经济收益 = 预期未来现金流入现值 - 净投资的现值$$

经济收益的计量不依赖股票价格,而是根据现金流量估计的。它可以直接计量每一年的经济利润,衡量在单一时期内所创造的价值。而市场增加值是可见的预期未来价值创造,一年内的市场增加值等于经济利润(已取得的价值创造)加上价值创造预期。只有在预期未来业绩没有变化,而且加权平均的资本成本在年度内始终不变的情况下,市场增加值才等于经济利润。

(2) 经济收益的优点。经济收益比会计收益更接近真实收益,更能反映客观实际。经济收益与经济学概念一致,容易被管理人员和投资者理解。

(3) 经济收益的局限性。一个企业的未来现金流量的数量和时间确定,是建立在未必可靠的基础之上的。折现率的确定也是个困难问题,不容易做到准确。因此,在实务中,经济收益的计量是不精确的,并且是不易验证的。

### (二) 财务计量的局限性

#### 1. 财务指标不能反映非实物资产的运用成果

财务指标主要是在财务报告所提供的财务信息基础上进行加工、计算、扩展和延伸而得出的,局限于对实物资产运用成果的描述,在以知识为第一生产力要素的信息社会中,商誉、人力资源等无形资产已经成为决定企业经营成功的关键要素,而且其所占资产的总额的比例也在日趋攀升,如何借助于业绩评价系统管好、用好企业的无形资产,提高员工的凝聚力和工作效率,仅仅依靠财务评价指标是不能解决的。

#### 2. 财务指标不能反映现在进行的创造未来价值的活动

财务指标只能对企业过去的经营决策和经营活动的最终结果进行评价,不能反映现在进行的创造未来价值的活动。仅仅采用财务指标,可能引发企业管理者急功近利的思想和短期投机行为,如管理者可能过多的进行能增加短期业绩方面的投资,而忽略了实现长期战略目标的需要。即使对于过去的行动,财务指标也只描述了一部分而不是全部情况,不能捕捉到最近一个会计期间管理者的行动对创造未来价值的影响。比如,为提高短期利润水平,有计划地减少研究开发费、职工培训费、环境保护费、市场调研等支出,可能会削弱企业的长期竞争能力,而这些投资不能通过财务指标反映出来。信息时代的企业要投资于顾客、供应商、员工、工艺、技术和革新,才能保持企业长久的生命力,削减这些投资不利于企业长远发展,这种做法对创造未来价值的影响不能通过财务指标反映出来。

### 3. 财务指标忽视对外部因素的分析

财务指标偏重于企业内部评价，忽视了对外部因素的分析。工业时代，企业通过加强内部管理，如扩大生产规模、降低产品成本、提高产品质量等手段，就可以在市场中占有一席之地。而在今天市场竞争中，几乎所有的商品都处于买方市场。企业外部的诸多因素，如顾客满意度、市场份额、留住客户和获得客户的策略、从客户处获得利润水平、政府的支持程度等，都将极大影响企业未来的财务业绩，而财务指标无法测评这些外部因素的影响。没有对外部因素的正确评价，企业就很难发现自身的相对优势和缺点、所面临的机会和威胁，也就难以在长期竞争中保持优势地位。

## 二、企业业绩的非财务计量

### （一）业绩计量的非财务指标

财务计量在企业的业绩计量方面一直占主导地位。然而，近年竞争环境的变化使得非财务计量在业绩评价中的作用越来越大。在业绩评价中，比较重要的非财务计量指标有：

#### 1. 市场占有率

市场占有率可以反映企业的业绩。一个企业的盈利能力高低，是与其他企业比较而言的。企业的盈利能力高于还是低于行业的平均水平，决定于它的竞争地位。竞争地位的优劣，取决于企业是否具有竞争优势。竞争优势主要来源于成本低和产品（包括服务）独特。成本低、质量好的产品必然有广阔的市场。因此，市场占有率可以间接反映企业的盈利能力和经营业绩。

市场占有率是指长期、稳定的市场占有率。只靠削价扩大销售，可能在短期内扩大市场占有率，但不可能长久。只有具备持久性竞争优势的企业，才能有长期维持优于平均水平的经营业绩。

#### 2. 质量和服务

质量和服务是指企业可以给顾客某种具有独特性的东西。这种独特性使企业可以在一定价格下售出更多的东西，或者在经济衰退时获得买方忠诚等利益。

产品的独特性来源于企业所进行的各种具体活动和这些活动影响买方的方式，或者说经营的独特性来自企业的"价值链"。这个价值链包括企业基础工作、人员管理、技术开发、采购管理、生产经营、市场销售、售后服务、辅助生产和运输以及管理信息系统等各个方面。价值链中任何一种活动都可以为产品的独特性做出贡献。维持产品的独特性，就是维持企业的竞争优势，体现了经营管理业绩。

对于质量和服务的评价，不像市场占有率那样那么容易量化。评价产品和服务，实际上是识别买方对企业满足其要求的看法，或者说是识别影响买方采购决策的因素。它们包括信誉和形象、产品的重量和外观、包装、价格、顾客清单、规模和财务稳定性、供应的历史长短等。

### 3. 创新

由于竞争，一个企业的盈利能力是靠不断创新来维持的。不论是成本的优势还是产品独特的优势，都会由于对手的创新和自己的停滞而丧失。因此，在关键技术和成本改进方面的创新能力以及适应技术变革的能力，是公司保持优良业绩的一个重要方面。近年，由于在电子、信息和原材料等方面出现重大技术进步，引起许多行业的关键技术发生突变，创新越来越引起人们的注意并成为最热门的话题之一。

评价一个企业是否具有创新能力，首先要识别它使用哪些技术，在创造价值的关键技术是什么，以及科技发展和相关行业有什么可以利用的新技术。在此基础上，评价企业有无在关键技术上进行变革的可能性。这些总评价包括：有无技术开发和创造新技术的能力；有无率先从行业外引进新技术的能力；有无在别人引进新技术后紧紧跟上的能力；企业在技术创新和引进人才方面的投入量多少；以及利用收购、合资、购买专利等方面引进技术的情况。

### 4. 生产力

生产力是指企业的生产技术水平。任何企业都涉及到大量技术。企业所做的每一件事都涉及到某种技术。技术竞争的重要性，并不取决于这种技术的科学价值或它在物质产品中的显著程度。只有某种技术显著地影响了企业的竞争优势，它对竞争才是举足轻重的。只有技术对企业的相对成本地位或产品独特方面作用显著，它才对竞争优势产生影响。

评价一种新技术是否有利于形成竞争优势的标志是：这种技术能使企业降低成本或提高产品的独特性，并可以使企业长期居于技术领导地位；该技术的进一步发展应对本企业有利；即使它被别人效仿也会扩大自己的市场份额；该技术能使企业形成行业的率先行动者优势。如果一种技术不能为该企业带来利益，即使是巨大的技术成就，仍然不能认为该企业具有良好的技术优势。

### 5. 员工培训

员工培训是企业在人力资源方面的投资，它和企业的长期业绩相关联。提高员工胜任工作的能力，是企业的重要业绩之一。员工培训可以分为新职工上岗培训和后续培训两部分。

新职工上岗培训的目的是使其适应工作。良好的大企业有正规的上岗教育方案。正规的上岗教育方案的内容包括介绍企业的历史、产品和服务、一般的方针和做法、组织、福利待遇、保密规定、安全和其他企业规定。公司应有培训的教材。通过培训，新职工应当学到工作所需要的能力，执行任务应采取的态度，以及适应本企业的行为准则和价值观念。

后续培训主要针对管理人员，目的是提高管理的有效性。良好的后续教育的主要标志是：高层管理者对培训的积极支持；培训面向企业的各级管理人员，包括最高层的管理人员；培训的具体内容应根据培训人员的特点和要求而定；培训应理论联系实际。

### (二) 非财务指标的优点

非财务计量与严格定量的财务计量指标相比，主要优势有两个：

**1. 可以直接计量创造财富活动的业绩**

财务指标不能直接计量创造财富的活动，只能计量这些活动的结果，不能说明财富是如何创造的。非财务指标，包括扩大市场份额、提高质量和服务、创新和提高生产力，都可以直接计量企业在创造财富的活动中所取得的业绩。

**2. 可以计量企业的长期业绩**

财务计量是短期的计量，具有诱使企业管理人员为追逐短期利润而伤害企业长期发展的弊端。非财务计量指标关系到企业的长期盈利能力，可以引导企业管理人员关注企业的长远发展。

### (三) 非财务指标的不足

**1. 非财务指标难以用货币来衡量**

非财务指标最致命的缺点是它难以用货币来衡量。非财务指标的改善与利润增长的关系较为模糊，很难辨认出非财务指标的改善到底使利润发生多大的变化，尤其在短期内，利润指标几乎不受影响。这样，管理人员在改进非财务因素方面的努力就很难立刻显示出成果来，如果仅根据利润指标来衡量报酬，就很难刺激管理人员关注非财务指标。

**2. 缺乏统计上的可靠性**

像满意度评价之类的非财务数据调查，往往只提出很少的问题和有很少的答卷人。这些指标值的可靠性难以保证，从而削弱了根据这些指标识别优秀业绩或预测未来财务业绩的能力。

可见，非财务评价尽管有很多优点，而且也很重要，但它并不能取代财务指标体系。相反，它应当被视为对财务指标的有益补充。为避免对非财务指标主观性和易于操纵的批评，企业应当考虑加强这些非财务指标的可执行性。可采取的措施包括：在实施全面细致地评估和检测指标；将财务指标与非财务指标的联系定量化，避免奖励降低企业价值的行为；理解和强调在现行评估过程中使用非财务指标的潜在困难；评估非财务指标的持续价值时，应注意到将管理实务基准化的困难和分析人员对非财务指标的评价的不确定性。

## 三、企业成长阶段与业绩计量

企业的生命周期可以分为开办或创业阶段、迅速成长阶段、成熟阶段和衰退阶段。在其生命周期的每一个阶段上各种业绩评价指标的数值应有所区别。

## （一）创业阶段

在典型的创业阶段，收入不断增长、存在负的或微不足道的获利能力、负的现金流量以及负的或微不足道的资产收益率，投资对收入的比率处于最高水平。

在这个阶段里，企业最重要的任务是开发新产品，用有限的资金在市场中占据一席之地。收入增长和自由现金流量是最重要的财务指标，而各项非财务指标比财务指标还重要。

## （二）成长阶段

在成长阶段，企业迅速增长，净收益和来自经营的现金为正数。然而，对营运资本和其他资产的投资需要往往是巨大的，大到足以使自由现金流量总是负数。以后投资势头减弱，正的自由现金流量产生。净资产收益率在这一阶段也得到改善。

在这个阶段里，收入增长、投资收益率和经济增加值指标同等重要。如果筹集资金比较容易，则自由资金流量相对不太重要。

## （三）成熟阶段

在成熟阶段，收入增长缓慢或者停止，但净收益保持正数。虽然企业可以在财产、厂房和设备方面继续投资，但投资的趋势是资产替换而不是增加新的经营能力，其结果是一个高的净资产收益率。

在这个阶段里，企业应主要关心资产收益率和权益收益率，必须严格管理资产和控制费用支出，设法使企业恢复活力。

## （四）衰退阶段

在衰退阶段，收入大量减少。经营虽依然获利，但是作为收入一部分的净收益下降。经营现金流量有加速的趋势，原因是营运资本减少了。企业可以继续在财产、厂房和设备方面进行有节制的投资，但是使用的净资产数额下降是显著的。净资产收益率下降，下降的速度取决于净收益还是净资产下降得更快。

在这个阶段，现金流量再次成为关键问题。企业管理人员特别关注投资的收回，谨慎投资以改善获利能力。此时，投资收益率和经济增加值等长期业绩指标已经变得不太重要，包括各种非财务业绩指标也是如此。

表9-1是企业生命周期各个阶段主要财务指标的一般特征（"＋"代表流入，"—"代表流出）。

表9-1　企业各发展阶段财务指标的特征

|  | 创业阶段1 | 创业阶段2 | 创业阶段3 | 成长阶段1 | 成长阶段2 | 成熟阶段 | 衰退阶段 |
|---|---|---|---|---|---|---|---|
| 收入 | ＋ | ＋ | ＋ | ＋ | ＋ | ＋ | ＋ |
| 费用 | — | — | — | — | — | — | — |
| 净收益 | — | — | ＋ | ＋ | ＋ | ＋ | ＋ |
| 营业现金流量 | — | — | ＋ | ＋ | ＋ | ＋ | ＋ |
| 营运资本投资 | — | — | — | — | — | 0 | ＋ |
| 长期资产投资 | — | — | — | — | — | — | 0 |
| 自由现金流量 | — | — | — | — | ＋ | ＋ | ＋ |
| 净资产收益率 | 负数 | 负数 | 很小 | 提高 | 提高 | 最高 | 下降 |

# 第二节　业绩的综合评价

## 一、综合评价原理

综合评价的关键是指标的选取、权重的分配、比较标准的设定以及指标的综合。

### （一）指标的选取

综合评价的首要问题是确定选择指标。现代社会人们更重视盈利能力，盈利能力决定了偿债能力，尤其是长期偿债能力。因此，在综合评价时盈利能力是最重要的，其次才是偿债能力。

1．反映盈利能力的主要指标

（1）产品盈利能力：营业收益÷销售收入，它与资产周转无关。

（2）总资产盈利能力：息税前收益÷总资产，它与资产周转有关，但与资本结构无关。

（3）股权投资的盈利能力：税后净利÷所有者权益，它综合了企业的全部盈利能力。

2．反映偿债能力的主要指标

（1）流动比率：流动资产÷流动负债，反映短期偿债能力；

（2）已获利息倍数：息税前收益÷利息费用，反映长期偿债能力；

（3）资本结构：净权益÷总资产，反映长期偿债能力。

### 3. 反映资产的周转的指标

资产的周转情况,既影响盈利能力,也影响偿债能力,应当纳入评价范围。其中最重要的是应收账款和存货的周转情况。

(1) 应收账款周转率:销售收入÷期末应收账款(或平均应收账款)。
(2) 存货周转率:销售收入(或成本)÷期末存货(或平均存货)。

此外,成长能力日益受到重视。企业的"过去"已经成为历史,企业的"今天"也将成为"过去",只有未来才是最重要的。从计算股价的股利折现模型看,增长率是决定股价的重要因素。

### 4. 反映成长能力的主要指标

成长能力有三种常见的计量方法:

(1) 销售增长率:(本期销售 – 基期销售)÷基期销售。
(2) 净利增长率:(本期净利 – 基期净利)÷基期净利。
(3) 人均净利增长率:(本期人均净利 – 基期人均净利)÷基期人均净利。

## (二) 权重的分配

对已经纳入评价范围的指标如何分配权重,也会影响评价结果。

通常,在4类指标间按4:2:2:2来分配比重。盈利能力最重要,分配比较大的比重;其他指标相对重要性较差,占的比重较小。分配的权重可以根据评价目的调整,特别关心偿债能力的人可加大偿债能力指标的权重。这种分配是主观判断的结果。

## (三) 标准比率的确定

标准比率通常应以本行业的平均数为基础,适当进行理论修正。行业的平均财务比率可以通过政府机构、行业协会或专业评价机构获得。

## (四) 评价指标的综合

评价指标的综合,主要是解决从差异到评分的换算问题。为了克服个别指标异常变动对外总分影响过大的缺点,可以采取两个办法:一是为差异规定上限和下限,以减少个别指标对总分的不合理影响。上限可规定为正常值的1.5倍,下限为正常值的1/2。二是给分时不采用"乘"的关系,而采用"加"的关系处理。

例如,总资产净利率行业平均值为10%,标准评分为20分;行业最高比率为20%,最高分为30分,则每分值的财务比率差额为1%。

$$(20\% - 10\%) \div (30分 - 20分) = 1\%$$

根据这种方法,对J公司的财务情况进行评价,其综合得分为86.66分,见表9-2所示。

表 9-2　J 公司财务业绩综合评分

| 指标 | 实际比率 ① | 标准比率 ② | 差异 ③=①-② | 每分值百分点 ④ | 调整分值 ⑤=③÷④ | 标准评分值 ⑥ | 得分 ⑦=⑤+⑥ |
|---|---|---|---|---|---|---|---|
| 盈利能力： | | | | | | | |
| 销售净利率 | 7.4 | 10 | -2.6 | 1 | -2.6 | 20 | 17.4 |
| 资产报酬率 | 4.5 | 4 | 0.5 | 1.6 | 0.31 | 20 | 20.31 |
| 益率 | 14.9 | 16 | -1.1 | 0.8 | -1.38 | 10 | 8.62 |
| 偿债能力： | | | | | | | |
| 自有资本比率 | 49 | 40 | 9 | 15 | 0.60 | 8 | 8.60 |
| 流动比率 | 233 | 150 | 83 | 75 | 1.11 | 8 | 9.11 |
| 应收账款周转率 | 1 000 | 600 | 400 | 150 | 2.67 | 8 | 10.67 |
| 存货周转率 | 1 200 | 800 | 400 | 100 | 4.00 | 8 | 12.00 |
| 成长能力： | | | | | | | |
| 销售增长率 | 5 | 15 | -10 | 5 | -2.00 | 6 | 4.00 |
| 净利增长率 | -15 | 10 | -25 | 3.3 | -7.57 | 6 | -1.57 |
| 人均净利增长率 | -18 | 10 | -28 | 3.3 | -8.48 | 6 | -2.48 |
| 合计 | | | | | | 100 | 86.66 |

综合评价方法的关键技术是"标准评分值"的确定和"标准比率"的建立。

## 二、平衡记分卡

平衡记分卡是 1992 年哈佛商学院教授卡普兰和复兴全球战略集团（管理咨询公司）总裁诺顿提出的一种业绩评价方法。它通过确认和展示一系列财务及非财务指标，帮助众多企业记录和沟通企业战略，并帮助员工理解和支持企业的发展目标。目前，北美和欧洲已有大约 50% 的大企业采用这一管理工具。

### （一）平衡记分卡的主要内容

平衡记分卡将影响企业经营成败的关键因素分为财务、顾客、企业内部业务流程、企业学习和成长四个方面，提出了以这四个方面为基础的业绩评价制度的框架。

### 1. 财务方面

财务业绩是过去的决策和行为产生的结果,客户、内部经营过程与成长等因素则是驱动未来财务业绩的因素。财务指标可以不时地提醒经理:企业在质量、客户满意、生产率等方面的提高必须转化为市场份额的扩大、收入的增加、经营费用的降低等财务业绩,否则一切改善都是无意义的。由于不同时期企业的经营战略不同,财务目标也不一样,评价财务业绩的重点也会有所区别。平衡记分卡提供的仅仅包括增加收入、降低成本、提高生产率、加强对资产的利用和减少风险在内的评价框架,不同的经营单位必须根据自己的经营目标确定合适的财务评价指标。

### 2. 顾客方面

顾客方面的评价体现了企业对外界变化的反映。只有了解并不断地满足顾客的需求,产品的价值才能实现,企业才能拥有提高财务业绩的源泉。平衡记分卡为解决顾客方面的问题,选择了两套评价方法:一套是企业期望在顾客达到的某些业绩而采取的评价指标,主要包括市场份额、顾客留住率、顾客获得率、顾客满足度、顾客给企业带来的利润等;另一套评价方法是对第一套评价方法中各项指标的细分,分析要达到第一套方法的各项指标应采取的措施及影响,然后进行评价。对于各分项指标,又需要制定更细的评估手段。

### 3. 企业内部的业务过程

企业内部的业务过程是指从确定顾客的要求开始到研究开发出能满足顾客要求的产品与服务项目、制造并销售产品或劳务,最后提供售后服务、满足顾客要求的一系列活动。它是企业改善经营业绩的重点,顾客满意和实现股东价值最大化都要从内部业务中获得支持。

内部经营过程可以按内部价值链划分为研究与开发、生产过程、售后服务三个过程。研究与开发表现为企业的确立和培育新的市场、新的客户,开发新的产品和服务。根据生命周期理论,只有不断创新,才能为企业带来持续不断的活力和经营利润。因此企业必须重视设计反映研究与开发业绩的指标来激励企业不断创新。生产过程是指把现有的产品和服务生产出来并支付给顾客的过程。生产经营过程一向为企业管理者所重视,但传统的业绩评价过分强调财务成本,而忽略了时间和质量指标,平衡记分卡则把三者综合起来。售后服务是内部价值链的最后一个阶段,该阶段包括保证书、修理、退货和换货、支付手段的管理。平衡记分卡通过新产品设计能力、周转时间、质量、成本、返工率、客户付款时间等指标反映内部经营程序三个过程的业绩,为改善内部经营过程提供了信息支持。平衡记分卡制定了企业内部业务流程的目标和评估手段,这是平衡记分卡与传统的业绩评估制度最显著的区别之一。

### 4. 企业的学习和成长

企业的学习和成长反映了企业获得持续发展能力的情况。企业的学习来自三个主要的资源:员工、信息系统和企业的程序。企业的进步反映在包括人力资源、生产线、技术、能力等方面，企业的学习成长过程可以为前三个方面取得业绩突破而提供推动力量。平衡记分卡通过培训支出、员工满意度、员工保留、员工生产率、员工建议被采纳的次数、信息的传递和反馈所需的时间等指标反映企业的学习和成长能力。

### (二) 平衡记分卡的特点

平衡记分卡不仅是一个综合的业绩评价系统，而且还是企业战略管理的基础。具体表现如下：

#### 1. 实现了业绩评价和财务目标的结合

企业战略体系是多层次的，要实现企业战略，首先要将其转化为具体的战略目标。尽管财务战略属于部门性战略，财务业绩指标却直接与企业的长期目标相衔接，而且适当的财务性业绩指标能综合地反映企业业绩。因此财务目标是描述企业战略的主要指标，包括收入和市场扩张、盈利能力、现金流量等。

#### 2. 平衡记分卡建立了以因果关系为纽带的战略实施系统

它展示了财务业绩和业绩动因之间的一系列因果关系。比如说，为了改善财务业绩，企业也许要在顾客方面对顾客群体的定位进行调整，调整后的顾客群体将有哪些新的要求，企业怎样使自己的产品和服务赢得新的顾客群体的满意；企业想在实践、质量、成本上赢得顾客的满意就需要对内部过程进行改造，如降低成本费用、提高质量、缩短生产周期、引进新的工艺流程等；而以上过程又要求企业投资于员工的培训和学习，提高信息系统的能力。平衡记分卡根据类似的一系列因果关系建立综合的评价系统，运用的每一种评价方法都是这一系列因果关系中的一环。

### (三) 平衡记分卡的不足

平衡记分卡尽管有很多优点，但在实施过程中还是产生了不少问题，也很少企业能真正按照卡普兰和诺顿所建议的那样去做。

#### 1. 平衡记分卡难以衡量企业的真正业绩

平衡记分卡只是提出一组目标，然后再分别赋予各项指标或大或小的权重。不同企业不同时期的各项指标对企业综合业绩的影响是不同的，要正确融合财务指标和非财务指标并据此建立记分卡并不是件容易的事。如果没有一个精确的标准来权衡各种尺度和目标的比重，仅仅按权重加总计算得出的总分难以衡量企业的真正业绩。

#### 2. 平衡记分卡缺乏反映企业目标的指标

平衡记分卡的四个方面由各种比率组成，每一个方面都有关键评价指标，如市场占有率、客户满意率、收入增长率、各种利润率、各种资产周转率等等。这些指标在引导员工的行为和促进企业战略目标的实现方面能起重要作用，但它们不是企业目标，只是实现企业目标的手段。

### 3. 平衡记分卡忽略了其他利益相关者的利益

随着现代企业制度的推进，企业股权越来越分散，股东对企业经营活动的作用力逐步变小，部分股东甚至只能以"用脚投票"的方式对企业产生影响。而激烈的市场竞争使客户、供应商、债权人、政府等利益相关者越来越多地对企业的生存和发展发生影响。平衡记分卡突出了客户、员工的利益，在一定程度上反映了股东的利益，但忽略了其他利益相关者的利益。

## 三、我国国有资本金效绩评价体系

1999年财政部等五部委联合颁布了《国有资本金效绩评价规则》和《国有资本金效绩评价操作细则》，推出了一套企业效绩评价体系。它运用了数理统计和运筹学方法，采用特定的指标体系，对照统一的评价标准，按照一定的程序通过定量和定性的对比分析，从企业的盈利能力、资产运营水平、偿债能力和后续发展能力等方面对企业的经营效益和经营者业绩进行评价。

### （一）评价的主体和对象

国有资本金效绩评价主要是以政府为主体的评价行为，由政府有关部门直接组织实施，也可委托社会中介机构实施。

评价的对象是国有独资企业、国家控股企业。除政府外的其他评价主体，在对其投资对象进行评价时，也可参照该办法进行。

### （二）评价的方式

评价的方式分为例行评价和特定评价。

例行评价主要针对重点国有企业，试点的企业集团，国家控股的重要企业，对国家、地区、行业经济发展有重大影响的国有大中型企业。

特定评价主要针对承包经营、委托经营或租赁经营到期企业，主要领导发生变动的企业，发生重大损失或造成严重社会影响的企业，以及连续三年以上发生亏损的企业。

### （三）评价的指标体系

评价的指标体系分为工商企业和金融企业两类。工商企业又分为竞争性企业和非竞争性企业。具体的评价指标分为定量指标和定性指标两大类，其中的定量指标又分为基本指标和修正指标两类。表9-3是竞争性工商企业的评价指标体系。

表 9-3　竞争性工商企业评价指标体系

| 定量指标（权重80%） | | | 定性指标（权重20%） |
|---|---|---|---|
| 指标类别（100分） | 基本指标（100分） | 修正指标（100分） | 评议指标（100分） |
| 一、财务效益状况（42分） | 净资产收益率（30分）<br>总资产报酬率（12分） | 资本保值增值率（16分）<br>销售收益率（14分）<br>成本费用收益率（12分） | 1．领导班子基本素质（20分）<br>2．产品市场占有率（18分）<br>3．基础管理水平（20分）<br>4．员工素质（12分）<br>5．技术装备水平（10分）<br>6．行业（或地区）影响（5分）<br>7．经营发展战略（5分）<br>8．长期发展能力预测（10分） |
| 二、资产运营状况（18分） | 总资产周转率（9分）<br>流动资产周转率（9分） | 存货周转率（4分）<br>应收账款周转率（4分）<br>不良资产比率（6分）<br>资产损失比率（4分） | |
| 三、偿债能力状况（22分） | 资产负债率（12分）<br>已获利息倍数（10分） | 流动比率（6分）<br>速动比率（4分）<br>现金流动负债比率（4分）<br>长期资产适合率（5分）<br>经营亏损挂账比率（3分） | |
| 四、发展能力状况（18分） | 销售增长率（9分）<br>资本积累率（9分） | 总资产增长率（7分）<br>固定资产成新率（5分）<br>三年收益平均增长率（3分）<br>三年资产平均增长率（3分） | |

### （四）评价的步骤和方法

评价的过程可以分为5个步骤：

**1．基本指标的评价**

基本指标反映企业的基本情况，是对企业效绩的初步评价。基本指标评价的参照水平即标准值由财政部定期颁布，分为5档。不同行业、不同规模的企业有不同的标准值。例如,大型普通机械制造业的标准值如表9-4所示。

表9-4 大型普通机械制造业的标准值

| 项 目 \ 档次(标准系数) | 优秀 (1) | 良好 (0.8) | 平均值 (0.6) | 较低值 (0.4) | 较差值 (0.2) |
|---|---|---|---|---|---|
| 净资产收益率(净收益÷平均净资产) | 16.5 | 9.5 | 1.7 | -3.6 | -20.0 |
| 总资产报酬率[(收益总额+利息支出)÷平均总资产] | 9.4 | 5.6 | 2.1 | -1.4 | -6.6 |
| 总资产周转率(收入净额÷平均总资产) | 0.7 | 0.5 | 0.3 | 0.1 | 0.0 |
| 流动资产周转率(收入净额÷平均流动资产) | 1.2 | 1.0 | 0.6 | 0.3 | 0.2 |
| 资产负债率(资产总额÷负债总额) | 45 | 52 | 70 | 98 | 99 |
| 已获利息倍数(息税前收益÷利息支出) | 6 | 2.5 | 1.0 | -1 | -4 |
| 销售增长率(本年销售增长额÷上年销售总额) | 38 | 10 | -9 | -20 | -30 |
| 资本积累率(本年所有者权益增长÷年初所有者权益) | 30 | 20 | 5 | -5 | -15 |

(1) 单项指标得分的计算。

$$\text{单项基本指标得分} = \text{本档基础分} + \text{本档调整分}$$

其中,
$$\text{本档基础分} = \text{指标权数} \times \text{本档标准系数}$$

$$\text{调整分} = \frac{\text{实际值} - \text{本档标准值}}{\text{上档标准值} - \text{本档标准值}} \times (\text{上档基础分} - \text{本档基础分})$$

$$\text{上档基础分} = \text{指标权数} \times \text{上档标准系数}$$

例如:K公司是一大型普通机械制造企业,2004年平均净资产100 000万元,当年净利8000元,净资产收益率为8%;该净资产收益率,已达到"平均数"(1.7%)水平,可以得到基础分;它处于"良好"档(9.5%)和"平均数"档(1.7%)之间,需要调整。

本档基础分 = 指标权数 × 本档标准系数 = 30 × 0.6 = 18(分)

调整分 = [(8% - 1.7%) / (9.5% - 1.7%)] × (30 × 0.8 - 30 × 0.6)
   = (6.3%/7.8%) × (24 - 18)
   = 0.8077 × 6
   = 4.85(分)

净资产收益率指标得分 = 18分 + 4.85分 = 22.85分

其他基本指标得分的计算方法与此相同,不再举例。

(2) 基本指标总分的计算。

$$\text{分类指标得分} = \Sigma \text{类内各项基本指标得分}$$
$$\text{基本指标总分} = \Sigma \text{各类基本指标得分}$$

续前例,假设单项基本指标计算结果如表 9-5 第 3 列,则"分类指标得分"和"基本指标总分"如第 4 列。

表 9-5 基本指标的分数计算

| 类别 | 基本指标(分数) | 单项指标得分 | 分类指标得分 |
| --- | --- | --- | --- |
| 一、财务效益 | 净资产收益率(30分)<br>总资产报酬率(12分) | 22.85<br>11.00 | 33.85 |
| 二、资产运营 | 总资产周转率(9分)<br>流动资产周转率(9分) | 8.75<br>8.4 | 17.15 |
| 三、偿债能力 | 资产负债率(12分)<br>已获利息倍数(10分) | 10.0<br>8.0 | 18 |
| 四、发展能力 | 销售增长率(9分)<br>资本积累率(9分) | 7.5<br>8.5 | 16 |
| 基本指标总分 |  |  | 85 |

## 2. 修正系数的计算

基本指标有较强的概括性,但是不够全面。为了更全面地评价企业效绩,另外设置了 4 类 16 项修正指标,根据修正指标的高低计算修正系数,用得出的系数去修正基本指标得分。计算修正系数的"修正指标的标准值区段等级表"(见表 9-6)由财政部定期发布。

对基本指标得分的修正,是按指标类别得分进行的,需要计算"分类的综合修正系数"。分类的综合修正系数,由"单项指标的修正系数"加权平均求得;而单项指标的修正系数由"基本修正系数"和"调整修正系数"组成。

(1)基本修正系数的计算。

某修正指标基本修正系数 = 1 + (实际值所处区段 - 修正指标应处区段) × 0.1

"修正指标应处区段",是指基本指标的初步评价总分数,按照"修正指标的标准值区段等级表",各修正指标的"应处区段"。前例 K 公司的基本指标初步评价得分为 85 分,按此分数各修正指标应处区段为 5。相应的修正指标标准值在表格的第 5 区段,如资本保值增值率应为 118%。

表 9-6  修正指标的标准值

| 项　目 | 区段（基本分） 5 (100~80分) | 4 (80~60分) | 3 (60~40分) | 2 (40~20分) | 1 (20分以下) |
|---|---|---|---|---|---|
| 一、财务效益状况 | | | | | |
| 资本保值增值率（扣除客观因素后年末所有者权益/年初所有者权益） | 118 | 106 | 100 | 90 | 65 |
| 销售收入率（销售收入/收入净额） | 30 | 25 | 18 | 11 | 4 |
| 成本费用收益率（收益总额/成本费用总额） | 20 | 12 | 4 | -3.5 | -17 |
| 二、资产运营状况 | | | | | |
| 存货周转次数（销售成本/平均存货） | 4.5 | 2.8 | 1.5 | 0.7 | 0.4 |
| 应收账款周转率（销售净额/平均应收账款） | 5.8 | 3.4 | 1.9 | 1.1 | 0.7 |
| 不良资产比率（年末不良资产/年末资产总额） | 0.0 | 0.2 | 1.7 | 5.5 | 9.5 |
| 资产损失率（待处理资产损失净额/年末总资产） | 0.0 | 0.2 | 0.6 | 4.4 | 8.5 |
| 三、偿债能力状况 | | | | | |
| 流动比率（流动资产/流动负债） | 193 | 150 | 110 | 82 | 60 |
| 速动比率（速动资产/流动负债） | 150 | 116 | 75 | 50 | 33 |
| 现金流动负债比率（年经营现金净收入/流动负债） | 22 | 9 | 0 | -10 | -30 |
| 长期资产适合率（所有者权益+长期负债）/（固定资产+长期投资） | 133 | 118 | 100 | 80 | 50 |
| 经营亏损挂账比率（经营亏损挂账/年末所有者权益） | 0.0 | 0.1 | 4.2 | 30 | 70 |
| 四、发展能力比率 | | | | | |
| 总资产增长率（本年总资产增长率/年末所有者权益） | 28 | 19 | 6 | -2 | -10 |

续上表

| 项目 \ 区段（基本分） | 5<br>(100~80分) | 4<br>(80~60分) | 3<br>(60~40分) | 2<br>(40~20分) | 1<br>(20分以下) |
|---|---|---|---|---|---|
| 固定资产成新率（平均固定资产净值/平均固定资产原价） | 80 | 70 | 60 | 55 | 50 |
| 三年收益平均增长率（最近三年收益环比增长率） | 40 | 16 | -4.5 | -30 | -50 |
| 三年资本平均增长率（最近三年年末所有者权益环比增长率） | 40 | 20 | 6 | -7 | -30 |

"实际值所处阶段"，是指修正指标实际计算结果，按照"修正指标的标准值区段等级表"，各实际值对应的区段。假设前例 K 公司实际的资本保值增值率为 110%，处于第 5 和第 4 区段之间，只达到第 4 区段的水平，实际值所处区段为 4。

$$基本修正系数 = [1 + (4-5) \times 0.1] = 0.9$$

（2）调整修正系数的计算。

由于实际值高于第 4 段的标准值，需要进行调整。

$$\begin{aligned}调整修正系数 &= [(指标实际值 - 本档标准值)/(上档标准值 - 本档标准值)] \times 0.1 \\ &= [(110\% - 106\%)/(118\% - 106\%)] \times 0.1 \\ &= 0.033\end{aligned}$$

（3）单项修正系数的计算。

$$调整后修正系数 = 基本修正系数 + 调整修正系数$$
$$资本保值增值率调整后修正系数 = 0.9 + 0.033 = 0.933$$

（4）单项指标综合修正系数的计算。

$$单项指标综合修正系数 = 单项指标修正系数 \times 该项指标在本类指标中的权数$$

例如，资本保值增值率指标属于财务效益类指标，其权数为 16，财务效益类指标总权数为 42。

$$保值增值率综合修正系数 = 0.933 \times (16/42) = 35.5\%$$

（5）分类综合修正系数的计算。

$$分类综合修正系数 = \sum 类内各单项指标的综合修正系数$$

财务效益类的修正指标有 4 项，已计算出资本保值增值率综合系数为 35.5%，假设销售收益率的综合修正系数为 32%，成本费用收益率指标的综合修正系数为 27.5%，则：

$$财务效益类修正系数 = 35.5\% + 32\% + 27.5\% = 95\%$$

其他类别指标的综合修正系数计算与上述方法相同，不再举例。

### 3. 修正后得分的计算

修正后总分 = Σ（分类综合修正系数 × 分类基本指标得分）

续前例，假设各类基本指标和分类综合修正系数如表 9-7，可计算出修正后定量指标的总得分。

表 9-7 修正后得分的计算

| 项 目 | 修正系数 | 基本指标得分 | 修正后得分 |
|---|---|---|---|
| 财务效益 | 95% | 33.85 | 32.2 |
| 资产运营 | 102% | 17.15 | 17.5 |
| 偿债能力 | 90% | 18.0 | 16.2 |
| 发展能力 | 95% | 16.0 | 15.2 |
| 修正后定量指标总分 | | | 81.1 |

### 4. 定性指标的计分方法

（1）定性指标的内容。

单项评议指标有 8 个，分别赋予一定权数；评议时分为 5 个等级，每个等级规定有相应的参数；评议员不少于 5 人。表 9-8 是一个评议员给出的各项指标的等级。

表 9-8 评议指标等级表

| 评议指标 | 权数 | 等级（参数） | | | | |
|---|---|---|---|---|---|---|
| | | 优（1） | 良（0.8） | 中（0.6） | 低（0.4） | 差（0.2） |
| 1. 领导班子基本素质 | 20 | | √ | | | |
| 2. 产品市场占有率 | 18 | | | √ | | |
| 3. 基础管理水平 | 20 | | √ | | | |
| 4. 员工素质 | 12 | √ | | | | |
| 5. 技术装备水平 | 10 | | | √ | | |
| 6. 行业（或地区）影响 | 5 | | √ | | | |
| 7. 经营发展战略 | 5 | | | | √ | |
| 8. 长期发展能力预测 | 10 | | | √ | | |

（2）计算单项评议指标得分。

单项评议指标分数 = Σ（单项评议指标权数 × 各评议员给定等级参数）÷ 评议员人数

假设评议员有 5 人,对"领导班子基本素质"的评议结果为:优等 2 人;良等 3 人;

领导班子评议指标得分 = $(20 \times 1 + 20 \times 1 + 20 \times 0.8 + 20 \times 0.8 + 20 \times 0.8) \div 5$

$= 88 \div 5 = 17.6$

其他指标的计算方法与上述方法相同,不再举例。

(3) 评议指标总分的计算。

评议指标总分 = $\sum$ 单项评议指标得分

前面已计算出"领导班子素质"评议得分为 17.6。假设其他 7 项评议指标的单项得分别为 17,18,11,9,4,4 和 9,则

评议指标总分 = $17.6 + 17 + 18 + 11 + 9 + 4 + 4 + 9 = 89.6$

5. 综合评价的计分方法

综合评价得分 = 定量指标修正后得分 × 80% + 定性指标得分 × 20%

续前例,综合评价得分 = $81.1 \times 80\% + 89.6 \times 20\% = 82.84 \approx 83$

(五) 评价结果的分级

综合评价的结果用 5 等 10 级制表达(见表 9-9)。K 公司综合得分 83 分,其资本金效绩等级属于 B+级。

表 9-9 资本金效绩评级表

| 等别 | 级别 | 分数 |
| --- | --- | --- |
| A | A++ | 100~95 |
| | A+ | 94~90 |
| | A | 89~85 |
| B | B+ | 84~80 |
| | B | 79~75 |
| | B- | 74~70 |
| C | C | 60~69 |
| | C- | 50~59 |
| D | D | 40~49 |
| E | E | 39 分以下 |

### (六)企业效绩评价体系的基本特点

企业效绩评价体系具有区别于我国以往评价体系的显著特点,具体包括:

#### 1．重点评价企业资本营运效益

企业效绩评价体系突出了净资产收益率的核心地位,重点评价企业资本营运效益。推动企业以最少的投入获取最大的产出,抑制"大而全"、"小而全",即盲目追求资产最大化倾向。同时,还从企业的财务效益状况、资产营运水平、债务偿还能力和未来发展潜力等多方面进行对比分析,有效地推动国有资本整体效益的提高。

#### 2．采取了多层次指标体系和多因素分析方法

企业效绩评价体系采取了多层次指标体系和多因素分析方法。指标体系有三个层次,由基本指标、修正指标和评议指标共32项指标组成。其中,实行初步评价采用基本指标;实行基本评价,则在初步评价的基础上,采用修正指标对初步结论加以校正;实行综合评价,则在基本评价的基础上,再采用评议指标对基本结论作进一步补充校正;实行综合评价,则在基本评价的基础上,再采用评议指标对基本结论作进一步补充校正,三层次指标实现了多因素互补和逐级递进修正。运用这套指标体系,能够很好地解决以往评价指标单一、分析简单的缺陷。

#### 3．以统一的评价标准值作基准

评价体系以横向对比分析为基础,利用全国企业统计资料,采用数理统计方法,统一测算制定和颁布不同行业、不同规模企业的标准值,这在我国尚属首次。采用统一的评价标准值,便于企业在行业内和不同规模间比较,真实反映企业的主观努力程度。企业可通过评价进行全国横向对比,确定自身在同行业、同区域、同规模企业中的水平和地位。

#### 4．采用定量分析和定性分析相结合的办法

我国过去的企业业绩评价体系只有定量指标,而这套评价体系增设了8项定性指标,分别考察对企业经营效绩有直接影响但又难以统一量化的各种非计算因素,采用专家评议的形式做出综合分析。

#### 5．评价各环节操作实现自动化

对整个评价计分过程,开发了专门的评价系统软件,充分利用现有会计信息资料,使计分操作完全采用计算机处理,虽然评价体系涉及指标多,但具体应用却十分简便,易于推行。

### (七)企业效绩评价体系的不足

政府制定业绩评价体系的目标之一就是要通过业绩评价建立激励机制,正确引导企业的经营行为,实现国有资本金收益最大化。但这一评价体系仍存在着不足,难以实现预期的目标:

### 1. 混淆了会计主体利润与主体所有者利润的概念

会计主体是会计的一项基本假设，它规定了会计核算的空间范围和界限。如果以一个独立核算的企业作为会计主体，该企业会计信息系统所处理与提供的信息必须是与该企业相关的。会计主体假设不仅要求严格区分本会计主体与其他会计主体之间的利益界限，而且要求区分作为会计主体的企业与其所有者的利益界限。会计利润是作为会计主体的企业进行会计核算的结果，它揭示的是会计主体在现有资产上为其所有者提供的实际收益。从股东的角度来说，他用于投资的资本可能来自银行、其他债权人或者个人的资本积累，资本来源渠道可以不同，但投资机会是相等的，他们承担了由于对现有项目投资，而放弃的在其他风险相当的项目上的投资所期望获得收益的机会成本。会计成本没有确认和计量这种机会成本，效绩评价体系中采用会计利润为基础的派生指标，如净资产收益率、总资产报酬率等，并不是从股东的角度反映的。因此，以会计利润为基础的收益指标作为激励的依据，难以实现股东利益与管理者利益的一致。

### 2. 容易产生股权资本的浪费、导致管理者的短期行为、背离股东利益

新评价体系仍以会计利润评价经营业绩，而会计利润忽视了股权资本的机会成本，管理者就很容易把股权资本当作免费资本，随心所欲地使用，以致不断出现投资失误、重复投资、投资低效益等决策行为，造成资源的极大浪费。

会计利润是对企业过去决策经营和活动的最终结果进行评价，追求当前利润最大化，与企业长期经济利益间的联系并不紧张，这样还将助长管理者的急功近利思想和短期行为次优化。短期行为次优化的典型例子是削减开发研究、维修、人力资源开发等酌量性成本支出，这将严重影响企业的长期发展，如尽可能地减少维修费用的发生，其后果可能会造成未来一段时间的停产。

管理者拥有会计信息的控制权，他们可以选择那些可以提高会计利润而不会增加企业价值、甚至减少企业价值的会计处理方法，如在物价上涨期间，仍采用固定资产的直线折旧和存货的先进先出法，而不用可以减少为纳税而支付现金现值的固定资产加速折旧法和存货的先进先出法。这些做法尽管可以维护管理者的业绩水平，但却背离了股东的利益。

### 3. 没很好地体现财务指标和非财务指标的内在联系

新的效绩评价体系虽然实现了财务指标与非财务指标的结合，但财务指标权重过大，对财务结果发生重大影响的非财务指标的分量明显太轻，使得两类指标的内在联系没有得到体现。

企业效绩评价体系以净资产收益率为主导指标，重点反映企业的财务收益状况。同时设置了评议指标反映企业经营管理、制度建设、经营机制方面的情况，它们是创造财务效益的基础，这种思路无疑是合理的。但财务指标的权重占了80%，留给反映结果形成过程的非财务指标则空间太少，8项评议指标难以描述财务结果的形成过程。财务指标与非财务指标之间的因果关系没有充分体现出来。效绩评价体系过多地衡量企业已采取行动所

产生的资本金效绩上，难以评价企业为取得未来效绩而取得的成绩。

# 第三节 建立我国科学的业绩评价体系

科学的业绩评价体系既要体现股东的利益，又能引导管理者的行为，使管理者在追求个人利益最大化的同时，也促进股东目标的实现。企业的总体目标是股东财富最大化，经济增加值直接反映了企业的目标，是衡量股东价值的首要标准。追求经济增加值的增长能够引导企业将资源用于最有效率、最有价值的领域。平衡记分卡根据企业战略来制定当前、近期、未来最需要关注的目标，它将财务目标和非财务目标紧密地联系在一起。我国的企业效绩评价体系尚需要进一步完善，应吸收平衡记分卡和经济增加值方法的长处，将两者结合起来，使财务和非财务指标与经济增加值的增长直接联系起来，并最终指向经济增加值的创造。

## 一、建立科学的业绩评价体系的设想

建立和完善我国业绩评价系统的总体设想是：以经济增加值作为核心，运用平衡记分卡的基本原理，建立和完善国有企业业绩评价指标体系。对企业实施一种结果驱动的管理，使业绩评价系统既能代表股东评价企业的经营业绩，又能与企业的战略目标相衔接，成为企业实施战略管理的重要部分。具体设想如下：

### （一）将经济增加值作为业绩评价体系的核心指标

建立一个金字塔形的业绩评价系统，经济增加值作为反映企业目标的核心指标，位于金字塔的顶部。企业将扬弃其他直接以会计利润为基础的衡量财务收益的指标，否则这些指标会误导管理人员做出与经济增加值最大化不一致的决定。若要求各单位最大限度地提高净资产收益率，并按照这一指标评价所属单位的业绩，那么一些高利润率的业务单位就可能不会积极进行投资，即使是对一些收益率较高但低于现有收益率的项目，也不愿意投资，因为这样做可能降低现有的收益率。相反，业绩较差的业务单位只要能提高本单位的净资产收益率，它们就会十分积极地对几乎任何项目进行投资，即使这些投资所得到的回报低于企业的资本成本。所有这些行为都将影响企业经济增加值的增长，与股东财富最大化的目标相背离。

## (二) 运用平衡记分卡的原理，把一系列与创造经济增加值密切相关的主要程序联系起来

找出影响经济增加值的关键因素，形成主要业绩评价指标，并据此对员工报酬进行管理和实施有效的反馈。经济增加值与各项主要业绩评价指标之间的关系就像一座有着因果关系的金字塔，经济增加值作为反映综合业绩的指标位于金字塔的顶部，企业财务、客户、内部经营程序和学习与成长等方面的指标构成了金字塔的不同层次；而在企业财务、客户、内部经营过程和学习与成长四个方面之间又存在环环相连的因果关系，财务结果位于这一层因果关系的终点，企业在客户、内部经营程序和学习与成长方面的改善最终将通过财务指标体现出来。这一评价体系的框架见图9.2。

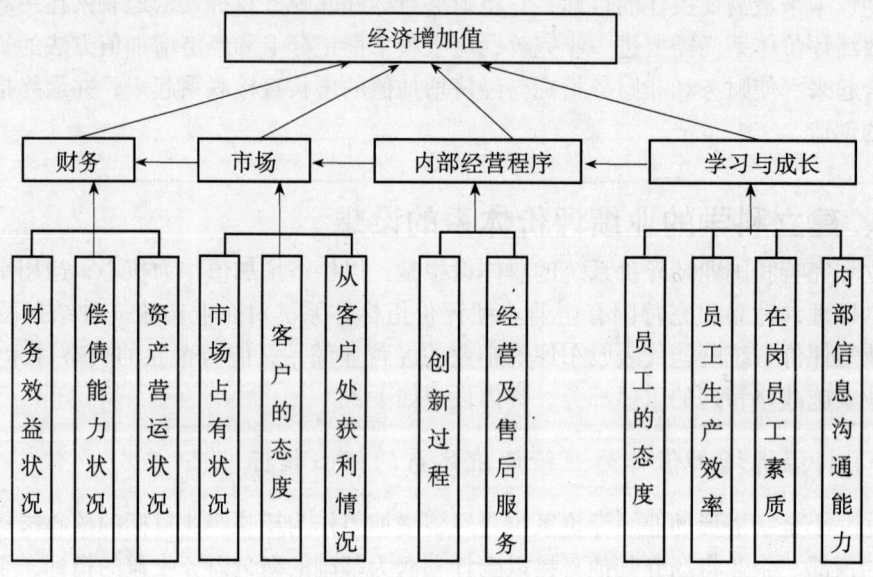

图 9.2　业绩评价体系基本框架

反映驱动未来经济增加值增长的四个方面究竟应该包括哪些具体指标，不同行业有不同的特点，特别是在客户和内部经营程序方面。但是共性总是有的，其主要指标的构成见表 9-10。由于各企业的特点不同，企业可根据需要选择上述指标体系中的部分指标，也可以根据需要增加特殊的指标。

表 9-10　业绩评价指标体系表

| 一级指标 | 二级指标 | | 三级指标 |
|---|---|---|---|
| | 评价内容 | 评价指标 | |
| 经济增加值 | 财务 | 财务效益状况 | 股权创值率<br>总资产创值率 | 成本费用创值率 |
| | | 资产负债率<br>已获利息倍数 | 流动比率<br>长期资产适合率<br>经营性亏损挂账比率 | |
| | | 资产营运状况 | 总资产周转率<br>流动资产周转率 | 存货周转率<br>应收账款周转率<br>不良资产比率 |
| | | 发展能力状况 | 经济增加值增长率<br>销售收入增长率 | 资本积累率<br>固定资产成新率 |
| | 市场 | 市场占有情况 | 特定领域的市场份额 | 市场份额增长率 |
| | | 客户的态度 | 客户满意度 | 客户留住率<br>客户获得率 |
| | | 从客户处获利状况 | 可获利客户比重 | 可获利客户增长率 |
| | 内部经营程序 | 创新过程 | 研究开发新产品周期<br>损益平衡时间 | 研究开发费用占销售收入的比重<br>专利产品或新产品占销售收入的比重 |
| | | 生产经营过程 | 交货反应时间<br>一次检验合格品率 | 不增值作业时间<br>产品退货率 |
| | | 售后服务 | 售后服务一次成功率<br>售后服务反映周期 | |
| | 学习与成长 | 员工的态度<br>员工工作效率 | 员工留住率<br>员工生产率 | 员工满意度 |
| | | 在岗员工素质 | 员工学历结构<br>技术考核通过率 | 员工培训范围<br>员工培训人均小时 |
| | | 内部信息沟通 | 被采纳建议的数量<br>团队关系 | 信息传递效率 |

## 二、新体系的特点

上述指标既保存了国有资本金效绩评价系统分层次评价的基本特色,又将经济增加值评价方法和平衡记分卡结合起来,吸取了二者的精华,也克服了二者的主要缺点。将经济增加值作为整个评价体系的核心,最直接地反映了股东财富最大化的企业目标,吸收了平衡记分卡将业绩评价与实施企业战略相结合的优点,使企业目标和实现目标的过程密切联系起来。

### (一) 保存了国有资本金效绩评价系统分层次评价的基本特色

新的评价体系仍将评价指标分三个层次,第一层次的指标是经济增加值,它直接反映了股东财富最大化的企业目标;第二层次从财务、市场、内部经营程序、企业的学习与成长四个方面运用 23 个指标反映企业运用现有资源创造经济增加值的效率和经济增加值的创造过程,其中股权创值率、总资产创值率、成本费用创值率指标,分别从股权投资、全部资产投资的角度反映了运用现有资源创造经济增加值的效率;第三层次是对经济增加值的创造过程和资产运用效率进行更详细、更具体的评价。

### (二) 为建立实现企业目标为基础的激励机制创造了条件

新业绩评价体系将直接以反映以企业目标的经济增加值作为业绩评价系统的核心指标,如果企业按照评价指标建立激励机制,也就意味着建立了以实现企业目标为基础的激励机制,这将有助于企业目标的实现。

新评价体系全面取消了根据会计利润派生的财务业绩指标,使业绩评价体系与企业目标保持一致,而根据业绩评价体系建立激励机制是企业治理的基本要求。因此,新评价体系为建立以实现企业目标为基础的激励机制创造了条件。一旦这种激励机制建立并实施,企业管理者和员工就会清醒认识到他们的行为与报酬之间的关系:增加报酬的惟一方式就是为股东创造更多的财富;他们将分享自己创造的财富。可见,以实现企业目标为基础建立的激励机制,可以让管理者富有,但前提是他们使股东更富有。

### (三) 将企业已创造的价值和创造未来价值的能力都纳入评价范围

评价体系的核心指标经济增加值是企业已经创造的价值,它是企业过去的行为所取得的业绩。股东财富最大化要求企业持续地创造经济增加值,企业能否持续地创造经济增加值取决于企业未来创造价值的能力。企业未来创造价值的能力与已经取得的经济增加值具有同等重要的作用,这种能力可通过对企业在财务、客户、内部经营程序和企业的学习与成长方面的进展分析得出,管理者对这种能力的运用很自然地在下一个预算年度迅速产生回报。

新评价体系将已创造的价值和创造未来价值的能力都纳入了评价范围,一方面可以促使企业在取得现有经济增加值的同时,还要想办法通过现在的行动在财务、市场、客户和企业的学习与成长等方面为创造未来价值的经济增加值做出贡献;另一方面,可帮助企业将已经取得的经济增加值和预期创造经济增加值的能力结合起来制定管理者和员工的报酬计划,即报酬的一部分与企业实现的经济增加值挂钩,另一部分则与个人在创造未来经济增加值上的具体成果相联系。只有这样,才能使管理者思考问题时不脱离企业的基本目标,在保持对经济增加值的责任感时,努力做好份内事。

### (四) 明确了创造经济增加值是企业单一的、协调的目标

评价体系以经济增加值为核心,企业各方面的改善最终都应该体现为经济增加值的增长,因此,新的评价体系为人们的行为提供了一个单一的协调的目标,使得所有的决策都模式化,可以监测、可以用同样的尺度来准确评价一个项目是增加还是减少了股东财富。管理者在进行决策时,必须将政策融入到提升经济增加值的进程中,将资本占用水平与资本成本作为制定决策需要考虑的重要因素。在这一理念的支持下,管理者和员工可以发现企业在成本和使用资金方面的浪费,从而减少无效资产,如库存和应收账款等。企业下属的部门、经营单位、子公司或生产工厂的业绩也可以与经济增加值联系,如扩大市场占有率的目标是为了增加经济增加值,销售部门在作出通过放松赊销政策来提高市场占有率的决策时,应该计算这一政策对经济增加值的影响,即将因提高市场占有率而增加收入的现值与由于赊销增加应收账款而产生资本成本的限制进行比较。

## 思考与练习

### 一、思考题

1. 用于计量企业业绩的财务指标有哪些?用其计量企业业绩有何优点和缺点?
2. 企业业绩的非财务计量指标有哪些?
3. 企业的生命周期分为几个阶段?每个阶段的财务指标的特征是什么?
4. 企业业绩综合评价的关键是什么?
5. 平衡记分卡、国有资本金效绩评价有哪些优缺点?
6. 如何建立我国科学的业绩评价体系?(可各抒己见)

### 二、练习题

1. 〔目的〕掌握经济增加值及其计算。

〔资料〕丁企业今年的经营利润(税后)为 800 万元。本年的研究与开发费用支出 500 万元,已按会计制度作为当期费用处理,该项支出的受益期是在明年;本年商誉摊销费用 62 万元,但实际上企业的商誉并无明显变化;本年的无息流动负债为 24 000 万元;长期经营租赁资产 340 万元,未记入财务报表总资产。假设所得税率 30%,报告总资产 38 000 万元,资本成本率 8%。

〔要求〕①计算该企业的基本经济增加值；
②计算该企业的披露经济增加值。

2. 〔目的〕掌握基本指标总分的计算。

〔资料〕某企业是一个大型普通机械制造企业，今年的净资产收益率为12%，总资产报酬率为9%，总资产周转率为0.4，流动资产周转率为1.3，资产负债率为40%，已获利息倍数为5，销售增长率为15%，资本积累率为18%。

〔要求〕根据教材给出的标准值和权数计算其基本指标总分。

3. 〔目的〕掌握财务指标的计算。

〔资料〕甲、乙和丙公司2004年的财务数据如下：

单位：万元

| 项 目 | 甲公司 | 乙公司 | 丙公司 |
| --- | --- | --- | --- |
| 资产总额 | 7 000 | 7 000 | 7 000 |
| 流动负债 | 1 000 | 2 500 | 1 000 |
| 长期负债 | | | |
| 5%应付债券（2005年到期） | 2 000 | | 2 000 |
| 6%应付债券（2010年到期） | | 500 | |
| 7%应付债券（2012年到期） | | | 4 000 |
| 股东权益 | 4 000 | 4 000 | 2 000 |
| 负债及股东权益总计 | 7 000 | 7 000 | 7 000 |
| 净利（税后） | 700 | 630 | 490 |

〔要求〕假设所得税率为33%，分别计算各公司的下列比率：
①已获利息倍数（税前）；
②总资产收益率（税后及利息前）；
③股东权益报酬率（税后）。

4. 〔目的〕了解综合评价得分、资本金效绩等级。

〔资料〕根据习题3所给甲、乙、丙企业的财务数据，假设不良资产比率0.3%、资产损失率0.1%、亏损挂账比率0.2%、定性评议指标得分为90分。

〔要求〕计算确定其综合评价得分以及资本金效绩等级。

# 附 录

## 附录一 正态分布数值表

$$\Phi(x) = \int_{-\infty}^{x} \frac{1}{\sqrt{2\pi}} e^{-\frac{t^2}{2}} dt$$

| $x$ | $\Phi(x)$ | $x$ | $\Phi(x)$ | $x$ | $\Phi(x)$ | $x$ | $\Phi(x)$ |
|---|---|---|---|---|---|---|---|
| 0.00 | 0.5000 | 0.80 | 0.7881 | 1.60 | 0.9452 | 2.35 | 0.9906 |
| 0.05 | 0.5199 | 0.85 | 0.8023 | 1.65 | 0.9505 | 2.40 | 0.9918 |
| 0.10 | 0.5398 | 0.90 | 0.8159 | 1.70 | 0.9554 | 2.45 | 0.9929 |
| 0.15 | 0.5596 | 0.95 | 0.8289 | 1.75 | 0.9599 | 2.50 | 0.9938 |
| 0.20 | 0.5793 | 1.00 | 0.8413 | 1.80 | 0.9641 | 2.55 | 0.9946 |
| 0.25 | 0.5987 | 1.05 | 0.8531 | 1.85 | 0.9678 | 2.58 | 0.9951 |
| 0.30 | 0.6179 | 1.10 | 0.8643 | 1.90 | 0.9713 | 2.60 | 0.9960 |
| 0.35 | 0.6368 | 1.15 | 0.8749 | 1.95 | 0.9744 | 2.65 | 0.9960 |
| 0.40 | 0.6554 | 1.20 | 0.8849 | 1.96 | 0.9750 | 2.70 | 0.9965 |
| 0.45 | 0.6736 | 1.25 | 0.8944 | 2.00 | 0.9772 | 2.75 | 0.9970 |
| 0.50 | 0.6915 | 1.30 | 0.9032 | 2.05 | 0.9798 | 2.80 | 0.9974 |
| 0.55 | 0.7088 | 1.35 | 0.9115 | 2.10 | 0.9821 | 2.85 | 0.9978 |
| 0.60 | 0.7257 | 1.40 | 0.9192 | 2.15 | 0.9842 | 2.90 | 0.9981 |
| 0.65 | 0.7422 | 1.45 | 0.9265 | 2.20 | 0.9861 | 2.95 | 0.9984 |
| 0.70 | 0.7580 | 1.50 | 0.9332 | 2.25 | 0.9878 | 3.00 | 0.9987 |
| 0.75 | 0.7734 | 1.55 | 0.9394 | 2.30 | 0.9893 | 4.00 | 1.0000 |

## 附录二 t分布临界值表

| $n$ \ $\alpha$ | 0.10 | 0.05 | 0.01 | $n$ \ $\alpha$ | 0.10 | 0.05 | 0.01 |
|---|---|---|---|---|---|---|---|
| 1 | 6.314 | 12.706 | 63.657 | 18 | 1.734 | 2.101 | 2.878 |
| 2 | 2.920 | 4.303 | 9.925 | 19 | 1.729 | 2.093 | 2.861 |
| 3 | 2.353 | 3.182 | 5.841 | 20 | 1.725 | 2.086 | 2.845 |
| 4 | 2.132 | 2.776 | 4.604 | 21 | 1.721 | 2.080 | 2.831 |
| 5 | 2.015 | 2.571 | 4.032 | 22 | 1.717 | 2.074 | 2.819 |
| 6 | 1.943 | 2.447 | 3.707 | 23 | 1.714 | 2.069 | 2.807 |
| 7 | 1.895 | 2.365 | 3.499 | 24 | 1.711 | 2.064 | 2.797 |
| 8 | 1.860 | 2.306 | 3.355 | 25 | 1.708 | 2.060 | 2.787 |
| 9 | 1.833 | 2.262 | 3.250 | 26 | 1.706 | 2.056 | 2.779 |
| 10 | 1.812 | 2.228 | 3.169 | 27 | 1.703 | 2.052 | 2.771 |
| 11 | 1.796 | 2.201 | 3.106 | 28 | 1.701 | 2.048 | 2.763 |
| 12 | 1.782 | 2.179 | 3.055 | 29 | 1.699 | 2.045 | 2.756 |
| 13 | 1.771 | 2.160 | 3.012 | 30 | 1.697 | 2.042 | 2.750 |
| 14 | 1.761 | 2.145 | 2.977 | 40 | 1.684 | 2.021 | 2.704 |
| 15 | 1.753 | 2.131 | 2.947 | 60 | 1.671 | 2.000 | 2.660 |
| 16 | 1.746 | 2.120 | 2.921 | 120 | 1.658 | 1.980 | 2.617 |
| 17 | 1.740 | 2.110 | 2.898 | $\infty$ | 1.645 | 1.960 | 2.576 |

注：$n$：自由度，$\lambda$：临界值，$P\{|t|>\lambda\}=\alpha$。

## 附录三　1元复利终值表 $(1+i)^n$

| $n$ | 1% | 2% | 3% | 4% | 5% | 6% | 7% |
| --- | --- | --- | --- | --- | --- | --- | --- |
| 1 | 1.010 | 1.020 | 1.030 | 1.040 | 1.050 | 1.060 | 1.070 |
| 2 | 1.020 | 1.040 | 1.061 | 1.082 | 1.103 | 1.124 | 1.145 |
| 3 | 1.030 | 1.061 | 1.093 | 1.125 | 1.158 | 1.191 | 1.225 |
| 4 | 1.041 | 1.082 | 1.126 | 1.170 | 1.216 | 1.262 | 1.311 |
| 5 | 1.051 | 1.104 | 1.159 | 1.217 | 1.276 | 1.338 | 1.403 |
| 6 | 1.062 | 1.126 | 1.194 | 1.265 | 1.340 | 1.419 | 1.501 |
| 7 | 1.072 | 1.149 | 1.230 | 1.316 | 1.407 | 1.504 | 1.606 |
| 8 | 1.083 | 1.172 | 1.267 | 1.369 | 1.477 | 1.594 | 1.718 |
| 9 | 1.094 | 1.195 | 1.305 | 1.423 | 1.551 | 1.689 | 1.838 |
| 10 | 1.105 | 1.219 | 1.344 | 1.480 | 1.629 | 1.791 | 1.967 |
| 11 | 1.116 | 1.243 | 1.384 | 1.539 | 1.710 | 1.898 | 2.105 |
| 12 | 1.127 | 1.268 | 1.426 | 1.601 | 1.796 | 2.012 | 2.252 |
| 13 | 1.138 | 1.294 | 1.469 | 1.665 | 1.886 | 2.133 | 2.410 |
| 14 | 1.149 | 1.319 | 1.531 | 1.732 | 1.980 | 2.261 | 2.579 |
| 15 | 1.161 | 1.346 | 1.558 | 1.801 | 2.079 | 2.397 | 2.759 |
| 16 | 1.173 | 1.373 | 1.605 | 1.873 | 2.183 | 2.540 | 2.952 |
| 17 | 1.184 | 1.400 | 1.653 | 1.948 | 2.292 | 2.693 | 3.159 |
| 18 | 1.196 | 1.428 | 1.702 | 2.206 | 2.407 | 2.854 | 3.380 |
| 19 | 1.208 | 1.457 | 1.754 | 2.107 | 2.527 | 3.036 | 3.617 |
| 20 | 1.220 | 1.486 | 1.806 | 2.191 | 2.653 | 3.207 | 3.870 |
| 25 | 1.282 | 1.641 | 2.094 | 2.666 | 3.386 | 4.292 | 5.427 |
| 30 | 1.348 | 1.811 | 2.427 | 3.343 | 4.322 | 5.734 | 7.612 |
| 40 | 1.489 | 2.208 | 3.262 | 4.801 | 7.040 | 10.286 | 14.974 |
| 50 | 1.645 | 2.692 | 4.384 | 7.107 | 11.467 | 18.420 | 29.457 |

续表

| n | 8% | 9% | 10% | 11% | 12% | 13% | 14% |
|---|---|---|---|---|---|---|---|
| 1 | 1.080 | 1.090 | 1.100 | 1.110 | 1.120 | 1.130 | 1.140 |
| 2 | 1.166 | 1.188 | 1.210 | 1.232 | 1.254 | 1.277 | 1.300 |
| 3 | 1.260 | 1.295 | 1.331 | 1.368 | 1.405 | 1.443 | 1.482 |
| 4 | 1.360 | 1.412 | 1.464 | 1.518 | 1.574 | 1.630 | 1.689 |
| 5 | 1.469 | 1.539 | 1.611 | 1.685 | 1.762 | 1.842 | 1.925 |
| 6 | 1.587 | 1.677 | 1.772 | 1.870 | 1.974 | 2.082 | 2.195 |
| 7 | 1.714 | 1.828 | 1.949 | 2.076 | 2.211 | 2.535 | 2.502 |
| 8 | 1.851 | 1.993 | 2.144 | 2.305 | 2.476 | 2.658 | 2.853 |
| 9 | 1.999 | 2.172 | 2.358 | 2.558 | 2.773 | 3.004 | 3.353 |
| 10 | 2.159 | 2.367 | 2.594 | 2.839 | 3.106 | 3.395 | 3.707 |
| 11 | 2.332 | 2.580 | 2.853 | 3.152 | 3.479 | 3.836 | 4.226 |
| 12 | 2.518 | 3.813 | 3.138 | 3.498 | 3.896 | 4.335 | 4.818 |
| 13 | 2.720 | 3.066 | 3.452 | 3.883 | 4.363 | 4.898 | 5.492 |
| 14 | 2.937 | 3.342 | 3.797 | 4.310 | 4.887 | 5.535 | 6.261 |
| 15 | 3.172 | 3.642 | 4.177 | 4.785 | 5.474 | 6.254 | 7.138 |
| 16 | 3.426 | 3.970 | 4.595 | 5.311 | 6.130 | 7.067 | 8.137 |
| 17 | 3.700 | 4.328 | 5.054 | 5.895 | 6.866 | 7.986 | 9.276 |
| 18 | 3.996 | 4.717 | 5.560 | 6.544 | 7.690 | 9.024 | 10.575 |
| 19 | 4.316 | 5.142 | 6.116 | 7.263 | 8.613 | 10.197 | 12.056 |
| 20 | 4.661 | 5.604 | 6.727 | 8.062 | 9.646 | 11.523 | 13.743 |
| 25 | 6.848 | 8.623 | 10.835 | 13.585 | 17.000 | 21.231 | 26.462 |
| 30 | 10.063 | 13.268 | 17.449 | 22.892 | 29.960 | 39.116 | 50.950 |
| 40 | 21.725 | 31.409 | 45.259 | 65.001 | 93.051 | 132.78 | 188.88 |
| 50 | 46.902 | 74.358 | 117.39 | 184.57 | 289.00 | 450.74 | 700.23 |

续表

| n | 15% | 16% | 17% | 18% | 19% | 20% | 25% | 30% |
|---|---|---|---|---|---|---|---|---|
| 1 | 1.150 | 1.160 | 1.170 | 1.180 | 1.19 | 1.200 | 1.250 | 1.300 |
| 2 | 1.323 | 1.346 | 1.369 | 1.392 | 1.416 | 1.440 | 1.563 | 1.690 |
| 3 | 1.521 | 1.561 | 1.602 | 1.643 | 1.585 | 1.728 | 1.953 | 2.197 |
| 4 | 1.749 | 1.811 | 1.874 | 1.939 | 2.005 | 2.074 | 2.441 | 2.856 |
| 5 | 2.011 | 2.100 | 2.192 | 2.288 | 2.386 | 2.488 | 3.052 | 3.713 |
| 6 | 2.313 | 2.436 | 2.565 | 2.700 | 2.840 | 2.986 | 3.815 | 4.827 |
| 7 | 3.660 | 2.826 | 3.001 | 3.185 | 3.379 | 3.583 | 4.768 | 6.276 |
| 8 | 3.059 | 3.278 | 3.511 | 3.759 | 4.021 | 4.300 | 5.960 | 8.157 |
| 9 | 3.518 | 3.803 | 4.108 | 4.435 | 4.785 | 5.160 | 7.451 | 10.604 |
| 10 | 4.046 | 4.411 | 4.807 | 5.234 | 5.696 | 6.192 | 9.313 | 13.786 |
| 11 | 4.652 | 5.117 | 5.624 | 6.176 | 6.777 | 7.430 | 11.642 | 17.922 |
| 12 | 5.350 | 5.936 | 6.580 | 7.288 | 8.064 | 8.916 | 14.552 | 23.298 |
| 13 | 6.153 | 6.886 | 7.699 | 8.599 | 9.596 | 10.699 | 18.190 | 30.288 |
| 14 | 7.076 | 7.988 | 9.007 | 10.147 | 11.420 | 12.839 | 22.737 | 39.374 |
| 15 | 8.137 | 9.266 | 10.539 | 11.974 | 13.590 | 15.407 | 28.422 | 51.186 |
| 16 | 9.358 | 10.748 | 12.330 | 14.129 | 16.172 | 18.488 | 35.527 | 66.542 |
| 17 | 10.761 | 12.468 | 14.426 | 16.672 | 19.244 | 22.186 | 44.409 | 8.504 |
| 18 | 12.375 | 14.463 | 16.879 | 19.673 | 22.091 | 26.623 | 55.511 | 112.46 |
| 19 | 14.232 | 16.777 | 19.748 | 23.214 | 27.252 | 31.948 | 69.389 | 146.19 |
| 20 | 16.367 | 19.461 | 23.106 | 27.393 | 32.429 | 38.338 | 86.735 | 190.05 |
| 25 | 32.919 | 40.874 | 111.07 | 143.37 | 184.68 | 237.38 | 807.79 | 2620.0 |
| 30 | 66.212 | 85.850 | 111.07 | 143.37 | 184.68 | 237.38 | 807.79 | 2620.0 |
| 40 | 267.86 | 378.72 | 533.87 | 750.38 | 1051.7 | 1469.8 | 7523.2 | 36119 |
| 50 | 1083.7 | 1670.7 | 2566.2 | 3927.4 | 5988.9 | 9100.4 | 70065.4 | 97929 |

## 附录四  1元复利现值表 $\dfrac{1}{(1+i)^n}$

| $n$ | 1% | 2% | 3% | 4% | 5% | 6% | 7% | 8% | 9% |
|---|---|---|---|---|---|---|---|---|---|
| 1 | 0.990 | 0.980 | 0.971 | 0.962 | 0.952 | 0.943 | 0.935 | 0.926 | 0.917 |
| 2 | 0.980 | 0.961 | 0.943 | 0.925 | 0.907 | 0.890 | 0.873 | 0.857 | 0.842 |
| 3 | 0.971 | 0.942 | 0.915 | 0.889 | 0.864 | 0.840 | 0.816 | 0.794 | 0.772 |
| 4 | 0.961 | 0.924 | 0.888 | 0.855 | 0.823 | 0.792 | 0.763 | 0.735 | 0.708 |
| 5 | 0.951 | 0.906 | 0.863 | 0.822 | 0.784 | 0.747 | 0.713 | 0.681 | 0.650 |
| 6 | 0.942 | 0.888 | 0.837 | 0.790 | 0.746 | 0.705 | 0.666 | 0.630 | 0.596 |
| 7 | 0.933 | 0.871 | 0.813 | 0.760 | 0.711 | 0.665 | 0.623 | 0.583 | 0.547 |
| 8 | 0.923 | 0.853 | 0.789 | 0.731 | 0.677 | 0.627 | 0.582 | 0.540 | 0.502 |
| 9 | 0.914 | 0.837 | 0.766 | 0.703 | 0.645 | 0.592 | 0.544 | 0.500 | 0.460 |
| 10 | 0.905 | 0.820 | 0.744 | 0.676 | 0.614 | 0.558 | 0.508 | 0.463 | 0.422 |
| 11 | 0.896 | 0.804 | 0.722 | 0.650 | 0.585 | 0.527 | 0.475 | 0.429 | 0.388 |
| 12 | 0.887 | 0.788 | 0.701 | 0.625 | 0.557 | 0.497 | 0.444 | 0.397 | 0.356 |
| 13 | 0.879 | 0.773 | 0.681 | 0.601 | 0.530 | 0.469 | 0.415 | 0.368 | 0.326 |
| 14 | 0.870 | 0.758 | 0.661 | 0.577 | 0.505 | 0.442 | 0.388 | 0.340 | 0.299 |
| 15 | 0.861 | 0.743 | 0.642 | 0.555 | 0.481 | 0.417 | 0.362 | 0.315 | 0.275 |
| 16 | 0.858 | 0.728 | 0.623 | 0.534 | 0.458 | 0.394 | 0.339 | 0.292 | 0.252 |
| 17 | 0.844 | 0.714 | 0.605 | 0.513 | 0.436 | 0.371 | 0.317 | 0.270 | 0.231 |
| 18 | 0.836 | 0.700 | 0.587 | 0.494 | 0.416 | 0.350 | 0.296 | 0.250 | 0.212 |
| 19 | 0.828 | 0.686 | 0.570 | 0.475 | 0.396 | 0.331 | 0.277 | 0.232 | 0.194 |
| 20 | 0.820 | 0.673 | 0.554 | 0.456 | 0.377 | 0.312 | 0.258 | 0.215 | 0.178 |
| 25 | 0.780 | 0.610 | 0.478 | 0.375 | 0.295 | 0.233 | 0.184 | 0.146 | 0.116 |
| 30 | 0.742 | 0.552 | 0.412 | 0.308 | 0.231 | 0.174 | 0.131 | 0.099 | 0.075 |
| 40 | 0.672 | 0.453 | 0.307 | 0.208 | 0.142 | 0.097 | 0.067 | 0.046 | 0.032 |
| 50 | 0.608 | 0.372 | 0.228 | 0.141 | 0.087 | 0.054 | 0.034 | 0.021 | 0.013 |

续表

| n | 10% | 11% | 12% | 13% | 14% | 15% | 16% | 17% | 18% |
|---|---|---|---|---|---|---|---|---|---|
| 1 | 0.909 | 0.901 | 0.893 | 0.885 | 0.877 | 0.870 | 0.862 | 0.855 | 0.847 |
| 2 | 0.826 | 0.812 | 0.797 | 0.783 | 0.769 | 0.756 | 0.743 | 0.731 | 0.718 |
| 3 | 0.751 | 0.731 | 0.712 | 0.693 | 0.675 | 0.658 | 0.641 | 0.624 | 0.609 |
| 4 | 0.683 | 0.659 | 0.636 | 0.613 | 0.592 | 0.572 | 0.552 | 0.534 | 0.516 |
| 5 | 0.621 | 0.593 | 0.567 | 0.543 | 0.519 | 0.497 | 0.476 | 0.456 | 0.437 |
| 6 | 0.564 | 0.535 | 0.507 | 0.480 | 0.456 | 0.432 | 0.410 | 0.390 | 0.370 |
| 7 | 0.513 | 0.482 | 0.452 | 0.425 | 0.400 | 0.376 | 0.354 | 0.333 | 0.314 |
| 8 | 0.467 | 0.434 | 0.404 | 0.376 | 0.351 | 0.327 | 0.305 | 0.285 | 0.266 |
| 9 | 0.424 | 0.391 | 0.361 | 0.333 | 0.300 | 0.284 | 0.263 | 0.243 | 0.225 |
| 10 | 0.386 | 0.352 | 0.322 | 0.295 | 0.270 | 0.247 | 0.227 | 0.208 | 0.191 |
| 11 | 0.350 | 0.317 | 0.287 | 0.261 | 0.237 | 0.215 | 0.195 | 0.178 | 0.162 |
| 12 | 0.319 | 0.286 | 0.257 | 0.231 | 0.208 | 0.187 | 0.168 | 0.152 | 0.137 |
| 13 | 0.290 | 0.258 | 0.229 | 0.204 | 0.182 | 0.163 | 0.145 | 0.130 | 0.116 |
| 14 | 0.263 | 0.232 | 0.205 | 0.181 | 0.160 | 0.141 | 0.125 | 0.111 | 0.099 |
| 15 | 0.239 | 0.209 | 0.183 | 0.160 | 0.140 | 0.123 | 0.108 | 0.095 | 0.084 |
| 16 | 0.218 | 0.188 | 0.163 | 0.141 | 0.123 | 0.107 | 0.093 | 0.081 | 0.071 |
| 17 | 0.198 | 0.170 | 0.146 | 0.125 | 0.108 | 0.093 | 0.080 | 0.069 | 0.060 |
| 18 | 0.180 | 0.153 | 0.130 | 0.111 | 0.095 | 0.081 | 0.069 | 0.059 | 0.051 |
| 19 | 0.164 | 0.138 | 0.116 | 0.098 | 0.083 | 0.070 | 0.060 | 0.051 | 0.043 |
| 20 | 0.149 | 0.124 | 0.104 | 0.087 | 0.073 | 0.061 | 0.051 | 0.043 | 0.037 |
| 25 | 0.092 | 0.074 | 0.059 | 0.047 | 0.038 | 0.030 | 0.024 | 0.020 | 0.016 |
| 30 | 0.057 | 0.044 | 0.033 | 0.026 | 0.020 | 0.015 | 0.012 | 0.009 | 0.007 |
| 40 | 0.022 | 0.015 | 0.011 | 0.008 | 0.005 | 0.004 | 0.003 | 0.002 | 0.001 |
| 50 | 0.009 | 0.005 | 0.003 | 0.002 | 0.001 | 0.001 | 0 | 0 | |

续表

| $n$ | 19% | 20% | 25% | 30% | 35% | 40% | 50% |
|---|---|---|---|---|---|---|---|
| 1 | 0.840 | 0.833 | 0.800 | 0.769 | 0.741 | 0.714 | 0.667 |
| 2 | 0.706 | 0.694 | 0.640 | 0.592 | 0.549 | 0.510 | 0.444 |
| 3 | 0.593 | 0.579 | 0.512 | 0.455 | 0.406 | 0.364 | 0.296 |
| 4 | 0.499 | 0.482 | 0.410 | 0.350 | 0.301 | 0.260 | 0.198 |
| 5 | 0.419 | 0.402 | 0.320 | 0.269 | 0.223 | 0.186 | 0.132 |
| 6 | 0.352 | 0.335 | 0.262 | 0.207 | 0.165 | 0.133 | 0.088 |
| 7 | 0.296 | 0.279 | 0.210 | 0.159 | 0.122 | 0.095 | 0.059 |
| 8 | 0.249 | 0.233 | 0.168 | 0.123 | 0.091 | 0C068 | 0.039 |
| 9 | 0.209 | 0.194 | 0.134 | 0.094 | 0.067 | 0.048 | 0.026 |
| 10 | 0.176 | 0.162 | 0.107 | 0.073 | 0.050 | 0.035 | 0.017 |
| 11 | 0.148 | 0.135 | 0.086 | 0.056 | 0.037 | 0.025 | 0.012 |
| 12 | 0.124 | 0.112 | 0.069 | 0.043 | 0.027 | 0.018 | 0.008 |
| 13 | 0.104 | 0.093 | 0.055 | 0.033 | 0.020 | 0.013 | 0.005 |
| 14 | 0.088 | 0.078 | 0.044 | 0.025 | 0.015 | 0.009 | 0.003 |
| 15 | 0.074 | 0.065 | 0.035 | 0.020 | 0.011 | 0.006 | 0.002 |
| 16 | 0.062 | 0.054 | 0.028 | 0.015 | 0.008 | 0.005 | 0.002 |
| 17 | 0.052 | 0.045 | 0.023 | 0.012 | 0.006 | 0.003 | 0.001 |
| 18 | 0.044 | 0.038 | 0.018 | 0.009 | 0.005 | 0.002 | 0.001 |
| 19 | 0.037 | 0.031 | 0.014 | 0.007 | 0.003 | 0.002 | 0 |
| 20 | 0.031 | 0.026 | 0.012 | 0.005 | 0.002 | 0.001 | 0 |
| 25 | 0.013 | 0.010 | 0.004 | 0.001 | 0.001 | 0 | 0 |
| 30 | 0.005 | 0.004 | 0.001 | 0 | 0 | 0 | 0 |
| 40 | 0.001 | 0.001 | 0 | 0 | 0 | 0 | 0 |
| 50 | 0 | 0 | 0 | 0 | 0 | 0 | 0 |

附录五　1元复利终值表 $\dfrac{(1+i)^n-1}{i}$

| n | 1% | 2% | 3% | 4% | 5% | 6% | 7% |
|---|---|---|---|---|---|---|---|
| 1 | 1.000 | 1.000 | 1.000 | 1.000 | 1.000 | 1.000 | 1.000 |
| 2 | 2.010 | 2.020 | 2.030 | 2.040 | 2.050 | 2.060 | 2.070 |
| 3 | 3.303 | 3.060 | 3.091 | 3.122 | 3.153 | 3.184 | 3.215 |
| 4 | 4.060 | 4.122 | 4.184 | 4.246 | 4.310 | 4.375 | 4.440 |
| 5 | 5.101 | 5.204 | 5.309 | 5.416 | 5.526 | 5.637 | 5.751 |
| 6 | 6.152 | 6.308 | 6.468 | 6.633 | 6.802 | 6.975 | 7.153 |
| 7 | 7.214 | 7.434 | 7.662 | 7.898 | 8.142 | 8.394 | 8.654 |
| 8 | 8.286 | 8.583 | 8.892 | 9.214 | 9.549 | 9.897 | 10.260 |
| 9 | 9.369 | 9.755 | 10.159 | 10.583 | 11.027 | 11.491 | 11.978 |
| 10 | 10.462 | 10.950 | 11.464 | 12.006 | 12.578 | 13.181 | 13.816 |
| 11 | 11.567 | 12.169 | 12.808 | 13.486 | 14.207 | 14.972 | 15.784 |
| 12 | 12.683 | 13.412 | 14.192 | 15.026 | 15.917 | 16.870 | 17.888 |
| 13 | 13.809 | 14.680 | 15.618 | 16.627 | 17.713 | 18.882 | 20.141 |
| 14 | 14.947 | 15.974 | 17.086 | 18.292 | 19.599 | 21.015 | 22.550 |
| 15 | 16.097 | 17.293 | 18.599 | 20.024 | 21.579 | 23.276 | 25.129 |
| 16 | 17.258 | 18.639 | 20.157 | 21.825 | 23.657 | 25.673 | 27.888 |
| 17 | 18.430 | 20.012 | 21.762 | 23.698 | 25.840 | 28.213 | 30.840 |
| 18 | 19.615 | 21.412 | 23.414 | 25.645 | 28.132 | 30.760 | 37.379 |
| 19 | 20.811 | 22.841 | 25.117 | 27.671 | 30.539 | 33.760 | 37.379 |
| 20 | 22.019 | 24.297 | 26.870 | 29.778 | 33.066 | 36.786 | 40.995 |
| 25 | 28.243 | 32.030 | 36.459 | 41.646 | 47.727 | 54.865 | 63.249 |
| 30 | 34.785 | 40.588 | 47.575 | 56.085 | 66.439 | 79.058 | 94.461 |
| 40 | 48.886 | 60.402 | 75.401 | 95.026 | 120.80 | 154.76 | 199.64 |
| 50 | 64.463 | 84.579 | 112.80 | 152.67 | 209.34 | 290.34 | 406.53 |

续表

| n | 8% | 9% | 10% | 11% | 12% | 13% | 14% | 15% |
|---|---|---|---|---|---|---|---|---|
| 1 | 1.000 | 1.000 | 1.000 | 1.000 | 1.000 | 1.000 | 1.000 | 1.000 |
| 2 | 2.080 | 2.090 | 2.100 | 2.110 | 2.120 | 2.130 | 2.140 | 2.150 |
| 3 | 3.246 | 3.278 | 3.310 | 3.342 | 3.374 | 3.407 | 3.440 | 3.473 |
| 4 | 4.506 | 4.573 | 4.641 | 4.710 | 4.779 | 4.850 | 4.921 | 4.993 |
| 5 | 5.867 | 5.985 | 6.105 | 6.228 | 6.353 | 6.480 | 6.610 | 6.742 |
| 6 | 7.336 | 7.523 | 7.716 | 7.913 | 8.115 | 8.323 | 8.536 | 8.754 |
| 7 | 8.923 | 9.200 | 9.487 | 9.783 | 10.089 | 10.405 | 10.730 | 11.067 |
| 8 | 10.637 | 11.028 | 11.436 | 11.859 | 12.300 | 12.757 | 13.233 | 13.727 |
| 9 | 12.488 | 13.021 | 13.579 | 14.164 | 14.776 | 15.416 | 16.085 | 16.786 |
| 10 | 14.487 | 15.193 | 15.937 | 16.722 | 17.549 | 18.420 | 19.337 | 20.304 |
| 11 | 16.645 | 17.560 | 18.531 | 19.561 | 20.655 | 21.814 | 23.045 | 24.349 |
| 12 | 18.977 | 20.141 | 21.384 | 22.713 | 24.133 | 25.650 | 27.271 | 29.002 |
| 13 | 21.495 | 22.953 | 24.523 | 26.212 | 28.029 | 29.985 | 32.089 | 34.352 |
| 14 | 24.215 | 26.019 | 27.975 | 30.095 | 32.393 | 34.883 | 37.581 | 40.505 |
| 15 | 27.152 | 29.361 | 31.772 | 34.405 | 37.280 | 40.417 | 48.843 | 47.580 |
| 16 | 30.324 | 33.003 | 35.950 | 39.190 | 42.753 | 46.672 | 50.980 | 55.717 |
| 17 | 33.750 | 36.974 | 40.545 | 44.501 | 48.884 | 53.739 | 59.118 | 65.075 |
| 18 | 37.450 | 41.301 | 45.599 | 50.396 | 55.750 | 61.725 | 68.394 | 75.836 |
| 19 | 41.446 | 46.018 | 51.159 | 56.939 | 63.440 | 70.749 | 78.969 | 88.212 |
| 20 | 45.762 | 51.160 | 57.275 | 64.203 | 72.052 | 80.947 | 91.025 | 102.44 |
| 25 | 73.106 | 84.701 | 98.347 | 114.41 | 133.33 | 155.62 | 181.87 | 21.79 |
| 30 | 113.28 | 136.31 | 164.49 | 199.02 | 241.33 | 293.20 | 356.79 | 434.75 |
| 40 | 259.06 | 337.89 | 442.59 | 581.83 | 767.09 | 1013.7 | 1342.0 | 1779.1 |
| 50 | 573.77 | 815.08 | 1163.9 | 1668.8 | 2400.0 | 3459.5 | 4994.5 | 7217.7 |

续表

| $n$ | 16% | 17% | 18% | 19% | 20% | 25% | 30% |
|---|---|---|---|---|---|---|---|
| 1 | 1.000 | 1.000 | 1.000 | 1.000 | 1.000 | 1.000 | 1.000 |
| 2 | 2.160 | 2.710 | 2.180 | 2.190 | 2.200 | 2.250 | 2.300 |
| 3 | 3.506 | 3.539 | 3.572 | 3.606 | 3.640 | 3.813 | 3.990 |
| 4 | 5.066 | 5.141 | 5.215 | 5.291 | 5.368 | 5.766 | 5.187 |
| 5 | 6.877 | 7.014 | 7.154 | 7.297 | 7.442 | 8.207 | 9.043 |
| 6 | 8.977 | 9.207 | 9.442 | 9.683 | 9.930 | 11.259 | 12.756 |
| 7 | 11.414 | 11.772 | 12.142 | 12.523 | 12.916 | 15.073 | 17.583 |
| 8 | 14.240 | 14.773 | 15.327 | 15.902 | 16.499 | 19.842 | 23.858 |
| 9 | 17.519 | 18.285 | 19.086 | 19.923 | 30.799 | 25.802 | 23.858 |
| 10 | 21.321 | 22.393 | 23.521 | 24.701 | 25.959 | 33.253 | 42.619 |
| 11 | 25.733 | 27.200 | 28.755 | 30.404 | 32.150 | 42.566 | 56.405 |
| 12 | 30.850 | 32.824 | 34.931 | 37.180 | 39.581 | 54.208 | 74.327 |
| 13 | 36.786 | 39.404 | 42.219 | 45.244 | 48.497 | 68.760 | 97.625 |
| 14 | 43.672 | 47.103 | 50.818 | 54.841 | 59.196 | 86.949 | 127.91 |
| 15 | 51.660 | 56.110 | 60.965 | 66.261 | 72.035 | 109.69 | 167.29 |
| 16 | 60.925 | 66.649 | 72.939 | 79.850 | 87.442 | 138.11 | 218.47 |
| 17 | 71.673 | 78.979 | 87.068 | 96.022 | 105.93 | 173.64 | 285.01 |
| 18 | 84.141 | 93.406 | 103.74 | 115.27 | 128.12 | 218.05 | 371.52 |
| 19 | 98.603 | 110.29 | 123.41 | 128.17 | 154.74 | 273.56 | 483.97 |
| 20 | 115.38 | 130.03 | 146.63 | 165.42 | 186.69 | 342.95 | 630.17 |
| 25 | 249.21 | 292.11 | 342.60 | 402.04 | 471.98 | 1054.8 | 2348.8 |
| 30 | 530.31 | 647.44 | 790.95 | 966.7 | 1181.9 | 3227.2 | 8730.0 |
| 40 | 2360.8 | 3134.5 | 4163.21 | 5519.8 | 7343.9 | 30089. | 120393. |
| 50 | 10436 | 15090 | 21813 | 31515 | 45497 | 280256 | 165976 |

## 附录六 1元年金现值表 $\frac{1}{i}[1-\frac{1}{(1+i)^n}]$

| n | 1% | 2% | 3% | 4% | 5% | 6% | 7% | 8% | 9% |
|---|---|---|---|---|---|---|---|---|---|
| 1 | 0.990 | 0.980 | 0.971 | 0.962 | 0.952 | 0.943 | 0.935 | 0.926 | 0.917 |
| 2 | 1.970 | 1.942 | 1.913 | 1.886 | 1.859 | 1.833 | 1.808 | 1.783 | 1.759 |
| 3 | 2.941 | 2.884 | 2.829 | 2.775 | 2.723 | 2.673 | 2.624 | 2.577 | 2.531 |
| 4 | 3.902 | 3.808 | 3.717 | 3.630 | 3.546 | 3.465 | 3.387 | 3.312 | 3.240 |
| 5 | 4.853 | 4.713 | 4.580 | 4.452 | 5.076 | 4.917 | 4.767 | 4.623 | 4.486 |
| 6 | 5.795 | 5.601 | 5.417 | 5.242 | 5.076 | 4.917 | 4.767 | 4.623 | 4.486 |
| 7 | 6.728 | 6.472 | 6.230 | 6.002 | 5.786 | 5.582 | 5.389 | 5.206 | 5.033 |
| 8 | 7.652 | 7.325 | 7.020 | 6.733 | 6.463 | 6.210 | 5.971 | 5.747 | 5.535 |
| 9 | 8.566 | 8.162 | 7.786 | 7.435 | 7.108 | 6.802 | 6.515 | 6.247 | 5.995 |
| 10 | 9.471 | 8.983 | 8.530 | 8.111 | 7.722 | 7.360 | 7.024 | 6.710 | 6.418 |
| 11 | 10.368 | 9.787 | 9.253 | 8.760 | 8.306 | 7.887 | 7.499 | 7.139 | 6.805 |
| 12 | 11.255 | 10.575 | 9.964 | 9.385 | 8.863 | 8.384 | 7.943 | 7.536 | 7.161 |
| 13 | 12.134 | 11.348 | 10.635 | 9.986 | 9.394 | 8.853 | 8.358 | 7.904 | 7.487 |
| 14 | 13.004 | 12.106 | 11.296 | 10.563 | 9.899 | 9.295 | 8.745 | 8.244 | 7.786 |
| 15 | 13.865 | 12.849 | 11.938 | 11.118 | 10.380 | 9.712 | 9.108 | 8.559 | 8.061 |
| 16 | 14.718 | 13.578 | 12.561 | 11.652 | 10.838 | 10.106 | 9.447 | 8.851 | 8.313 |
| 17 | 15.562 | 14.292 | 13.166 | 12.166 | 11.274 | 10.477 | 9.963 | 9.122 | 8.544 |
| 18 | 16.398 | 14.992 | 13.754 | 12.659 | 11.690 | 10.828 | 10.059 | 9.372 | 8.756 |
| 19 | 17.226 | 15.678 | 14.324 | 13.134 | 12.085 | 11.158 | 10.336 | 9.604 | 8.950 |
| 20 | 18.046 | 16.351 | 14.877 | 13.590 | 12.462 | 11.470 | 10.594 | 9.818 | 9.129 |
| 25 | 22.023 | 19.523 | 17.418 | 15.622 | 14.094 | 12.783 | 11.654 | 10.675 | 9.823 |
| 30 | 25.808 | 22.396 | 19.600 | 17.292 | 15.372 | 13.765 | 12.409 | 11.258 | 10.274 |
| 40 | 32.835 | 27.355 | 23.115 | 17.793 | 17.159 | 15.046 | 13.332 | 11.925 | 10.757 |
| 50 | 39.196 | 31.424 | 25.730 | 21.482 | 18.256 | 15.762 | 13.801 | 12.233 | 10.962 |

续表

| n | 10% | 11% | 12% | 13% | 14% | 15% | 16% | 17% | 18% |
|---|---|---|---|---|---|---|---|---|---|
| 1 | 0.909 | 0.901 | 0.893 | 0.885 | 0.877 | 0.870 | 0.862 | 0.855 | 0.847 |
| 2 | 1.736 | 1.713 | 1.690 | 1.668 | 1.647 | 1.626 | 1.605 | 1.585 | 1.566 |
| 3 | 2.487 | 2.444 | 2.402 | 2.361 | 2.322 | 2.283 | 2.246 | 2.210 | 2.174 |
| 4 | 3.170 | 3.102 | 3.037 | 2.974 | 2.914 | 2.855 | 2.798 | 2.743 | 2.690 |
| 5 | 3.891 | 3.696 | 3.605 | 3.517 | 3.433 | 3.352 | 3.274 | 3.199 | 3.127 |
| 6 | 4.355 | 4.231 | 4.111 | 3.998 | 3.889 | 3.784 | 3.685 | 3.589 | 3.498 |
| 7 | 4.868 | 4.712 | 4.564 | 4.423 | 4.288 | 4.160 | 4.039 | 3.922 | 3.812 |
| 8 | 5.335 | 5.146 | 5.968 | 4.799 | 4.639 | 4.487 | 4.344 | 4.207 | 4.078 |
| 9 | 5.759 | 5.537 | 5.328 | 5.132 | 4.946 | 4.472 | 4.607 | 4.451 | 4.303 |
| 10 | 6.145 | 5.889 | 5.650 | 5.426 | 5.216 | 5.019 | 4.833 | 4.659 | 4.494 |
| 11 | 6.495 | 6.207 | 5.938 | 5.687 | 5.453 | 5.234 | 5.029 | 4.836 | 4.656 |
| 12 | 6.814 | 6.492 | 6.194 | 5.918 | 5.660 | 5.421 | 5.197 | 4.988 | 4.793 |
| 13 | 7.103 | 6.750 | 6.424 | 6.122 | 5.842 | 5.583 | 5.342 | 5.118 | 4.910 |
| 14 | 7.367 | 6.982 | 6.628 | 6.302 | 6.002 | 5.724 | 5.468 | 5.229 | 5.008 |
| 15 | 7.606 | 6.191 | 6.811 | 6.462 | 6.142 | 5.847 | 5.575 | 5.324 | 5.092 |
| 16 | 7.824 | 7.379 | 6.947 | 6.604 | 6.265 | 5.954 | 5.668 | 5.405 | 5.162 |
| 17 | 8.022 | 7.549 | 7.102 | 6.729 | 6.373 | 6.047 | 5.749 | 5.475 | 5.222 |
| 18 | 8.201 | 7.702 | 7.250 | 6.840 | 6.467 | 6.128 | 5.818 | 5.534 | 5.273 |
| 19 | 8.365 | 7.839 | 7.366 | 6.938 | 6.550 | 6.198 | 5.877 | 5.584 | 5.316 |
| 20 | 8.514 | 7.963 | 7.469 | 7.025 | 6.623 | 6.259 | 5.929 | 5.628 | 5.353 |
| 25 | 0.066 | 8.422 | 7.843 | 7.330 | 6.873 | 6.464 | 6.097 | 5.766 | 5.467 |
| 30 | 9.427 | 8.694 | 8.055 | 7.496 | 7.003 | 6.566 | 6.177 | 5.829 | 5.517 |
| 40 | 9.779 | 8.951 | 8.244 | 7.634 | 6.105 | 6.642 | 6.233 | 5.971 | 5.548 |
| 50 | 9.915 | 9.042 | 8.304 | 7.675 | 7.133 | 6.661 | 6.246 | 5.880 | 5.554 |

续表

| $n$ | 19% | 20% | 25% | 30% | 35% | 40% | 50% |
|---|---|---|---|---|---|---|---|
| 1 | 0.840 | 0.833 | 0.800 | 0.769 | 0.741 | 0.714 | 0.667 |
| 2 | 1.547 | 1.528 | 1.400 | 1.361 | 1.289 | 1.224 | 1.111 |
| 3 | 2.140 | 2.106 | 1.952 | 1.816 | 1.696 | 1.589 | 1.407 |
| 4 | 2.639 | 2.589 | 2.362 | 2.166 | 1.997 | 1.849 | 1.605 |
| 5 | 3.058 | 2.991 | 2.689 | 2.436 | 2.220 | 2.035 | 1.737 |
| 6 | 3.410 | 3.326 | 3.161 | 2.802 | 2.508 | 2.263 | 2.883 |
| 7 | 3.706 | 3.605 | 3.161 | 2.802 | 2.508 | 2.263 | 2.883 |
| 8 | 3.954 | 3.837 | 3.329 | 2.925 | 2.598 | 2.331 | 1.922 |
| 9 | 4.163 | 4.031 | 3.463 | 3.019 | 2.665 | 2.379 | 1.948 |
| 10 | 4.339 | 4.192 | 3.571 | 3.092 | 2.715 | 2.414 | 1.965 |
| 11 | 4.486 | 4.327 | 3.656 | 3.147 | 2.752 | 2.438 | 1.977 |
| 12 | 4.611 | 4.439 | 3.725 | 3.190 | 2.779 | 2.456 | 1.985 |
| 13 | 4.715 | 4.533 | 3.780 | 3.223 | 2.799 | 2.469 | 1.990 |
| 14 | 4.802 | 4.611 | 3.824 | 3.249 | 2.814 | 2.478 | 1.993 |
| 15 | 4.876 | 4.675 | 3.859 | 3.268 | 2.825 | 2.484 | 1.995 |
| 16 | 4.938 | 4.730 | 3.887 | 3.283 | 2.834 | 2.489 | 1.997 |
| 17 | 4.988 | 4.775 | 3.910 | 3.295 | 2.840 | 2.492 | 1.998 |
| 18 | 5.033 | 4.812 | 3.928 | 3.304 | 2.844 | 2.494 | 1.999 |
| 19 | 5.070 | 4.843 | 3.942 | 3.311 | 2.848 | 2.496 | 1.999 |
| 20 | 5.101 | 4.870 | 3.954 | 3.316 | 2.850 | 2.497 | 1.999 |
| 25 | 5.195 | 4.948 | 3.985 | 3.329 | 2.856 | 2.499 | 2.000 |
| 30 | 5.235 | 4.979 | 3.995 | 3.332 | 2.857 | 2.500 | 2.000 |
| 40 | 5.258 | 4.997 | 3.999 | 3.333 | 2.857 | 2.500 | 2.000 |
| 50 | 5.262 | 4.999 | 4.000 | 3.333 | 2.857 | 2.500 | 2.000 |